中國学術思想 研究輯刊

七 編

林 慶 彰 主編

第18冊

楊簡心學、經學問題的義理考察

張 念 誠 著

花木蘭文化出版社

國家圖書館出版品預行編目資料

楊簡心學、經學問題的義理考察／張念誠　著 — 初版 — 台北
縣永和市：花木蘭文化出版社，2010〔民99〕
目 4+276 面：19×26 公分
（中國學術思想研究輯刊 七編；第 18 冊）
ISBN：978-986-254-177-7（精裝）
1.（宋）楊簡　2.儒學　3.經學　4.學術思想　5.宋元哲學
125.79　　　　　　　　　　　　　　　　　　　99002290

ISBN - 978-986-254-177-7

中國學術思想研究輯刊
七　編　第十八冊　　　　　　　ISBN：978-986-254-177-7

楊簡心學、經學問題的義理考察

作　　者　張念誠
主　　編　林慶彰
總 編 輯　杜潔祥
出　　版　花木蘭文化出版社
發 行 所　花木蘭文化出版社
發 行 人　高小娟
聯絡地址　台北縣永和市中正路五九五號七樓之三
　　　　　電話：02-2923-1455／傳真：02-2923-1452
網　　址　http://www.huamulan.tw 信箱 sut81518@ms59.hinet.net
印　　刷　普羅文化出版廣告事業
封面設計　劉開工作室
初　　版　2010 年 3 月
定　　價　七編 24 冊（精裝）新台幣 40,000 元

楊簡心學、經學問題的義理考察

張念誠　著

作者簡介

張念誠，民國 48 年生，中央大學 70 級中文學士、81 級中文碩士、92 級中文博士，現任教於台南崑山科技大學。碩士論文為《象山人格教育思想研究——以生活化儒學為中心》，單篇論文有《熊十力、印順儒佛論爭研究》、《以漂泊、掙扎、尋覓、歸屬的主軸架構，詮釋張系國地、笛、紅孩兒的義理世界》及《楊簡心學定位的兩個問題》等。另有《我們該感恩死亡那些教導？》《人生有公平正義嗎？》《道場何處覓？》《明師何處尋？》等多篇哲理文散見於弘一月刊。

提　　要

　　《楊簡心學、經學問題的義理考察》共五章十四節、19 萬餘字，以環繞著楊簡心學、經學特性的三大問題「儒佛之辨」、「生命之學」、「證量解經」，展開一系列以「問題意識」「特定主題」為本的系統研究。

　　第一章〈緒論〉共分三節。第一節首明寫作動機、過程、架構形成因緣與目標，第二節析述楊簡心學、經學目前的研究成果及局限；第三節〈研究方法：「靜態生命之學三進路」解釋架構之建立〉，則對各種生命之路加以釐清。

　　第二章〈楊簡心學「儒佛定位」之全盤考察〉計分四節。第一、二節從家教融佛迪訓等外部面向，及工夫形成過程等內部心行，考察楊簡心學儒佛之辨的問題。第三節借崔大華三大誤解楊簡心學之例，對楊簡「心善意害說」重新理解辨正。第四節〈楊簡心學主軸：心善意害及意之兩重性〉，則從「下層之意與上層之意的關係機制」「表層之意與深層之意的內在連結」，確認楊簡心學「心意關係」與佛禪關係的交涉，此亦是本論文對楊簡心學研究的重要貢獻。

　　第三章〈楊簡心學問題在「生命之學」場域的義理考察〉共分三節。第一節從「循理齋之悟」等特殊文本 對楊簡內門之路的工夫歷程進行考察。第二節從楊簡啟人疑竇的兩個話頭出發，研究楊簡「以覺言心」的心學特性、風格。第三節從「曩豈生，今豈死」等文本，論證楊簡融攝佛禪內門之路的工夫、方法，其心學必然在生死課題上生發一定程度的轉化，此可視為對儒家原型生命論之縫合補強。

　　第四章〈楊簡「證量解經」問題的義理考察〉共分四節。第一節從「儒學與經學的辨證糾葛」「五經系統與四書系統的消長變化」等角度，探討楊簡「心學化經學」成立的基礎條件。第二、三節從楊簡之《先聖大訓》出發，探討其「心學證量解經」在中國經學「聖人——六經——道」互為指涉的前提設定下，其經學觀「六經一經也，六經一旨也」的系統接榫問題。第四節從楊簡心學證量解《詩》解《易》切入，探討其在解經學中的問題與影響。

　　第五章〈結論〉，除對本論文之探索成果重點回顧、概括綜論，並對楊簡心學、經學所涉及的餘留問題、未來開發路徑，明確提出後續發展方向。

目

次

第一章　緒　論

　　首先必須開宗明義指出，本論文題目：《楊簡心學、經學問題的義理研究》，並非憑空而降、自由創發，而是相應於楊簡（慈湖）心學、經學特性及其問題之釐清所構思出來的主題架構；換言之，「儒佛之辨」、「生命之學」、「證量解經」即本論文第二、三、四章分別探討的主題，這種以「問題意識」、「特定主題」切入楊簡心學、經學研究的方式進路，雖為筆者初創、首發，然此中實是積累、統整了前人的研究成績、〔註1〕及接受師友智慧建言的成果，這是首須明確指出、衷心感恩的，以下便循「寫作動機、過程、架構形成因緣與目標」逐一交代說明。

第一節　寫作動機、過程、架構形成因緣與目標

　　先言寫作動機。本論文以宋代理學家楊簡（慈湖、敬仲）為研究對象，係筆者 1996 年撰寫博士論文研究計畫，在幾個研究主題間抉擇不下，承蒙當時讀輔大中博所的好友車行健君建議博士論文最好與碩士論文研究領域銜接，筆者乃決志以楊簡為研究對象，原因是：筆者 1991 年碩士論文係研究陸象山（九淵），如今以象山高弟楊簡為研究對象，確能達致學習領域的統貫接續發展。

　　至於本論文寫作過程，從最初資料蒐集到最後完稿，時間綿延達 7 年之久，個中辛苦不亞於十月懷胎，本論文寫作最初兩件工作，第 1 便是展開各

〔註 1〕　本論文部分積累、統整了前人的研究成績，原委詳見本章第二節〈楊簡心經學研究成果之檢討〉。

種與楊簡心學、經學有關地義理資料之閱讀，以豐富個人視野，貯備一定程度可資汲取、運用的「資源意識」，第 2 項工作，便是遍讀所有楊簡著作，將其「相對重要」的文字資料、心學觀點植入電腦檔案，以備論文章節、架構安排之須，然儘管筆者不憚其繁閱讀楊簡心學、經學文本，卻總覺其內容千篇一律，無味已極，如此無頭緒地忙了博 3、博 4 兩年，手中整理、貯存的義理「資源意識」檔案、及楊簡心經學資料達十多個檔案、10 餘萬字之譜，然此終歸只是未經進一步消化、整理的初步分類資料而已，尚未成為論文的具體架構、血肉，俟筆者博 5 暑假，終於將部分論文完稿呈請王師過目，附帶言及：當初辛苦建檔的 10 餘萬字楊簡心學、經學文本，最後真能在論文中用及的竟 5 不及 1，言下頗有「白作工」「缺乏時效」之嘆，承王師慈悲開慰，勉以任何付出都不會白費心血，倘未經這樣閱讀、比對、篩選、揚棄的過程，怎能檢別那些是論文最該抉取把握的主題、架構呢？王師寥寥數語，當下教筆者心情豁然開朗，深心悅服，人生確然如此，倘未經「芒鞋踏破嶺頭雲」的歷程，怎能領受「春在枝頭已十分」的況味，論文寫作恰似母親十月懷胎、十年教養，本就難以量化、精算求其快速便捷，縱或寫作過程峰迴路轉、繞路三匝，這些發現錯誤、重新調整方向的過程，本是邁向終極目標所必然內載的行進步驟，此中何嘗不有真諦蘊具其間、可資用心讀取呢？

至於論文架構形成因緣方面，必須衷心感謝三位口考老師的建言，及另兩位未具名教授對拙作的書面審察意見，其詳如次：民國 90 年 3 月 16 日，筆者以兩篇單篇論文：〈楊簡心學定位的兩個問題〉、〈以漂泊 —— 掙扎 —— 尋覓 —— 歸屬的思想架構，試詮釋張系國〈地〉〈笛〉〈紅孩兒〉的內在義理世界〉參加博士資格考，感謝曾昭旭老師、楊祖漢老師、高柏園老師對拙作提出寶貴興革意見，使本論文的後續寫作內容、方向得以調整補強，在此謹致最高謝忱，並將三位老師對本論文有所增益、影響的建言陳述如下：

1 曾昭旭老師針對〈楊簡心學定位的兩個問題〉一文，認評定楊簡心學儒佛之辨，外在條件：如文字表達形式、為學態度或為學歷程中夾雜靜坐工夫、及重視儒家之禮，未可作為究竟檢別判準，如果楊簡心學真是儒家路數，應從其心學是否透顯「道德主體性」或「創造性」來檢別。再者，筆者該論文〈學術時代課題與風尚〉某段落言及：「宋明理學的思想主軸、立場、方向、範疇儘管與先秦儒學無太大差別，然其理論水平則在融攝佛道兩家思想後不斷提升，而此提升的主要成就，便表現在對儒家以人倫道德為本的根源問題

不斷提出新的論證」，針對此說，曾師認為：「宋明理學的思想水平與先秦儒學相較，本質上沒有重大差別，只是多了一層對人倫道德的根源提出論證的手續而已，所以宋明理學是否較先秦儒學思想水平為高，恐怕未必為實。」經曾師此番思想激盪，筆者本論文第二章影響楊簡心學形成的外在因素：1〈學術時代課題與風尚〉及〈結語〉部分，便重新對宋代理學家如何融攝佛家思想的過程、及楊簡心學儒佛定位問題有所補強，進而對宋儒「六經 —— 釋老之書 —— 六經」一往一復的學習交會歷程，作了更深一層的開發探討。

至於楊祖漢老師對拙作除有所稱許，也提出不少建言指教，此如筆者誤引《宋元學案》文本，楊師當下鑑識出此文本原出自真德秀〈西山集〉，只是被黃宗羲取用於《宋元學案》致引起筆者誤會；再如楊師對朱熹詩「唯恐說到無言處，不信人間有古今」，也有凌駕於筆者原先理解的高明解讀。此外，楊師對筆者最大的啟發是：論文寫作不必為了維護論述的嚴謹，放棄了筆力揮灑的游刃空間，換言之，楊師對筆者另一篇論文：〈以漂泊 —— 掙扎 —— 尋覓 —— 歸屬的思想架構，試詮釋張系國〈地〉〈笛〉〈紅孩兒〉的內在義理世界〉深具好評，認該文很能放寬心懷適意揮灑，讀來頗覺盡興，反倒〈楊簡心學定位的兩個問題〉或因顧慮論點、理路的周延、適用問題，以致文章雖稱嚴謹，但相對循規矩步、未能暢所欲言。楊師的建言令筆者諸多省思，原來論文寫作不只是知識之事，也是作者某種生命風格、基型乃至心靈主體狀態之流露、投影，著實讓筆者受用良多；本論文若能在「放懷揮灑」上知所改進，有所增益，這要感謝楊師的慧見點醒。

此外高柏園老師亦對拙作賜予諸多寶貴意見，除肯認筆者批駁大陸學者崔大華以「蒙昧主義」類比楊簡心學論點之不當外，亦針對楊簡心學可能被誤會為「蒙昧主義」提出問題讓筆者思考，此即：楊簡「心善意害」「無思無為」等心學特性，是否可能妨礙學術思維活動的進行？乃或阻滯儒學順應時代潮流同步發展？針對高師提問，筆者在本論文第三、四章便針對楊簡心學適用領域、對象、目標等範疇、主題，進一步有所論述。

除以上三師慧見點撥外，筆者在此一併對本論文各章節架構之形成因緣進一步補充說明。

首先，因楊簡心學體證深受其長期靜坐體驗影響，乃至經其喻為「覺者」的心學從人、弟子超逾百人，從《慈湖遺書》所載證據足以顯示，楊簡及其心學從人的工夫歷程、身心徵候、心學體證、境界特性，皆與傳統儒者大不

相同，此非一般學術認知的概念進路所能梳理，為解讀楊簡「循理齋之悟」、「扇訟之悟」「夜宿山谷之覺」、「夢中獲古聖面訓，謂某未離意象」及其心學從人元吉「更鼓聲之覺」等文本內容意義，筆者特就教於崑山科大有長期靜坐體證的陳仁賢老師，承陳老師介紹閱讀法國籍甘易逢神父《靜觀與默坐》一書四冊對靈修內觀之路的解釋，果然深為受用，對楊簡及其心學從人的工夫歷程、身心徵候、境界特性能提出相應解釋，因此本論文第一章第三節〈研究方法──靜態「生命之學三進路」解釋架構之建立〉，便參酌甘神父「生命之學三進路」的解釋架構，此中涉及若干特殊因緣遇會，謹此交代說明。

此外，第二章〈楊簡「心善意害說」系統性析論〉得以撰作，乃本論文92年3月底預審之時，承楊祖漢老師囑以須新增楊簡心學「第一序」系統論述2萬言，方利於與三、四、五章以「問題意識」切入楊簡心學、經學「特定主題」的「第二序」研究進路銜接，經筆者一個月焚膏繼晷趕工，第二章〈楊簡「心善意害說」系統性析論〉3萬8千餘言乃得以誕生問世，並使各章節起承轉合關係愈形完整，謹此對楊師深致謝忱。

其次，第三章〈分明是禪家機軸，一盤托出？──楊簡心學儒佛定位之全盤考察〉，乃筆者從單篇論文《楊簡心學定位的兩個問題》一文擴充改寫而成，原文約1萬8千字，改寫後增至近4萬字，本章寫作手法係以「楊簡心學儒佛之辨的解索」為「問題意識」主軸，進而一系列從：（一）外在因素──1學術時代課題與風尚、2生平事蹟與人事踐履、3文字形式與讀書方法、4家教訓迪，及（二）內在因素：1本人意向與態度、2工夫形成過程等面向，揭開以探索楊簡心學本質、內在架構、儒佛定位問題之謎底的主題研究。即言之，第三章較原單篇論文增加最多者為：4家教融佛訓迪部分，對楊簡父親楊庭顯的學問路數，乃至其父子對「身心靈主題」的認識有所闡發，進一步論證楊簡在工夫形成過程中深受乃父融攝佛家心行的影響，這是以往楊簡心學研究中不曾被開發、探索過的領域。

至於第四章〈「為學當以心論，無以外飾」──楊簡心學問題在「生命之學」場域的義理考察〉，則係筆者在楊簡工夫歷程中：「訟扇之教」「山谷夜坐之覺」「夢中獲古聖面訓……覺而易通」等關鍵處，發現不少融佛的痕跡、證據，乃結合著兩位不具名教授評審筆者《楊簡心學定位的兩個問題》〔註2〕的審察

〔註2〕此文90年6月曾刊載於國立中央大學《人文學報》廿三期159頁至191頁，其間承蒙兩位不具名審核教授賜予寶貴建言，語多嘉勉揶揚，在此謹致衷心謝忱。

意見，〔註3〕就楊簡自謂：「此一二十年來，覺者踰百人矣，古未之見」、「婦人女子亦覺」「以覺言心」等啓人疑竇之子題進行探討，進而對楊簡心學特性有不少異於傳統學界的認識、解讀，最後更從楊簡工夫歷程：「母喪之悟」及其心學從人自在灑脫的生死境界例證，明指楊簡心學所以內具若干「超智」「超人間」「出世」特性，原因端在楊簡的修學進路、生死觀非單循原始儒家、乃至大部分理學家的修學進路、生死態度而來，而是另有個人涉及生死課題之體悟所作成的融佛思想轉化，從而使楊簡心學強烈標誌著與生死課題之內在連結，就此而言，楊簡及其從人的心靈體證在「生命之學」場域，無乃「後設性」地代表某種程度、型態的儒學「轉出」「分化」，或逕可視爲融佛之後轉化形成的：對儒家原始生死觀可能缺陷不足進行縫合、補強的嶄新發展類型。

　　最後第五章「證量解經」部分，係筆者專研開發的領域。換言之，判定楊簡「心學化經學」是某種程度、型態地「證量解經」，並以「問題意識」探索楊簡「心學化經學」在中國解經學傳統下所涉及的問題，厥爲本章最重要主軸、亦是最饒具特色所在。其中第一節〈楊簡「心學化經學」之存在基礎〉等4小節──1「儒學」與「經學」的辨證糾葛、2「五經系統」與「四書系

〔註3〕 茲將兩位教授的評審意見摘錄如下：第一位不具名教授的評審意見爲：「〈楊簡心學定位的兩個問題〉一文以兼見歷史意識與思維取向的義理考察，對楊簡心學內部的主體意向與工夫歷程，作了相當嚴謹的解析；其間尤其著意於楊簡心學的儒佛之辨，作了剪裁合宜亦合理的論斷；綜觀全文，對其中的哲學語言（如「蒙昧主義」「機能性層次」「內證詮釋」，或有所批評，或有所釐清，或還諸文本，作者皆作了有本有樣的探索與研磨，實已對相關的思想史有了一定程度的貢獻。而全文之精彩處，允爲「心──意」關係的再估定，並由此澄清了相關的學術意見或誤解，作者乃一舉超越二元對立的辨證性思考，將問題意識置放於更開闊的「生命的學問」的大場域中；顯然作者在細膩的論證之外，是自有其高屋建瓴的學術意圖。因此審查人認爲本文乃近年來關於陸子心學餘緒及傳承脈絡的研究成果中難得之佳構。至於另一位不具名教授的評審意見爲：「楊簡大概是重要的理學家當中，最不受到當代學者重視的一位。其實如果要論儒佛關係，或是論程朱學派對陸王的批判，楊簡大概都是最富啓發性的學者。楊簡雖然不是第一位有頓悟經驗，但他卻是第一位大肆張皇「悟」（楊簡稱之爲「覺」）的理學家。然而楊簡的爲官治事、居家處事，卻又極端的謹嚴，純粹儒者之風。楊簡的思想和德性受到極不相同的評價，這是個很特殊的文化現象；楊簡的思想不但頗具特色，在當時的影響，也遠遠超過陸門的另外三位高足，像楊簡這種指標性的人物理當受到學界的重視，可惜事實不是如此，本文正可彌補此一缺口。本文問題意識清楚，且所提的是個很有學術意義的問題，就文章推論而言，本文言之成理，足以自圓其說。」

統」的消長變化，3 重新創鑄、發現新的解釋原核、及 4 孔門「證量解經」原型之超越繼承等，乃筆者銜續當年博士論文研究計畫論點進一步探討完成。第二節先研究《先聖大訓》體例、特性及其「證量解經」的「心學聖人」，第三節則探討楊簡特殊經學觀「六經一體觀」，第四節則就楊簡證量解《詩》、解《易》可能在解經學領域引發「顛覆」「解構」傳統解經常模的問題有所討論。此外楊簡心學還有一重大特色，那便是楊簡在其解經詮釋中隨時、隨處抒發對「身心靈主題」的特殊認識，由於此「身心靈主題」在其著作中無所不在、難以單獨切割，筆者乃將楊簡「身心靈主題」的特殊觀點，分散在各章節相關主題架構、節奏中隨文處理，在此一併說明。

最後在寫作目標方面，因筆者素非以探索「知識之眞」爲已足的生命基型，所以儘管本論文已對楊簡心學所涉及學術課題充盡開發研索，然如何在「學術研究」目標下開闢出相應於楊簡心學特性的「生命之學」活水空間，亦是筆者論文寫作得以持續前航的動源所在。即言之，筆者深知「知識」在人類社會結構、機制上確有其專擅、必要，但也相對明瞭：「知識」在「宇宙」、「生命」的主題前，恆然有其先天的局限與盲昧，〔註 4〕猶記有一則論及「知識」的名言大意如下：「無知本身就是黑暗，但如果以自己的知識而沾沾自喜的話，那恐將陷入更深一層的黑暗。」誠哉斯言。因此本論文寫作目標，除充盡完成論文「學術研究」、理性求知的目標前提，也企盼對楊簡心學內部那屬於「非邏輯性、超感官之知的部分」〔註 5〕有所開發，除探索「知識之眞」，也冀盼從各種可能進路達成對靈性、生命本眞課題的相應探索與解釋，至於本論文是否能少量達成這樣高規格的寫作目標，便請方家、賢達不吝賜教指正了。

〔註 4〕 筆者完全承認，我們由學校所獲得的「知識」，大致上是較富邏輯性與條理性的，它也構成我們多數人知識形成的基礎，所以儘管學院式教育有其偏執，但仍不失爲國家社會秩序與機制需要奠定良好基石。但我們也必須承認，只要涉及生命之事，儘管學院式教育饒富「邏輯性」「條理性」（尤指理工、資訊、科學教育），但它卻無法相應於生命內部問題如實看清、究本梳理，以致「知識」與「生命」脫節，確爲此際學院式教育最大問題所在。

〔註 5〕 一般而言，「知識」一詞在常人的知見看法上，總認爲它是從書本上獲得的觀念或看法，基本上，筆者也不反對「知識」的吸收、學習，確有「生而知之」「學而知之」「困而知之」等不同進路與層次；然而事實上，「知識」除有「邏輯性」的特質面向外，更有其「非邏輯性的部分」，至於吾人當如何相應、感知這「非邏輯性、超感官之知的部分」，筆者以爲，這實在難以期望於當今這種強調專業、分工的學院教育，而只能在吾人獨一無二的生命流程與特殊經驗體會中去點點滴滴地獲得、體悟。

第二節　楊簡心學、經學研究成果及其檢討

　　根據筆者的蒐集彙整，楊簡心學、經學研究迄今爲止，固不乏多篇兩岸學者發表的單篇論文，〔註6〕然礙於篇幅、內容相對零星、簡略，實難以作爲楊簡心學、經學研究之指標成果；如果勉爲其難，必得找出較具份量、規模的代表作，以爲楊簡學術研究之成績指標，那麼以下三本著作內容相對完整，倒可視爲初步的研究成果，此三本著作分別是：第1，東大圖書1996年出版、大陸學者鄭曉江、李承貴共同撰作的《楊簡》一書，第2，台大中研所劉秀蘭同學87年完成的碩士論文：《化經學爲心學──論慈湖之經學思想與理學之開新》，第3，大陸學者崔大華1982年完稿的《南宋陸學》一書，其中崔著第三章第二節〈甬上四學者〉部分闢一小節專研楊簡，儘管內容簡約篇幅有限（僅30頁），然對楊簡心學、經學問題卻有更勝於前兩著作的穿透、洞悉能力；換言之，儘管前兩著作撰作時間較晚，文字、篇幅也遠逾崔著，然整體研究水平並未「後出轉精」，超越前人，此中原因或牽涉個人「學力」「識見」「靈敏度」「視野」等多重因素，以致「成書時間在後」未必一定與「研究成績」呈「對等比例」發展。以下便針對此三本書之特色、研究成果細說其詳。

　　第1、東大圖書1996年出版的《楊簡》一書，乃目前台灣市面上最廣爲人知的研究楊簡心學專著。該書係韋政通先生1993年7月主編《世界哲學家叢書》時，委託大陸學者鄭曉江撰寫，爾後鄭氏再找同事李承貴合作撰著而成，該書總計11章、261頁，其中〈自序〉、第3、4、5、6、7章、〈後記〉部分由鄭曉江執筆，第2、8、9、10、11章由李承貴負責，然平心而論，此書透過東大圖書行銷網路之便，固有初步流通之功，然其缺失、疏略亦著實嚴重，除鄭、李二人區分章節各自撰寫，內容、筆法、思路、結構難以實際統整，較嚴重的問題，更在鄭、李兩人本其「知識學訓練」，橫將楊簡心學粗疏、魯莽割裂，以致該書第3章至第9章（共143頁）的系統架構：「慈湖之一論」「慈湖之心論」「慈湖之知論」「慈湖之禮論」「慈湖之人論」「慈湖之治論」「慈湖之教論」，便是這種知識學訓練、「強人就己」的主觀架構區分，然問題是，楊簡心學一言以蔽之：「心善意害」而已，鄭、李兩人不在「心善意害」主軸如：境界、特性、來源、適用性……等問題上深究、推遠，卻另行安立7組個別獨立的架構單元，恍然視「一論」「心論」「知論」「禮論」「人論」「治論」

────────────

〔註6〕研究楊簡心學單篇論文請參閱筆者本論文最後羅列之參考書目。

「教論」等七組架構，乃楊簡學問平行並立的 7 大重心，這不是依其「自以為然」的「知見張孔」來架構楊簡之學嗎？如果為學可以不依對方學問的真實主軸，隨意另起爐灶，安立旁枝末節的架構單元，那麼楊簡心學、經學牽涉的枝節範疇無限深廣，吾人是否可在那「七組架構」之外，另行安立諸如：「慈湖之意論」「慈湖之名論」「慈湖之經論」「慈湖之天論」「慈湖之仁論」「慈湖之學論」「慈湖之覺論」等等章節，〔註7〕使湊成十四組架構單元，以彰顯該論文的「繽紛亮麗」巍巍大觀呢？所以真正問題其實是，無論鄭、李二氏所架構的「一論」「心論」「知論」「禮論」「人論」「治論」「教論」，或筆者信手拈舉的「意論」「名論」「經論」「天論」「仁論」「知論」「覺論」，都只是為楊簡「心善意害」說中「本心我」境界之所含具，鄭、李二氏未就楊簡「心善意害」說之實指加以究明，反一意以個人知見進行「拆解」，這不是很荒唐無稽嗎？以至楊簡心學在鄭、李二氏連手「分工拆解」下，楊簡心學原為「生命之學」的「靈動」部分竟爾消失不見，這便好比兩個看似精明的外科醫生，好端端將正常人架入實驗室解剖，一陣磨刀豁豁後推出手術室，儘管其「外貌」「肢體」完整如初，然該被「解剖者」的「靈魂」「覺性」卻消失不見了，則這樣「外貌」「肢體」依舊無缺的「實驗」「手術」，怎能算是「成功、有效的傑作」呢？即言之，鄭、李二氏所著《楊簡》一書，其最大敗筆，不在兩人分工上的難以統整，更在兩人未如實正視楊簡心學：不是一般知識張孔所對的「思想」，而是經過某種心靈澄汰工夫所呈顯的「生命境界」，若不能把握此要點，則無論如何憑借其後天哲學訓練「橫說豎說」，又怎會與本為中國「生命之學」的楊簡心學體貼、相應呢？

至於第 2 本較具代表性的楊簡研究，則係台大中研所劉秀蘭同學 87 年完成的碩士論文：《化經學為心學──論慈湖之經學思想與理學之開新》，此論文之主要成就，乃是表現在對楊簡心學、經學「基礎研究工程」的用心建構上，無論是資料蒐羅之完整與章節排比之妥貼，〔註8〕皆十足發揮女性心思細膩、善

〔註7〕如上「七組架構」雖係筆者信手拈來，然在楊簡心學、經學中確是以龐大的文字份量具實存在著，其重要性可是一點也不遜於鄭、李二氏所安立的「七組架構」呢！

〔註8〕講到章節排比之妥貼，此處附帶舉例加以說明，此如：劉秀蘭碩士論文第五章〈慈湖於理學之別出與開展〉總計三節，第一節「支裂與一元」、第二節「雕琢與自然」、第三節「辯難與調適」，乃至第六章〈慈湖學之成就影響與評價〉，第一節「成就──聖學之全，世儒難及」、第二節「影響──流風遺韻，百世不忘」、第三節「評價──抑小揚盛，瑕難掩瑜」，儘管此二章內容實際上

於資料管理的特長，對楊簡心學、經學研究著實奠定初步良好基礎（粗坯）。然其論文主要局限，便是儘管對楊簡心經學各領域、面向皆有所觸及，只惜流於「枝節」、「單點」式的認知、描述，以致「見樹不見林」，無法檢擇、識出楊簡心學、經學的主要核心問題（如：儒佛之辨、融佛內門之學、證量解經），這便無法針對楊簡心學、經學核心現象、問題，作出更關鍵、相應的研究、解釋了。即言之，儘管劉秀蘭論文已努力就楊簡心學、經學現象說出「它是什麼」，惜卻無法進一步說明其「何以如此」，更無法針對楊簡心學、經學何以與先秦儒學、傳統經學「不類」作出解釋，亦未能有效檢別、梳理楊簡心學的「心意關係」，點出它在中國「生命之學」場域中的特殊定位，這都是本論文具體可見的瑕疵。

　　以下便舉劉秀蘭未能有效處理楊簡心學「儒佛之辨」之例權作說明。

　　關於楊簡心學「儒佛之辨」的本質定位問題，劉秀蘭雖「隱約」察覺楊簡心學可能受到佛家影響，然究竟受到佛家那些思想境界影響？表現在楊簡「心善意害」說的那些內容、特性上？劉秀蘭皆未能將之當成一重要問題意識、線索來探究。換言之，她擅於蒐集各家「儒佛之辨」「零星」「個別」的正反意見，羅列並陳，然各家見解間存在的本質矛盾、落差，劉秀蘭卻未能如理釐清，對這些矛盾、落差作出相應解釋，以致該論文第五章（也就是倒數第二章）〈慈湖於理學之別出與開展〉第三節「辯難與調適」部分，本該對楊簡心學「儒佛之辨」作出最後總結，然劉秀蘭卻還逡稱：「慈湖卻難逃被指控與禪佛有諸多交涉的重大嫌疑，甚至連他的老師象山在內，也都不免要迴護他只是習氣未盡而已，不可說是禪，所以這又隱約說明慈湖與禪佛之間的確有一些不清不楚的關係未為人知，這就讓我們對慈湖有更深的不解及探索。在這種情況下，慈湖的特別之處，即是研究其思想上一大難處，而這種截然不同的典型，也讓我們對慈湖有著更大的迷惑」。〔註9〕原來劉秀蘭碩士論文研究了老半天，直到倒數第二章結尾，仍未能明確識出楊簡心學與佛禪間的關係，最後竟以「更深的不解」與「更大的迷惑」諸語作結，這不是讓讀者「大失所望」、搖頭太息嗎？即言之，論文寫作如果不能展示、說明、處理、解釋問題，反而以「更深的不解」與「更大的迷惑」來顯示論文存在的意義，這豈非理而不解、梳而不通，教讀者如何對該論文價值寄予厚望呢？

　　　　是劉秀蘭雜取古賢文本正反並陳，並無個人論點創見，然在章節名稱的美化
　　　　對偶上，劉文卻排比妥貼，深為用心。

〔註9〕見劉秀蘭碩士論文第187頁。

即言之，劉秀蘭擅長資料蒐集、卻不擅「直觀穿透」，以致各類文本「全盤照收」「莫衷一是」，使該論文恍如由各式「拼盤」組構成的「大雜燴」，形式、結構雖稱完整，然內在卻缺乏「問題意識」與「中心思想」，此大大削減其可能的學術深度與動人張力。據筆者看來，劉秀蘭碩士論文瑕疵之所自，主要原因有二：1 為「貪多嚼不爛」，2 為「信心不足」。就第 1 點原因來說，劉秀蘭花太多工夫處理經學中「枝節、瑣碎的問題」及「來不及消化的零星文本」，﹝註10﹞偏偏處理這些枝節瑣碎、來不及消化的零星經學文本，卻無法匯萃成一有「特定主題」的系統研究成果，這便難免「見樹不見林」，除未把握楊簡以「心靈體證」詮解「經學」背後的用心，亦未見及楊簡「心學化經學」本質上乃「某種程度、形態地證量解經」，這便容易迷失在中國繁複經學文本與楊簡心學解經的意義落差之中，以致該論文第二章〈慈湖之經學觀點〉，雖不厭其煩以四小節綱目，﹝註11﹞逐一陳述她以「知性張孔」見及對楊簡經學特色的認知，然問題是，劉文「對楊簡經學形貌的勾勒整理」雖有其「基礎工程」的開發貢獻，然終歸只有初步「分類」「歸納」之功，對楊簡「心學化經學」內在勝義何在？可能對傳統經學帶來那些衝擊？乃至楊簡「心學化經學」可能隱藏那些「儒學」、「經學」間的內在糾葛？甚或在經學史上有何特殊意義？劉文都未能窺見、點出，這便是該論文所以「見樹不見林」「徒勞而少功」的原因。

再就使該論文出現瑕疵的第 2 點原因來說，便是劉秀蘭行文之間或許過分拘謹自謙，或許真無個人主見，以致「信心嚴重不足」，只好隨順古今學者文本意見加以「收納」「並存」，然而事實上，歷代學者的意見經常南轅北轍、相互對立，甚或同中有異、異中有同，此皆不可能因劉文的客觀「收納」「並存」得到自然、有機的統整，劉秀蘭又未能即此建立一「更高次元」的盱衡視點，來安立、容攝不同立場、角度者的意見，只好如實陳述古今學者之「所

﹝註10﹞ 如劉秀蘭論文第二章，便花太多工夫去例舉楊簡經學中「疑經改經」──「改篇名」「改經文」「經文錯置顛倒」「刪裁經文」「增補文句」的部分，但楊簡何以不辭麻煩、大量「改經」，劉秀蘭卻未能分說判定，那麼這種細部、微觀的例舉工作，尚且稱不上是訓詁、考訂，這對楊簡心學、經學研究又能提供什麼「絕對性」「必要性」的幫助呢？

﹝註11﹞ 此四小節綱目如下：1「對經疏之疑改：變古批判，疑經改經」、2「對經說之維護：護衛前說，張皇墜緒」、3「對經義之轉化：經解新詮，釋說己意」、4「對經傳之偏愛：千古深契，有得於心」，此參見該論文目錄及內文 26 頁至 90 頁。

見」，卻未能道說其「所見之所以然」，這便無法使她的論文有效檢擇統整、具以彰顯個人獨到的研究慧見了。

　　當然換角度言之，筆者如上對劉秀蘭碩士論文的責求或有「強人所難」「尺度相對嚴苛」之處，畢竟學力的養成、及工夫火候皆需一定的時間、過程、因緣際會來淬練培成，以劉同學當時的寫作年紀、及台灣社會普遍側重知識教育、漠視「生命之學」的整體環境，劉同學對楊簡心學、經學能作出這等研究成果，已屬難能可貴、值堪讚嘆了。行筆至此，也不得不感嘆承認，欲深入中國「生命之學」堂奧，先天除得具足某種程度的根性、稟賦，委實還需「生命」在人間熔爐、歲月之流中歷練、浸潤、沉澱、積累，乃至後天「值遇」種種「親近師友」「經高人點撥」的殊勝因緣，畢竟這些主客觀條件之會遇、成熟，未經一定的年歲歷練、生命洗禮，確是難以寄望「無因而至」，憑空培養得出足夠的生命深度、厚度與寬度的。就此而言，劉秀蘭碩士論文雖有其瑕疵，但比起東大圖書發行、兩位大陸學者撰作的《楊簡》一書綱目架構之「蕪亂無章」「強人就己」、及文字鍛練上的「零亂」「草率」，無寧更顯其「認真勤謹」的態度面向，允宜獲得更多稱許，至於真該教人慨嘆、關注的，反倒是一個能培養足夠生命深度、厚度、寬度的整體社會環境，及一個有助吾人契入古人「生命之學」堂奧、勝義的時代氛圍，在當今這種注重「功利」「時效」的「社會結構機制」宰制下，正在一點一滴的流喪之中，這才是當今有識之士所宜共同關心的更根本課題罷。〔註12〕

〔註12〕此際人類文明進步的腳步雖已加速，但人類未來集體的道路卻日益黑暗、模糊，因為人類主觀意識地造作，使得人類社會的「結構」快速變化，幾乎使人類自己也掌握不了明天；人類社會「結構」的變化，從最早的畜牧生活結構，演進到農業社會結構，再演進到工業革命後的「資本主義社會結構」「共產主義社會結構」，一直發展到目前的資訊革命、網路盛行，每一次時代社會結構的轉變，便意味著人類賴以存活地方式的根本變革，這其間除牽涉到人類社會地位階層或貧富差距的大幅重組與重新洗牌流動外，其嚴峻影響到人類內在生命本質的，則是時代社會結構的變遷——直接衝擊到人類靈性慧命的集體消長變化。茲以農業社會為例，雖然在此形態的社會結構裡資訊不夠普及，生活方便程度較低，但基本上人類的「靈性」、「根性」卻普遍相對淳厚、純淨，此中原因便與當時務農為主、單純素樸的維生方式，及這種集體維生方式所給出的「一分耕耘、一分收穫」的社會集體價值觀有關；但演變到工業社會結構形態後，當代人維生方式被高度「分工化」與「專業化」，人類乃被個別切割、壓縮在平面單點的組織架構中，生命的完整性受到破壞。此外，文明程度越高，人類在某個角度上，似乎越來越能「自行扮演上帝」的角色，近代生化科技基因重組，

最後第 3 本較具代表性的楊簡研究著作，則係大陸學者崔大華 1982 年完稿的《南宋陸學》一書，其中第三章第二節〈甬上四學者〉〈楊簡〉部分，儘管篇幅字數簡短，然對楊簡其人其學，卻有開發、研究之功，筆者必須承認，崔氏不愧是大陸學者中對義理有獨到探勘能力的學者，彼除對老莊思想深具學養，對宋明理學亦有「長流性」的歷時理解，換言之，無論你是否認同他對中國義理、乃至問題本質的見解，至少你不能否認，他對「特定問題」自有其「張孔知見」下明敏、特殊的「識見」，你可以不認同他「知見張孔」下的論點，但卻必須承認，他的「知見論點」自有其特定角度、相對立場下的部分正確與適用，因之，崔氏看來乍似「言之成理」的「論點」、「論證」，經常引起讀者心頭一陣震撼，然細細忖度思量，又覺其言論觀點總未能貼近古人「生命之學」之實，難免流於「昂揚」與「激越」；換言之，儘管崔氏知見、論點未必準確反映楊簡心學、經學本質之實，然借著崔氏某些「激越」「昂揚」的特殊論點，恰可在學術交流基點上，作為與吾人切磋、激盪的對話夥伴，是以本論文第三、五章，便部分引用崔大華某些「激越」「昂揚」的論點，如：認定楊簡之學是「萬物唯我的徹底的唯心主義」（該書 138 頁）、「用主觀的我吞沒一切」（140 頁）、「向唯我主義方向發展」（141 頁）、「蒙昧主義」（146、151 頁）及其批判楊簡解《易》、解《詩》的獨特觀點，來導引、呈現、說明、解決楊簡心學、經學所涉及的問題，所以儘管如上三本研究楊簡之作各有其特色、瑕瑜，且崔氏之作篇幅明顯不足，無法對楊簡心學、經學作出「全面」「完整」的論述，但如果就「開發時間相對較早」及「最能對楊簡心學、經學提出個人特殊論點與論證程序」這兩點特性來看，筆者以為：崔氏對楊簡心學、經學研究確有其一定程度貢獻，且此研究成果是不宜因其某些「昂揚」「激越」論點之不恰而全盤推翻、否定的。

最後，如果必須點出如上三著的共同缺憾，以反襯本論文所開發方向、空間的「諦當」「殊勝」，那麼筆者便不諱言指出，如上三本著作的共同缺憾，

複製人、複製羊暫且不說，當代夜晚家家戶戶的日光燈、霓虹燈，即可構成人類某種程度地打造「人造超越界」的心安假相，當人為燈光、鐳射光幾可取代人類對「上帝神光」「佛光」「聖賢典範」「天地之光」的思慕歸返時，人類靈性生命渴望成長出頭的內在聲音，是難有機會被迷信「科技萬能」的當代人所察知的。以致不確定性與難以預準性日漸增強，一般人在此社會結構機制的宰制下，能留給自己靈魂慧命成長的時間日少，但被社會機制集體拖曳下去的力量卻與日俱增，這才是當今快速變動社會拋給現代人的艱難課題。

便是對中國古人「生命之學」的本質相對「隔閡」「疏離」，以致儘管論文形式皆以「知識架構」完整包裝，卻總無法相應於中國「生命之學」本質及「楊簡心經學特定主題」搔到個中癢處，激發讀者「酣暢淋漓」欲罷不能的閱讀吸引力，套用大陸知名作家兼學者余秋雨先生的話來說：「一生中有幾本書不能吸引讀者，這幾本書等於白寫；一本書中有幾篇文章不能吸引讀者，這幾篇文章等於白寫，一篇文章中有幾句話不能吸引讀者，這幾句話等於白寫。」「我作為一個也曾長期從事學術研究的人需要補充一句：即便是學術論文也應該具有起碼的吸引力，只不過吸引的範圍和方式不同罷了。」「吸引力的內在依據是文章本身的張力。張力往往因問題而引起，如果完全沒有問題，沒有追索問題、展示問題、闡釋問題、解決問題的欲望，文章就沒有開弓之力，那怎麼射得出去？」；〔註 13〕換言之，如果筆者論文真有更勝前賢之處，那便是本論文各章節主題內容之安排、次序、呈現、展開，無論是「儒佛之辨」「生命之學」或「證量解經」，均實質以「問題意識」、「特定主題」、「生命體驗」作為探索楊簡心學、經學課題的現實驅動力，有此真實「問題意識」與「生命體驗」為動因，本論文庶幾不虞流於空疏、冰冷，對有心融入中國「生命之學」踐道隊伍的有心讀者，或許稍能在與本論文會遇的過程中，多少打心底生發某種程度的相契、體貼，在一般冰冷、規格的學術論文框架之外，品味到些許傳統中國「生命之學」特色的氛圍暖意吧。

第三節　本論文研究方法
——靜態「生命之學三進路」解釋架構之建立

　　茲因本論文涉及楊簡心學在「生命之學」場域中：長期靜坐、境界體驗等工夫進路問題，以及楊簡不少「有覺弟子」之修學路數、身心徵候與傳統儒者之修學進路異趣之解釋問題，此皆超乎尋常知識學範疇所及，為針對此特定性質、問題之探索，筆者在研究方法之選取上甚費思量；換言之，筆者素仰唐君毅先生建構有「天德九境」〔註 14〕、「中國之人格世界」〔註 15〕等生命基型可

〔註 13〕見余秋雨《台灣演講》一書〈寫作感受——二、沒有吸引力等於沒寫〉第 27頁，爾雅叢書 1998 年元月出版。

〔註 14〕此「天德九境」分別是：1 歸向一神境——觀神界（上），2 歸向一神境——觀神界（中），3 歸向一神境——觀神界（下），4 我法二空境——眾生普渡境——觀一真法界（上），5 我法二空境——眾生普渡境——觀一真法界

資參酌，唯幾經推敲，考慮到楊簡及其近 10 位心學從人修學模式之文本，在實際論文寫作上難與唐君毅先生「天德九境」、「中國之人格世界」等分類方式適恰銜接，〔註16〕乃另援用有長期靜坐體證、復對各宗教學派心行有高度融攝力的──法國籍耶穌會神父甘易逢所著《靜觀與默坐》一書〔註17〕對「生命之學」的解釋架構，加以重新詮釋轉化，設計出靜態「生命之學三進路」的解釋架構；即言之，筆者靜態「生命之學三進路」的解釋架構不是「規範性」地分判，而是針對相應於解釋楊簡心學本質、特性及其近 10 位心學從人的修學入路所作成的方便區分；換言之，論文研究方法採擇是否諦當，端看是否能相應達成計畫中的研究目標，只要研究目標能有效達成，則不同解釋架構自皆有其適用的方便與殊勝。

再者，筆者所以架構靜態「生命之學三進路」的解釋架構──「中門之路」「內門之路」「上門之路」，乃是有感於「道」──生命真理本是自然現前、法爾存在的，人之所以看不到它，乃因吾人自身所持的心靈視點、生命向度誤差所致。換言之，人因為本身身心結構的局限，及認識世界的方式恆從「有限性」出發，以致縱有機會投入追索生命真理的踐履行動，往往因自我生命境界、層次的局限，只能看到自己主觀執著意識所指對的方向、事理，並「選擇性」接受與自己生命基型相近的可能真理。這便好比在生命的海洋中，吾

（中），6 我法二空境──眾生普渡境──觀一真法界（下），7 天德流行境──盡性立命境──觀性命界（上），8 天德流行境──盡性立命境──觀性命界（中），9 天德流行境──盡性立命境──觀性命界（下）），此參見唐先生《生命存在與心靈境界》（下）一書。

〔註15〕 此十種人格分別是：1 有功德於民生日用之人物，2 學者，3 文學、藝術家，4 儒將與聖君賢相，5 豪傑之士，6 俠義之士，7 氣節之士，8 高僧，9 隱逸與仙道，10 獨行人物，11 聖賢。此參見唐先生《中國文化之精神價值》一書第十三章。

〔註16〕 據筆者對本論文主題架構的認知掌握，楊簡及其心學從人修學模式、身心徵候之文本，與唐君毅先生「天德九境」「中國之人格世界」的分類性質皆相去甚遠，實難以類比適用，原因在於唐先生建構的「天德九境」──每一境界都各有三、四個基本性質、特色作為前提條件，換言之，只有研究對象的學問特性呈現得夠明確清楚，才較方便與唐先生「天德九境」「中國之人格世界」的分類架構銜接，然楊簡心學特性、家派定位問題、乃至其眾多心學從人的修學路數、身心徵候，在文本的呈現上都還未清楚到可以「對號入座」的地步，若勉強套用，恐欠妥適。

〔註17〕 該書由姜其蘭女士翻譯，光啟出版社 85 年 2 月初版。另甘神父已辭世多年，今若在世年齡應已過百，甘神父早年在輔大神學院高級班任教，素受羅光校長、同事禮遇愛戴。

人或許能幸運從自己「生命之舟」的立足點，看到陽光投射在海面的美麗光影，由於吾人的「所見」確然是自己生命經驗中的「真實」，每每容易執著自己的主觀經驗便是人間唯一、正確的真理，進而誤以為別人只有進入我「生命之舟」所在的方位、基點，才能看到人生獨一無二的真理、光芒，殊不知，同為萬物之靈，任何人只要踏上「生命之舟」，都有機會在自己現前的生命座標、方位上，看到陽光「普遍」、「無執」地遍灑海面所呈現的彩影。所以站在學術研究立場，儒墨之是非、孔子與隱者的對話、儒佛之辨、乃至中西文化論戰等學術課題，固皆有其學術研究價值，但對「向道者」人生的究竟歸仰來說，如何體證生命真理、如何讓自己與「生命之光」融合，進而在現實、有限的人生格局中活出輝光，卻才是此生之行更重要、真實的使命。因此有感於吾人認識真理的方式，可能具存著不自知的遮蔽、盲點，本論文研究方法，特別建立靜態「生命之學三進路」的架構模式，希對解釋楊簡心學、經學本質、特性等問題有所釐清，更期望此「解釋架構」對普今之世各名門教派所見的真理有所融通、安立，庶幾免於「門戶之見」張孔下可能的偏執、諍伐。

陳述靜態「生命之學三進路」的解釋架構前，筆者先介紹甘易逢神父在其《靜觀與默坐》第一冊〈神性世界的結構 —— 疆域及道路〉〈往超越界的二門戶〉一文中，對 3 種路向、方式可接近「天主」的靈修解釋。甘神父云：

> 通往天主的路有三條，第一條是上門，通向高處的天主；第二條路是中門，也是無門之門，是通向遍在萬物、人內、大自然內的天主；第三條路是下門，同時也即是內門，那是通往內在的解脫之路。（見該書第 28 頁）

換言之，第一條路上門，乃是開向超越之路，「天主是絕對超越的天主，他超出人類思維想像的經驗範疇，大多數的基督修證者皆沿此超越之路行走，他們神魂超拔的象徵與標誌，通常臉部都是朝著天際，似乎是被從上而來的光所照亮；這與吾人所熟知地佛陀安止於內在靜觀中的禪定神態有所不同」。「順此超越之路行走，雖然標記與象徵繁多，卻可透過它們達到天主。沿路走去，靜觀者會遇到孤獨、差距、荒漠，因為天主是超越界，總超然物外。」「沿此路，人發現了天主偉大的深意，但也可能因此發生危險，那就是把天主看得離人太遠，由於無橋可搭的距離，超越可能就此完結。」（見該書第 28、29 頁）

至於第二條路：中門，甘神父認為此門是「無門之門，因每個方向都敞

開，就開在我所在的地方。由我自己的中心，可沿千百條不同的路徑行走。走此路，可在各地、在萬物中找到天主。這是遍在的路，意即天主臨在萬物內，臨在且行動。……在此中間的路上，我們必須聚集所有的人際關係，宇宙始於我內，且立刻向我弟兄、姐妹、所有人類的世界開放……這路由近人開始……與天父及弟兄姐妹過著關係緊密的生活。」（見該書第 29、30 頁）

此外第三條路：下門，則「是通往內在之路的內門，佛、道兩家及印度靈修大都走這一條道路，禪修是佛教特有的經驗，我們常看到佛陀被繪成靜坐於菩提樹下內觀，祂不會被繪成雙眼瞭望著天空，因祂的覺悟來自祂生命內在的體證。……這內在的路對很多基督徒有吸引力，卻因害怕落入自我中心，被忽略了相當長的一段時間……但若我們了解，走到中心，再由中心走向萬物之源，此路即成為走向天主的絕妙道路。」（見該書第 30、31 頁）

由如上文本可見，甘神父〈往超越界的三門戶〉一文乃是針對天主教徒、基督徒可從如上三條不同路徑發現、會遇「天主」所做成的特定解釋；換言之，此特定解釋儘管對天主教、基督教行者之靈修顯其意義，然仍不免有「使用對象」「適用範疇」上的「局限性」，有鑑於此，筆者乃部分汲取甘神父〈往超越界的三門戶〉的名相詞彙、資源概念，注入新的內容予以詮釋轉化，重新建構筆者靜態「生命之學三進路」的基本解釋架構，其詳如下：

　　1 中門之路。

　　2 內門之路。

　　3 上門之路。

除此三路之外，另有一條形似生命之路，筆者姑且名之為第 4 條路──「外門之路」或稱「生命偽路」。以下便針對如上 4 條門徑之內涵進一步解釋、說明：

　　1 中門之路：行走此條生命進路，大抵以人類「相對性的意識思維」為認識人我、世界的工具、及邏輯演繹基礎，在人間世相上尋求自我認定的意義、真理，期以建立「人與人」「人與事」「人與物」的完美理則、通路、規範、關係等，一般而言，中門行者大抵具現世精神，特重人間性、理想性，相對缺乏出離心，九流十家中如墨家、農家等可為代表；此外，一部分特重外王事功、積極建立客觀化秩序、規範的儒者如荀子、及「為學日益」型的經學家皆可劃歸此路。〔註 18〕進言之，如果上門行者的典型修學特徵可比擬為臉

────────────────

〔註18〕據筆者之見，《禮記》〈禮運大同篇〉一文儘管未必為孔子本人所寫，然此文

部朝著天際，似被從上而來的光所照臨，內門行者的典型修學特徵，可比擬為佛陀安止於內在靜觀的禪定神態之中，那麼中門行者的典型修學特徵，據筆者看來，便可以——「周公制禮作樂、孔子刪述六經、率弟子周遊列國推廣仁政、乃至經學家皓首窮經於經傳注疏之中」等圖繪來作比擬，此皆以吾人根身意識為工具，發揮其正向功能，在人間各種型態的活動歷程中，發抉、開創人生真諦的踐道類型。

2 內門之路：此路通常以佛家或廣義內觀式宗教為代表，基本上，這乃是倚仗吾人自心努力的力量，專注、持續往內靜觀、深化，所以這條靈修之路，基本上是一條自我除垢、淨化的深遠過程，在此除垢、淨化過程中，心靈一直往「內」鑽探潛索，層層剝落，最後可能看到自己的本質其實即是空性，沒有質實不變、可以執著把捉的「自我」，此種空性體證的覺受經驗，帶給內門行者的，不是一無所有或空虛、空茫，反而是一種「豐盈」「滿」的感覺，所以它是一條轉識成智、明心見性之路。此外，道家、乃至部分特重心靈體證的儒者如孔、孟、象山、陽明在某個程度、層次上亦可相對劃歸此路，換言之，行走此路，憑恃的主要工具是「心」，不過儒、釋、道家所言之「心」，因彼此對人生、生命、世界的認識、方法有其不同面向的側重，以致佛、道兩家「心」的特性、境界在「負面消解」「為道日損」「無我」「無為法」的層次上較為接近，至於儒家當然亦有精微的內門心行，然由於必得搭配中門進路「知其不可而為之」的「淑世精神」與「外王使命」，以致對「心」的認識、體證必得從「主體性」「創造性」「德性我」出發。

3 上門之路：此條路徑大抵以基督教、天主教為代表，上門行者的主要行進工具為「信仰心」，彼等相信上帝、天主乃宇宙間至高無上、全知全能的主宰、「造物者」，上帝、天主以某種「受造者」（如人類）——恆難理解的方式掌管著宇宙秩序與人事運作，且上帝、天主所在的「超越界」自是永恆的時空國度，所以上門行者視人世之旅只是某種形式的過度、旅棧，今生行履皆是為了彰顯「神的榮耀」及回歸「主的懷抱」而顯其意義。進言之，上門行者是以完全交託、信靠的心靈態度，來接近他們所皈仰、認定：那代表至高、

卻可視為中門儒者依其「相對性的意識思維」，在人間世相上尋求建立「人與人」「人與物」「人與事」的完美理則、通路、規範、關係的典型代表，換言之，儘管「天下為公」、「大同世界」在此人間世恆然是個難以企及的高遠目標，但它永遠是中門儒者心中一個不可或無的美善理想。

無限、權柄、全能的上帝、天主，所以這條上門靈修之路，大抵特重「信力」
及「他力」，相對缺乏「解」「行」「證」等修學配套工夫，所以在生命進路上，
這乃是心靈虔敬朝「上」與上門眞理、光尋求會遇、融合的前進模式，除此
三條路徑之外，另有一條「形似生命之路」，筆者姑名之爲第4條——「外門
之路」或云「生命僞路」，在此一併簡述。

4「外門之路」：此路大抵以人類「相對性的意識思維」、「形軀感官功能」
及其「意欲」爲認識人我、世界的工具，並將生命價值定位在「現象界」「世
俗界」等外在成就、價值的取得之上，基本上，這是一條「形似」生命之路
的「陷阱之路」，行走此路，因以「形軀感官功能」及其「意欲」爲接觸、認
識人我、世界的工具，是以「外門中人」若不能某種程度與前三條路徑連結，
通常年歲愈長，「形軀感官功能」逐漸弱化敗壞，愈會感知這是一條沒有光明
前景的死胡同，所以此路不屬眞正生命之路。法家、帝王思想、個人主義、
或自我中心意識者可爲代表。

分述靜態「生命之學三進路」及生命僞路的解釋架構後，此下再就「生
命之學三進路」的交互關係續爲說明。

首先，如果拿「上門之路」與「內門之路」權作對比，因這兩條路乃宗
教行人普遍遵行的道路，所以儘管天主教、基督教行者走的「上門之路」，與
佛教行者走的「內門之路」路向迥別，甚至可能因修行系統、路徑方向差異，
有時心靈難以相互知遇、理解，但可確定的是，無論走上門或內門之路，只
要是緊握這兩條「宗教繩索」登山的尋路人，縱或今世往生前未及攀登到頂，
完成生命體證，但至少沿途緊握著「宗教繩索」，心頭總有某種「安穩牢靠」
的感覺，這種相對「安住」的心理，大抵與他相信該宗教的系統詮釋、以及
心行踐履後生發某種信仰力量有關，這便好比漂浮在生死海中，手裡若能握
住救生圈、浮木，心頭多少會有相對「安全」「平安」地感覺。〔註19〕再者，
「上門之路」與「內門之路」行者有沒有可能打「靈修體證」中尋求彼此的
瞭解、相知呢？據筆者之見，對已然站上生命頂峰的悟道者來說，無論先前
他是循那一條路徑攀登上山，只要眞已登峰到頂，縱使生命向度、悟道過程

〔註19〕若與中門之路權作對比，由於上門、內門行者大都帶有若干出世間法、出世
　　　　心、不全然肯定現世等宗教意識、信仰特性，故與生死課題最是緊密相關；
　　　　相對來說，中門行者大都對生死課題「存而不論」，有以「肯定生之意義與過
　　　　程」來取代「正面探討死亡課題」的傾向。

有別，但可確定：彼此登山到頂的心靈體證、生命境界，必可達致某種程度地「會通」「相知」。若進一步就這種可能「會通」、「相知」的生命狀態權作區分，那麼筆者以為，通常「內門行者」較有機會感知「上門行者」的境界修為，相對來說，「上門行者」對「內門行者」的心靈境界可能相對睽隔，這種相互理解上的落差，筆者可打個「比方」權作說明，此即：「上門行者」的心靈狀態若可比擬為「樹上的花朵」，那麼「內門行者」的心靈境界便好似「鑽入黑暗泥土裡的樹根」，一旦行者循「上門之路」前行，他所信靠的天主、上帝、基督便好似對著「樹上花朵」照臨的「陽光」，天主、上帝的愛及光明源源不絕、無所窮盡，上門行者在此信靠過程中，只須調整好心靈方向、角度——朝上仰望、全然付託，將自己交給上帝、天主，即可達到一定程度的「心靈救贖」與「交融照映」，不必正面處理個人生命內部的幽微、陰暗，就此而言，「樹上的花朵」當然比較不容易理解——鑽入黑暗泥土裡的「樹根」，必得「獨力」面對生命內部種種負面意識、業習之消解、轉化，及一層層刮垢磨光、去執解碼、轉識成智的繁雜過程；相對來說，埋藏地底的樹根，儘管未必有機會直接承受「陽光」的照臨，但它在黑暗地底成長、深化的過程，因曾赤裸面對、經歷自己生命業力、業習的苦痛、消解、轉化、釋放等階段次第，所以內門行者只要有機會突破各次第關卡，證及圓滿具足、不假外求的「自性法味」與「生命滿盈覺受」，這種由內湧出的生命覺受，絕對讓內門行者有機會「感同身受」領略「樹上花朵」被「陽光」照臨（蒙受主恩）的豐盈喜樂，且此「內在法喜悅樂」比起上門行者——必得依恃外來、上照的陽光之照拂，更有其不虞消失、變異的「持久性」與「內證性」。

進言之，不管行者是循「生命之學三進路」的那條道路以踐道，只要該踐道者還未及大徹大悟、究極完成，一定多多少少還會拘執於某某教、某某家派的教義、理念，被自己這種主觀認定的「意識薄膜」所包裹，從好處說，這種主觀意識的拘執（「意識薄膜」），至少讓該行者得以循著清楚的「標誌」，認清自己的生命座標與方位，免於在人生大海中迷航，並保有某種程度得以「自圓其說」的心安與自我貞定，但究竟說來，此種生命座標乃是透過自己心識的張孔去捕捉「真實」所得到的反射而已，它依然只是「究竟真實的影子」，恆不意味此即等如「究竟真實」；相對而言，對生命業已完成的悟道者來說，無論先前他是循著那個門徑進入「真實」，只要真已修證完成，那些原本拘執於家派門戶之見所形成的「意識表層薄膜」，一定會自然「融化」「崩

解」，因爲對他來說，生命課題既已究竟完成，便沒有「家派」「門戶」等等分別執著、人爲劃分的葛藤問題了。蓋「生命之門」的分類，只對那些覺知其生命亟需尋找「眞實」「答案」以及「相應教法」的人始顯其意義，對生命業已完成、或根本不覺自己有尋找生命眞理之須的人來說，任何「生命之門」的解釋系統、分類方式，對他都是可有可無、不特別具有啓發意義與教化功能的。

此下進一步闡釋中門之路特性，並對儒家在靜態「生命之學三進路」架構中兼跨中、內門二路再加解釋。

一如筆者所言，「中門之路」的最大特徵，乃是以人類「相對性的意識思維」作爲認識人我、世界的工具、及邏輯演繹基礎，在人間世相的活動歷程中尋求自我認定的意義與眞理，進而架構起自我生命座標的踐道形態；就此而言，「中門」也可視爲「無門之門」，此因對中門行者而言，每個方向既都敞開、無阻，且敞開在「現實存在的我」當下立足之地，中門行者若以此「意識思維」爲中心，四處瞭望，定可發現四面八方皆有千百條不同路徑可走，隨時可與若干志同道合者投入各種不同形式、性質的活動內容中（如選擇以環保、教育、慈善、醫療、知識傳遞……等一種或數種志業爲踐道基點），進而在此「生命座標」尋找、發現踐道過程中所見的眞理，就此而言，此路也可視爲是一條「遍在之路」，儘管此「遍在之路」可能隱藏著中門行者未及察知的「陷阱」與「盲點」。

何謂中門行者可能未及察知的陷阱、盲點？茲以中門儒者爲例權作說明，蓋中門儒者大抵是從生命個別的「單點」出發，逐步走向「線」、「面」「空間」的連貫統體（此好比《大學》所謂「格物、致知、誠意、正心、修身、齊家、治國、平天下」的循序進階次第思維），來尋找其意識思維所認定的人生正確，所以對人間的是非、善惡往往能建立一套相對清楚、乾淨的價值觀，並發展、建構饒具理想性地規範、法則、通路與理序，從這個角度說，中門儒者自有值得讚嘆的人格殊勝，然相對來說，作爲通往「超越界」的修行進路，「中門之路」明顯有其盲點，此即：它可能過於局限於「平面」的生命向度與「短程」的人生、世界認識，進而使「中門之門」形成一條與「超越界」缺乏眞正系連的「無門之門」，這是「中門行者」最可能面臨的生命瓶頸，也最容易在某些至親之逝、或個人「生死交關事件上」流露「人生蒼茫無告的不確定感」；但「中門之路」作爲一條踐道門徑，它也提供了一種絕佳的可能，

此即：透過單點、個別地出發，逐步一層層、一圈圈往外擴充實踐，中門行者還是很可能在此踐道歷程中，建立起從「世俗界」銜接、通往「超越界」的契機。所以中門行者若適度調整自身生命向度，部分融攝內門、上門之學，〔註20〕便有機會跨過生命向度過於「平面」「狹窄」、時空、世界認識過於「短程」的侷限，進而與「超越界」達致某種程度地通流，或依儒家原有的生命內門之路（如：天人合一、心性天通而爲一），達致個人獨一無二的生命體證，進而在此生命體證中安身立命、自我完成。

　　即言之，就筆者對生命之學的綜合理解，儒者如果單循中門之路踐道，當然也可系統成立、系統安身立命，但一般說來，中門儒者的安身立命總是沒有那麼自在、適意的，原因是：單循「生命中門之路」踐道，一般相對不具出世、整體、無限的生命觀，乃用心爲此人間現世世界，建構、打造自我認定爲可大可久的價值觀、及理想人生規範、準則、圖繪等，以供時人、後人依循；換言之，中門儒者所要照顧的人間「外王」：其具體殊別內容、及「與物交接」的複雜情境狀態乃是無窮無盡、變化無息的，以致中門儒者心思隨之運轉的考量、計慮、掛礙、憂患亦是無窮無盡，此種外王分殊事業之生命負重，實非常人有限的身心靈結構、能量所能負擔，縱或一時勉能撐荷，然長此以往一定導致身心緊繃及某種程度地念慮執著，生命當然相對難以平平放下，得其輕鬆、自在了。

　　此處筆者必須再次強調，汲取甘神父〈往超越界的三門戶〉的名相詞彙、資源概念，用以解釋各宗教學派探尋生命眞理的「生命之學三進路」，只是一相對、簡約、方便、概括性的靜態解釋架構，如另探究個人具體、動態地生命主體實踐，那麼人間事相的變數、變化何其繁複、雜染、糾葛、難以簡單分類，自非筆者「生命之學三進路」的解釋系統所能概括，所以一般行者在其主體實踐、動態融攝的生命歷程中，實際夾雜的繁複變數、因緣糾葛自是遠逾於此，迥非靜態「生命之學三進路」的解釋系統所能含概，更何況，每個行者在其生命主體實踐歷程中都可能存在著「迷路」「走錯路」的危險。舉

〔註20〕一般而言，儒者大抵循「中門之路」踐道爲多，兼或程度不等地融攝一、兩種上、內門進路，據筆者所知，儒者若融攝其他修行路徑，其融攝內門之路（如：佛、道家）的可能性，通常較融攝上門之路（如：天主教、基督教、回教）的可能性爲高，此中原因除了歷史因素的解釋外，更與儒家本身具足一定程度的內聖特性，致與佛、道兩家對生命之學的解釋系統較爲相容，相對利於轉換、連接有關。

例來說，張三在其主觀意識中，可能自我認定為循「生命之學三進路」的某條進路以踐道，但人間「善復為妖、正復為反」的現實際遇何其弔詭，彼何嘗不可能在中途某段落，因原初學道動機、心態的不夠純篤（如以勝心、較量心學道），或因某些不自知的念慮執著、際遇激盪，致從原本認定的某條生命進路，失足跌落「外門之路」，造成生命的錯位與迷航。〔註21〕同樣的，部分內門、上門行者，也可能在其主體踐道歷程中禁耐不住種種「境界考驗」（如：難耐孤寂無趣、單調重覆），或因個人生命特質的某些歸趨、選擇（如：不耐繁文縟節之戒律、或近乎與世隔絕的生活模式），最後改走中門之路，在其重新選擇的志業投入過程中「如魚得水」（如：暫離內觀或上仰天主的靈修道路，改在社會慈善福利機構或教育崗位中服務等），另闢天地；此外，中門行者也可能因某些因緣際會，部分融攝某種程度地內、上門之學以為踐道上的輔助，但仍大體維持其中門之路的主觀意識思維，凡此「生命之學三進路」交互穿插、融攝的繁複動態發展，皆非靜態「生命之學三進路」的解釋系統所能概括。

再者，靜態「生命之學三進路」只是一方便解釋系統，恆不意味人間行者都是依其主觀認定的生命進路、踐道模式「持續」「穩定」地前進、發展著，舉例來說，普天之下佛教徒、天主教徒、基督徒人數何可限量，但恆不保證佛教徒必循「內門之路」、天主教徒、基督徒必循「上門之路」以踐道；換言之，佛教徒、天主教徒、基督徒都只是一「外在假名」，某某教徒的表面形式身分，並不等於他必循著該宗教的典型生命進路以踐道，因此只要佛教徒、天主教徒、基督徒，是以「相對性的意識思維」做為認識人我、世界的主要工具，在人間世相上尋求主觀認定的意義、真理，則無論先前他是否已皈依、受洗——取得名相上的教徒身分，此仍是循「中門之路」以踐道，未可一逕劃歸內門、上門之路；再者，若某人信仰動機主要是希求今世「福報」、趨吉避凶，未有追索、體證生命真理的決心與實踐，這明顯便是「外門中人」的

〔註21〕筆者以為，生命之學三進路：無論是中門、內門、或上門之路的詮釋系統，其能在人間久存立足，必有其一定的正確與適用，但筆者也必須承認，無論那條生命詮釋系統，都必得搭配行者的真實踐履始顯其意義，蓋「生命詮釋系統」就好比該門通路的「橋樑」，只有通過「橋樑」登履彼岸，此詮釋系統才有存在價值，否則若脫離該門實踐，一逕在不同詮釋系統的優劣得失間辨議，最後一定會掉入「外門之路」的泥沼，不僅未得受用，還徒然製造口業是非，寧不可惜？

具體表徵，此與他表相宗教信仰的典型生命進路亦無關涉，這是筆者必須判抉強調的。

此外，各教派、個人在具體、動態地主體實踐過程中，亦可能存在著「凌跨多門」的情形，此如：一般來說，佛家淨土宗特重「持名念佛」，普遍以往生西方極樂淨土爲歸仰，在專重「信力」「他力」的意義層次上，頗類似天主教、基督教行者求生天國的上門進路模式，但淨土行者若持名念佛，不以有形有相的淨土爲依歸，一心唯重「自性彌陀，自心淨土」，便可視爲融攝「上門」、「內門」之路兩種修學形態。此外，以個人具體、動態地行持實踐爲例，禪宗六祖慧能、今世廣欽老和尚、苗栗福慧尼師，大抵以出世間法、解脫道爲修行重心，此可視爲專精踐履生命內門之路的代表；然而同屬佛教界——領導慈濟功德會、開創「台灣經驗最感人一章」的證嚴法師，絕對兼具過人的內門心行與中門識見、修爲，然而慈濟委員人數眾多，各人根器、因緣不同，未必人人都循佛教「內觀之學」行持，故不排除部分慈濟委員係走生命「中門之路」以踐道。〔註22〕此外，以宗教救世精神感召人心的德蕾莎修女，表相身分固爲天主教上門行者，然彼領導百千修女穿梭在人間苦難的第一線，何嘗不具足因應、解決人間現實問題的中門智慧，乃至饒具走過內在心靈幽谷、類似內門之路的相似心路歷程。再如經筆者引用文本的甘易逢神父，基本上他乃是循「上門靈修之路」前行，但也一併融攝內門之路的心行體驗與中門之路的分別智慧，所以從證道的角度來說，甘神父當然是蒙受天主寵愛（蒙受光明照臨）的上門行者，但從他平等心融攝其他宗教心行的超越視點看來，甘神父亦絕非被天主、固定教派綁住、遠離其他生命進路的人。

以上分別陳述了靜態「生命之學三進路」及「生命僞路」的解釋架構、儒家在此解釋架構下的角色定位，以及各教派、個人在具體、動態地主體實踐過程中，可能夾雜「凌跨多門」或「走錯路」的情形，筆者相信，這對本論文第四章以近 7 萬字篇幅，探討楊簡心學在「生命之學」場域中——本質、特性、工夫入路、境界層次、適用領域等問題，都有「關鍵性」地梳理、釐清之效；至於筆者如何以靜態「生命之學三進路」的詮釋架構，撐開本論文

〔註22〕如果説佛家是以「內門之路」爲主軸，那我們便得承認，證嚴法師所帶領的慈濟功德會，無寧綜合了「內門之路」與「中門之路」兩種踐道型態，依筆者之見，證嚴上人絕對是以「內門之路」的菩薩心行、修證爲基礎，力行大乘菩薩道，相對來說，大部分慈濟人——委員、會員們，則不排除係循「中門之路」尋找自我認定的人生正確。

第四章「生命之學」各章節的主題，據以說明楊簡心學如何在儒家原有「中門」、「內門」二路的基礎上，進一步融攝了佛家「內門之路」的境界與方法，這當然還要筆者以楊簡工夫歷程、心學境界等書面文本來實際證成，這部分便請讀者諸君在本論文第四章繼續賜教、指正罷。

第二章　楊簡「心善意害說」系統性析論

在當今楊簡心學研究論著中，迄未有人對楊簡心學作出相應於其學問特性的系統架構論述，此中原因據筆者研判：1 應與楊簡心學一貫以「不起意為宗」、內容過於簡略（就此可言「學如其名」──「簡」），實難以再進一步系統切割，及 2 礙於楊簡心學是以「非分解說」、「整體論」、無「下學工夫」入手處地方式呈現，以致橫加系統架構恐有「割裂」疑慮有關；然考量到學術論文總有析述展開之必要，本章爰依楊簡心學文本脈絡，安立三章節，以便對楊簡心學作出「第一序」的系統論述，並利爾後第三、四、五章以「問題意識」為動因的「第二序」研究之展開、呼應。

第一節　楊簡「毋意說」理論析論

在楊簡所有書面文獻及解經著作中，觸處可見楊簡相對「揚心」而「貶意」的內容形跡，唯在相對「貶意」的書面文本中，《慈湖遺書》〈絕四記〉一文乃楊簡闡釋「毋意說」字數最長、內容也最詳盡完整的文章，以下即以〈絕四記〉一文為分節基準，先討論楊簡〈絕四記〉一文以外字數較短、篇數繁多、內容也相對簡略的「言意」文本，進而另闢一小節，專門討論楊簡〈絕四記〉一文「毋意說」的特殊心學詮釋。

一、楊簡心學工夫初探 ──「意動於愛惡故有過，意動於聲色故有過」

在楊簡「心─意」關係文本中，《慈湖遺書》卷二〈記〉體文 34 篇、及卷三〈書信〉13 篇，篇幅、字數相對簡短，然每篇都程度不等地載有楊簡以

「心意關係」爲主題地心學論述，儘管這些〈記〉體文、〈書信〉文多少都敷應著某些「特定事件」而發（如爲學堂興修、落成、更名而寫），但透過這些「應物接事」之時寫就的文本，仍可看出楊簡「毋意說」的基本觀點，以下便據此展開。

首先，《慈湖遺書》卷三〈學者請書〉一文楊簡如是說：「王道平平，人心至靈至神，虛明無體，如日如鑑，萬物畢照，故日用平常，不假思爲，靡不中節，是謂大道。微動意爲，爲悲爲僻，始失其性，意消，則本清本明、神用變化之妙，固自若也」，從文義語脈可知，楊簡所謂的「心」，乃是以「至靈至神」、「本清本明」爲其「性能」，此「心」雖「虛明無體」——既非「實體性」的「物質心」，亦非「主體性」的「創造心」，但卻具有「如日如鑑」「萬物畢照」「日用平常，不假思爲」的特性；然只要吾人微微動了「意慮」、「念慮」（即「動意」），此「虛明無體」的「心」便可能失其性能，不再「至靈至神」、「本清本明」（即「爲悲爲僻」），反之，俟吾人「意慮」、「念慮」消釋散去，那「虛明無體」的本心，又可回復其「至靈至神」「神用變化」的原初性能與作用。從如上梳釋理解中，我們隱約察及：楊簡「心——意」關係之間似存在某種可以「互爲轉化的內在機制」。

此外，公元 1211、楊簡世壽 71 歲那一年，曾將永嘉郡學「養源堂」（亦名「清心堂」）正名爲「永堂」，在陳述正名原委時，楊簡附帶抒發他的心學見地，文本爲：

> 清心即正心，正心，孟子之所戒也，而後人復違其教，何也？
> 易上繫曰：聖人洗心，大學曰：先正其心，故後學因之不察，
> 夫上繫之洗心，大學之正心，皆非孔子之言也，不繫子曰之下。
> 某二十有八而覺，三十有一而又覺，覺此心清明虛朗，斷斷乎
> 無過失，過失皆起乎意，不動乎意，澄然虛明，過失何從而有？
> 某深信此心之自清自明，自無所不通，斷斷乎無俟乎復清之，
> 於本虛本明無所不通之中，而起清之之意，千失萬過，朋然而
> 至矣，甚可畏也。（見《慈湖遺書》卷二〈永嘉郡治更堂亭名記〉）

即言之，在尋常的修學思維中，總認爲「清心」「正心」乃某種程度的工夫下手處，以致〈易上繫〉、〈大學〉便有「聖人洗心」、「先正其心」的說法，但楊簡卻反對此說，認爲吾人「本心」原本就「清明虛朗，斷斷乎無過失」「過失皆起乎意」，因此如動念別起一個「清心」「正心」的造作念慮（「起清之之

意」)，「千失萬過」反將「朋然而至矣」。就此而言，楊簡心學確沒有任何「下學以上達」的「工夫次第」可說，此因「毋意」「不起意」便是楊簡心學唯一教法，無待頭上安頭、再起任何工夫造作，但也更讓人深覺楊簡心學之不可方物、難以把捉。至於足以讓「本心」失其靈明（「爲悲爲僻」）的「意害」，楊簡有時另以「故習」「習氣」等詞名之，文本如下：

> 吁，本心雖明，故習尚熟，微蔽尚有，日至之外猶有違，意動故也；月至之外猶有違，意動故也。（慈湖遺書卷二〈臨安府學記〉）

即言之，楊簡心學義下，「起意」「意動」乃是阻滯吾人「本心」開顯的「故習」，只要「起意」「意動」的微細習氣仍在（「故習尚熟」「微蔽尚有」），「本心」便難以「日至」「月至」，幾於「澄然虛明」的「永」之境界。至於何謂「日至」「月至」、及「永」的境界？楊簡亦有分說：

（1）日至之外猶有違，意起而動故也，月至則益熟矣，月至之外猶有違，亦意起而動故也。至於顏子，三月不違，益精益一。（卷二〈樂平縣學記〉頁十）

（2）一日意慮不作，澄然虛明，如日月之光，無思無爲，而萬物畢照，此一日之永也，是謂日至。一月意慮不作，澄然虛明，如日月之光，無思無爲，而萬物畢照，是謂月至。三月意慮不作，是謂顏子三月不違仁。……（《慈湖遺書》卷二〈永嘉郡學永堂記〉）

（3）皋陶曰：慎厥身，修思永，永，久也。古者未有道之名，……至舜授禹，始曰道心，皋陶曰永，亦名乎永，永悠久，即所謂時，而實無名……嗚呼至矣，靜如此，動不如此，非永也；始如此，終不如此，非永也；晝如此，夜不如此，非永也；今日如此，他日不如此，非永也；生如此，死不如此，非永也。……人皆有是心，是心皆虛明無體，無體則無際畔，天地萬物盡在吾虛明無體之中，變化萬狀，而吾虛明無體者常一也。……此虛明無體者，動如此，靜如此，晝如此，夜如此，生如此，死如此，修身而不能永永如此，非道也。（《慈湖遺書》卷二〈永堂記〉）

文本1、2中，那個屢被孔子稱許「三月不違仁」的復聖顏子，在楊簡的主觀認定中，即是「三月意慮不作」的本心體道者；相對來說，若有人能一日不起「意慮」（或「念慮」「思慮」），即名「日至」；若一月不起「意慮」（「念慮」「思慮」），即名「月至」。至於此「日至」「月至」的「本心」境界，其性能同為「澄然虛明，如日月之光，無思無為，而萬物畢照」則是沒有差別的。唯此語脈亦同時透露一個訊息，此即在楊簡心學判準中，吾人保任「意慮不作」時間的長短，某種程度上可作為境界高低判別的指標。再者，楊簡將「三月不違仁」詮解為「三月意慮不作」，在先秦儒學乃或宋明理學範疇中，也都是頗為另類、異數的。

另在文本3中，楊簡擷取《尚書》「皋陶曰：慎厥身，修思永」等句充當他心學別解的素材，並認「永」即古代「道心」「時」之別名；比較特殊的是，楊簡心學的「本心」，相較於儒家言「心」總不離一「有體有用」「即體起用」的「主體性」意涵，卻奇特地表現為某種「虛明無體」、特性相對近似佛、道家的心學型態（即「是心皆虛明無體，無體則無際畔，天地萬物盡在吾虛明無體之中，變化萬狀，而吾虛明無體者常一也」）；更特殊的是，此「本心」「永」的境界恆超乎世俗的「相對性」，以致「本心」在「動靜」「始終」「晝夜」「今明」「生死」的「相對性」中卻恆然「永在」而「如一」（即「靜如此，動不如此，非永也；始如此，終不如此，非永也；晝如此，夜不如此，非永也；今日如此，他日不如此，非永也；生如此，死不如此，非永也」），據筆者看來，楊簡這種超乎尋常經驗的心學特性，確然考驗著歷代思想家的智識縱深與經驗判斷。

此外，「日至」「月至」之說與楊簡「毋意說」的因果關係，楊簡在〈樂平縣學記〉文中亦有論述，茲引述如下：

（1）意慮不作，其學常通，清明有融，故樂生其中，夫孰得其所始，又孰窮其所終，……時習而悅，此善學之驗。（《慈湖遺書》卷二〈樂平縣學記〉頁十）

（2）大哉聖言，洞照學者心術之隱微，萬世不可違，其有違者，所學必非，千失萬過，孰不由意慮而生乎？意動於愛惡故有過，意動於聲色故有過，意動於云為故有過，意無所動本亦無過。（出處同上）

（3）從遊三千，獨曰顏子好學，日至月至者不與，何謂至？至，止也，書曰：安女止，良性寂然清明而不動，自知自信，自清自明，自寂自止，雖萬變萬化，交擾參錯，而實無所動，故曰至，又曰止。至矣，止矣，何以學爲？（出處同上）

（4）吁！本心雖明，故習尚熟，微蔽尚有，意慮萌糵，即與道違，我自違道，有我有違，無我無違，有我斯動，無我則無動，我本無我，意立而成我。（《慈湖遺書》卷二〈樂平縣學記〉頁十）

以上4則文本中，例4「有我有違，無我無違，有我斯動，無我則無動，我本無我，意立而成我」等句，因涉及楊簡學問路數的進一步考察、定位，此在下一章「儒佛之辨」主題中再行究明，此處先言前3文本。文本1旨在指出，只要吾人「本心」不起「念慮」造作（「意慮不作」），自會生發某種「清明有融」地生命內在悅樂（「樂生其中」「時習而悅」），且此「悅樂」覺受生發與否，確可作爲吾人修學是否成辦的「外在徵驗指標」（即「時習而悅，此善學之驗」）。文本2則明言：只要吾人「思慮」、「意慮」無所擾動，生命本身即自無所過患（「意無所動本亦無過」），反之，若吾人「思慮」、「意慮」、「念慮」攀緣外在境相（指「愛惡」「聲色」「云爲」），起了相對分別的意識、情緒波動，那麼各種生命過患便會相即產生、迫至了（即「意動於愛惡故有過，意動於聲色故有過，意動於云爲故有過」）。至於文本3，楊簡進一步對孔門「日至」「月至」「不違仁」等名相，以個人的心學體證渾化新解，認爲《論語》「日至」「月至」之「至」，即《尙書》〈皋堯謨〉所謂「安女止」之「止」，進而指出：吾人「本心之性」及其「性能」是不會隨著外在境相的起落變化而相隨擾動的（即「良性寂然清明而不動，自知自信，自清自明，自寂自止，雖萬變萬化，交擾參錯，而實無所動」），此處特別的是，楊簡指涉「本心」具有「寂然清明」「自寂自止」的特性，此「寂」字之思想源頭相對近佛而遠儒，〔註1〕此誠可留意焉。

再者，除以「意慮不作」「毋意」「不起意」「不動乎意」等語作爲工夫入手處，楊簡梳解《論語》文本時，更將孔子自述體道境界、學行歷程與其「毋意」「不起意」之說相提並論，恍然孔子一生學行全以「毋意」「不起意」課題爲中心，在本章第三節，筆者將論及楊簡如何以「意慮不作」「不動乎意」

〔註1〕所謂「寂」字之思想源頭，當然出自佛家三法印「寂滅涅槃」及四聖諦「生滅滅已，寂滅爲樂」之說。

的孔子心學標準來品評諸子，此處先將楊簡梳解孔子體道境界、學行歷程的文本載之如下，以觀察楊簡心中以「毋意」「不起意」爲修學課題的心學聖人：

（1）子曰：吾十有五而志於學，三十而立，四十而不惑，五十而知天命，六十而耳順，七十而從心所欲不踰矩，孔子之學，異乎他人之學，他人之學冥行而妄學，孔子之學明行而實學，子曰：吾嘗終日不食，終夜不寢以思，無益，不如學也。孔子於此深省：天下何思何慮，實無可思慮者，經禮三百，曲禮三千，皆吾心中之物，無俟乎復思，無俟乎復慮，至於發憤忘食，雖憤而非起意也，好謀而成，雖謀而非動心也，終日變化云爲而至靜也，終身應酬交錯而如一日也，是謂適道之學。子曰：可與學，未可與適道，可與適道，未可與立，孔子如是者久之，至於三十而後有立，所謂立，非於學之外復有立也。……立非強力所能致也，以強力而立，立於暫，不至於久，不以強力而立者，吾心之所自有也。」（見《慈湖遺書》卷十）

（2）……明乎己故立，通乎物故不惑，物己一貫，而進德有序，知己而不知物者有矣，天下古今，物情事理，利害本末，虛實眾寡，曲折萬變，不可勝窮，自古明智之士，至此一無惑者有幾？孔子既明乎己，又明乎物，物己一貫，利害一貫，本末一貫，虛實一貫，眾寡一貫，夫是以惑無從而生也。（《慈湖遺書》卷十）

（3）而舊習之氣或未能盡泯，感物而動，日用百爲猶有吾之所爲，不知其爲天也，非不知也，習氣間興而偶昏，則雖謂之天命可也，孔子至五十而舊習之氣消盡，無有或昏者矣，必至是而後可以言知天命。（《慈湖遺書》卷十）

（4）至於六十，則凡物之順乎我，不復微動其意，順逆一物，物我一體，明之非難，常明爲難，常純純然而無間，則耳順矣，目之所見猶寡，耳之所接爲多，暮夜無月與燭，目力所不及，而耳接其聲，又自近而遠，四方萬里，目所不及，而言辭之所傳，事物情狀，不勝其多，舉不足以動其意，又自此而上，極於遠古，簡冊之所傳，言辭之所及，亦屬乎聞，無不融然而一，怡

然而順，純然而和，是謂耳順。（出處同上）

（5）至七十雖從心之所欲，未嘗踰矩焉，純乎純不足以言之矣……
　　然聖人至此，初無以異於志學之道，道無先後精粗之間，而進
　　德則有先後精粗之序。如謂道果有先後精粗之不同，則何以謂
　　一以貫之？（出處同上）

從以上 5 文本看來，楊簡心目中孔子畢生的體道境界、學行歷程，都是「一
以貫之」地以「毋意」、「不起意」為中心；即言之，在楊簡心學的主觀詮解
中，孔子「三十而立」之「立」，乃是「非於學之外復有立也」，其所立者乃
「吾心之所自有也」，至於孔子「三十而立」之緣起，乃是從《易傳》「天下
何思何慮」一語悟及「毋意」、「不起意」的為學宗旨始契入的；如此持守「毋
意」、「不起意」工夫十載，既「明乎己，又明乎物，物己一貫，利害一貫，
本末一貫，虛實一貫，眾寡一貫」，「惑無從而生也」，孔子乃得以「四十而不
惑」；如是再進修十載，「舊習之氣消盡，無有或昏者矣」，孔子乃得以五十而
「知天命」；繼而年登六十，「順逆一物，物我一體」的「毋意」、「不起意」
工夫日臻純熟（即所謂「常明」「常純純然而無間」），孔子終得以幾於「耳順」
境界；最後直至 70 歲，「毋意」、「不起意」工夫「純乎純不足以言之矣」，孔
子乃能「從心所欲不踰矩」，達到「意慮不作」「毋意」「不起意」「不動乎意」
的絕對心學造境。從以上描述孔子體道歷程的心學圖繪看來，楊簡所述者雖
未必為實，然卻反映楊簡自家學行歷程的主觀圖繪。

　　進言之，在以上楊簡描繪孔子體道歷程的文本中，仍有部分問題值得討
論。第 1，孔子嘗云「吾十又五而志於學」、「吾少也賤，故多能鄙事」，可見
孔子修學歷程中確有「下學而上達」的「下學」工夫，然在楊簡描述孔子體
道歷程的圖繪中，孔子「下學而上達」的「下學」工夫盡泯然不見矣，這種
沒有具體「下學」工夫的心學型態，在講究道德實踐的宋代理學中當然是很
特別的；第 2，據筆者所知，《論語》「三十而立」之「本義」，當然是指孔子
三十歲時「成德之學」的生命大本已然植立（卓立），然楊簡卻稱孔子十五「志
於學」以迄三十「而立」之間，所修學的乃是「無俟乎復思，無俟乎復慮」
的特殊心學，且已然將「經禮三百，曲禮三千」一概視為「皆吾心中之物」，
這種重在「負面消解」「提早內斂、內化」型態的「孔子」，如何能與開啟「成
德之學」、生命大本卓爾安立的「孔子」相稱呢？可見楊簡對孔子體道歷程的
描繪確有過度解釋之處。再者，楊簡詮解孔子「三十而立」之時，附帶將「子

曰：可與學，未可與適道，可與適道，未可與立」之「立」，硬性與其詮解的「非於學之外復有立也」「立非強力所能致」「不以強力而立」之「立」並連為說，也顯得質性違遠、不倫不類。第3，本來孔子「六十而耳順」之「本義」，宜是指涉某種「知人」的修養工夫，恆然帶有親切體恤、己立立人的溫厚意味，以是曾昭旭老師便明言：「耳順者，對別人說的話，入耳便心通之謂也」，〔註2〕然楊簡詮解孔子「六十耳順」，卻全然不具「本義」中那種親切體恤、己立立人的主動感知特性，反而說：「目之所見猶寡，耳之所接為多，暮夜無月與燭，目力所不及，而耳接其聲，又自近而遠，四方萬里，目所不及，而言辭之所傳，事物情狀，不勝其多，舉不足以動其意，又自此而上，極於遠古，簡冊之所傳，言辭之所及，亦屬乎聞……」，這種「耳根」較「眼根」更易攀附外境、平添「意慮」的說法，與「孔子耳順」之「本義」判若雲泥；換言之，楊簡以「目之所見猶寡，耳之所接為多」來解釋「耳順」何以是「知天命」境界的進一步發展，此種「繚繞之說」固然用心良苦，但也相對認定「耳根」較諸「眼根」更可能為吾人平添無數「意慮」（「念慮」）干擾，然而楊簡以此解釋孔子的「六十耳順」不僅無法對焦，甚且在發揮其「毋意說」、「不起意說」的心學企圖上也未必討好；即言之，「耳根」與「眼根」都只同為吾人接觸外在境相的管道之一，未必真能干擾楊簡心學義下具有「至靈至神」「神用變化」作用的「本心」性能，所以真正須對治的，唯是那「意動於愛惡故有過，意動於聲色故有過，意動於云為故有過」的「意動」、「意慮」而已，就此而言，楊簡解釋孔子「耳順」境界時，將詮釋主題部分轉移到「耳根」較「眼根」更能牽動「意慮」的主題上，無乃一定程度地脫離心學主軸而別說，相對顯得不恰而牽強，但相對可見楊簡對「根身」與「本心」的關係自有其特殊的認知與論述，此在下一節研究《己易》時再行討論。

二、慈湖「四毋說」析論 ——「微起焉皆謂之意，微止焉皆謂之意」

　　前小節已就楊簡心學宗旨 ——「毋意」「不起意」初步進行梳理，本小節特針對楊簡論述「毋意說」字數篇幅最長、內容最詳盡完整、也最具代表性的〈絕四記〉一文，條列該文重點進行研究：

　　　　（1）人心自明，人心自靈，意起我立，必固礙塞，始喪其明，始喪

〔註2〕見曾師所著《論語的人格世界》一書55頁，漢光出版社1987年印行。

其靈。孔子日與門弟子從容問答，其諄諄告戒止絕學者之病，大略有四：曰意、曰必、曰固、曰我，門弟子有一于此，聖人必止絕之。毋者，止絕之辭，知夫人皆有至靈至明、廣大聖智之性，不假外求，不由外得，自本自根，自神自明。微生意焉，故蔽之，有必焉，故蔽之，有固焉，故蔽之，有我焉，故蔽之。昏蔽之端，盡由於此，故每每隨其病之所形而止絕之，曰毋如此毋如此。（《慈湖遺書》卷二〈絕四記〉）

從例 1 可知，楊簡〈絕四記〉一文乃是在《論語》這本充滿諸多儒家義理之源（關鍵字、關鍵句）的儒典中，獨取孔子「子絕四：毋意、毋固、毋必、毋我」等語，〔註3〕以發揮其「心善意害」「毋意」「不起意」的心學思想，至於孔子「四毋說」是否真如楊簡所言——「毋意」「不起意」乃孔子之學的思想核心，自宜另當別論。再看例2：

（2）聖人不能以道與人，能去人之蔽爾。如太虛未始不清明，有雲氣故蔽之，去其雲氣，則清明矣，夫清明之性，人之所自有，不求而獲，不取而得，故中庸曰誠者，自誠也，而道，自道也。孟子曰：惻隱之心，人皆有之，羞惡之心，人皆有之，是非之心，人皆有之，恭敬之心，人皆有之，仁義禮智，非由外鑠我也，我固有之也。（《慈湖遺書》卷二〈絕四記〉）

例 2 文本中，楊簡雖徵引孟子「四端說」等儒典以詮述其心學體證，但可確定的是，從實際修學內容看來，楊簡的心學境界、路數，基本上與孟子「四端說」完全風馬牛兩不相及。原因在於：孟子「四端說」乃是就吾人皆有「良知善性」——「仁義禮智」等「善端」而立說，所以恆須踐道者持續施以「知言」、「養氣」等操持工夫，此四善端才能「擴而充之」「若火之始然，泉之始達」，但楊簡〈絕四記〉中的「本心」，卻全然不如孟子「四端說」——具有「道德創生」「主體能動」意含的「良知善性」，反而是某種——具有「清明虛朗」「至靈至明」「廣大聖智」特質的「清明之性」（即楊簡所謂「夫清明之性，人之所自有，不求而獲，不取而得」），所以恆不須另下「知言」、「養氣」工夫，以希求四善端的「擴而充之」。即言之，在楊簡心學義下，只要不起念慮、意慮、思慮等人為造作（「毋意」「不起意」），吾人「清明虛朗」「至靈至明」的本心性能即得朗現，此即文本 2 指涉的「雲氣去，清明現」之義（即「如太虛未始不清明，有

〔註 3〕　（見《論語》第九〈子罕〉章。

雲氣故蔽之，去其雲氣，則清明矣」），在這種認識基準下，「未正面給出價值意義根源、然卻重在消解吾人意慮造作、自縛」的「人格典範」（即「聖人不能以道與人，能去人之蔽爾」），便是楊簡詮解的「心學聖人」。

再者，何謂「意」？其定義、性質、範疇、分殊之相如何？〈絕四記〉及《先聖大訓》均有所論列，此處分別加以列舉：

（1）何謂意？微起焉皆謂之意，微止焉皆謂之意，意之爲狀，不可勝窮，有利有害，有是有非，有進有退，有虛有實，有多有疾，有散有合，有依有違，有前有後，有上有下，有體有用，有本有末，有此有彼，有動有靜，有今有古，若此之類，雖窮日之力，窮年之力，縱說橫說，廣說備說，不可得而盡，然則心與意奚辨？是二者未始不二，蔽者自不一，一則爲心，二則爲意，直則爲心，支則爲意，通則爲心，阻則爲意。（《慈湖遺書》卷二〈絕四記〉）

（2）聖人歷觀自古及今，人心不失之不及，即失之過，故爲之屢言再嘆而深念之也，愚不肖之不及不足多論，賢知之過是當辨明，賢知之過皆於清明無體、無思無爲之中，而加之意，或有此意，或有彼意，或有內意，或有外意，或有難意，或有易意，或有異意，或有同意，或有虛意，或有實意，或有動意，或有靜意，或有約意，或有繁意，或有簡意，或有精意，或有粗意，或有古意，或有今意，或有可之意，或有不可之意，或有知之意，或有行之意，意態萬狀，不可勝窮……（《先聖大訓》卷三〈君子第十八〉）

以上文本1——「然則心與意奚辨？是二者未始不二，蔽者自不一，一則爲心，二則爲意，直則爲心，支則爲意，通則爲心，阻則爲意」等文句，因涉及楊簡心學「心——意關係」、「意之兩重性」等系統解釋課題，此在下一章「儒佛之辨」主題再行討論，此處先討論楊簡「意」的定義、性質、範疇、與分殊之相。從文本1「微起焉皆謂之意，微止焉皆謂之意」的定義、性質看來，我們可以認定：楊簡所謂「意」，乃指某種近似佛家所言具有「起——落」「始——終」「生——滅」特性（「微起焉」、「微止焉」）、及「時間對待」、「性質差別」關係的「意慮」「念慮」「思慮」等；換言之，此「意慮」「念慮」「思慮」的「分殊之相」乃是無窮無盡，難以計數得盡的（即「縱說橫說，廣說

備說，不可得而盡」「意態萬狀，不可勝窮」）；進言之，此「念慮」「意慮」「思慮」的「分殊之相」——「利害、是非、進退、虛實、多寡、散合、依違、前後、上下、體用、本末、此彼、動靜、今古、內外、難易、異同、虛實、動靜、繁簡、精粗、古今、可不可、知行」等名相詞彙及其指涉，乃是因應吾人對「人情」「物理」「事相」「事理」之交接、認識、處置、說明所敷設，所以就一般常情常理而言，這種「不可勝窮」的「意態萬狀」在現實生活經驗的面臨上，吾人幾皆難以驟免，就此實難以謂之「意害」，但站在楊簡心學立場，生命若陷溺、封限於此種具有「時間對待」、「性質差別」關係、「生滅特性」的「意慮」「念慮」「思慮」之流轉中無以超拔，久之，吾人「清明虛朗」「至靈至明」「廣大聖智」的本心「性能」勢必消泯不見，進而喪其靈明矣（即「意起我立，必固礙塞，始喪其明，始喪其靈」）。

此外，對「本心境界」非常人意識思維所能感知、企及，楊簡亦有所申論，文本爲：

> （3）孟子明心，孔子毋意，意毋則此心明矣，心不必言，亦不可言，不得已而有言，孔子不言心，惟絕學者之意，而猶曰：予欲無言，則知言亦起病，言亦起意，姑曰毋意，聖人尚不欲言，恐學者又起無意之意也，離意求心，未脫乎意，直心直意，匪合匪離，誠實無他，道心獨妙，匪學匪索，匪粗匪精，一猶贅詞，二何足論，十百千萬，至於無窮，無始無終，非眾非寡，姑假以言謂之一貫。愈辨愈支，愈說愈離，不說猶離，而況於費辭善說？」（〈絕四記〉）

即言之，楊簡爲說明其「本心境界」非尋常意識思維所能把捉（即「心不必言，亦不可言」），特掇取《論語》第十七〈陽貨〉篇孔子名言「予欲無言」之句，重新賦予新的詮釋內容，用以強調「本心境界」之絕言、絕待，並重申「毋意」乃吾人得以回歸、契入「本心境界」的唯一門徑。換言之，在楊簡心學的主觀詮釋中，孔子之學的核心命題乃示導吾人開顯「本心境界」，然因「本心境界」恆超乎凡情言語、意識所及，孔子只好勉爲其難以「毋意」一語權爲教導（「不得已而有言」），在這裡，我們不僅看出楊簡對常人的「意識思維」極度不信任，乃至對語言、文字是否具足準確傳達、闡述「道」（本心境界）的作用、功能也大爲質疑（即「言亦起病，言亦起意」「愈辨愈支，愈說愈離，不說猶離，而況於費辭善說？」）。進言之，站在楊簡心學立場，

儘管探索「聖人本真」乃有志儒者畢生最重要的課題，然因「本心境界」恆非凡情所及，聖人孔子顧慮一旦將此「本心體證」形諸語言、文字，恐將引致學者在語言、文字間籌思計量，此無乃依舊封限於具有「時間對待」、「性質差別」、「生滅特性」的「意慮」「念慮」「思慮」之意識流轉中（「聖人尚不欲言，恐學者又起無意之意也，離意求心，未脫乎意」），所以依楊簡之見，儘管孔子的「言教」多見之儒典，然一言以蔽之，其核心教法唯是「毋意」「不起意」而已，在這樣的理解認定上，楊簡乃將孔子「吾道一以貫之」之義，與判定《論語》一書係以——「毋意」「不起意」以開顯「本心」的「特定主題」連結起來（即「孔子毋意，意毋則此心明矣」），並對孔子「吾道一以貫之」之旨逕自心學別解（即「一猶贅詞，二何足論，十百千萬，至於無窮，無始無終，非眾非寡，姑假以言謂之一貫」），至於楊簡以「毋意」總結孔子「吾道一以貫之」的「理解向度」是否諦當，此在學術研究立場當然是值得質疑的。〔註4〕此下再探究〈絕四記〉文本5：

> （5）周公仰而思之，夜以繼之，非意也，孔子臨事而懼，好謀而成，非意也，此心之靈明踰日月，其照臨有甚於日月，日月能照容光之地，不能照部屋之下，此心之神，無所不通，此心之明，無所不通，昭明如鑑，不假致察，美惡自明，洪纖自辨，故孔子曰：不逆詐，不億不信，抑亦先覺夫？不逆不億而自覺者，光明之所照也，無以逆億為也。嗚乎，孔子亦可謂善於發明道心之妙矣，亦大明白矣，而能領悟孔子之旨者有幾？鑑未嘗有美惡，而亦未嘗無美惡，未嘗有洪纖，而亦未嘗無洪纖，吾心未嘗有是非利害，而亦未嘗無是非利害，人心之妙，曲折萬變，如四時之錯行，如日月之代明，何可勝窮？何可形容？豈與夫費思力索、窮終身之力而茫然者同？（〈絕四記〉）

文本5中，「周公仰而思之，夜以繼之，非意也，孔子臨事而懼，好謀而成，非意也」等句，因涉及筆者第三章對楊簡心學系統「心意關係」「意之兩重性」的解釋認定，此處亦暫存不論；但通過楊簡以「日月」「鏡子」（「鑑」）為喻，比

〔註4〕據筆者之見，由於《論語》記述「子曰：吾道一以貫之」的文本，並未明言「何謂一貫？」、「何以一貫？」，以致「吾道一以貫之」的孔門公案，便留下歷代學者得以憑其學問、識見具以發揮己意的填補空間，但基本上，筆者還是認同目前學界「天人一貫」「天命下貫於人」的說法，對楊簡以「毋意」詮解孔子「吾道一以貫之」相對保留。

況「本心」饒具「美惡自明」「洪纖自辨」的靈明先驗能力，不禁令人對楊簡心學是否部分融攝了佛家禪宗的心學境界有所啓疑；即言之，楊簡以「鑑未嘗有美惡，而亦未嘗無美惡，未嘗有洪纖，而亦未嘗無洪纖，吾心未嘗有是非利害，而亦未嘗無是非利害」等語比況本心「清明之性」及其性能，這在歷來儒家思想中是前無所承的。據筆者對中國儒釋道三家學派特性的敏感度，楊簡所謂「鑑未嘗有美惡，而亦未嘗無美惡」「未嘗有洪纖，而亦未嘗無洪纖」「吾心未嘗有是非利害，而亦未嘗無是非利害」，這種強調本心「清明之性」——「不一不異」「不即不離」的心學論述，某種程度上即是禪宗比況「實性」（即「自性」）乃「無二之性」的心學論述，觀之《六祖壇經》〈護法品〉第九所載：「明與無明，凡夫見二，智者了達其性無二。無二之性，即是實性」、乃至〈懺悔品〉第六亦云：「善惡雖殊，本性無二；無二之性，名為實性。於實性中，不染善惡」，即可知楊簡以「鏡子」（「鑑」）比況「本心」，所謂「鑑未嘗有美惡，而亦未嘗無美惡」「未嘗有洪纖，而亦未嘗無洪纖」「吾心未嘗有是非利害，而亦未嘗無是非利害」等語所示的「無二之性」其思想源頭之所自了。最後再舉文本 6，對楊簡將「毋必、毋固、毋我」統攝於「毋意」一大「總名」之特殊心詮進行探討：

（6）何謂必？必亦意之必。必如此，必不如彼，必欲如此，必不欲如此，大道無方，奚可指定？以為道在此，則不在彼乎？以為道在彼，則不在此乎？必信必果，無乃不可，斷斷必必，自離自失。何為固？固亦意之固，固守而不通，其道必窮，固守而不化，其道亦下。孔子嘗曰：我則異於是，無可無不可，又曰：吾有知乎哉？無知也。可不可尚無，而況於固乎？尚無所知，而況於固乎？何為我？我亦意之我，意生故我立，意不生我亦不立，自幼而乳曰我，孔長而食曰我食，衣曰我衣，行我行，坐我坐，讀書我讀書，仕宦我仕宦，名聲我名聲，行藝我行藝，牢堅如鐵，不亦如塊，不亦如氣，不亦如虛，不知方意念未作時，洞焉寂焉，無尚不立，何者為我？意念既作，至於深切時，亦未嘗不洞焉寂焉，無尚不立，何者為我？（〈絕四記〉）

同樣地，此文本中，「方意念未作時，洞焉寂焉，無尚不立，何者為我？意念既作，至於深切時，亦未嘗不洞焉寂焉，無尚不立，何者為我？」等句，同樣涉及筆者對楊簡心學屬性定位的解釋問題，此俟下一章再行究明；此文本 6 中，可見楊簡「四毋說」乃是攝「毋必、毋固、毋我」於「毋意」的一大「總名」

之中（即「何謂必？必亦意之必」「何為固？固亦意之固」「何為我？我亦意之我」）。換言之，楊簡乃是將孔子「毋意」之「意」，自行賦予個人特殊的心學詮解，進而將「必」「固」「我」的性質指涉納入其中，此與孔子「四毋說」「本義」乃是將「意」「必」「固」「我」平行並列等視的原旨大不相同。再從個別檢覈楊簡對「必」「固」「我」三者質性的描繪界定，即可知：此三者（「必」「固」「我」）皆指向吾人依「形軀我」「思慮我」之造作所滋生的「意慮執著」「念慮執著」（此即楊簡所謂之「意害」）；即言之，楊簡以「必如此，必不如彼，必欲如此，必不欲如此」釋「必」，以「固守而不通，其道必窮，固守而不化，其道亦下」釋「固」，以「自幼而乳曰我，孔長而食曰我食，衣曰我衣，行我行，坐我坐，讀書我讀書，仕宦我仕宦，名聲我名聲，行藝我行藝，牢堅如鐵」釋「我」，這都指向認定吾人與生俱來即具有「某種堅固難破的執著習氣、我執習氣」（即楊簡所謂的「牢堅如鐵」），且這種堅固的「執著習氣」「我執習氣」又是與吾人誤認「血氣我」「思慮我」為「我」始相隨產生的，這才與楊簡所謂「清明虛朗」「至靈至明」「廣大聖智」的「本心我」（即「清明之性」）乖異限隔。就此而言，楊簡「四毋說」（「毋意」「不起意」）所欲究竟對治的，確乎是某種——近似佛家所言具有「起——落」「始——終」特性（「微起焉」、「微止焉」）、及「時間對待」、「性質差別關係」、「生滅特性」的「意慮」「念慮」「思慮」，也在楊簡最重要的心學文本〈絕四記〉中得到印證；此下便引楊簡與張元度論學的動態文本，進一步點明楊簡心學與象山心學的殊異：

> 臨川張元度以鄉舉至禮部，持陸先生書踵門就見，接其辭氣，已知其誠，確可敬，及復見，益知其篤志己學，蓋夜則收拾精神，使之於靜，某曰：元度所自有，本自全成，何假更求，視聽言動，不學而能，惻隱、羞惡、恭敬、是非，隨感輒應，不待詔告，清明在躬，廣大無際，精神四發，不疾而速，不行而至，收之拾之，乃成造意，休之靜之，猶是放心，學問之道無他，求其放心而已。（《慈湖先生遺書》卷三〈與張元度〉）

在這篇「動態指點」的文本中，「臨川張元度」乃是持象山介紹信登門向楊簡請益（「持陸先生書踵門就見」），甚至從「蓋夜則收拾精神，使之於靜」的文義語脈裡，也隱然可見元度已多少契入象山「收拾精神，自作主宰，萬物皆備於我，有何欠缺？」[註5]的修學門徑，但楊簡顯然深不以元度「夜則收拾精神，使

[註5] 見中華書局所出版《象山全集》卷三十五〈語錄〉。

之於靜」的工夫入路爲然，乃以「收之拾之，乃成造意，休之靜之，猶是放心」等語教導警惕之；即言之，對孟子學理解向度的殊異，某種程度上便是楊簡心學與象山心學違異的分水嶺，從楊簡所謂「收之拾之，乃成造意，休之靜之，猶是放心」的敘述，可見楊簡對「學問之道無他，求其放心而已矣」的「理解向度」確與孟子「本義」差距甚遠。蓋站在孟子學立場，「耳目之官不思，而蔽於物，物交物，則引之而已矣」，以致儒者修學當然得從「立乎其大」入手，庶幾「其小者不能奪也」，這也即是象山始教率以「義利之辨」「先立其大」「辨志」等語示人，並被學界尊譽爲直承孟子學的主因；進言之，「收拾精神，自作主宰」二語，某種程度上便是象山工夫入手處「義利之辨」「先立其大」「辨志」等「逆覺體證工夫」——更進一步的落實與實踐，然在楊簡主觀認知中，卻將「收拾精神」視爲「乃成造意」「猶是放心」，可見對孟子學理解的紛歧，確爲楊簡心學與象山心學明顯違異的指標。以上對楊簡〈絕四記〉「毋意說」大旨、乃至楊簡心學與象山心學路向殊異有所點出，本小節論述到此可告結束，本章第三節最後一小節筆者將持續探討楊簡如何批評孟子，此正可提供吾人尋繹楊簡身爲象山高弟，其學問風格何以異於乃師的根本解釋。

第二節　楊簡「本心」境界研究

　　本節乃是以探討楊簡《己易》文本爲中心，俟全程梳理完畢，再參酌現代新儒家巨擘唐君毅先生對楊簡心學 3 個概括性的論點，〔註6〕據以綜論楊簡《己易》的心學面貌、特色與風格。換言之，《己易》一文表面看來，乃是楊簡就象山「宇宙即吾心，吾心即宇宙」、「吾知此理即乾，行此理即坤」等義加以充盡發揮，但從文義語脈、實質內容的比對關係中，楊簡《己易》與象山心學殊異處也清楚顯現出來。

一、〈己易〉「清明之性」「本心我」的超待飛昇——「天地，我之天地，變化，我之變化」

　　在楊簡所有著作中，《己易》一文字數近 6 千字，乃楊簡書面文獻中字數最長、也相對最能呈顯楊簡「清明之性」「本心我」造詣的心學文本，然礙於

〔註 6〕 本論文第二章得以誕生，乃至本小節以唐君毅先生概括楊簡心學 3 論點據以展開，這要感謝楊祖漢老師論文初審時的寶貴建言。

篇幅所限，本節僅將要點整理成如下 13 則文本，先言文本 1—5：

（1）易者己也，非有他也。以易爲書，不以易爲己，不可也。以易爲天地之變化，不以易爲己之變化，不可也。天地，我之天地，變化，我之變化，非他物也。私者裂之，私者自小也。（《慈湖遺書》卷七〈己易〉）

（2）自生民以來，未有能識吾之全者。唯睹乎蒼蒼而清明在上始能言者，名之曰天。又睹夫隤然而博厚而在下，又名之曰地。清明者吾之清明，博厚者吾之博厚，而人不自知也。人不自知而相與指名曰彼天也、彼地也，如不自知其爲我之手足，而曰彼手也、彼足也，如不自知其爲己之耳目鼻口，而曰彼耳目也、彼鼻口也，是無惑乎？（《慈湖遺書》卷七〈己易〉）

（3）自生民以來面牆者比比，而不如是昏之甚者鮮，謂聰明也。夫所以爲我者，毋曰血氣、形貌而已也。吾性澄然清明而非物，吾性洞然無際而非量。天者，吾性中之象也，地者，吾性中之形，故曰在天成象，在地成形，皆我之所爲也。混融無內外，貫通無異殊。（《慈湖遺書》卷七〈己易〉）

（4）自清濁分，人物生，男女形，萬物之在天下，未嘗不兩，曰天與地、曰晝與夜、曰夫與婦、曰君與臣、曰尊與卑、曰大與小、曰貴與賤、曰剛與柔、曰動與靜、曰善與惡、曰進與退、曰實與虛，博觀縱觀，何者非兩？一者，所以象此者也。又繫之辭曰坤，坤，順也，明乎地與妻與臣與柔之類也。然非有二道也。（《慈湖遺書》卷七〈己易〉）

（5）善學易者求諸己不求諸書，古聖作易凡以開吾心之明而已，不求諸己而求諸書，其不明古聖之所指也甚矣。（《慈湖遺書》卷七〈己易〉）

文本 1 中，楊簡首先破題指出，所謂「大易之道」乃是含攝於「清明之性」的「本心之我」，因此若有人將《大易》視爲一部外在於我人「清明之性」以外的文獻經典、乃至將「大易」單單理解爲「外在現象天地的變化」，這都是不夠精確掌握「大易之道」的義旨的（即「易者己也，非有他也。以易爲書，不以易爲己，不可也。以易爲天地之變化，不以易爲己之變化，不可也」）。即言之，文本 5「善學易者求諸己不求諸書，古聖作易凡以開吾心之明而已，

不求諸己而求諸書，其不明古聖之所指也甚矣」，便是從文本 1「以易爲書，不以易爲己，不可也」之義衍繹而來。

其次，楊簡進一步指出，有始以來，吾人率止於認識那肉眼可及——「清明在上」「博厚在下」的「外在現象天地」，卻不知載於「現象天地」裡的「天地之道」「大易之道」，根本不離我人「本心之我」「清明之性」的本來性能之中（即文本 2「自生民以來，未有能識吾之全者，唯睹乎蒼蒼而清明在上始能言者，名之曰天。又睹夫隤然而博厚而在下，又名之曰地。清明者吾之清明，博厚者吾之博厚，而人不自知也」）。在以上義旨的梳解確認下，可見文本 1「天地，我之天地，變化，我之變化」等語，必得放在楊簡「本心之我」「清明之性」內在性能的理解基準上，否則易產生理解向度的誤差，徒增葛藤。

再者，《己易》所再三致意的「本心之我」「清明之性」，即是文本 2「自生民以來，未有能識吾之全者」句中的「吾之全者」，至於此「本心之我」「清明之性」的性能，恆然是「澄然清明」「洞然無際」，此超乎一般「有形有質」、「數量多寡」的物質具量認知概念（即文本 3 所謂「吾性澄然清明而非物，吾性洞然無際而非量」）。進言之，儘管《易經》所示的「萬物生成圖繪」（即「自清濁分，人物生，男女形」），存在著「相對性」「分別性」「散殊性」「相生相成」的現象事實，即此可言其「二」（即「萬物之在天下，未嘗不兩，曰天與地、曰晝與夜、曰夫與婦、曰君與臣、曰尊與卑、曰大與小、曰貴與賤、曰剛與柔、曰動與靜、曰善與惡、曰進與退、曰實與虛，博觀縱觀，何者非兩？」），然在此「相對性」「分別性」「散殊性」「相生相成特性」地現象、事實間所具存的——天地之道、晝夜之道、夫婦之道、君臣之道、尊卑之道、大小之道、貴賤之道、剛柔之道、動靜之道、善惡之道、進退之道、實虛之道、博觀縱觀之道，卻同樣不離我人「本心」「清明之性」的內在「性能」之所含具（「一者，所以象此者也。……然非有二道也」。在這裡，我們看出楊簡《己易》所稱說的「本心」「清明之性」，乃是一打破內外限隔的「無限心靈視窗」，凡所有萬物、萬事、萬化、萬理皆不離此「本心」「清明之性」性能之所含，儘管如此，楊簡並未因標舉「本心我」「清明之性」便全盤否定「血氣我」「思慮我」，相反地，在確認「本心我」「清明之性」恆優先於「血氣我」「思慮我」地順序基準後，楊簡對「血氣我」「思慮我」依然同體肯定，認此三者間存在著「同一無二」的密切關係，此可舉文本 6、7 爲說：

（6）不以天地萬物萬化萬理爲己，而惟執耳目鼻口四肢爲己，是剖

> 吾之全體而裂取分寸之膚也，是梏於血氣而自私也、自小也，
> 非吾之軀止於六尺七尺而已也，坐井而觀天，不知天之大也，
> 坐血氣而觀己，不知己之廣也。(《慈湖遺書》卷七〈己易〉)

（7）以吾之照臨爲日月，以吾之變通爲四時，以吾之散殊於清濁之
兩間者爲萬物，以吾之視爲目，以吾之聽爲耳，以吾之噬爲口，
以吾之握爲手，行爲足以吾之思慮爲心，言吾之變化云爲深不
可測謂之曰神，言吾心之本曰性，言性之妙不可致詰、不可以
人爲加焉曰命，得此謂之德，由此謂之道，其覺謂之仁，其宜
謂之義，其履謂之禮，其明謂之智，其昏謂之愚，其不實謂之
僞，其得謂之吉，其失謂之凶，其補過謂之無咎，其忻然謂之
喜，其慘然謂之憂，悔其非謂之悔，嗇而小謂之吝，其不偏不
過謂之中，其非邪謂之正，其盡焉謂之聖，其未盡焉謂之賢，
言乎其變謂之易，言乎其無所不通謂之道，言乎無二謂之一，
今謂之己謂之己者，亦非離乎六尺而復有妙己也，一也。二之
者，私也、梏也。(《慈湖遺書》卷七〈己易〉)

文本 6 中，楊簡雖明指那含具著「天地、萬物、萬化、萬理」的「本心我」「清
明之性」才是生命眞我，相對貶斥那誤認「形軀、血氣我」爲眞、不知開發
「本心我」的世俗庸眾（即「執耳目鼻口四肢爲己，是剖吾之全體而裂取分
寸之膚也，是梏於血氣而自私也、自小也，非吾之軀止於六尺七尺而已也，
坐井而觀天，不知天之大也，坐血氣而觀己，不知己之廣也」），但在文本 7，
楊簡卻直言：「今謂之己謂之己者，亦非離乎六尺而復有妙己也，一也」，可
見楊簡對「本心我」、「血氣我」（即「形軀我」）、「思慮我」三者關係的綜合
判攝乃是「一」而非「二」。進言之，在文本 7 的語義脈絡裡，楊簡對「本心
我」「清明之性」含攝著「天地、萬物、萬化、萬理」的先驗明覺能力，雖已
完全了知（即「以吾之照臨爲日月，以吾之變通爲四時，以吾之散殊於清濁
之兩間者爲萬物」），但仍充分肯定「血氣我」地形軀感官功能無以替代（「以
吾之視爲目，以吾之聽爲耳，以吾之噬爲口，以吾之握爲手」），乃至對「思
慮我」認識世界、事理、德性知識的認知、分別能力也充分了知（「行爲足以
吾之思慮爲心，言吾之變化云爲深不可測謂之曰神，言吾心之本曰性，言性
之妙不可致詰、不可以人爲加焉曰命，得此謂之德，由此謂之道，其覺謂之
仁，其宜謂之義，其履謂之禮，其明謂之智，其昏謂之愚，其不實謂之僞，

其得謂之吉，其失謂之凶，其補過謂之無咎，其忻然謂之喜，其慘然謂之憂，悔其非謂之悔，嗇而小謂之吝，其不偏不過謂之中，其非邪謂之正，其盡焉謂之聖，其未盡焉謂之賢，言乎其變謂之易，言乎其無所不通謂之道」），就此而言，楊簡心學義下「能識吾之全」的心學體道者，宜乎是在「本心我」、「思慮我」、「形軀、血氣我」的關係統攝上，維持著穩定和諧、平衡秩序的心學智者。在這樣的敘述基點上，楊簡乃著意闡發那——當世人誤認「思慮我」、「血氣我」爲「我」之時昧於開發的「清明之性」「本心眞我」，此可舉文本 8 爲言：

> （8）安得無私與梏者而告之？姑即六尺而細究之，目能視，所以能視者何物？耳能聽，所以能聽者何物？口能噬，所以能噬者何物？鼻能嗅，所以能嗅者何物？手能運用屈伸，所以能運用屈伸者何物？足能步趨，所以能步趨者何物？血氣能周流，所以能周流者何物？心能思慮，所以能思慮者何物？目可見也，其視不可見；耳可見也，其聽不可見；口可見，噬者不可見；鼻可見，嗅者不可見；手足可見，其運動步趨者不可見；血氣可見，其使之周流者不可見；心之爲臟可見，其能思慮者不可見；其可見者有大有小，有彼有此，有縱有橫，有高有下，不可得而一；其不可見者不大不小，不彼不此，不縱不橫，不高不下，不可得而二。（《慈湖遺書》卷七〈己易〉）

文本 8 前半段，楊簡充分使用某種帶有「啓悟張力」特性的疑問句（從「目能視，所以能視者何物？」到「血氣能周流，所以能周流者何物？心能思慮，所以能思慮者何物？」，及至文本後半段楊簡雖改變敘述方式直接稱說（從「目可見也，其視不可見；耳可見也，其聽不可見」直到「血氣可見，其使之周流者不可見；心之爲臟可見，其能思慮者不可見」），但用意同在提醒吾人正視「血氣我」「思慮我」之內「清明之性」「本心我」亟待開發、彰顯的課題。特殊的是，楊簡爲說明「清明之性」「本心我」的特殊境界，充分展現他融攝佛法修學的功力；即言之，楊簡套用佛家所謂「六根根識」固非「佛性」然亦不離「佛性」之所含攝的言說解釋系統，用以指涉「清明之性」「本心我」與「思慮我」、「血氣我」之間亦具存著某種「不二連結」的特殊關係。換言之，「眼根」因有「見分」接觸「色塵」乃能「視」（即「目能視，所以能視者何物？」），「耳根」因有「聽分」與「聲塵」接觸乃能「聽」（即「耳能聽，

所以能聽者何物？」），「鼻根」因有「嗅分」與「香臭氣味」接觸乃能「嗅」（「鼻能嗅，所以能嗅者何物？」），「意根」「思慮我」因有「分別認知」功能，乃能即「根身」與「現象外塵」交接觸引時「認知思慮」（即「心能思慮，所以能思慮者何物？」），但在吾人「見分」「聽分」「嗅分」「分別認知功能」之中，顯然更存在著某種靈明覺知、無所不知、無所不曉的內在「清明之性」「本心我」及其性能，作為「見分」「聽分」「嗅分」「分別認知功能」的「本源」，唯其如此，「眼根」「耳根」「鼻根」「意根」乃能緣其所對應之「境」，借著「見分」「聽分」「嗅分」及「分別認知功能」，在生活行履間自如「發用」。如此看來，楊簡透過佛家言說解釋系統，闡釋其〈己易〉心學境界及「血氣我」「思慮我」「本心我」三者間特殊連結的關係，此在宋明理學中當然是值得矚目的。

然楊簡〈己易〉值得注意之處，非僅止於佛家言說解釋系統的套用而已，更在其「清明之性」「本心我」及其性能的「實際內涵」，相對切近於佛而遠於儒。即言之，楊簡明言指出，吾人「眼根」「耳根」「鼻根」「意根」等根身所接觸、認識的現象世界，無論是人情、事物、事理、物理……，恆皆有其「相對性」「分別性」「實指性」「局限性」「散殊性」等特性，此實難以言其「整全性」——「一」（即「其可見者有大有小，有彼有此，有縱有橫，有高有下，不可得而一」），相對來說，不離於我人「思慮我」、「血氣我」的「清明之性」「本心我」及其「性能」，卻恆超乎種種「相對性」「分別性」「實指性」「局限性」「散殊性」的拘限遮蔽，故允宜以「一」（「整全性」）名之，而難以謂其「二」（即「其不可見者不大不小，不彼不此，不縱不橫，不高不下，不可得而二」）。如是以觀，楊簡《己易》所謂「不大不小，不彼不此，不縱不橫，不高不下，不可得而二」的「清明之性」「本心我」，便不單單只是「常識義」的「心量廣大」而已，更近乎佛家《心經》「是諸法空相，不生不滅、不垢不淨，不增不減」凡情難測、不可思議的「絕待」心靈境界。此可引文本9進一步申說：

> （9）視與聽若不一，其不可見則一；視聽與嗜嗅若不一，其不可見則一；運用步趨、周流思慮若不一，其不可見則一，是不可見者在。視非視在，聽非聽在，嗜非嗜在，嗅非嗅在，運用屈伸非運用屈伸在，步趨非步趨在，周流非周流在，思慮非思慮在，視如此，聽如此，嗜如此，嗅如此，運用如此，步趨如此，周流如此，思慮如此，不思慮亦如此，晝如此，夜如此，寐如此，

寢如此，生如此，死如此，天如此，地如此，日月如此，四時
如此，鬼神如此，行如此，止如此，古如此，今如此，前如此，
後如此，彼如此，此如此，萬如此，一如此，聖人如此，眾人
如此，自有而不自察也，終身由之而不知其道也，爲聖者不加，
爲愚者不損也。（《慈湖遺書》卷七〈己易〉）

文本 9 中，楊簡持續套用佛家指涉「六根根識」固非「佛性」然亦不離「佛
性」的解釋系統，指出吾人諸根、意識的功能、作用儘管各自分立，然各根
身、意識之內同時具存著「清明之性」地「本心之我」及其「性能」，卻是無
二無別的（即「視與聽若不一，其不可見則一；視聽與嗜嗅若不一，其不可
見則一；運用步趨、周流思慮若不一，其不可見則一，是不可見者在」），可
見吾人得以在日常行履間「視聽言動」、「運用步趨」，依恃的不僅是諸根、意
識本身的功能、作用（即「視非視在，聽非聽在，嗜非嗜在，嗅非嗅在，運
用屈伸非運用屈伸在，步趨非步趨在，周流非周流在，思慮非思慮在」），更
有賴「清明之性」「本心我」及其「性能」如其開顯（「是不可見者在」）。準
此，楊簡進一步申說「清明之性」「本心我」及其「性能」在宇宙時空中，恆
然具有「永在」「超相對」「無分別」「超名言」等特性（即「視如此，聽如此，
嗜如此，嗅如此，運用如此，步趨如此，周流如此，思慮如此，不思慮亦如
此，晝如此，夜如此，寐如此，寢如此，生如此，死如此，天如此，地如此，
日月如此，四時如此，鬼神如此，行如此，止如此，古如此，今如此，前如
此，後如此，彼如此，此如此，萬如此，一如此」），這種「瀰天蓋地」「無所
不包」「無所不在」的心學特性，委實近似佛家「心包太虛，量周沙界」「萬
法唯心」的不二境界；乃至楊簡接續指稱：此「清明之性」「本心我」及其「性
能」非獨聖人本有，乃至世俗庸眾亦人盡有之，值得一提的是，楊簡「聖人
如此，眾人如此」「聖者不加，愚者不損」的心學特性，在儒學脈絡中固也可
以類比某些意境相似的思想源頭，〔註 7〕然依筆者之見，如果楊簡心學「聖人
如此，眾人如此」「聖者不加，愚者不損」的說法，必得配套其「清明之性」
「本心我」及其「性能」「瀰天蓋地」「無所不包」「無所不在」的心學特性，

〔註 7〕　就儒家心性之學來說，「良知善性，人所固有」「心性天通而爲一」，此乃是儒
　　　　學心性論的正統，所以「聖人先我得心之所同然耳」、「人人有貴於己者，弗
　　　　思耳」、「人皆可以爲堯舜」等論（見《孟子》〈告子〉上），某種程度上即近
　　　　似楊簡所謂的「聖人如此，眾人如此」，但相對來說，儒學心性論中則未有「聖
　　　　者不加，愚者不損」的明確思想源頭，此只能在吾人後設的理解向度中求之。

這當然更近乎佛家——「佛性」（即自性）「在聖不增，在凡不減」的說法，此實值吾人關心留意。此下再引《己易》論及「清明之性」「本心我」及其「性能」恆為「不二之性」的文本 10—13 持續探究：

（10）自明也，自昏也，此未嘗昏，此未嘗明也。惑者蔽之、二之，自以為昏、為明也。昏則二，明則一，明因昏而立名，不有昏者，明無自而名也。昏、明皆人也，皆名也，非天也。（《慈湖遺書》卷七〈己易〉）

（11）是心本一也，無二也，無嘗斷而復續也，無嚮也不如是而今如是也，無嚮也如是而今不是也，晝夜一也，古今一也，少壯不強而衰老不弱也。可強可弱者血氣也，無強無弱者心也。有斷有續者思慮也，無斷無續者心也。能明此心，則思慮有斷續，而吾心無斷續。血氣有強弱，而吾心無強弱，有思無思，而吾心無二，不能明此心，則以思慮為心，雖欲無斷續，不可得矣。以血氣為己，雖欲無強弱，不可得矣。（《慈湖遺書》卷七〈己易〉）

（12）吾終日用之，而鬼神莫我識也，聖智莫我測也，雖我亦有所不知，而況於他人乎，如秋陽之暴，至白而無瑕也，如江漢之濯，至潔而無滓也，混混乎無涯無畔，無始無終也，天地非大也，毫髮非小也，晝非明，夜非晦也，往非古也，此非今也，它日非後也。鳶飛戾天非鳶也，魚躍于淵非魚也，天下被日月之明照，而不知其自我也，天下霑雨露之潤，而不知其自我也，天下畏雷霆之威，而不知其自我也。（《慈湖遺書》卷七〈己易〉）

（13）此非心思之所能及也，非言語之所能載也，我之所自有也，而不可知也，不可識也。書不盡言，言不盡意，未有知近而不知遠也，未有知小而不知大也。遠近一物也，小大無體也，……放之東海之東而準也，放之西海之西而準也，放之南海之南而準也，放之北海之北而準也，不可思也，不可遠也。（《慈湖遺書》卷七〈己易〉）

以上文本 10—13，乃楊簡申說其「清明之性」「本心我」及其「性能」恆具「絕待」、「本一」、「無二」「超言說」等境界特色，此在儒學思想脈絡中亦前無所

承，唯卻與禪宗重要經典《維摩詰不可思議解脫經》謂「自性」乃「不二之性」的說法相對暗合。即言之，文本 10、11 所謂「惑者蔽之、二之」、「是心本一也，無二也」、「吾心無二」，便是楊簡述說「清明之性」「本心我」乃「絕待」、「本一」、「無二」「超言說」特性的言說基準，楊簡進而指出：一般視為相對、無以並存的——「明昏」「斷續」「嚮今」「晝夜」「少壯、衰老」「強弱」「始終」「大小」「明晦」「遠近」等名言概念，在其「清明之性」「本心我」的性能境界中，都是「絕待」、「本一」、「無二」「超言說」的；換言之，在楊簡「絕待」、「超言說」「清明之性」「本心我」的體證境界中，不僅「明昏」本一、不二（即「自明也，自昏也，此未嘗昏，此未嘗明也」），「斷續」本一、不二（「無嘗斷而復續也」「無斷無續者心也」「而吾心無斷續」），「嚮今」本一、不二（「無嚮也不如是而今如是也，無嚮也如是而今不是也」），「晝夜」本一、不二（「晝夜一也」）、「古今」本一、不二（「古今一也」），「少壯、衰老」本一、不二（「少壯不強而衰老不弱也。可強可弱者血氣也，無強無弱者心也」），「強、弱」本一、不二（「血氣有強弱，而吾心無強弱」），「始終」本一、不二（「混混乎無涯無畔，無始無終也」），「大小」本一、不二（「天地非大也，毫髮非小也」「小大無體也」），「晝夜明晦」本一、不二（「晝非明，夜非晦也」），「古今」本一、不二（「往非古也，此非今也，它日非後也」），「遠近」本一、不二（「遠近一物也」），就連常被象山賦與「生命氣象」「生生之意」境界象徵指涉的「鳶飛戾天」「魚躍于淵」等句，〔註8〕在楊簡心學中亦成為正言若反、唯「一」是喻的境界型態（「鳶飛戾天非鳶也，魚躍于淵非魚也」），也無怪象山對楊簡無時無刻不以「一」喻「本心」頗有意見，嘗言：「我不說一，楊敬仲說一，嘗與敬仲說箴他」，〔註9〕可見象山、楊簡師弟在心學特性的描繪上有所分殊，隱含著彼此心學特性的差距，此自是值得注意。

進言之，筆者判定楊簡「清明之性」「本心我」及其「性能」恆具「絕待」、「本一」、「無二」「超言說」等心學特色，與禪宗重要經典《維摩詰不可思議解脫經》謂「自性」乃「不二之性」之說隱然暗合，此可舉〈入不二法門品第九〉、〈阿閦佛品第十二〉進一步論證：

〔註8〕 《象山全集》卷三十五即言：「鳶飛戾天，魚躍于淵，言其上下察也。只緣理明義精，所以於天地之間，一事一物，莫不著察，仰以觀象於天及萬物之宜，惟聖者然後察之如此其精也。」

〔註9〕 見中華書局《象山全集》卷三十五。

（Ａ）「生、滅爲二。法本不生，今則無滅，得此無生法忍，是爲入
　　不二法門。」「我、我所爲二。因有我故，便有我所；若無有
　　我，則無我所，是爲入不二法門。」「垢、淨爲二。見垢實性，
　　則無淨相，順於滅性，是爲入不二法門。」「是動、是念爲二。
　　不動則無念，無念則無分別，通達此者，是爲入不二法門。」
　　「善、不善爲二。若不起善不善，入無相際而通達者，是爲入
　　不二法門。」「生死、涅槃爲二。若見生死性，則無生死，無
　　縛無解，不生不滅，如是解者，是爲入不二法門。」「我、無
　　我爲二。我尚不可得，非我何可得？見我實性者，不復起二，
　　是爲入不二法門。」「明、無明爲二。無明實性即是明，明亦
　　不可取，離一切數，於其中平等無二者，是爲入不二法門。」
　　（《維摩詰不可思議解脫經》〈入不二法門品第九〉）

（Ｂ）不一相，不異相，不自相，不他相，……，不此岸，不彼岸，
　　不此不彼……不可以智知，不可以識識。無晦無明……無強無
　　弱，非淨非穢。……不來不去，不出不入，一切言語道斷。(《維
　　摩詰不可思議解脫經》〈阿閦佛品第十二〉）

以上《維摩詰經》Ａ、Ｂ兩文本所示的心學特性、境界內涵，確然與楊簡指稱
「明昏」「斷續」「嚮今」「晝夜」「少壯、衰老」「強弱」「始終」「大小」「明晦」
「遠近」等名言概念，在其「清明之性」「本心我」的境界認知中，乃是「絕待」、
「本一」、「無二」「超言說」等論述同質同調；尤有進者，《維經》文本Ａ所謂
「明、無明爲二。無明實性即是明，明亦不可取，離一切數，於其中平等無二
者，是爲入不二法門」，與楊簡《己易》「自明也，自昏也，此未嘗昏，此未嘗
明也。惑者蔽之、二之，自以爲昏、爲明也」之說如出一轍，乃至《維經》文
本Ｂ「不可以智知，不可以識識」「無晦無明」「無強無弱」等句，亦與《己易》
「此非心思之所能及也，非言語之所能載也」、「晝非明，夜非晦也」「少壯不強
而衰老不弱也」「無強無弱者，心也」之說密合無間，準此若謂楊簡心學全然無
所借鑑、融攝於佛禪「自性」之說，委實教人難以置信。

二、唐君毅先生論楊簡《己易》——「是廣度的說，延展的說，亦散開的說」

　　以上對楊簡《己易》一文全程梳理，此下再據引現代新儒家巨擘唐君毅

先生對楊簡《己易》3 論點，以概括楊簡心學的特色與風格。

即言之，作為一個對中國學問有長流宏觀識見的學者，唐先生在其大作——《唐君毅先生全集》卷十五〈中國哲學原論〉〈原性篇〉第十四章第 3 小節〈象山、慈湖至陽明之即心性工夫，以言心性本體義〉部分，對楊簡心學、尤其是〈己易〉一文有初步開發研究之功，然在此節次 12 頁（423 頁 434 頁）篇幅中，唐先生實際論及慈湖心學者僅薄薄 3、4 頁，此中原因據筆者研判，不排除是唐先生在楊簡心學文本的閱讀過程中，嗅及楊簡心學與象山心學在心學統緒的連結上未必能緊密接合所致；〔註 10〕儘管唐先生該文篇幅有限，然論點卻極其精要，對楊簡心學特性之抉發確有提綱契領、一針見血式的掌握，此處爰將唐先生該文 3 論點揭出，以利討論：

論點 1「慈湖己易之言此天地之變化，與吾心之變化為一，乃是廣度的說，延展的說，亦散開的說，便不同於象山之言此語（指「宇宙即吾心，吾心即宇宙」），乃要人在直下提昇其精神，以會得「宇宙即吾心」之一整全之意，而自其所溺者中拔起，更奮發植立，乃為強度的說，凝聚的說，總攝的說者。慈湖之如此廣度說己易，亦同時包涵一「人對其心量之廣，作一自己觀照、自己玩味、自己欣賞」，而帶美學情調，並以此情調為一修養工夫之底據。」（見〈中國哲學原論〉〈原性篇〉第十四章 428 頁）

論點 2「慈湖既以人之自觀其心量之廣大之美學情調，為一修養工夫之底據；而此一觀照欲求其順適，則須擺掉一切，不見此外一切。人乃不特當無與之相對可使其心陷溺之人欲可見，即可為人欲孳生之所據之意，亦所不當有。」（〈中國哲學原論〉〈原性篇〉第十四章 428 頁）

論點 3「慈湖言不起意，高明之趣多，而艱難之感少，其言皆不足以勵學者之志，而不宜於立教。」（〈中國哲學原論〉〈原性篇〉第十四章 430 頁）

〔註 10〕據筆者閱讀唐先生大作的印象，唐先生治學是很禁耐得住各種繁複文本的研磨的，就此而言，楊簡心學文本雖然千篇一律，缺乏知識學上的「豐富性」可說，但此絕不可能是唐先生吝於花費心思持續眷顧楊簡的原因。然唐先生在其〈原性篇〉第十四章〈象山、慈湖至陽明之即心性工夫，以言心性本體義〉部分，儘管在嘗試連結象山心學與陽明心學關係的弘觀寫作規模中，對楊簡心學有所著墨，只惜僅以聊聊數頁篇幅帶過，據筆者研判，不排除是唐先生在楊簡心學文本的閱讀過程中，嗅及楊簡心學與象山心學在心學統緒的銜接上未必緊密結合所致。如果如上研判為真，那麼筆者相信，唐先生謂楊簡心學「高明之趣多，而艱難之感少，其言皆不足以勵學者之志，而不宜於立教」，或許便是唐先生未花更多時間、氣力深究楊簡心學的原因所在。

　　以上唐先生 3 論點中，筆者先就論點 3 試予闡述。即言之，從本章迄今楊簡「毋意說」、〈絕四記〉〈己易〉的研究過程裡，楊簡心學確無任何道德實踐上的「艱難」「憂患」成分可說，所以楊簡心學總給人一種站在天上雲端說話的感覺（如「天地，我之天地，變化，我之變化」「以吾之照臨為日月，以吾之變通為四時，以吾之散殊於清濁之兩間者為萬物」），恍然對在現實人間從事道德實踐的艱難、艱苦渾無所知，以致楊簡心學偏向「減損面」、「消解面」者多，正向給出「價值根源意義」者少，不像象山語言文字總在「血脈」關鍵處啓發、指點人，那麼警策有力、感動人心，因此類似《象山語錄》〈三十四〉〈三十五〉所載：「千虛不博一實，吾平生學問無他，只是一實」「人之為學，貴於有所興起」「誅鋤蕩滌，慨然興發」「人方奮立，已有消蝕」「學問貴細密，自修貴勇猛」「須知人情之無常，方料理得人」「志小不可語大人事」「心官不可曠職」「上達下達，即是喻義喻利」「人情物理上做工夫」「須是下及物工夫，則隨大隨小有濟」「後生隨身規矩不可失」……等當下提掇、警策人心的文句，在楊簡著作間是了不可得的，此中關鍵當然是象山之「心」，乃「萬物森然於方寸之間，滿心而發，充塞宇宙」、實德、實理、可生發創造的「道德本心」，其「性」乃孟子「四端說」的「良知善性」，此皆異於楊簡之「心」乃「虛靈無體」「無我」「澄然虛明，如日月之光，無思無為，而萬物畢照」的「虛明心」，其「性」乃「寂然清明」「自寂自止」可含攝「萬事」「萬物」「萬理」而「不二」的「清明之性」，此皆構成師弟間心學文本看似契似，然卻有其內在質性殊異的原因，同時這也可以視為楊簡心學部分存在著違異儒學特性的觀察指標。

　　至於唐先生論點 1、2 因有部分重疊，筆者爰一併統整闡述。

　　即言之，依筆者之見，唐先生能明敏識別出「慈湖己易之言此天地之變化，與吾心之變化為一」，「乃是廣度的說，延展的說，亦散開的說」，當然是有見於楊簡《己易》係以「境界型態」、「非分解說」的方式宣說其「本心」境界所致，此確不同於象山之言「宇宙即吾心，吾心即宇宙」，乃是「強度的說，凝聚的說，總攝的說」，頗有「宇宙內事乃己分內事」、「當下承擔提起」、「自作主宰」、「捨我其誰」的陽剛氣概，至於象山、楊簡師弟對「宇宙即吾心，吾心即宇宙」的詮釋內容、風格如其有別，當然與師弟二人對「心」、「性」的認知理解不同、及楊簡沒有「下學」、「及物」工夫所致，此前業已言及，不再贅述。筆者此下要談的，乃是針對唐先生認為楊簡言「毋意」、「不起意」，

乃是以其對心量廣大之「觀照」、「玩味」、「欣賞」的「美學情調」作「爲其修養工夫之底據」之說，提供個人觀點相近、但說法稍微不同的「野人獻曝」之見。

　　換言之，筆者完全同意唐先生認楊簡心學乃是「人對其心量之廣，作一自己觀照、自己玩味、自己欣賞」的說法，但對唐先生認楊簡是以此「人之自觀其心量之廣大之美學情調，爲一修養工夫之底據」的說法則有所保留；換言之，慈湖心學（尤其是〈己易〉展現的本心境界）誠如唐先生所言——顯現風格特色上「自己觀照欣賞玩味」的「美學情調」，但慈湖心學卻未必是以此「自己觀照欣賞玩味」的「美學情調」作爲其「修養工夫之底據」，乃視「此一觀照欲求其順適，則須擺掉一切，不見此外一切」，進而連「即可爲人欲孳生之所據之意，亦所不當有」。即言之，筆者與唐先生的論點並非相左，而是對楊簡「毋意工夫」與其心學饒富「觀照欣賞玩味」的「美學情調」孰先孰後的因果解釋正好與唐先生論點相反。換言之，唐先生乃是認楊簡心學「觀照欣賞玩味」的「美學情調」生發在先，爰認「即可爲人欲孳生之所據之意，亦所不當有」，才相即提出「毋意」「不起意」說以爲心學宗旨，然據筆者對楊簡工夫歷程的瞭解，楊簡乃是循其 20 歲起多年靜坐「時復反觀」「毋意」「不起意」等工夫，陸續生發「循理齋之悟」「扇悟之悟」「夜宿山谷之覺」「母喪之悟」等特殊本心體驗，〔註11〕進而以此特殊本心體驗來詮解經書儒典、著書講學，因此若從因果脈絡來看，楊簡當然是「時復反觀」「毋意」「不起意」工夫運施在先，其特殊心靈體證生發在後，繼而含具著「觀照欣賞玩味」特性的「美學情調」始相隨產生；就此而言，楊簡《己易》一文透顯「觀照欣賞玩味」的「美學情調」自是其生發特殊心靈體證相即湧現的「副產品」，所以認此「美學情調」恆在「時復反觀」「毋意」「不起意」等心學工夫之後，在因果邏輯的銜接解釋上才較合理。

第三節　楊簡心學尺鑊下的經書、諸子

　　在楊簡一生學行事蹟中，最能與其「特殊心學之創發」互爲表裡、並構成個人爲學「吾道一以貫之」特色的，除其終生不輟講學外，對儒門部分經

〔註11〕關於楊簡「循理齋之悟」「扇悟之悟」「夜宿山谷之覺」「母喪之悟」等情境過程、實質內容，本論文第四章「生命之學」部分會持續探討。

典、乃至諸子思想適度加以匡正，亦構成楊簡弘揚心學的實踐門徑之一，是以觀察楊簡如何批評經典、諸子，乃至以何判準批評經典、諸子，對反面襯顯楊簡心學特性亦有實質觀察效果。

一、以「毋意」之孔聖標準批評儒經

首先，筆者要探討的乃是楊簡如何批評儒經，然考量本節篇幅有限及文本重要性不一，爰對楊簡批《學記》、《樂記》、《孝經》等部分僅予概括論述，對楊簡批《大學》《中庸》部分則以較多篇幅來處理。

1、批《學記》、《樂記》、《孝經》——「樂記諄諄言禮樂之異，分裂太甚」

在儒家五經義理系統中，《禮記》一書內容相對駁雜，唯〈學記〉一文討論古代教育思想爲獨多，歷來皆被視爲儒家教育思想的重要文本，然楊簡卻認爲：

> （1）學記亦非知道者作，泛泛外務，謂知類通達，強立而不反，辭氣非眞通達，果達，豈九年所可限？又曰：君子之於學，藏焉，修焉，息焉，游焉，夫游息孰非修習之地，善焉者，無動靜之殊。又曰：凡學之道，嚴師爲難，師嚴然後道尊，是皆人爲之故，非道也（見《慈湖遺書》卷九）

> （2）汲古問學記，云：學者有四失，或失則多，或失則寡，或失則易，或失則止，人惟意固情放，而有此失，一失而不救，則何止於四，先生曰：人心圓融廣大，虛明應感，無所不達，安得有失？人於其間加以私意，則本心始失矣。（見《慈湖遺書》卷九）

從如上兩文本內容：不滿古代童蒙教育硬性以「九年」爲期、將「藏焉，修焉，息焉，游焉」割裂爲四、固化判定「學者有四失」看來，楊簡對〈學記〉以外延性、分解說、相對性、分別相的思考方式來論學深不爲然，相對也照見楊簡論學捨心而弗談的態度。

至於《禮記》〈樂記〉篇乃抒論儒家藝術觀的重要文本，內容間對儒家生命活動有所解說，然楊簡卻謂：

> （1）樂記亦非知道者作，其言曰：人心之動，物使之然也，此語固

然，庸眾者不知其非，而知道者不肯為是言。蓋知道，則信百
姓日用斯道而自不知，百姓日用無非妙者，惟不自知，故昏亂
也，故曰物使之然，則全以為非，裂物我，析動靜，害道多矣。
禮樂，無二道，吾心發於恭敬品節、應酬文為者，人名之曰禮，
其恭敬文為之間，有和順樂易之情，人名之曰樂，庸眾生而執
形、動意，形不勝其多，意亦不勝其多，不知夫不執不動，則
大道清明廣博，天地位其中，萬物育其中，萬事萬理交錯其中，
形殊而體同，名殊而實同，而樂記諄諄言禮樂之異，分裂太甚，
由乎其本心之未明故，故其言似通而實塞，似大而實小（《慈
湖遺書》卷九）

（2）樂記曰：其本在人心之感於物也，吁，亦末矣，夫樂之道，無
本末，無終始，如欲啓誘庸眾，姑言其本，則人心之未感物者，
其本也（《慈湖遺書》卷九）

從以上兩文本內容來檢視，〈樂記〉「人心之動，物使之然」之說、及專章論
「禮樂之異」，在楊簡「清明之性」「本心我」及其「性能」恆然「本一」「無
二」「超言説」的「絕待」視點看來，「物我」、「禮樂」本自不二（即「裂物
我，析動靜，害道多矣」「禮樂，無二道」），豈容有所切割，以致《樂記》作
者將「人心之動」的理由推給「物使之然」，並大談禮樂之道的殊異，無怪楊
簡要視為「分裂太甚」了。

復次，《孝經》乃迄唐代始取得國家身分認證的儒門晚出經典，基本上，
可視為一部結合著國家機制、為「移孝作忠」「忠孝兩全」尋繹合理解釋的特
殊之作，然楊簡卻評道：

（1）此心之神，無所不通，光明如此，由此之謂正學，失此謂之偏
學，而章句陋儒取孔子所與曾子之書，妄以己意增益之，曰開
宗明義章，曰天子章，曰諸侯章，取混然一貫之旨而分裂之，
又刊落古文閨門一節，破碎大道，相與妄論於迷惑之中，而不
自知此惟心通內明乃克抉擇。」（《慈湖遺書》卷十二）

（2）孔子曰：夫孝，天之經，地之義，民之行，此道通明無可疑者，
人堅執其形，牢執其名，而意始分裂不一矣，意雖不一，其實
未始不一，人心無體，無所不通，無所限量，是故事親之道，
即事君事長之道，即慈幼之道，即應事接物之道，即天地生成

之道，即日月四時之應，即鬼神之道」（《慈湖遺書》卷十二）

從楊簡批《孝經》的語意脈絡可知，《孝經》以階級身分地位分立「開宗明義章」「天子章」「諸侯章」，將不同階級身分地位之人賦與不同職分的盡孝意含，無乃「破碎大道，相與妄論於迷惑之中」，可見楊簡在唐、宋時代相近的傳統風尚下，對孝道本質能如此深湛透視，自有其心學體證的高明過人處；尤有甚者，楊簡更本其「清明之性」「本心我」及其「性能」──「人心無體，無所不通，無所限量」「本一」「無二」的視點，直言「事親之道，即事君事長之道，即慈幼之道，即應事接物之道，即天地生成之道，即日月四時之應，即鬼神之道」，此無乃一舉打破傳統孝道觀「分忠、孝為二」「忠孝難兩全」的理分矛盾與固化思維（即「事親之道，即事君事長之道」），對可能深陷於倫理德目無法圓融兼顧的踐道者，開啟了一道本心活水的「融通轉換樞紐」，這對倫理道德本質之揭出、乃至匡正《孝經》僵滯的孝道觀，都是饒富啟示意義與境界深度的。

2、批《大學》──「致學於性外，積意而為道」

至於《大學》章句，自南宋朱熹將其從《禮記》一書摘出，據二程之意區分經傳，重新編為《四書》普為流傳後，頓時成為顯學，然楊簡卻對《大學》一書迭有批評，其言如下：

（1）禹告舜曰：安女止，女謂舜也，言舜心本靜止，惟安焉而已，奚獨舜心？太甲本心亦靜止，故伊尹告以欽厥止，厥猶女也，奚獨太甲舉天下？古今人心皆然。故孔子曰：於止知其所止，於止本止也。大學曰：知止而後有定，定而後能靜，靜而後能安，此非聖人之言也，此以意為之，故有四者之序，不起乎意，融明澄一，惡睹四者？夫人皆有此止，而不自知也，先儒以大學為孔子之言，意之爾。（慈湖遺書卷二〈安止齋記〉）

（2）又曰：知止而後有定，定而後能靜，靜而後能安，安而後能慮，慮而後能得。吁，此膏肓之病也，道亦何嘗有淺深、有次第哉？淺深次第，學者入道自為是不同耳，是人也，非道也。學者學道，奚必一一皆同，而欲以律天下萬世，無益於明道，而反壅之。作是書者，固將以啟祐後學，非欲以亂後學，而學者讀之，愈積其意，愈植其山徑之茅，愈喪其正也。（見《慈湖遺書》卷十三）

以上文本 1、2，乃楊簡本其對《尚書》「安女止」一語的心學詮解爲據，對《大學》所謂「止——定——靜——安——慮——得」的修學次第深致不滿，認《大學》不唯惑「亂後學」而已，更助長修學者的認知意慮分別（「愈積其意，愈植其山徑之茅，愈喪其正也」）；換言之，《大學》所謂「知止而後有定」之「知止」，楊簡乃是以其對《尚書》「安女止」的心學詮釋——「心本靜止，惟安焉而已」「心亦靜止」「於止知其所止」來理解，且此「靜止」「安焉」「知其所止」的「本心」乃人人所自有（即「夫人皆有此止」），準此《大學》又何必頭上安頭，在「靜止」「安焉」「知其所止」的「本心」之外，再別立一個「止——定——靜——安——慮——得」的修學次第呢？（即「道亦何嘗有淺深、有次第哉？淺深次第，學者入道自爲是不同耳，是人也，非道也。學者學道，奚必一一皆同，而欲以律天下萬世」？）此外楊簡不唯對《大學》「止——定——靜——安——慮——得」之說有所微辭，乃至對《大學》「八條目」之次第說、「恐懼、好惡、憂患」說、「止於至善」「必正其心」「必正其意」等論亦有所不滿，文本如下：

（1）自近世二程尊信大學之書，而學者靡然從之，伊川固出明道下，明道入德矣，而尤不能無阻，惟不能無阻，故無以識是書之疵。大學曰：欲致其國者先齊其家，欲齊其家者先修其身，欲修其身者先正其心，判身與心而離之病已露矣，猶未著白，至於又曰：欲正其心者先誠其意，欲誠其意者先致其知，致知在格物。噫，何其支也。孔子無此言，顏曾亦無此言，孟子亦無此言。……又曰：有所恐懼則不得其正，有所好樂則不得其正，有所憂患則不得其正，孔子臨事而懼，作易者其有憂患，好賢樂善，何所不可，而惡之也，是安知夫恐懼、好惡、憂患，乃正性之變化，而未始或動也。……（見《慈湖遺書》卷十三）

（2）……大學於是又繼之曰：爲人君止於仁，爲人子止於孝，爲人父止於慈……何其局而不通也。又曰：無所不用其極，是又意說也。致學於性外，積意而爲道，異乎。……人心即道，作好焉始失其道，作惡焉始失其道，微作意焉，輒偏輒黨，始爲非道，所以明人心之本善，所以明起意之爲害，而大學之書則不然，曰：無所不用其極，曰：止於至善，曰：必正其心，曰：必正其意，反以作意爲善，反蔽人心本有之善，似是而非也，

似深而淺也，似精而粗也。（見《慈湖遺書》卷十三）

以上文本1，乃楊簡對《大學》先在設定「格物——致知——誠意——正心——修身——齊家——治國——平天下」的「內聖外王」實踐次第有所批評；換言之，站在楊簡「絕待」、「本一」、「無二」「超言說」特性的「清明之性」「本心我」立場，《大學》作者主觀建構「格物——致知——誠意——正心——修身——齊家——治國——平天下」等理想實踐階梯次第，固然宏偉，然則任何靜態結構的德性階梯地圖都是理論的、人為設定的，相對來說，在踐道者動態地修學途程中，其可能值遇的地理、路況卻恆變化不居，此實難以事先設定的德性「八條目」簡單類比、套用，故《大學》八條目次序之建立、標出，某種程度上反映的，便是《大學》作者徒然識得「成德之路」的表相路標與固化先後順序，卻未必掌握德性之學的真正學理本源（「判身與心而離之病已露矣」「何其支也」），從如上梳解脈絡看來，可見楊簡對《大學》八條目次第說的質疑，確有甚深的心學體悟。

進言之，文本1楊簡續批評《大學》「有所恐懼則不得其正，有所好樂則不得其正，有所憂患則不得其正」之說，不切孔子「臨事而懼」「作易者其有憂患」的心學本旨；即言之，在楊簡心學義下，只要「清明之性」、「本心我」及其「性能」無二、無阻，則「有所恐懼」、「有所好樂」、「有所憂患」所示的「恐懼、好惡、憂患」，便似「本心我」、「清明之性」表層的意慮波動，恍如大海表層起起落落的浪花，無礙深層大海恆保其「本一」「無二」質性的平靜、穩定那般（「夫恐懼、好惡、憂患，乃正性之變化，而未始或動也」）。

至於文本2，楊簡更批評《大學》「為人君止於仁，為人子止於孝，為人父止於慈」之論，「何其局而不通也」；蓋在楊簡心學立場，能行「仁」「孝」「慈」的心本來就在「清明之性」、「本心我」及其「性能」之中，所以能「仁」必然能「孝」，能「孝」必然能「慈」，毫無限隔，豈容各自割裂，單由不同身分、角色之人各盡其分枝面向的德性理分呢？乃至對《大學》「止於至善」「必正其心」「必正其意」之說楊簡亦深不以為然，蓋在楊簡心學立場，「人心之本善」，此自是超乎世俗「對待相」、「分別相」的「相對善惡」（即「作好焉始失其道，作惡焉始失其道」），因此如動了本章第一節所謂：有「起—落」「始—終」、「生—滅」特性（「微起焉」、「微止焉」）、及「時間對待」、「性質差別關係」的「意慮」「念慮」「思慮」，欲以「去惡存善」，都是某種程度的「作意」「意害」（「以作意為善，反蔽人心本有之善」），就此而言，楊簡心學唯一

工夫便是「毋意」「不起意」，而此「毋意」「不起意」之實質內涵，相對近禪、及不具孔子「下學工夫」、或象山「及物工夫」也是昭然可見的。

3、批《中庸》——「發則即發，中則即中，皆不容私」

除批判《大學》一書「致學於性外，積意而為道」，楊簡對以子思為名之《中庸》亦有所評斷，先談楊簡如何批評子思：

> 子思不知萬物我發育，推與聖人自固蔽，己自固蔽禍猶小，固
> 蔽後學禍甚大，孔子沒近二千年，未有一人指其愆，汨汨昏昏
> 到今日，所幸慈湖卻不然，灼見子思、孟子病同源。（《慈湖遺
> 書卷六《慈溪金沙岡歌》）

由如上文本可見，楊簡對子思、孟子之學皆有所批評，至於孟子之學有何瑕疵為楊簡所詬病（「灼見子思、孟子病同源」），下文再行探究，此處先言楊簡如何批《中庸》：

> 子思曰：喜怒哀樂之未發謂之中，發而皆中節謂之和，中也者，
> 天下之大本也，和也者，天下之達道也，孔子未嘗如此分裂，
> 子思何為如此分裂？此乃學者自起如此意見，吾本心未嘗有此
> 意見，方喜怒哀樂之未發也，豈曰此吾之中也，謂此為中，則
> 已發之於意矣，非未發也，及喜怒哀樂之發也，豈曰吾今發而
> 中節也。發則即發，中則即中，皆不容私。大本達道，亦皆學
> 者徐立此名，吾心本無此名……孔門惟曰：吾道一以貫之，未
> 嘗分裂也，……吾心渾然，無涯畔，無本末，其未發也，吾不
> 知其未發，其既發也，吾不知其既發，故孔子曰：吾有知乎哉？
> 無知也。文王不識不知，順帝之則，知則失帝矣，事親事君，
> 非無知也；應物從事，非無知也，周公仰而思之，孔子臨事而
> 懼，好謀而成，非無知也，如四時之錯行，如明月之代明，油
> 然而生，忽然而止，生不知所生，而是非自明，利害自辨……
> 子思覺焉而未大通者也。（《慈湖遺書》卷十三）

原來楊簡批評子思「覺焉而未大通」，乃是針對以子思為名之《中庸》載有：「喜怒哀樂之未發謂之中，發而皆中節謂之和」等語而發；換言之，以「喜怒哀樂」之「未發」為「中」，以「發而皆中節」為「和」，乃《中庸》對儒門踐道君子具擬的如理情感設定，然在楊簡心學立場，「清明之性」「本心我」及其「性能」恆然是「絕待」、「本一」、「無二」「超言說」的（「吾心渾然，

無涯畔，無本末」），以致「清明之性」「本心我」及其性能一旦開顯，恆然「昭明如鑑，不假致察，美惡自明，洪纖自辨」（〈絕四記〉），以致「事親事君」、「應物從事」都是「本心」當下的流行發用，無須另有「未發」「已發」兩段式操作的接續程序（即「事親事君，非無知也；應物從事，非無知也，周公仰而思之，孔子臨事而懼，好謀而成，非無知也」），以致有道君子的「喜怒哀樂」本自含攝於其「本心」性能中，此何待「理論」地把弄一個有斷、有續的「未發」「已發」程序，才能道德實踐呢（「發則即發，中則即中，皆不容私」）？進言之，吾人「喜怒哀樂」「未發」之時，若別起一個覺知目前正處於「中」的生命狀態的主觀心念，則此心念發動本身，當下即是某種形式的覺知念慮（即「意」），這怎能說不是「已發」呢？反之，當吾人「喜怒哀樂」之情業已發露、起用，此「喜怒哀樂」原本即含攝於「清明之性」「本心我」的「性能」中，難道吾人要在「喜怒哀樂」展露之時，別起一個覺知目前正處於「和」的狀態的主觀念慮嗎？（即「方喜怒哀樂之未發也，豈曰此吾之中也？謂此為中，則已發之於意矣，非未發也，及喜怒哀樂之發也，豈曰吾今發而中節也？」）從如上梳解看來，「未發」「已發」問題在楊簡心學立場，根本是後天以認知分別意識揣想出來的虛構假設命題（「未離乎意」），此亦是楊簡分判子思為「覺焉而未大通者」的原因。

二、以「毋意」之孔聖標準批諸子

除對《大學》《中庸》、《孝經》《學記》《樂記》等儒典有所評斷，楊簡亦對諸子思想及其境界次第有所議論，至於其評判標準，乃是以其特殊的本心體證及去意盡淨的孔子心學境界為斷，以下先舉兩則楊簡概括諸子境界優劣的文本為說：

（1）自孔子歿，而大道不明，自曾子歿，而道滋不明，孟子正矣而猶疏，荀卿勤矣而愈遠，董仲舒號漢儒宗，而曰：道者，所以繇適於治之路也，仁義禮樂，皆其具也。又曰：仁義禮智信，五常之道，王者所當修飭也，五者修飭，故受天之祐，嗚乎，異乎孔子之言道矣，自知道者觀之，惟有嗟憫。

（《慈湖遺書》卷十四）

（2）大哉孔聖之言，哀樂相生不可見，傾耳聽之不可聞，不見乃真見，不聞乃真聞，子夏雖曰不承，實莫之承終於昏，誤認有子

為師道，曾子覺雖小，而悟孔聖之皭皭，濯之暴之覺之虧，即
濯即暴無不妙，子思孟子亦近之，惜乎小覺而大非，其言多害
道，二子名聲滿天下，指其非者何其少，滋惑後學何時了？
（卷六〈大哉〉）

從以上楊簡批評孔門重要弟子（曾子、子夏、有子）、及儒家重要人物（子思、
孟子、荀卿、董仲舒）看來，楊簡唯一師仰的人格典範，唯是「大哉孔聖」
一人而已，至於孔子何以夠資格稱「聖」？楊簡在《先聖大訓》卷五〈自吾
第〉第 44 章謂：「蓋仁者，虛明不動乎意，無思無為，多無先定之慮，……
必聰明睿智，無一之不盡，而後為聖，而後得道之全」，可見「不動乎意」「無
思無為」「無先定之慮」「聰明睿智」「無一之不盡」「得道之全」的心學體證
者，才是楊簡心學義下的「聖人典範」。除此之外，儒門人物在楊簡心學判準
中，顏回、曾子境界庶幾次之（「曾子覺雖小，而悟孔聖之皭皭，濯之暴之覺
之虧，即濯即暴無不妙」），孟子、荀子、董仲舒則再依序次之（「孟子正矣而
猶疏，荀卿勤矣而愈遠，董仲舒號漢儒宗……異乎孔子之言道矣，自知道者
觀之，惟有嗟憫」），以上楊簡勾勒儒者境界次第之說固未必為實，然卻反映
其心中自有其認定的境界高低主觀圖繪，此下便討論楊簡如何批評理解老、
莊、孟子之學。

1、批老子、莊子──「夫道未始不一，何以復混？」

從一般思想史的立場角度來說，老子之道無為、守柔而不爭，乃「作用
層」、「境界型態」，此已夠「虛明」「去執」「絕待」，然楊簡卻認為「老子之
於道殆入焉而未大通者也」，認老子將「夷」、「希」、「微」三者「混而為一」，
乃頭上安頭之舉，評道：「夫道未始不一，何以復混？」；此外老子謂「夫物
芸芸，各歸其根，歸根曰靜」，楊簡則云：「動即靜，靜即動，動靜未始不一
貫，何以致守為？何以復歸為？」乃至老子有「執古之道以御今之有」之說，
楊簡亦判其「未悟古今之一也」，然礙於篇幅所限，以下僅列舉部分文本參見，
不再個別討論：

（1）今世所行老子之書，皆曰老聃之書，簡觀老子之書，深有疑焉，
蓋入乎道，而猶有蔽焉者也，何以明之？曰：道可道，非常道，
名可名，非常名。又曰：我獨泊兮其未兆，嗚呼，非入乎道者
斷不及此，今人心逐逐不休，不能斯須止靜，有能寂然不動乎
意而久者乎？兆謂意起而象兆也，泊者，兢兢業業也，雖兢兢

業業而非意也，孔子所謂用力於仁者，嗚呼至矣，及乎曰：此三者不可致詰，復混而爲一，夫道未始不一，何以復混？此其大蔽也，此意之所爲也，道不如是也。又曰：萬物並作，吾以觀復。夫物芸芸，各歸其根，歸根曰靜，離動而之靜，此蔽也，非道也。（《慈湖遺書》卷十四〈家記八〉）

（2）老子曰：致虛寂，守靜篤，萬物並作，吾以觀復，夫物芸芸，各歸其根，歸根曰靜，老子之於道殆入焉而未大通者也，動即靜，靜即動，動靜未始不一貫，何以致守爲？何以復歸爲？

（《慈湖遺書》卷十四〈家記八〉）

（3）老子曰：視之不見名曰夷，聽之不聞名曰希，搏之不得名曰微，此三者不可以致詰，復混而爲一，其上不皦，其下不昧，繩繩不可名，復歸於無物，曰混曰復歸，疵病大露，混而爲一，不知其本一也，復歸於無物，不知虛實之本一也。老子又曰：執古之道以御今之有，未悟古今之一也。……曰有、曰無、曰動、曰靜、曰古、曰今、曰萬、曰一，名言之不同也，昏者則云爾也。老子又曰：大曰逝，逝曰遠，遠曰反，道體寂然，何逝何反？學道而未通者，自作此意度耳，道不如是也。

（見《慈湖遺書》卷十四〈家記八〉）

進言之，除認老子部分名言有割裂「道」之疑慮外，楊簡對莊子「爲是不用而寓諸庸」「宅而寓於不得已」「以無爲首」「勞我以生，息我以死」等說亦間有批評，此如：「莊周寓言陋語良多，仁義蓬廬之論，惟睹乎二，未睹乎一也，亦祖夫歸無之學，而未大通者也。周又曰：爲是不用而寓諸庸，意說也。曰不用、曰寓，皆意也。又曰：有以爲未始有物者，至矣，盡矣，不可以加矣，此又意說也，未悟有無之一也。又曰：仁義之端，是非之塗，樊然殽亂，是又惡動好靜，陷溺之巨病也。似廣大而實小也，似高明而實卑也」（《慈湖遺書》卷十四〈家記八〉）；乃至亦謂「莊子曰：一宅而寓於不得已，又曰：不忘其所始，又曰：以無爲首，是皆意慮之未息也。孔子曰：天下何思何慮，未嘗有周之繁說也，而萬世自莫得而闚之。莊子又曰：勞我以生，息我以死，是又思慮之紛紛也，是又樂死而厭生也，樂死而厭生與貪生而懼死同。」（《慈湖遺書》卷十四〈家記八〉）從以上楊簡批評莊子「勞我以生，息我以死」名言乃「樂死而厭生」看來，也許楊簡心學在生命之學、生死境界體悟上，或

有其特別體證可說。

　　總括如上楊簡對老、莊名言之批評，可見楊簡是全然站在其「清明之性」「本心我」及其「性能」，恆具「永在」「超相對」「無分別」「超名言」「本一」「無二」等特性的立場而爲說，以致對老、莊名言中任何有「分解說」、「割裂說」疑慮的文本都視爲仍不夠契道。當然筆者在此也須爲老莊之學適度迴護，蓋老子、莊子的體道境界，如果在人間不許有任何「次第說」、「分解說」，那除非人人皆已打破相對名言、意識的束縛，舉手投足、平常日用盡是「道之體現」，如此自無勞老、莊任何形式的言說，但如果如上境界在人間邃難實現，則老、莊因應時人一般的思維型態、文化系統、人間特性，適度方便權說、巧說、「次第說」、「分解說」，仍是有其必要的。但由楊簡批評老莊之學仍有「割裂」疑慮看來，相對可見楊簡心學在「境界型態」的超越展示上，確較已然夠「絕待」「虛明」的老莊之學更饒具「永在」「超相對」「無分別」「超名言」「本一」「無二」等特性，這是吾人在諸家思想的比對關係中、及爲楊簡特殊心學定位之時應一併考量注意的。

2、批孟子——「愈操愈失，操無所益，舍無所損」

　　由如上楊簡評騭儒家各經典（〈大學〉〈中庸〉〈學記〉〈樂記〉〈孝經〉），乃至匡正歷代各家思想人物（曾子、子思、老子、莊子）的心學檢測、弘傳過程中，筆者以爲，這些批評某種程度上可視爲楊簡對儒經、諸子的「心學新詮」或「輔正意見」，實難謂有何對錯；然奇特地的是，楊簡對儒家重要人物——孟子及其學問本質卻渾不相應，以致楊簡對孟子學的批評，絕難稱得上是「心學新詮」或「輔正意見」，而根本未曾有過相應、對焦的「如理理解」，茲舉4例言之：

　　（1）注《論語》「孔子曰：操則存，舍則亡，出入無時，莫知其鄉，惟心之謂與？」時，楊簡別解曰：「孔子非貴操而賤舍，後學不達，遂謂常操者爲聖人，不觀夫出入無時，孔子亦未嘗貴入而賤出，辭旨坦然，孔子哭顏淵至於慟矣，而不自知，謂之操存可乎？負手曳杖，莞爾而笑，謂之操存可乎？變化云爲，如四時之錯行，如日月之代明，感而遂通，而亦未始不寂然也。心者，天下之所同然，操之則在，舍之則無，忽然而出，又忽焉而入，卒莫知其鄉。人心之神如此，惟昏惟蔽，自迷自亂，一日而覺，本神本明，無勞外求，學者不知，愈操愈失，操無所

益，舍無所損，貴操賤舍，斯失之矣。……人心之所以為不善者，非其心之罪也，一昏而動於意則差矣，孔子惟戒學者以毋意，未嘗戒學者以無心，此心無我，惟有至神，雖以孔子之聖，猶不能自知其鄉，而況於他人乎？今或獨取操存，則有其鄉矣，不能如四時之變化矣。孔子曰，吾有知乎？無知也，貴操賤舍，是猶未離乎意，孟子所以必有事焉者，改過也，耘苗也，非正其心也，此心之靈，豈容微置之意？孟子此論有所自來，蓋傳之子思，子思傳之曾子，曾子傳之孔子者，然孟子前曰：苟得其養，無物不長，苟失其養，無物不消，而遂繼以孔子操存舍亡之言，則孟子猶不能無蔽，心無體質，不可以消長言，有消有長，未脫乎意，始小而終大，始弱而後強者，非心之有小大強弱也，此心虛明，無方無體，尚不可以大言，矧可以小言，尚不可以強言，矧可以弱言，始梏乎意，故小故弱，所梏既釋，故強故大，如日月本明，雲氣蔽之故昏，日月之本明未嘗失也，如鏡積塵故昏，而鏡之本明不息，及塵漸去則漸明，大去則大明，非始明小而後明大也，明則一，特塵積之去後，多寡前後之不同爾，孟子猶未覺此心之神，本不可以小大消長言也，故誤認孔子操存之旨……」（見《先聖大訓》卷四〈樂山〉）

（2）先生謂汲古曰：孔子言操則存，舍則亡，出入無時，莫知其鄉，惟心之謂與？此說如何？汲古對曰：此言人心操則存，在此舍則失之，所以出入無定處，孟子引此說，以明此心之不可失也。

先生曰：孔子此言蓋謂操持則在此，不操持而舍之，則寂然無所有，忽焉而出，如思念外物外事，則遠出直至於千萬里之外，或窮九霄之上，或深及九地之下，又忽焉而入，如在乎吾身之中，然而心無形體，無形體自然無方所，故曰莫知其鄉，言實無鄉域也。聖人此旨未嘗貴操而賤舍，孟子誤認其語，每每有存心之說，又有存神之說，失之矣，使果有所存，則何以為神？

（《慈湖遺書》卷十四）

（3）孟子曰：養心莫善於寡欲，雖有不存者，寡矣。且心非有體之物也，有體則有所，有所則可以言存心，本無體，無體則何所存，孟子之言存，乃存意也，存我也。有存焉，有不存焉，非

其眞者也。人心即道，喜怒哀樂，神用出入，初無體之可執，至虛至明，如水如鑑，寂然而變化，萬象盡在其中，無毫髮差也。彼昏迷妄肆，顛倒萬狀，而其寂然無體之道心自若也。道心自若，而自昏自妄也，一日自覺，而後自信，吾日用未始不神靈也，未始動搖也，不覺其未始動搖者，而惟執其或存或不存者，是棄眞而取僞也，此不可不明辨。(《慈湖遺書》卷十四〈家記八〉)

（4）孔子言志氣塞乎天地，志氣亦天下之常言，未嘗專指言氣也，而孟子則專言乎氣矣。孔子言塞乎天地，不言曩小而今大，孟子曰：我善養吾浩然之氣，養而無害，則塞乎天地之間，則言曩小而今大，曩小而今大者，意也，氣之實未嘗曩小而今大也。……孟子據其所親歷而言，惟睹曩之桔梏，誠覺其小，今之開豁，誠見其大，不知渾然一貫之妙，初無形氣之殊，人自昏執，人自狹小，其蔽漸釋，故覺漸大，其實不然，譬之鑑有塵翳，乃失其明，漸去其塵，其明浸廣，非本明之有小大，由去塵之有次第也。(《慈湖遺書》卷十四)

由以上 4 文本內容看來，文本 1、2 乃楊簡從心詮《論語》孔子言「操則存，舍則亡，出入無時，莫知其鄉，惟心之謂與？」出發，進而對孟子「貴操賤舍」「苟得其養，無物不長，苟失其養，無物不消」之說有所批判，文本 3、4 則分別對孟子言「養心莫善於寡欲，雖有不存者，寡矣」、「養吾浩然之氣」「大體」「小體」之說嚴詞駁斥；即言之，在楊簡的理解中，孔子言「操則存，舍則亡」，只是單純就「清明之性」「本心我」之「性能」作用而說，毫無「貴操賤舍」之意；即言之，楊簡理解的孔子，乃是一「清明之性」「本心我」及其「性能」自如發用的心學聖人，以致「哭顏淵至於慟」「負手曳杖，莞爾而笑」，皆無須另起「相對性」、「殊異性」「差別性」、「生滅性」的「意慮」「念慮」，以為情感發露地起動基準（即「孔子亦未嘗貴入而賤出，……孔子哭顏淵至於慟矣，而不自知，謂之操存可乎？負手曳杖，莞爾而笑，謂之操存可乎？」）。然可商榷的是，孔子言「操則存，舍則亡，出入無時，莫知其鄉，惟心之謂與？」之「心」的「性質」「本義」，眞如楊簡所講「此心無我，惟有至神」「感而遂通，而亦未始不寂然也」那麼玄遠嗎？據筆者之見，孔子「惟心之謂與？」之「心」的「本義」「性質」，當然不可能是「不來不去，不生

不滅，不垢不淨」的佛家「自性心」，也不可能是「絕仁棄義」「只照不生」「以照為生」「無作無為」的老莊「虛靜心」，但孔子「惟心之謂與？」之「心」的「本義」「性質」，是否指涉典型儒家「即感即應」「逆覺體證」「良知善性本體」的「自覺仁心」，當然也值得商榷；換言之，《論語》一書涉及的乃是一具體的生活世界，因之，只要生活世界有具體的人事互動，便難以排除孔子名言之所出乃是相應於當時某特定情境而發，以致「操則存，舍則亡，出入無時，莫知其鄉，惟心之謂與？」之「心」的「性質」「本義」，當然也可能是孔子因應當時某特定人事情境（比如上課時有人發呆、不專心），而專就吾人心念、意念之出入、起伏不定而為說，以致孔子「操則存，舍則亡，出入無時，莫知其鄉」的「心」，當然也可能特指這樣一種「中性」、無強烈價值評判意味、但又對心念之出入、起伏不定特性有所認識而為說，因此《論語》中這種「中性」型態的言心文本，便留下楊簡得以發揮其特殊心學體證的詮釋空間。以上梳理完孔子「操則存，舍則亡，出入無時，莫知其鄉，惟心之謂與？」之可能含義，那麼我們便須承認，如果孟子學確可視為孔子學的進一步直承，那麼孟子心學挺立「道德主體性」，強調「貴操賤舍」「知言」「養氣」「大體」「先立其大」「義利之辨」等工夫，儘管未必能在《論語》文本中找到思想關鍵字的明確直承淵源，但卻不能因此否定孟子學確為孔子之學更進一步的發展，然可怪的是，楊簡似乎無法理解、認同這樣的看法，只一逕以其 28 歲「循理齋靜坐之悟」[註12] 後一連串生發近佛的特殊心靈體證，來理解《論語》中的孔子及其文本，進而對所有違異其「清明之性」「本心我」及其「性能」的各家思想有所質疑、指正，以致凡孟子心學義下「貴操賤舍」「苟得其養，無物不長，苟失其養，無物不消」「先立其大，則其小者不能奪也」「存心」等論，盡不合楊簡「此心無我」「未始不寂然」「此心虛明，無方無體」「本無體，無體則何所存」「絕待」、「本一」、「無二」「超言說」的心學尺鑊，進而被楊簡判為「愈操愈失」「貴操賤舍，斯失之矣」、「孟子猶不能無蔽」「聖人此旨未嘗貴操而賤舍，孟子誤認其語，每每有存心之說，又有存神之說，失之矣」「孟子之言存，乃存意也，存我也」；即言之，只要理解楊簡學思背景的來由，那麼對楊簡嚴詞駁斥孟子學也就不必過分驚異駭怪了。因此明確說來，楊簡從頭到尾都不曾相應理解過孟子「操存」的「本心」，乃是「逆覺體證」、即「良知善性」本體當下發用地「德性心」本義，同時這也可

〔註12〕楊簡「循理齋靜坐之悟」的過程與內容，本論文第三、四章會持續進行探討。

以解釋：爲什麼楊簡 32 歲承象山「扇訟之教」，對象山舉孟子〈四端說〉以指涉孟子心學義下——那有「生發、起動意義」「具主體能動性」地「良知善性」始終無法相應，反而持續本其萬物、萬事、萬化、萬理皆不離此「清明之性」的「本心」來理解〈四端說〉的原因。〔註13〕

　　最後必須指出的是，在文本 1—4 楊簡批駁孟子「愈操愈失」「貴操賤舍，斯失之矣」、「孟子猶不能無蔽」「聖人此旨未嘗貴操而賤舍，孟子誤認其語，每每有存心之說，又有存神之說，失之矣」「孟子之言存，乃存意也，存我也」的申論過程中，楊簡爲強調其「清明之性」「本心」恆無待「貴操賤舍」，特引用極富具象、比況張力的圖繪以爲說，此如：「如日月本明，雲氣蔽之故昏，日月之本明未嘗失也，如鏡積塵故昏，而鏡之本明不息，及塵漸去則漸明，大去則大明，非始明小而後明大也」「譬之鑑有塵翳，乃失其明，漸去其塵，其明浸廣，非本明之有小大，由去塵之有次第也」，以上文句中「如日月本明，雲氣蔽之故昏，日月之本明未嘗失也」之說，〔註14〕與《六祖壇經》〈懺悔品第六〉：「諸法在自性中，如天常清，日月常明，爲浮雲蓋覆，上明下暗，忽遇風吹雲散，上下俱明，萬象皆現。世人性常浮游，如彼天雲。……智如日，慧如月，智慧常明，於外著境，被自念浮雲蓋覆自性，不得明朗。若遇善知識，聞眞正法，自除迷妄，內外明徹，於自性中萬法皆現」之旨無二無別；乃至楊簡「漸去則漸明」「漸去其塵，其明浸廣」「去塵之有次第也」之說，也與《六祖壇經》神秀偈「心如明鏡台，時時勤撫拭，莫使惹塵埃」所示的「漸教」說相仿，另楊簡所謂「如鏡積塵故昏，而鏡之本明不息」境界，也與惠能偈「本來無一物，何處惹塵埃」之「頓教」說如出一轍，〔註15〕這是

〔註13〕對楊簡 32 歲《扇訟之悟》的過程與實質內容，筆者依據《象山版》《楊簡版》兩種文本提出異於傳統之見的重新解讀與探討，此參見本論文第四章第一節之二。

〔註14〕與「雲氣蔽之故昏」說法近似的文本，還有《慈湖遺書》〈著庭記〉所載：「亂生於意，意生紛然，意如雲氣，能障太虛之清明，能蔽日月之光明」，及《慈湖遺書》《家記四・論論語上》所載：「人心即道，自靈自明，過失蔽之，始昏始亂。……無過，則此心清明廣大如故矣！雲氣散釋而太空澄碧矣！」（見《慈湖遺書》《家記四・論論語上》）、「意蔽消則性自明，意蔽大消則性自大明，雲氣去盡則日月自明」（見《慈湖遺書》家記四〈無妄卦〉）等說。

〔註15〕楊簡心學與佛禪思想疑有關涉之例，此處再舉一例明之，《慈湖遺書續集》卷一〈炳講師求訓〉云：「孔子曰心之精神是謂聖，即達摩謂從上諸佛，惟以心傳心，即心是佛，除此之外，更無別佛」，此處楊簡以《孔叢子》「孔子曰心之精神是謂聖」一語比況其「本心」境界，此自是其自由詮解的權利，唯再

本小節論證楊簡從不曾如理理解過孟子心學「本義」時，應一併與其心學學問特性之檢測、定位工作同時辨明的。

本章結語

經本章對楊簡心學作成 3 萬 8 千餘言、「第一序」的系統論述，最後讓筆者對此三節研究重點予以總結：

在《慈湖遺書》〈記〉〈書信〉及〈絕四記〉等「毋意說」文本中，我們考察到楊簡所謂「意動」之「意」，乃指某種近似佛家所言具有「起—落」「始—終」「生—滅」特性（「微起焉」、「微止焉」）、「時間對待」、「性質差別」關係的「意慮」「念慮」「思慮」；至於楊簡所謂之「本心」，相較於孔、孟言「心」大抵不離一「有體有用」「即體起用」的「德性主體性」意涵，卻奇特地表現為「虛明無體」、泯除世俗「動靜」「始終」「晝夜」「今明」「生死」等「分別性」「相對性」、特質相對近似佛、道家境界的心學型態；且楊簡所言的「本心之性」，亦不似孟子「四端說」具有「道德創生」「主體能動」意含的「良知善性」，反而是某種具有「清明虛朗」「至靈至明」「廣大聖智」特質的「清明之性」，另楊簡「心意關係」內部似存在某種可以「互為轉化的內在機制」，此皆頗為奇特，值得吾人持續研討；換言之，經筆者初步檢視楊簡心學「心」「意」特性後，不禁令人起疑：如果楊簡「毋意說」的主旨真是要吾人「不起」這種近似佛家所言具有「起—落」「始—終」「生—滅」特性、「時間對待」、「性質差別」關係的「意慮」「念慮」，這在現實生活的運行上如何可能？乃至楊簡所謂之「意」是否有「否定吾人思維活動」或「提倡蒙昧主義」的傾向呢？甚至楊簡將「心」的地位提得如此高，是否有向主觀「唯我主義」傾斜的疑慮呢？此皆值得在第三章持續研索。

第 2，在楊簡字數最長、也最能呈顯「本心」「清明之性」性能的〈己易〉文本裡，我們除檢別出楊簡套用佛家解釋系統以詮釋「本心」「清明之性」及其性能外，更發現楊簡明指吾人根身所接觸的現象世界，無論人情、事物、事理、物理，在其「本心」「清明之性」「澄然清明」「洞然無際」地「性能」

度以「達摩謂從上諸佛，惟以心傳心，即心是佛，除此之外，更無別佛」比況「本心」境界，此中「達摩」「以心傳心」「即心是佛」等語所示的佛禪氣味便遠遠超過一般儒者的心學氣韻原味了。

中，恆皆超乎「相對性」「分別性」「實指性」「局限性」「散殊性」的拘限，因此《己易》「不大不小，不彼不此，不縱不橫，不高不下，不可得而二」「清明之性」的「本心」，便不單單只是「常識義」的「心量廣大」而已，更近乎佛家《心經》：「是諸法空相，不生不滅、不垢不淨，不增不減」、不可思議的「絕待」心靈境界，乃至此「清明之性」「本心我」及其「性能」在宇宙時空中，亦具有「永在」「超相對」「無分別」「超名言」等特性，以致「明昏」「斷續」「嚮今」「晝夜」「少壯、衰老」「強弱」「始終」「大小」「明晦」「遠近」，在楊簡心學中都是「絕待」、「本一」、「無二」的，這種「彌天蓋地」「無所不包」「無所不在」的心學特性，相對切近佛家所謂「心包太虛，量周沙界」「萬法唯心」的境界，此值得在第三章「儒佛之辨」主題中持續探究。

　　另在楊簡心學風格的抉發上，筆者參酌一代大儒唐君毅先生〈原性篇〉「高明之趣多，而艱難之感少，其言皆不足以勵學者之志」的慧見，進一步申說楊簡心學確無道德實踐上的「艱難」成分可見，以致楊簡言心總給人站在「天上」「雲端」說話的感覺（如「天地，我之天地，變化，我之變化」「以吾之照臨為日月，以吾之變通為四時」），恍然對道德實踐的內在艱難、艱苦、惟危渾無所知；就此而言，楊簡心學確實偏向「減損面」、「消解面」者多，正向給出「價值根源意義」者少，不似象山總在「血脈」關鍵處啓發、指點人來得警策有力，相對而言，楊簡心學也透顯某種「境界型態」、可資「觀照欣賞玩味」的「美學情調」，此值得與邵庸（堯夫）的美學情調參照並觀，持續探討。

　　第 3 點，楊簡不僅本其「毋意說」尺鑊標準，對一切分解說、次第說的經典、諸子迭有批評，除認《大學》「止、定、靜、安、慮、得」、「八條目」之說「致學於性外，積意而為道」，亦批評〈中庸〉分裂「未發」「已發」，「乃學者自起如此意見，吾本心未嘗有此意見」。相對而言，筆者認楊簡批《孝經》言孝流於割裂之說，對古人道德實踐之理分抉擇、心性融通最有貢獻；換言之，楊簡認《孝經》以階級身分地位分立「開宗明義章」「天子章」「諸侯章」，將不同階級身分之人賦與不同職分的盡孝意含，無乃「破碎大道，相與妄論於迷惑之中」，從而指出「事親之道，即事君事長之道，即慈幼之道，即應事接物之道……」，此乃一舉打破傳統孝道「分忠、孝為二」「忠孝難兩全」的理分矛盾與固化思維，為深陷於倫理德目無法圓融兼顧的踐道者，開啓一道本心活水的「融通轉換樞紐」，意義自是不凡。

另在諸子部分，楊簡雖對老莊有所批評，唯皆止於觀點的輔正而已，甚至對老子「我獨泊兮其未兆」一語稱嘆有加，讚爲「非入乎道者斷不及此」，唯獨對孟子思想卻渾無感應，以致孟子挺立「道德主體性」，揭櫫「貴操賤舍」「知言」「養氣」「大體」「先立其大」「義利之辨」「存心」等論，竟被楊簡判爲「愈操愈失」「貴操賤舍，斯失之矣」、「孟子猶不能無蔽」「每有存心之說，又有存神之說，失之矣」「孟子之言存，乃存意也，存我也」，這都顯示楊簡所理解的「本心」「清明之性」，確然違異孟子、乃至象山所言具有「主體能動性」「德性心」「良知善性」的心學「本義」；乃至楊簡以其「清明之性」批孟子言性不當時所舉「如日月本明，雲氣蔽之故昏，日月之本明未嘗失也」之說，此境界反與禪宗《六祖壇經》「諸法在自性中，如天常清，日月常明，爲浮雲蓋覆，上明下暗，忽遇風吹雲散，上下俱明，萬象皆現」之旨全然契合；乃至楊簡「漸去則漸明」「漸去其塵，其明浸廣」「去塵之有次第也」之說，也與《壇經》神秀偈所示的「漸教」說相仿，另「如鏡積塵故昏，而鏡之本明不息」之論，也與惠能偈所示之「頓教」說如出一轍，此皆顯見楊簡心學部分借鑑、融攝著佛禪思想的形跡，值得吾人探討楊簡心學特性定位問題時愼思而明辨之。

第三章　楊簡心學儒佛定位之全盤考察
——「分明是禪家機軸，一盤托出」？

　　無論在宋明理學或中國經學史領域中，宋代心學大儒陸九淵（公元 1139 年——1193 年）的首席大弟子——被視為「甬上四先生」之首的楊簡（字敬仲，慈溪人，晚號慈湖，公元 1141 年～1226 年）都是一位很特殊的人物。

　　說他特殊，是因從心學史角度，楊簡顯然是象山心學的主要繼承人，然象山曾云：「學苟知本，六經皆我註腳」，此分明表示作為儒門典籍的「六經」只是「知本者」印證其體道境界的資糧而已，流露出不甚以著書為然的態度。另一位心學大師王陽明，早年被貶謫龍場驛時，在缺乏書卷佐證的情況下，亦曾憑藉舊時對五經的記憶，輔以當時靜坐冥思五經義旨的體悟，寫了一本《五經臆說》，但日後俟其「致良知」之學完成底定，乃戲言已將《五經臆說》付之秦火；顯見這兩位心學大師做為一個以全程生命來印證「經典之道」的體現者，對經學都只有隨機的零星意見，缺乏系統性的言經之作，而有以本身踐履來取代言說的傾向。

　　然而作為象山與陽明心學中介點的楊簡，卻不惜辭費地，完成了為數龐大的：《楊氏易傳》二十卷、《慈湖詩傳》二十卷、《慈湖遺書》十八卷、《春秋解》十卷、《先聖大訓》六卷、《易學啟蔽》一卷、《論語傳》二卷、《古文孝經解》一卷、《己易》一卷等經學著作。〔註 1〕他這種用心於書面文獻著述

〔註 1〕楊簡《慈湖遺書》十八卷、《先聖大訓》六卷是否算是經學著作還有討論空間；蓋前者卷二到卷六，係楊簡〈記〉〈書〉〈祝文〉〈行狀〉〈墓誌銘〉〈文〉〈講義〉〈跋〉〈銘〉〈賦〉〈詩〉的結集，此外約有十卷左右是以言經方式抒發其心學體證；至於《先聖大訓》六卷則大致是選取經書中孔子相關言行加以疏

的作法，相對於陸、王兩位心學大師並不特別經意於心學文本的世諦流傳，可謂相當程度反映出他在宋明心學範疇中的風格。

但弔詭的是，楊簡借助注疏方式闡發心學的用心，在學術評價上卻換來「兩面挨耳光」的結果。在傳統僵化一元的經學評量標準下，楊簡經學被《四庫全書》為《楊氏易傳》所撰〈提要〉引文大肆抨擊。另在個人學問特性與評價定位上，楊簡心學亦被《四庫全書》為《慈湖遺書》所撰〈提要〉貶抑為「全入於禪」，邇來大陸學者崔大華更直批楊簡心學是「儒家的蒙昧主義」，恍然楊簡心學已然一無可取？然則楊簡心學果真如是乎？是評價者本身戴著有色鏡片來看楊簡，從而予以扭曲夾殺？抑或楊簡心學本就具存若干缺陷、曖昧、不完整的特性，以致被人誤會錯解呢？有鑑於此，本章試從「楊簡心學儒佛之辨」「楊簡心善意害說、意之兩重性」等主題面向，逐一解索楊簡心學特性及其定位等問題。

第一節　楊簡心學儒佛之辨的外部考察
　　　　——「朱子語錄稱楊敬仲文字可毀」？

關於楊簡其人其學，《宋史本傳》在總結其生平事略時如是記載：「楊簡之學非世儒所能及，施諸有政，使人百世而不忘，然雖享高年，不究於用，豈不重可惜也哉？」，除對楊簡未能在事功用世方面著力抱憾外，基本上對他的學問、施政都是持肯定態度的。且楊簡卒後「諡曰文元」，「祀於太學循理齋」，「於慈湖之濱建祠以祀」，並獲頒「慈湖封志一軸」「委官修成附傳」，[註2] 獲贈「正奉大夫」，爵封「慈溪縣男」，此皆可視為公然肯認楊簡之學的俗世表徵。

然學術是非牽涉廣範，往往蓋棺仍難論定。迨至清朝，《四庫》為《楊氏易傳》所撰〈提要〉引文明言：「明楊時喬作《傳易考》，竟斥為異端；而元董真卿論《林栗易解》，亦引朱子語錄稱楊敬仲文字可毀云云」，顯見楊時喬、董真卿等宋、明經學家對楊簡易學都頗為不屑；[註3] 另清代續修《宋元學案》

解，但其中雜取經考證為王肅偽作的《孔子家語》《孔叢子》等作品，故此二書顯然是不完的言經之作，如何加以歸類仍待商榷。

〔註2〕參見《慈湖年譜》卷二。

〔註3〕上述貶抑楊簡經學之語，亦同見於清朱彝尊《經義考》卷二十七所引林栗《周易經傳集解》，原文為：「董真卿曰：林氏易其說，每卦必有互體，約象覆卦為太泥耳，時楊敬仲有易論，黃中有易解，或曰：林、黃文字可毀。朱子曰：

的全祖望亦在《慈湖學案》中說：「象山之門必以甬上四先生爲首，蓋本乾淳諸老一輩也，而壞其教者實慈湖」。以上所謂「異端」、「楊敬仲文字可毀」、「壞其教者實慈湖」所指涉的，便是認定──「陸九淵之學近禪而非禪，其全入於禪則自簡始」、〔註4〕及「慈湖言無意，分明是禪家機軸，一盤托出」〔註5〕，這下子楊簡簡直成了象山心學乃至整體儒學界的罪人了，明明是象山高弟，所談者盡是聖人之道，何以其心學竟被強烈質疑爲禪，這倒底是怎麼回事呢？以下筆者爰從楊簡心學的：（一）外在因素──1學術時代課題與風尚、2生平事蹟與人事踐履、3文字形式與讀書方法、4家教訓迪，以及（二）內在因素──1本人意向與態度、2工夫形成過程等面向，來探索楊簡心學儒佛之辨等問題。

一、學術時代課題與風尚

　　首先從學術時代課題來說。如所周知，理學在宋明之際得以成爲儒學的思想主流，自有其內在理則與客觀發展條件，就儒學史的統體發生歷程來說，先秦時代乃是先對儒學的思想主軸、方向、立場、範疇等課題有所確定，爾後經過漢代一統、獨尊儒術及一連串儒家思想質變、異化的複雜過程（如夾雜讖諱之學、家法師法大興），乃至魏晉時代佛老思想對儒學的隱然滲透，儘管儒學的基本形式、範疇未有太大改變，但思想的詮釋意涵及發展向度已與先秦儒學出現落差，時至唐宋，部分有識儒者意識及此，乃亟思導正以回歸儒學正軌，然此時佛、道兩家在形上學、本體論的學說高度，顯非先秦以來切重實用之學的儒學所能企及，以致只有先通過對此兩家之學──尤其是對佛家心性之學的吸收、攝取，始得以融化建構另一套不離儒家以人倫日用爲本的本體論與形上學。換言之，宋明理學的思想主軸、立場、方向、範疇儘管與先秦儒學無多大差別，然心性論的思想水平、境界卻在融攝佛老思想後不斷提昇，而此提昇的主要成就，便表現在對儒家以人倫道德爲本的「根源問題」不斷提出新的論證，相對來說，此種對人倫道德根源問題的終極探索，也成爲宋明理學日後產生心學、理學之爭的內在溫床。

　　另在學術時代風尚課題上，自唐代以還，儒釋道三家人物互動交流，繼而

卻是敬仲文字可毀」。
〔註4〕見《四庫》爲《慈湖遺書》所撰提要。
〔註5〕見《明儒學案》卷六十二〈蕺山學案〉引劉宗周之語。

在思想系統上融合再建，這乃是學術思想界相激相蕩的自然趨勢。舉例來說，唐代李翱儘管公然反佛，但他有名的「性善情惡說」與「復性說」便實質融合了「佛性說」的概念；〔註6〕另以六經作爲「取道之原」的柳宗元，也坦承「吾自幼好佛，求其道，積三十年」。〔註7〕唐代人物如此，宋代人物亦然。理學的奠基者張載便曾「訪諸釋老之書，累年盡究其說」。〔註8〕程顥堪稱純儒矣，但程頤在〈明道先生行狀〉中卻謂乃兄「出入於老釋者幾十年」；朱熹一向質疑象山爲禪，謂其「唯恐說到無言處，不信人間有古今」，但自己卻「端居獨無事，聊披釋氏書。暫釋塵累牽，超然與道俱。⋯⋯了此無爲法，身心同晏如」。〔註9〕就連象山也自承：「楞嚴、圓覺、維摩等經則嘗見之」，〔註10〕其心學明顯受到禪宗的啓發與影響。

　　此外，根據大陸學者陳植鍔《北宋文化史述論》一書的研究，認爲宋代理學興盛後，宋儒對佛學的基本心態可依「融攝程度之淺深」粗分爲如下三種歷程與類型：第一種態度便是以認知、好奇心研讀佛經，有心試窺佛家底蘊，但基本上他們對佛教還是抱持著「排斥」的態度。第二種態度則由原先抗拒、排斥的心理，轉而從「學術思想角度」對佛家立場有所批判，但相對來說，此批判態度也同時意味其對佛家思想、境界已有更高一層地認識、體會。至於第三種類型，便是部分宋儒更在以上兩種態度及集體文化行爲之後，進而大規模汲取佛家可資運用、詮釋的思想境界，據以重新充實、塡補儒家思想境界的內涵，這便使儒學從原先被歸類爲「義理之學」的性質定位，逐漸調整、轉換成內容更內在、純粹、精微的「性理之學」。至於以上這三種循序發展的態度與漸進歷程，其時間大抵在宋代慶歷、嘉祐年間左右。〔註11〕

〔註6〕李翱在《復性書・上》云：「人之所以爲聖人者，性也；人之所以惑其性者，情也。喜、怒、哀、懼、愛、惡、欲七者，皆情之所爲也，情既昏，性斯匿矣，非性之過也」，此說據馮友蘭《中國哲學史》第二篇第十章〈道學之初興及道學中二氏之成分〉之見，認爲李翱所謂「性」相當於佛家所云「佛性」，至於「情」則相當於佛家所謂「無明煩惱」。

〔註7〕見《柳宗元集》卷二十五〈送巽上人赴中丞叔父召序〉

〔註8〕見《張載集》〈橫渠先生行狀〉

〔註9〕見《朱文公集》卷一〈久雨齋居誦經詩〉

〔註10〕見《陸象山全集》卷二〈與王順伯〉之二

〔註11〕據大陸學者陳植鍔《北宋文化史述論》頁339指出，宋代慶歷、嘉祐之交，是宋儒改變對佛教觀感、態度一個很重要的分水嶺，在此之前，宋儒總站在素樸民族情感的立場，對佛書採取拒絕閱讀、接受的態度，罕言心性，但在此之後，卻捨性命之理而不談，換言之，宋學草創之初既反對佛教、亦反對

　　此下再從時代課題演變與儒佛勢力的消長變化說起。自宋初孫復、石介、歐陽修等大儒提倡儒學復興以來，「疑經」、「疑傳」之風大盛，本來「疑經」、「疑傳」的目的，是想從根源上接續、發皇先秦儒家的眞面目、眞精神，但現實上實踐的結果，卻使儒家經典原本被賦予「神聖化」的光環、權威遭到質疑，形同瓦解，進而使儒學在與佛家競爭的過程中喪失優勢，這點弔詭的變化，殆是宋初疑古派學者始料所未及的，但「疑經、疑古精神」既已生發，必然對傳統文化產生衝擊，造成改造壓力。復次，從時間之流角度看，儒學從先秦孔孟創發直到 11 世紀的北宋，時間綿延達一千五百餘年，儒家學問基本上不脫先秦流傳下來的典籍內容與特定範疇，所增加者只是同樣文本的進一步訓詁、疏釋而已，談不上有多大成長，但同一期間，佛教卻從無到有，由小而大，一步步在中國土壤立足生根，壯大起來，這當然帶給宋儒相當大的刺激。在這種情境背景下，對傳統儒學的固定內容、範疇不再覺得新鮮，進而希求擴大閱讀範圍，嘗試從佛家典籍中開拓新的學問領域，這便是不少宋代理學家早期學思歷程的普遍共同心理。

　　即言之，以閱讀《六經》《論》、《孟》等儒典為起點，進而將閱讀範疇、觸角延伸到佛老諸書，並在大量閱讀佛經、汲取、融攝佛家思想境界後，重新回到儒家經典的思想系統與一貫立場，作為自己創立理學新說的重要詮釋基礎，這即是大部分宋代理學家共同經歷的學思歷程。從宋儒出入「六經 ── 釋老之書 ── 六經」的迂迴為學進路看來，可見宋儒不僅不排斥涉獵佛書，反而以開放心胸閱讀佛典，攝取佛家思想境界，充當增益自己學問的資糧。

　　至於作為開啓一代理學風氣的宋代大儒，其吸納佛學思想的功力，便具體表現在對佛家思想境界「揀擇性接納、消化」的能力基礎上，此大大迥異於五四時期胡適所主張地「全盤西化」照單全收；換言之，宋儒融攝佛學，並非機械般地全盤拷貝，而是在「隨其所須」吸收、融攝佛家思想精髓後，進而以儒家原有的文本及重要哲學觀念重新詮釋，以建構另一套融攝佛家思想、但卻以儒家文本出之的理學思想、詮釋系統，此才是「出入釋老、返諸六經」之實指。但不容否認的是，就在這「六經 ── 釋老之書 ── 六經」一往一復的學習交會歷程中，部分宋儒對儒學經典的理解詮釋，便程度不等地

佛學，但慶曆、嘉祐以後，部分儒者攻斥佛老之餘，亦一併開始融攝佛家思想。此參見該書第四章〈宋學和佛老〉等章節。

摻雜著以佛學思想、境界爲「參照系數」的內在融入，從而開拓其再次展讀六經理解向度與境界新詮了。〔註12〕

　　綜合如上理學發展的歷史脈絡與時代風尙的回顧、梳理，可見在唐、宋三家思想通流的時代氛圍中，從事學術研究固可人爲地區分家派，但在具體人物的生活歷程中卻可能不存在一個純度百分之百的某某家，所以任舉一唐宋文學家、思想家，說他的作品裡夾雜兩三種不同家派的氣味、色彩，那都是很正常、自然的。就此而言，楊簡身處同樣的學術環境與時代氛圍，若其心學融攝部分佛禪氣味也是不足爲奇的。

二、生平事蹟與人事踐履

　　此外，若從生平事蹟、人事踐履兩面向考察，認定楊簡純然是儒者、君子風範則殆無可疑。先言其生平事蹟。

　　據《宋史列傳》〈慈湖遺書傳〉生平事略所載，楊簡至少有「興學養士」「習諸葛亮兵法」「感悟二少年向善」「上書救趙汝愚被黜」「上書陳言治旱蝗根本在人心」「循禮迎天子使節，時人讚嘆」等六大特殊事略可傳諸後人，此依傳統史書分類，若歸入宋史《儒行傳》一定可與其他大儒並駕爭輝，不遑多讓，茲將其具體事略載之如下：

（1）興學養士：「楊簡，字敬仲，慈溪人，乾道五年舉進士，授富陽主簿，會陸九淵道過富陽，問答有所契，遂定師弟子之禮，富陽民多服賈，而不知學，簡興學養士，文風益振。」

（2）習諸葛亮兵法：「常平使者朱熹薦之，先是丞相史浩，亦以簡薦，差浙西撫幹，白尹張杓宜因凶歲，戒不虞，乃令簡督三將兵，接以恩信，出諸葛亮正兵法肄習之，軍政大修，眾大和悅。」

（3）感悟二少年向善：「楊、石二少年爲民害，簡寘獄中，諭以禍福，咸感悟，願自贖，由是邑人以訟爲恥，夜無盜警，路不拾遺。紹熙五年，召爲國子博士，二少年率縣民隨出境外，呼曰楊父。」

（4）上書救趙汝愚被黜：「會斥丞相趙汝愚，祭酒李祥抗章辨之，簡上書言，昨者危急，軍民將潰亂，社稷將傾危，陛下所親見，

汝愚冒萬死，易危爲安，人情妥定，汝愚之忠，陛下所心知，不必深辨。祭酒屬日以義訓諸生，若見利忘，畏害忘義，臣之恥。未幾，亦被斥。」

（5）上書陳言治旱蝗根本在人心：「嘉泰四年，賜緋衣銀魚朝散郎，發遣全州，以言罷主管仙都觀。嘉定元年，寧宗更化授祕書郎，轉朝請郎，遷祕書省著作佐郎，兼權兵部郎官轉對，極言經國之要，弭災屬，消禍變之道，北境傳誦，爲之涕泣。詔以旱蝗，求直言，簡上封事，言旱蝗根本近在人心」

（6）循禮迎天子使節，時人讚嘆：「帝遣使至郡稽察，使於簡爲先世契，出郊迎，不敢當，從間道走州，入客位，簡聞之，不敢入，往來傳送數四，乃驅車反，將車，使者趨出，立戟門外，簡亦趨出，立使者外，頓首曰：天使也，某不敢不肅；使者曰：契家子，禮有常尊，簡曰：某守臣，使者銜天子命，辱臨敝邑，天使也，某不敢不肅，遂從西翼偕進，禮北面，東上，簡行則前，西步則後，及階，莫敢升，已乃同升，自西階，足踧踖莫敢就主席，使者曰：邦君之庭也，禮有常尊，簡曰：春秋，王人雖微，例書大國之上，尊天子也，況今天使乎，持之益堅，使者辭益力，如是數刻，使者知不可變，乃曰：某不敏，敢不敬承執事尊天子之義，即揖而出，既就館，簡乃以賓禮見，儀典曠絕，邦人創見之，莫不瞿然竦觀，屏息立。」（見《宋史列傳》〈慈湖遺書傳〉）

從以上六大事略看來，除「感悟二少年向善」或爲楊簡德性精神之現成延伸外，其他諸如：「興學養士」「習諸葛亮兵法」「上書救趙汝愚被黜」「上書陳言治旱蝗根本在人心」「循禮迎天子使節，時人讚嘆」等事，皆係傳統儒者「外王」「用世」心行的具體表現，就此而言，《宋史列傳》中的楊簡形象當然是「近儒而遠佛」的。然而在此，筆者也必須對《宋史列傳》可能涉及某種程度的「寫作預設立場」有所點出。換言之，歷來得以作爲史家傳主的，皆以有功國家社稷、弘揚儒學名教者爲先，故《宋史列傳》所載傳主的生平事略自以「正面表彰」爲主，在此前提設定下，縱或列傳所載生平事蹟大致爲眞，但此事蹟業已經史家「人爲的過濾、篩選」，以致呈現在《宋史列傳》中的傳主履歷，當然相對偏向儒學名教的部分，以致或有更多細密、幽微的事蹟、

心行，未必見諸篇幅有限的傳主事略之中，更何況，縱使《宋史列傳》所載楊簡生平事略爲眞，但常人一生中的行爲歷程曲折多變，且可能涉及不同性質、領域的殊別發展，若企圖從《宋史列傳》片段、浮略的生平事略中，讀出楊簡心學的內涵、層次，具以區隔其儒佛定位，這無乃過度托大史書的承載功能，乃至漠視、簡化心學家生命造詣的縱深、境界了。

至於「人事踐履」方面，楊簡純然是儒者風範，則殆無可疑；其私淑弟子眞德秀在《西山集》跋文中形容乃師：「見其齋明盛服，非禮不動，燕私儼恪，如臨君師……平居接物，從容和樂，未始苟異於人，而清明高遠，自不可及」。另一弟子袁甫在〈記樂平文元遺書閣〉中也盛讚慈湖：「先生履踐無一瑕玷，處閨門如對大賓，在暗室如臨上帝，年登耄耋，兢兢敬謹，未嘗須臾放逸，學先生者，學此而已」，另在《慈湖遺稿》〔註13〕中亦云：「先生居處無一惰容，接人無一長語，作字無一草筆，立朝大節，正直光明，臨政子民，眞如父母」。連指稱慈湖「壞其教者」的全祖望也說：「慈湖之言不可盡從，而行則可法。黃勉齋曰：楊敬仲集，皆德人之言也」。〔註14〕甚至一向攻擊楊簡心學最力，〔註15〕指摘其「假託聖人之言，牽就釋意，以文蓋之」〔註16〕的朱熹大弟子陳淳也說過：「其（指象山）徒一二老輩，間有踐履好處者」，〔註17〕此所謂「一二老輩間有踐履好處者」，便是指年紀與象山只差兩歲的大弟子楊簡；此外，陳淳在寫給王震的書信中雖批評其師楊簡：「學術議論只是一老禪伯，看之不破，寧無憒亂，極爲良資美質痛惜。」但不忘同時補上一句「四明持敬苦行一節爲可美」；〔註18〕至於曾推薦楊簡任官的朱熹更直言：「子靜之門，如楊簡輩躬行皆有可觀」，〔註19〕可見朱熹推薦楊簡給朝廷不是沒有理由的；乃至當楊簡之學被質疑爲禪，居間試圖緩頰的謝山，在《宋元學案・慈湖學案》〈碧沚楊文公書院記〉中說：「夫論人之學，當觀其行，不徒以其言。文元之齋明嚴恪，其生平踐履，蓋涑水、橫渠一輩人，曰誠、曰明、曰孝弟、曰忠信，聖學

〔註13〕見四明叢書約園刊本《慈湖遺書新增附錄》頁 495。
〔註14〕見《宋元學案》〈慈湖學案〉。
〔註15〕楊簡對陳淳的攻擊從未有隻言片語回應，似頗有不將陳淳視爲對手的意味，但更根本的原因，則是楊簡心胸寬大，有意泯除無謂的門户意氣之爭有以致之。
〔註16〕見《北溪集》第四門卷十四〈答陳師復〉
〔註17〕見《宋元學案・北溪學案》
〔註18〕參見河洛版《宋元學案》〈慈湖學案〉附錄
〔註19〕見《朱子語類》卷一百二十四

之全，無以加矣」，主張衡量楊簡學問應一併與其「齋明嚴恪」的人品一併考量，力持折中之論。所以從如上不同立場者對楊簡「人事踐履」一致肯定的面向來看，實在很難發現楊簡之學與佛禪牽扯的因素，故此處涉及的問題層次其實與謝山所提的問題性質極其相似，此即：在今日評量楊簡心學之時，吾人大都以「知識之眞」的現代學術規格來爲古人特殊地「生命學問」定位，這當然可能產生「能見」與「所見」者之間未必「對位」的觀看誤差。在這種難爲的情況下，吾人今日研究、評價楊簡心學，倒底是該以「言」或「行」，乃或結合「言」「行」二者作爲楊簡心學儒佛之辨的檢測依據呢？此還有辯議空間，〔註20〕此處且先存而不論。

三、文字形式與讀書方法、態度

至於在文字形式方面，楊簡亦是自律「齋明嚴恪」，除生平不作一草字，連心學體證文本亦都是以古雅的文字鄭重寫就，排斥隨興、鬆散的《語錄體》文字，此在宋代理學家中無乃是很特殊、具足代表性的。且外，儘管文字形式未必適合作爲檢證學問特性的主要依據，但如果心學文字的形式、內容皆與佛禪契近，意義自是不凡允宜留意，經筆者翻檢楊簡書面文獻，發現其在內容、形式上皆與佛家契似者其例至少有三：

> （1）心之爲臟可見，其能思慮者不可見，其可見者有大有小，有彼有此，有縱有橫，有高有下，不可得而一，其不可見者不大不小，不彼不此，不縱不橫，不高不下，不可得而二，視與聽若不一，其不可見則一，視聽與嗜嗅若不一，其不可見則一，運用步趨、周流思慮若不一，其不可見則一，是不可見者在，視非視在，聽非聽在，嗜非嗜在，嗅非嗅在，運用屈伸非運用屈伸在，步趨非步趨在，周流非周流在，思慮非思慮在（見《己易》）

> （2）嗚乎，孔子亦可謂善於發明道心之妙矣，亦大明白矣，而能領吾孔子之旨者有幾？鑑未嘗有美惡，而亦未嘗無美惡，未嘗有

〔註20〕坦白說，以什麼標準、依據來檢測人格及其學問，確實是個複雜問題，因爲有時「行」的本身即是更高境界、更有證據力的一種「言」，反之，如同教化師般不斷「言說」的長期過程本身也是一種「行」，二者之間不易截然切割，故在中國生命之學中，「言」「行」如果二分檢視，恐怕是有爭議的。

洪纖，而亦未嘗無洪纖，吾心未嘗有是非利害，而亦未嘗無是
非利害，人心之妙，曲折萬變。（見《慈湖遺書》卷二〈絕四
記〉）

（3）此心虛明無體象，廣大無際量……不曾動，不曾靜，不曾生，
不曾死。（見《慈湖遺書》卷三〈日本國僧俊仍求書〉）

以上三例乃楊簡自陳其體道境界與心學特性的文字描述，其中例 1「視非視
在，聽非聽在，嗜非嗜在，嗅非嗅在，運用屈伸非運用屈伸在，步趨非步趨
在，周流非周流在，思慮非思慮在」等語，無論在「句法結構」或「精神境
界型態的展示」上，都與禪宗主要經典《金剛經》以「蕩相遣執」的方法教
導須菩提佛性「無住」的特殊表述方式：「所謂佛法者即非佛法」「如來所說
身相即非身相」「是福德即非福德性，是故如來說福德多」「莊嚴佛土者即非
莊嚴是名莊嚴」「諸微塵如來說非微塵是名微塵」若合符節。至於例二中「鑑
未嘗有美惡，而亦未嘗無美惡，未嘗有洪纖，而亦未嘗無洪纖，吾心未嘗有
是非利害，而亦未嘗無是非利害」及例三本心「不曾動，不曾靜，不曾生，
不曾死」等語，亦與另一部禪門經典——《六祖壇經》惠能自證本性的偈語：
「何期自性本無生滅……何期自性本無動搖」，以及《心經》闡述「諸法空相」
所言的「不生不滅，不垢不淨，不增不減」「乃至無老死，亦無老死盡」等境
界如出一轍，[註21] 可見楊簡心學與禪宗境界確有特殊的內在連結。但問題
是，以上三例只是楊簡龐大著作中文字形式、內容皆契似佛禪的部分，其本
身無法呈現楊簡心學何以帶有佛禪氣味的內在解釋，但至少已透露楊簡心學
可能近佛的若干蛛絲馬跡。

另在讀書方法、態度方面，楊簡則站在儒家立場，勉人以讀「孔子之書」
為主，不可隨性瀏覽群書，乃至撰作書面文獻，楊簡亦未直接引用佛經語句，
唯若細心考察，卻可發現楊簡讀書方法中，隱約含藏著某種「宗教行者始具
備的修行意識與信仰態度」。

首先在讀書方法、次第上，楊簡認為「學者當先讀孔子之書，俟心通德
純而後可以觀子史。」（見《慈湖遺書》卷十五〈家記九〉）原因在於：「學者
道心未明，而讀非聖之書，溺心於似是而非之言，終其身泪泪，良可念也」，

[註21] 大陸學者崔大華亦認楊簡言「心」與佛家思想確有聯繫，然崔氏是舉《圓覺
經》、《華嚴經》、《六祖壇經》、《頓悟入道要門論》以資對比，此參見《南宋
陸學》第三章第二節。

〔註22〕可見在楊簡的認知中，唯經孔子刪述、裁定之書才是真正載道文本，初機學道者唯先讀孔子之書，對「聖人之道」有真切體悟，才宜另讀子史類書。更何況「今天地間，孔子之言無幾，而非聖之書充棟，非聖之言知道寡，知道者而不盡其言，猶足以害道，然則害道之言滿天下，不害道之言甚無幾。」〔註23〕所以初學者在追索、實踐「聖人之道」的目標前提下，所讀之書必得鄭重篩選，才不致錯用心力、悖道而馳。

至於楊簡的讀書方法，顯然隱含著某種宗教行者始具備的「修行意識」與「信仰態度」，以下權舉二例加以佐證：

（1）子曰：詩三百，一言以蔽之，曰：思無邪。學者觀此，往往竊疑三百篇當復有深義，恐不止此，不然則聖言所謂無邪，必非常情所謂無邪，是不然。聖言坦夷，無勞穿鑿，無邪者，無邪而已矣，正而已矣，無越乎常情所云，但未明乎本心者不知此，不信此，知此信此，則易直子諒之心油然而生，則惡可已，則不知手之舞之、足之蹈之。（《慈湖遺書》卷八〈論詩〉）

（2）少時讀書，竊自念古聖人之道，高明廣大，不可以心思，不可以意度，當寂然不動，感而遂通，如曰惟精惟一、如曰一德，略見深旨，其他大略曰欽、曰敬、曰謹、曰克艱、曰孜孜兢兢、曰典常、曰學于古、曰奉天、曰勤恤，殊未省其實，豈聖人姑致其謹，循其常，而其中固自有廣大高明之妙耶？豈帝王之治理如此，而不及其精微？其精微不多見於書耶？至讀《論語》亦然，惟見孝弟忠信、力行學文平平常語，所謂一貫之旨亦未明白，無隱之誨亦不忠告，豈聖人不輕出其祕耶？何其莫可曉也。及微覺後，方悟道非心外，此心自善，此心自神，此心自無所不通⋯⋯（見《慈湖遺書》卷八）

例 1 顯示，一般人對「子曰：詩三百，一言以蔽之，曰：思無邪」等語，總以為另有深義而生懷疑，但楊簡對孔子「思無邪」之旨似乎別有領會，逕言「未明乎本心者不知此，不信此，知此信此，則易直子諒之心油然而生」，據筆者的解讀，此所謂「知此信此」的心靈態度，便是楊簡以「生命修行意識」融入聖人經典所產生的信仰態度，唯其具備此等類似信仰般的心靈態度，始

〔註22〕出處見（《慈湖遺書》卷十五〈家記九〉）。
〔註23〕出處同上。

足以與經典中的「聖人之道」交融、參贊，對提升心學體證有所助益。可見楊簡讀聖人之書，不是爲了增長學識、技能或德性知識，而是要將「追索聖人之道」的「主體內證實踐」融入閱讀聖人經典的過程之中，一旦「修行意識」與「信仰態度」調整妥適，生命向度、頻率與「聖人之道」完整對焦，乃能在與經典主客交融的心靈參贊活動中，對「聖人之道」有更高深入的體悟。例 2 顯示，楊簡幼時讀書，對經典中若干抽象辭彙，如：「欽」「敬」「謹」「克艱」「孜孜兢兢」「典常」「學于古」「奉天」「勤恤」等「境界語」總未得其解，乃引發對聖人經典是否具存「聖人之道」的懷疑（「豈聖人不輕出其祕耶？何其莫可曉也」）。及至 28 歲後，陸續經歷數次心學體證，才豁然領悟：「道非心外，此心自善，此心自神，此心自無所不通」，可見楊簡的讀書方法、態度與悟道歷程之間，確實存在著「次第性」的開顯關係；換言之，凡楊簡幼時對「德性境界」名相辭彙的不解與疑情，都在日後親證「微覺經歷」後始如實明白，可見楊簡追索聖人之道，讀書固屬必要途徑，但「心行實踐」所獲致的「微覺體歷」無疑更居「樞紐關鍵」，畢竟就楊簡心學而言，「心行實踐」與「微覺體驗」才是成就正因，經典內容與閱讀過程反倒成爲次要助緣了。如此看來，楊簡讀書方法確然繼承象山「學苟知本，六經皆我註腳」「六經注我，我注六經」的特殊修學進路，其中若有差別，便是楊簡在閱讀經典過程中融入更多「生命修行意識」與「信仰態度」，至於「修行意識」「信仰態度」除以個人獨特生命特質解釋外，此相對切近那個家派？此在下一章節再予展示。

四、家教融佛訓迪

另在家教庭訓方面，楊父庭顯（演考）對楊簡的人格陶養、慧命啓迪，則有根源性影響；據《慈湖遺書》〈家記三〉所載：「簡自總角承先大夫訓迪，已知天下無他事，唯有道而已」，小小年紀，即知以追索生命眞理爲人生究竟目標，除歸之早慧驚人，顯然更深受乃父的啓迪。而作爲楊簡慧命啓蒙者的父親，年紀長於象山 33 歲，卻能放下長輩身段，與象山結爲忘年交，且爲表示對象山心學地服膺，「盡焚其異教所藏之書」，〔註 24〕以示尊仰，可見楊父確是「生活化的踐道行者」，其具體例證有如下數端：

〔註24〕見《陸九淵集》卷二十八。

先公一日閒步到蔬園，顧謂園僕曰「吾蔬閒爲盜者竊取，汝有
何計妨閒？」園僕姓余者曰：「須拌少分與盜者乃可」。先公欣
然曰：「余既吾師也」。吾意釋然。（見《宋元學案・象山學案》）

此例中楊父全無老爺架子，謙沖地向園僕請益防盜之法，〔註25〕並由衷讚佩
園僕所提意見，此對楊簡心胸德量之提昇誠然是最佳身教。

嘗置小篋，實豆其中，以記過念多少。《慈湖遺書》卷十七〈紀先訓〉

再由文本可見，楊父顯然下過檢點「起心動念」的覺察反觀工夫，蓋所謂「過
念」，非指「現行」發露的粗重過患，而是指在心頭萌生、成爲「意念」的細
微過失，經其以類似「功過格」（「嘗置小篋，實豆其中」）的方式記錄下來，
以求失位念慮的重新導正，可見楊父確下過嚴恪的「覺照工夫」與「除垢修
養」。

如下再舉4例續予探討：

（1）一夕被盜，翌日諭子孫曰：婢初告有盜，吾心只如此；張燈視
　　　笥，告所亡甚多，吾心只如此；今吾心亦如此。（見《宋元學
　　　案・象山學案》）

（2）坐檻墜地，他日語人曰，我當正墜未及地時，吾心怡然甚安。
　　　（見《慈湖遺書》卷十七〈紀先訓〉）

（3）先公平時常拱手，拱而寢，拱而寤，一日偶跌仆，拱手如故，
　　　神色不動。（《慈湖遺書》卷十七〈紀先訓〉）

（4）淳熙十三年家書云：汝勉吾爲西湖之遊，吾已嘗遊，今日無處
　　　不西湖，無時不西湖。（《慈湖遺書》卷十七〈紀先訓〉）

此4例中，隱約可見楊父內在心行是指向某種層次的「平常心」、「不動心」
之修養方法；換言之，即是此心不隨著現象、際遇之得失變化與之起伏並俱，
以保任心靈於某種「安住」「穩定」的「自得」狀態。即言之，有此內學工夫，
楊父乃能在「婢初告有盜」「坐檻墜地」「一日偶跌仆」等無預警意外狀況下，
「神色不動」「怡然甚安」。然楊父此種修行方法倒底切近儒釋道那一家，或

〔註25〕另《慈湖遺書》卷十七〈紀先訓〉亦云：「使有牧童呼我來前，曰我教汝，我
　　　亦敬聽其教」，可見楊庭顯向道態度之謙沖虔敬，委實難能可貴。蓋世俗人的
　　　自然生命流程，大抵年齡愈是老大，「壽者相」愈是顯露，易倚老賣老，訓誨
　　　後生，相對難以接受晚輩意見，從而也阻滯自身成長空間，然楊父卻能放下
　　　年齡、輩份、身分、階級的表相，「唯道是從」，據筆者研判，楊父此種謙沖
　　　的修學態度，對楊簡慧命之啓迪與心學體證必然留下無遠弗屆的影響。

抑此修養心法乃是儒、釋、道或任何以修養爲本質的家派所具存的「共法」呢？依筆者之見，楊庭顯此種保任「平常心」「不動心」的修養方法，乃至此方法背後的修行意識，相對是切近佛家的；換言之，儘管楊庭顯曾「盡焚其異教所藏之書」，看似「捨佛、老以歸儒」，然而行爲表現上「盡焚異教所藏之書」易，滌蕩早年融攝於八識田中的佛家思想、修行意識則難乎其難。以下爰舉楊父修學融佛四大特徵——「未肯定世間本質」「未正向肯定人性」「不肯定世間材藝學問」及「生死態度」等面向，進一步予以證成：

1、「未肯定世間本質」

首先，楊庭顯對「世間」、「人間」本質的認知，顯然異於傳統儒者的知見理解，楊父云：

（1）人間以爭爲事，吾家當以不爭爲事。（見《慈湖遺書》卷十七〈紀先訓〉）

（2）世間如夢，時人非不知，但見暖熱，又且去矣，自古暖熱處，誤卻多少人。（見《慈湖遺書》卷十七〈紀先訓〉）

（3）人生一世，只忙迫一場便休。（出處同上）

原來楊父對世間本質的體會是「人間以爭爲事」、「世間如夢」，此即認爲，「生存競爭」「比較」乃普世之人生命的實然狀態，然則生存競爭縱使分出一個表相的勝負，及至今生形軀生命結束，這些表相的優勝劣敗、愛恨情仇，還不是宛如一場夢境，怎能當眞呢？在這裡，我們看到楊父對「世間所以爲世間」的本質認識有著「佛家式的洞悉」，[註26] 此即認清：人間既非「大同之世」，亦非「天堂」「極樂」，根本只是短暫聚合的存在（「人生一世，只忙迫一場便休」），在此時空形態下呈現的世間，既不是「治世」，也不是「亂世」，而根本是以生存競爭爲本質、無法在此長久安身立命的「如夢之世」（「世間如夢」）。進言之，在楊父眼裡，世間具存此種「生存競爭」「比較」的特性，世間人並非渾然不知，但由於世人具足所以爲世間人本質上的盲點，往往被眼前、現下「形軀我」及其欲求所對之境（即「暖熱」）給蒙蔽，以致在役使「思慮我」、滿足「形軀我」的浮生過程中，內在「眞我」陷溺其間，只得陪著「形軀我」「思慮我」陷入濁世的泥沼，無以自拔。可見楊父對「世間」本質的認識相對切近佛家，雖談不上否定世間，但至少是未積極肯定世間的。

〔註26〕此類似佛家《金剛經》以「夢、幻、泡、影，如露亦如電」等比喻，來形容吾人所處的不究竟眞實的世間。

2、「未正向肯定人性」

除上述「未積極肯定世間」等例證外，楊父對「人性」本質的認知，亦與傳統儒者大相逕庭，茲列舉如下：

(1)「人處不善之久，復安於不善，而不以爲異。」(《慈湖遺書》卷十七〈紀先訓〉)

(2)「人在顛倒中，以美爲惡，以惡爲善，以苦爲樂，以樂爲苦，則爲學不勞矣。」(出處同上)

(3)「世間誰不被人瞞？不甘被人瞞者亦少矣。」(出處同上)

(4)「時人自己尚不識，更向何處施爲。」(出處同上)

(5)「逐物之久，猶如醉夢。」(出處同上)

此 5 例是說，儘管世人明知人世之行宛如醉夢一場，但「下意識」裡還是規避閃躲、不肯正視世間「如夢如幻」、不可信靠的事實，不知追索「生命本眞」，乃在放恣「血氣我」「思慮我」往外馳騁的過程中自我欺瞞，維持個人的「假性心安」。換言之，建構「假性心安」的自我圓謊系統，並在此封閉圓謊系統、錯亂價值迷思中「假性安頓」(「人處不善之久，復安於不善，而不以爲異」「世間誰不被人瞞？不甘被人瞞者亦少矣」)，便是楊父所謂的「人在顛倒中」，準此，世人對世間「美惡」、「善惡」、「苦樂」的知見詮釋、觀看角度，乃與體悟「生命本眞」的悟道者全然背反，一旦生命顛倒、異位的情狀未能有效扭轉，久之，便會習慣於這樣「迷失的自己」而不自覺有何不妥(「時人自己尚不識，更向何處施爲」)，準此楊父分判一般世俗人的身(「血氣我」)、心(「思慮我」)關係云：

一、血氣我：

(1) 此身尚非我有，外物亦何足道。

　　(見《慈湖遺書》卷十七〈紀先訓〉)

(2) 此身乃天地間一物，不必全攬爲己。(出處同上)

(3) 人以目逐物爲見，以耳逐物爲聞，謂之分明，不知乃大大不分明。(出處同上)

二、思慮我：

(1) 人以念慮爲心，是致爲學疲勞，或自覺則見本心矣。

　　(《慈湖遺書》卷十七〈紀先訓〉)

(2) 人意思，舉動隨生，衣服時有衣服意思，飲食有飲食意思，語

> 默動靜皆然，似此意思役盡時人光陰也。意中有新有久，有喜
> 有厭，相生無窮，坐久則厭，以行爲喜，行久則厭，以坐爲喜，
> 觸目睹景，無非意思，皆由失己。（出處同上）

即言之，在楊父的知見裡，世間人所以爲世間人，便是誤認「血氣我」「思慮
我」爲眞實存在之我，乃對世間一切主客觀境相興起貪戀、執著（人意思，
舉動隨生，衣服時有衣服意思，飲食有飲食意思，語默動靜皆然），一旦往後
的情境變化不順原初的念慮執著，便會造成情緒起伏、意識波動，生命無法
自作主宰，任其荒廢蹉跎（「似此意思役盡時人光陰也」）。換言之，在楊父的
認知理解裡，執著於感官逸樂的「血氣我」固然是「失己」，但執著於「造作
云爲」的「思慮我」更是另一種形態地嚴重「失己」（「人以念慮爲心，是致
爲學疲勞」）；即言之，在楊父的理解中，得以讓「血氣我」「思慮我」反客爲
主、趁機做大的原因，便是吾人一直錯認有一個「眞實存在地自我」，才讓「形
軀我」「思慮我」得以串連，交互爲用，從而對世間本質的認識「顛倒異位」、
嚴重扭曲。從如上楊父對「世間本質」「人性」皆未正向肯認的理解認識看來，
認定楊父的深層修行意識相對趨近佛家，應是無庸置疑的。

3、「不肯定世間材藝學問」

另在「世間材藝學問」方面，楊庭顯亦未持肯定態度，巡視這些助成人
間文化活動的「材藝學問」，都是阻滯修道者心靈層級往上提升的考驗與陷
阱。楊父云：

（1）文詞爲學道之蠹。（見《慈湖遺書》卷十七〈紀先訓〉）

（2）世間多材多藝者不少，……，材藝之士多爲材藝所惑，不能進
　　　學，未若愚拙有心於道。（出處同上）

（3）人皆有一我，故不見道。雖名士難逃此患，遂以聰明爲道，釋
　　　氏謂之認賊爲子。（出處同上）

（4）自古有誤認臆度爲道，浪度光陰，蹉跎實學，不知其幾？東坡
　　　投老，顧以養生爲先，追想其情，使人恐畏，微細習氣，人不
　　　自知，學者當審而求之。（出處同上）

（5）吾往者儘恃思量與夫言語，今日頓覺前非，蓋以馳求於外，而
　　　不反本也。（出處同上）

（6）學者言多則散學力。（出處同上）

（7）學道者多求之於言語，所謂知道者只是存想。（出處同上）

從如上 7 例可知，楊父除認「外在境相」考驗修道者的本心操持外，吾人本具的才情習染、風雅品味、世俗聰敏、口給便捷等，更是足以蒙蔽吾人本心開顯的障礙（「材藝之士多爲材藝所惑，不能進學」），蓋修道者一旦沾染「名士習氣」、「材藝學問」所構成的彩色世界、美妙網羅，何嘗不是教人流連忘返、陷溺其間的「虛擬幻境」，一旦執著投入，放情揮灑，最專擅的優越才情，每每是其生命層級無法超越、提升的關鍵（即楊庭顯所謂「以聰明爲道，釋氏謂之認賊爲子」）。「言語」之爲物亦然，世俗話講多了，原本清明之心容易在話語所對之「境相是非」中執著浮動，散失了平時積累的修學定力（「學者言多則散學力」）。乃至在楊庭顯的認知體會裡，「聰明才智」固有利於文人雅士才情揮灑，但從更超越的視窗角度觀看，「聰明才智」如果不能適度「歸零」，便可能成爲吾人生命難以進躋「超越界」的重要障蔽，好比蘇東坡顛沛流離的一生，本可作爲看透世間本質「虛幻不實」的助道因緣，只惜文人習氣過重，心思盡萃於繆思之塔，以致流離的身世恰只助成他寫作的靈感與文學成就，卻無助於開展更高層級的心靈位階與生命境界。即言之，文字創作若非基於「內在向道之須」以導出，那麼文人的豐富情感、創作欲望，都只是某種較高層級地「血氣我」與「思慮我」所對的欲求（即所謂「微細習氣，人不自知」）交織而成的世俗成就動源而已，生命若耽著於「血氣我」「思慮我」層次，無乃是另一種形式的停滯（即「東坡投老，顧以養生爲先，追想其情，使人恐畏，微細習氣，人不自知，學者當審而求之」）。換言之，在楊庭顯看來，蘇軾在中國歷來文人名士中固屬慧根、慧解卓具者，以其敏銳的生命特質與高階「思慮我」的玄智冥想，在詞章創作領域，誠可對「道」有依稀彷彿的形上觸及，但問題是，此種幾可觸及「超越界」精神層次的才華表現，終歸只是文人高度發揮「血氣我」、「思慮我」臆度玄想特長的結果，就此而言，饒或蘇軾「詞章之道」狀似流露「近道」境界，但就究竟義來說，此「詞章之道」與體證「生命本眞之道」，無乃風馬牛兩不相及，都只是「誤認臆度爲道，浪度光陰，蹉跎實學」而已。總括言之，未經心靈體證而逕與外在境相牽合而去，乃至對文詞、材藝、言語、世俗聰敏有所恃恃執著，在楊父眼中都是阻礙修道的重大障蔽。再舉二例明之：

（1）近世學道者眾，然胸中常帶一世間行，所以不了達。（見《慈湖遺書》卷十七〈紀先訓〉）

（2）學者常帶我行，所以見道之難。（出處同上）

此 2 例同樣顯示，楊父認爲世間追索「生命本眞」之人看似眾多，但眞能體證

生命本眞者卻爲數甚少，原因端在其胸壑仍雜染諸多「世間行」、「我執」習氣（「胸中常帶一世間行」「學者常帶我行」），就此而言，前所謂才情習染、風雅品味、世俗聰敏、口給便捷，得以障礙學者「本心」開顯，便是與這些「世間行」、「我執」習氣糾結牽纏所致。是以此處可以推斷，楊父所謂「世間行」一詞概念絕非源自儒家儒學，不排除楊父的修道意識——某種程度上具足佛家所謂「出世間法」的心靈圖繪，才相對以「世間行」一詞來指涉「近世不了達之學道者」，凡此線索，皆係楊父思想融攝佛家思想、工夫的明確證據。

4、「生死態度」

至於最後一個可視爲楊庭顯融佛的具體修學特徵，便是其學問特性與生死課題存在著某種程度的密切連結。文本如下：

（1）人皆知有一死，而實不知，果知之，誰敢爲不善。（見《慈湖遺書》卷十七〈紀先訓〉）

（2）近來學者多僞，至於臨死亦安排。）（出處同上）

（3）微細習氣，人不自知，學者當審而求之，吾爲學至此，亦不自知，自前歲一病方知之，今歲一病又知之，吾覺此病非病，乃教誨我也。（出處同上）

原來「死亡學分」「生死命題」乃至「面對病苦」皆是楊父修學的重要課題，即言之，在楊父眼中，世間人最大的迷茫，即是誤認「血氣我」（形軀我）爲眞實存在的自我，一直在這樣錯謬顛倒的認知中生活，理性上明知人間之行只是偶然的過客，不是歸人，甚至瞭解「形軀我」到人生某階段必然崩壞、解體，與草木同朽，但意識、情感上還是對「形軀我」深深戀棧，打心底拒絕接受「形軀我」終將老壞死朽的事實，進而採取漠視、逃避的態度（「人皆知有一死，而實不知」），甚至此種「認假爲眞」顛倒錯亂的知見，不獨世俗人爲然，就連部分學道者也難避免，明知「形軀我」終將朽壞崩解，但心底還是規避這個無可閃躲的課題，終其一生爲這具肉房子、臭皮囊等俗事牽腸掛肚，費心安排，遲遲不肯放下（「近來學者多僞，至於臨死亦安排」），這對追索「生命本眞」的修道者來說，無乃是一大盲昧；進言之，從楊庭顯所謂「果知之，誰敢爲不善」的語脈裡，我們隱約可見楊父修學意識中潛藏著「因果業報」的觀念，且此「因果業報」觀念又與生死課題密切連結，這都與佛家所究竟關懷的「生死解脫課題」同其一致，可見楊父如上四大修學融佛特徵，確是其「盡焚異教所藏之書」之餘所難以一併泯除盡淨的。準此可說：

楊父的修學體證，確然與其面對「形軀我」死亡，及「思慮我」唯恐「形軀我」崩壞、解體——可能引發自身無所歸屬的迷茫感之超越解決同時具存的，這種攸關生死課題的修學門徑，某種程度上與楊父對「世間」懷抱「出世心」的態度表裡一致，進而構成楊父修學的重大驅力與動源。而更重要的是，楊父這些修學信念如：出世心、生命觀、深層修行意識、生死態度等，也大量融攝、內化於楊簡心學工夫的形成過程中，成為楊簡心學架構的核心主體，這是本章節所以不惜詞費、特別強調指出的，至於相關論證部分，請續參見第四章「生命之學」等各節次內文。

第二節　楊簡心學儒佛之辨的內部考察

一、本人意向與態度

　　其實標出此節以為研究子題本應是多此一舉的，蓋楊簡自 29 歲起，講學四十餘年，〔註 27〕中晚年更埋首注經，著作等身，其生平行誼宛如儒門宗教師、傳道人，充滿了信仰般的生命張力與感人力量，此非儒者印記而何？然站在學術研究立場，仍宜標出此節進行討論。關於楊簡本人的學派意識傾向，除其經學著作中無所不在的「儒者意識」及儒經文本的充量引用外，《慈湖遺書》中亦間有其抒發心學體證的清新詩作，此皆以舒放自如的筆緻信筆寫就，其中意境近禪者有之，佛儒意境融攝合一者亦有之，往往更能反應當事人真實的內心意向，茲舉數例明之：

（1）日日看山不是山，白雲吞吐翠微間；靜明光裡無窮樂，只是令人下語難。（見《慈湖遺書》卷六〈詠春〉）

（2）此道元來即是心，人人拋卻去求深，不知求卻翻成外，若是吾心底用尋。（見《慈湖遺書》卷六〈偶作〉）

（3）雪月風花總不知，雕奇鏤巧學支離，四時多少閒光景，無個閒人領略伊。（見《慈湖遺書》卷六〈偶作〉）

（4）道心非動靜，學者何難易，癡雲欲掃除，迅霆無異擬，無妄而

〔註27〕慈湖畢生講學約可概括為：富陽講學、碧沚講學、樂平講學、慈湖講學、亭館講學與溫州講學等六個階段，其講學之懾服力與陽剛氣魄雖不如象山，但呈現儒門傳道者另種「殷切真誠」的篤實風格，亦足以感動人心。

微疾，勿藥斯有喜，一輪秋月明，云為豈思慮。（見《慈湖遺書》卷六〈偶作〉）

以上 4 詩皆係楊簡表達悟道、心學體證之文本，讀來清新可喜，頗具禪味，無論放在那位禪師的詩集裡，都可媲美亂真，教人雌雄難辨。此四詩中，「靜明光裡無窮樂」「道心非動靜，學者何難易」顯係楊簡本心境界之比況語，至於「無妄而微疾，勿藥斯有喜」，顯指楊簡心學中使其本心得以彰顯的「毋意」工夫，如此一個體證天地、四時、自然皆與「本心」冥合的證道者，便係例 3 詩中所謂的「閒人」，當然這種涉乎禪境的小詩風格，在宋詩裡頭並非別無所有、獨一無二，與楊簡同時、但政治立場迥異的名宰相王安石，在文學史中便以禪境小詩頗富盛名，但很少人會將王安石思想定位為佛，可見文人賦詩，可以是從政之餘某種抽離現實糾葛的精神寄託，未必保證詩境與心靈體證之間的同質同調，這是必須加以區隔的。

另在楊簡儒佛思想兼具的詩境中，筆者亦列舉兩首試加討論：

（1）行年七十有六，隨世名言則然，應酬衮衮萬狀，變化離坎坤乾。人情曲折參錯，動靜多寡後先，孰有孰虛孰實？無高無下無邊。清明靡所不照，一語不可措焉，先聖為是發憤忘食，某也何敢空度歲年。（《慈湖遺書》卷六〈丙子夏偶書之二〉）

（2）有心切勿去鉤玄，鉤得玄來在外邊：何以罷休依本分，孝慈忠信乃天然。（《慈湖遺書》卷六〈偶作〉）

以上兩首詩中，「孰有孰虛孰實？無高無下無邊。清明靡所不照，一語不可措焉」及「有心切勿去鉤玄，鉤得玄來在外邊」等句，此境界相對切近於禪，但楊簡卻「理所當然」地視之為「先聖為是發憤忘食」，絲毫不覺這樣的敘述連結有何不妥，顯見楊簡若非對儒佛基本界線區隔不清，否則必是其修學歷程對儒、佛境界有某種程度的融攝，乃自然將此二者渾化連結起來，這是必須留心注意的。

至於在個人為學主觀意向、態度上，楊簡另有三詩明志：

（1）可笑禪流錯用心，或思或罷兩追尋：窮年費煞精神後，陷入泥塗轉轉深。（《慈湖遺書》卷六〈偶作〉之五）

（2）惡習起時能自訟，誰知此是天然勇；多少禪流妄詆訶，不知此勇元不動。」（〈偶作〉之九）

（3）「物物皆吾體，心心是我思，四時非代謝，萬說不支離。潤水

談顏樂，松風詠皙詞，仲尼親許可，實語斷非欺。」（《慈湖遺
書》卷六〈丁丑偶書〉）

從以上「可笑禪流錯用心」「多少禪流妄詆訶」「仲尼親許可」等詩句看來，
楊簡以儒家立場自居、不以「禪流」爲然的態度是很明確的。既然「本人意
向、態度」如此，何以其心學內部、尤其在心學境界型態的展示上卻出現儒、
禪夾雜的依違情形呢？關於此，朱熹門人中批判楊簡最力的大弟子陳淳便透
露了一個訊息：

象山本得自光老（道光號佛照），今楊、袁門下，多是引接僧
道等人來往，以爲覺者甚多……此一家學問分明是空門宗派，
縱待說得精微玄妙，不過是彌近理而大亂眞。（見《宋元學案·
槐堂諸儒學案》）

以上「象山本得自光老」之說，顯然涉及門戶成見，未可遽信，〔註28〕唯此處
陳淳卻點出一個特殊、罕見的現象，此即：「今楊、袁門下，多是引接僧道等人
來往」，然而問題來了：楊簡門下爲何多「引接僧道人士來往」？倒底楊簡是主
動授意或是被動應酬？或是兩造氣味相投、自然互動的結果？乃至楊簡門人與
僧道往還究竟是怎樣的「接引法」？甚至是誰影響了誰？凡此都頗爲複雜難有
憑據查證，但可確定的是，陳淳此種「外延性的質疑」尚不足以作爲「此一家
學問分明是空門宗派」的證據，更不足以作爲楊簡心學夾帶禪味的本質解釋，
陳淳的率爾論斷，也未免小看陸氏門人學問抉擇的自主性與鑑別儒佛界線的能
力了。倒是楊簡與日本國僧書信交遊透露了一些玄機，文本爲：

日本俊仍律師請言於宋朝著庭楊子，楊子舉聖人之言而告之
曰：心之精神是謂聖，此心虛明無體象，廣大無際量，日用云
爲，虛靈變化，實不曾動，不曾靜，不曾生，不曾死。（見《慈
湖遺書》卷三〈日本國僧俊仍求書〉）

從楊簡這封回書看來，不排除是日本國僧隱約耳聞楊簡心學特性與佛家言心

〔註28〕陳淳所謂「象山本得自光老（道光號佛照）」之說顯然太簡化、忽略了「作爲
學派源頭的生命之學的複雜形成過程」，而作了片面「隨己所欲」的主觀認定，
偏偏這種後人「想當然爾」爲前人「指定」師門傳承的現象在中國文化史中
屢見不鮮，明代崔銑在《湛甘泉集》卷十七爲〈楊子折衷〉所寫序文中也說
過：「佛學至達摩曹溪，論轉經截，宋大慧授張之韶，其徒德光又授之陸子靜，
子靜傳之楊慈湖」，這種說法也同樣是荒謬無稽，胡亂嫁接儒佛傳承，恍然這
些師門傳承是經他以「上帝全知之眼」親眼目擊一般，其缺乏事實論證、充
滿主觀臆想是很清楚明白的。

有某種程度的相似合流，乃不辭千里致書以求證；〔註 29〕至於楊簡覆書中言及本心特性：「實不曾動，不曾靜，不曾生，不曾死」等語，又恰與佛教《心經》所云：「不生不滅，不垢不淨，不增不減」「無老死，亦無老死盡」等境界冥契暗合，可見楊簡心學夾雜佛禪氣味，殆是以儒家立場自居的楊簡本人所未及深察的，這才會理所當然地批判「禪流錯用心」，並認爲他所體證的本心境界原係儒家、孔門所本有；在這種情況下，有關楊簡心學儒佛之辨的探討，便得在根源性的工夫形成歷程中尋求更關鍵性的解釋。

二、工夫形成過程

從如上連串論證過程中，我們可以發現一個很獨特的現象，那就是在「人事踐履」上呈現的是一個很重視儒家「下學工夫」的楊簡，但在「學問特性」上呈現的卻是一個專事豁顯本心至於「窮高極遠」境界，並以「保護那光輝燦爛不死不滅底物事」〔註 30〕爲職志的楊簡，這兩種截然不同的風格同時融合在楊簡身上，這該如何解釋呢？更重要、特別的是，那個「處閨門如對大賓，在暗室如臨上帝……兢兢敬謹，未嘗須臾放逸」（弟子袁甫語）的楊簡，其心學中何以夾雜佛禪氣味呢？對於此，陳淳亦有一段批評頗可參考：

> 浙間年來象山之學甚旺，由其門人楊、袁貴顯據要津以唱之，不讀書，不窮理，專做打坐工夫，求形體之運動，知覺者以爲妙訣。（見《北溪集》第四門卷十四〈答陳師復〉）

此處陳淳指責楊簡「不讀書」當然是不實的指控，從楊簡對經書義理之嫺熟，隨時隨地可以「別出新裁」地作出更本質性的「心解」看來，他只是讀書方法異於朱學而已，一如先前所言，楊簡曾云：「學者當先讀孔子之書，俟心通德純，而後可以觀子史」〔註 31〕、「學者斷斷不可讀非聖之書」，〔註 32〕可見楊簡對讀書一事自有其揀擇判準，並以將孔子傳授的「聖人之道」融入自家生命爲第一序考量；至於所謂「不作窮理」工夫，也只代表朱陸爲學門徑不同而已，此實無是非可說。儘管陳淳的攻擊言論經常失焦，但有時敵論也是最客觀的對照組，能夠毫不保留地裸露部分事實真相，即言之，此處陳淳

〔註 29〕當然也不排除是日僧渡海來華學習後，得知楊簡心學大旨乃致書求證。
〔註 30〕此乃陳淳藉指責異端（佛家）以影射楊簡心學爲禪的用語，見《宋元學案‧北溪學案》。
〔註 31〕見《慈湖遺書》家記九〈汎論學〉。
〔註 32〕見《慈湖遺書》卷九〈論禮樂〉。

倒是揭開一個可能影響楊簡心學形成的重要因素，那就是楊簡似有長期「靜坐」的習慣與工夫。

而這個線索考之於《楊簡年譜》顯然是吻合事實記述的。

據弟子錢時爲乃師撰述〈行狀〉所載，楊簡二十歲時，「出入家用外，終日侍通奉公旁，二親寢已，弇燈默坐」，顯見楊簡此時已有靜坐習慣；二十一歲時，「踰弱冠，入上庠，每試輒魁，聞耆舊言，先生入院時但面壁坐，日將西，眾闐闐競寸晷，乃方徐徐展卷，寫筆若波，無一字誤」，公然在闈場面壁靜坐，恍若四下無人，此種打坐行徑委實教人側目。如此不廢靜坐工夫八載，終於在楊簡二十八歲那年，有了第一次殊勝的心學體悟：

> 簡行年二十八，居太學之循理齋，時首秋之夜，齋僕以燈至，
> 簡坐於床，思先大夫有訓曰：「時復反觀」，忽覺空洞無內外，
> 無際畔三才，萬物、萬化、萬事、幽明通爲一體，略無縫隙。
> （見《慈湖遺書》〈僧炳求訓〉）

顯然，楊簡此次特殊生命體驗，乃是其長期靜坐體驗、「時復反觀」工夫水到渠成的結果。一如筆者先前所言，此「時復反觀」工夫及靜坐方法究係何家路數，缺乏足夠證據以資研判，但從楊簡著述中批評過老子、莊子、子思、孟子、《中庸》、《大學》「分裂道」、而從無一語直批佛家「分裂道」來看，不排除楊簡的打坐工夫、內證方法較傾向佛家路數，再觀之「忽覺空洞無內外，無際畔三才，萬物、萬化、萬事、幽明通爲一體，略無縫隙」所示的心學境界，也宛然與禪宗打破虛妄假我、證會自性時，那種虛空粉碎、陸地平沉的——「回歸心靈原鄉」的境界隱然暗合。〔註33〕質言之，在時間次序上，確係楊簡此種近乎禪境的特殊生命體驗在先，之後始有其心學系統之逐步發展成形，所以儘管日後楊簡三十二歲經歷象山有名的「訟扇之教」、〔註34〕三十四歲歷經「母喪之悟」，〔註35〕及五十二歲讀《孔叢子》至「心之

〔註33〕依筆者之見，楊簡此種近乎禪境的特殊生命體驗，其實是所有長期如法靜坐及下過內證工夫者都可能觸及的「共通生命體證」，基本上它是一個「超智的公共精神領域」，只要循著恰當的心靈步伐與相應心靈態度，人人皆有機會體證品味，名之曰「禪境」、曰「心齋」「坐忘」、或楊簡心學意義下的「顏子三月不違仁」皆無不可，儘管此中內容或有境界層次之殊，但從大範疇的「超智公共精神領域」看來，這些「名相之殊」只是後人從不同的觀看、詮釋角度貼上人爲的「識別標籤」罷了。

〔註34〕見《慈湖遺書》〈二陸先生祠堂記〉。

〔註35〕楊簡罹母喪之慟，大悟變化云爲之旨，自陳其體會是「縱橫交錯，萬變虛明

精神是謂聖」一語幡然有省，使其生命體驗因之擴充、深化，心學系統也相隨次第建構成形，但作為其學問原型與心學核心的「靜坐證悟體驗」與伴隨而來類似「禪悟」的特殊氣味，在楊簡心學中卻是始終存在的，這也是楊簡心學被人質疑為禪，象山代為辯護說出：「楊敬仲不可說他有禪，只是習氣未盡」〔註36〕的原因。

再者，楊簡心學何以存在儒佛之辨的糾葛，除其心學工夫涉及類似禪境的特殊體證外，楊簡在「特殊內證體驗」與「心學詮釋系統」接榫之間，亦出現一些「轉折」，此即：楊簡將他所體證近乎禪境的生命體驗，本能、自然地視為是儒學傳統所本有，且為貫徹儒門「傳道者」那種自我賦予、「不已於言」的自發使命感，以有效傳達其特殊內證體驗，楊簡勢必得有一套「義理系統」「思維架構」，以充當他說明特殊心學體證的基礎，在這種情況下，楊簡自然地以儒學中本有的義理概念作為他詮釋心學體證的文本，再配套上必要的「延伸性解釋」，以滿足他站在儒家立場從事心學詮釋的起碼需求。此如為了詮釋心學體證，楊簡在《論語》中獨沽「毋意」「吾道一以貫之」、「吾有知乎哉？無知也」、「默而識之」，並欣賞顏回的「三月不違仁」及曾點的「風乎舞雩」，《易經》中則偏愛「孔子曰：无思也，无為也，寂然不動，感而遂通天下之故」、「孔子曰：天下何思何慮？」，及描述文王境界的「不識不知，順帝之則」；在《尚書》中則雅好禹告訴舜的「安女止」及「舜曰道心」；《孔叢子》一書則只取「孔子曰：心之精神是謂聖」一句而已，〔註37〕以充當他描述本心境界、特性的儒家形上根源；換言之，先秦儒學原有「內聖」、「外王」兩個互為表裡的側重軸心，但在楊簡心學系統中，儒學中偏向「內聖」的義理文本便經楊簡以其特殊的心學體驗重行詮解，至於儒學中非干內證義理或相對偏向「外王」的部分，便成為楊簡發揮心學詮釋時附帶運用的素材而已，此可視為是對象山「學苟知本，六經皆我注腳」名言的實踐、繼承，且這樣特殊的「義理轉換工程」經他實際操作起來，大致也都能言之成理、

不動，如鑑中象矣」，似對人生無常之幻化感頗有體悟，比較特殊的是，楊簡將這種「萬變虛明不動，如鑑中象矣」近於佛家的領悟納入其心學系統中，視為是儒學義理中所本有。

〔註36〕見《陸象山全集》卷三十五〈語錄〉。

〔註37〕從楊簡只揀擇儒典中有「孔子曰」的內證義理以融入其心學看來，往好的方面說，是楊簡「取法乎上」的踐道取向影響了他的揀擇，但從負面效應來說，這種太相信「孔子曰」的「唯聖是崇」心理，恰也是中國文化史上託古、信古、偽書現象充斥，乃至凡有變革，必得依託古聖以立言的溫床。

自成一格，就此而言，楊簡心學誠然是「提昇了儒學義理、境界的高度與深度」，〔註38〕但過度片面攝取近禪內證成分以詮釋心學的結果，導致「儒學的廣度與人間性格相對萎縮」，便成為現實上難以避免的發展傾向了。

此外，上述「古聖名言」在楊簡著作中出現頻率之高，已到了「口頭禪」般極度氾濫的地步，幾教讀者難以消受，這些「名言」所以被楊簡「相中」（或云「有所感應」），除其本身義理擁有明確的內證特性成分外，更重要的是，楊簡對心學之操持其實是抱持著相當虔謹的「信仰態度」，〔註39〕以致當他從上述古聖名言義理中找到足以支持其心學體證成立的根源、證據時，這在以探索「生命本真」、「聖人之道」為終生職志的楊簡心中，不啻是很重大的發現與印證，此中具存的生命感動與象徵意義，決非未曾下過內證工夫、或昧於宋明理學那種講究生命體證的集體文化情境的當代學者所能領會。至於楊簡心學如何「融入生命修行意識、信仰態度」、乃至其心學工夫融佛後形成怎樣殊別地傾向、型態，這在第四章「生命之學」部分再進一步探討展示。

第三節 「心善意害說」之重新理解與辨正
——試以崔大華對楊簡心學誤解為例

儘管邇來研究宋明理學的風氣日趨寂寥，研究楊簡心學、經學者更是屈指可數，然大陸學者崔大華在其《南宋陸學》〈象山弟子〉部分對楊簡心學則有所觸及，但在總結楊簡學術定位時，崔君卻作了兩個極為嚴厲的論斷，他

〔註38〕據大陸學者鄭曉江、李承貴所撰《楊簡》一書指出，楊簡心學至少有：完整性、至高性、完善性、清空性與至潔性等五個特色，基本上，從楊簡自我描述的心學境界看來，筆者也肯認楊簡心學確具足此五大特色，但此五大特色大致偏向心學境界的高度與深度，與儒學之廣、人間性格之適應開展無干。

〔註39〕楊簡心學的立足基礎除了心學體證的實踐工夫外，第二個成立關鍵，便是近乎信仰性質的「信心」與「信持」了：觀諸楊簡對儒學義理的解釋，常在有意、無意間「轉化」了孔子的本義，以適應其心學系統的內部詮釋，甚至引用極有爭議性的偽書《孔叢子》文本——「心之精神是謂聖」一語以充作詮釋心學之論據，此從學術研究角度看來，是有極大爭議性的，但從內證學的實踐向度、及心學是某種層次的「信仰」角度來說，凡心學系統的內部解釋力愈強，踐道者在「聖道」歷程中前進的信心一定也相對大增，相傳佛教行者只要誠心相應，縱使將六字大明咒「吽」字錯唸成「牛」字，照樣也能開悟，所以儘管楊簡對孔子名言的心學詮釋與原典或有出入，但此「名言」在楊簡的內證詮釋中卻已成為某種助人悟道的「心法」，所以吾人不能單以現代的知識規格、知見，來丈量、否定楊簡心學在心行實踐中可能具存「形上」、「超智」的面向。

認爲楊簡心學：

（1）否定人的本能以外的任何具有能動性、創造性的思維活動。
（《南宋陸學》頁 149）

（2）提倡無思無慮無知的蒙昧主義。（《南宋陸學》頁 150）

此外，近代大儒錢穆先生在其《宋明理學概述》頁 235 中，也評述楊簡：「他生平不作一草字，即此可想其制行之嚴恪，但他的思想卻似極放縱。」然而楊簡思想何以「似極放縱」？表現在他心學的那個面向？錢先生並未明確指出，依筆者揣想，錢先生所謂「似極放縱」一語或與崔大華君另一個質疑有關，崔大華曾言：

在《己易》中用主觀的我吞沒一切，自然和社會的一切，都是我心的產物（《南宋陸學》頁 140）

換言之，錢賓四先生及崔大華對楊簡心學的共同質疑，可約化成如下第三個疑問：

（3）楊簡心學似有「朝向唯我主義發展」的疑慮？

據筆者對崔君批判楊簡心學的綜合理解，以上三個論斷中，例 1 係針對楊簡回復本心的教育方法 ——「毋意」、「不起意」而發，惟恐一旦取消了「意」的作用，也將連帶取消人類的思維活動。第 2 個論斷，則對楊簡所謂的本心性質有所質疑，唯恐本心開顯後，反使踐道者落於「無知愚昧」的生命狀態。至於論斷 3，則是唯恐楊簡心學過度托大、膨脹了「主觀之我」，反而流於生命的狂肆與傲慢。然則如上這 3 個負面的論斷與質疑，對任何學者來說，都是學術評價「所無法承受之重」，楊簡心學果真如崔君以爲的不堪嗎？如果崔君第 1、2 論斷竟可爲真，則這樣一種「無思無慮無知的蒙昧之人」，如何與崔君認爲楊簡心學可能過度托大、膨脹了「主觀之我」的想像論斷相容並存呢？可見崔君如上矛盾之言，必有某種程度理解向度的誤差，以下筆者爰重新還原崔君的檢測程序，用以釐清楊簡心學主軸 ——「心善意害說」之實指，並延伸探討「心善意害說」所隱藏的心學「兩重性結構」問題。

一、楊簡心學「否定人本能以外任何具有能動性、創造性的思維活動」？

關於第一個論斷：楊簡心學「否定人本能以外任何具有能動性、創造性的思維活動」，崔君並未提出任何論證，只是列舉了兩個楊簡「凡是說到「能」

字者，即是「求諸心外」，即是「用意害道」」〔註40〕的例子充作證據：

　　（1）「汲古（曾熠）問：子曰：「中庸其至矣乎？民鮮能久矣」。又
　　　　　曰：「中庸不可能也」，何謂「鮮能」與「不可能」？先生（楊
　　　　　簡）曰：《中庸》「能」字是子思聞孔子之言不審，孔子未嘗云
　　　　　「能」也。在《論語》只曰民鮮久矣，無「能」字，如子曰中
　　　　　庸「不可能」也，此「能」是用意矣。道無所能，有能即非道」
　　　　　（見《慈湖遺書》卷十三《學記七・論〈中庸〉》）

　　（2）《毛詩序》曰：《天保》，下報上也。君能下下，以成其政，臣
　　　　　能歸美，以報其上焉。……夫上之禮其下，與下之敬其上，愛
　　　　　敬之情，發於中心，播於歌詩，而《序》謂之能，蓋求諸心外，
　　　　　殊爲害道。（見《慈湖詩傳》卷十一《天保》）

坦白說，如何從如上二例中讀出：楊簡心學「否定人的本能以外任何具有能
動性、創造性的思維活動」，實在令人費解。至少在筆者對上述文本的理解中，
絲毫讀不出崔君所論斷的那種意涵。例 1 中楊簡所謂「道無所能，有能即非
道」，旨在點出道體本身（即心）是一「自靈自明」、具有先驗明鑑能力的精
神實體，此精神實體不是爲了後天世俗、「目的性」的功能而特別施設存在的，
如此而已；至於楊簡以「論語只曰民鮮久矣，無「能」字」，來檢別「中庸「不
可能」也，此「能」是用意矣」，雖有論證主觀、稍嫌武斷之嫌，但楊簡以《論
語》文本與其心學體證，判別子思之語可能對孔子本義有所歧出，這是中國
生命之學「證量解經」方法的超越檢別，此方法恆有助心學踐道者對「道體」
有更「直觀式」的把握，而無須視爲是認知意義下德性知識高低、深淺的分
判較量。相對來說，崔君強執楊簡部分文本的表層意義來批判楊簡的整體心
學系統，才犯了論證程序與論證方法兩皆失當的謬誤。

　　至於文本 2——楊簡解《詩經》〈小雅・鹿鳴之什・天保〉，重點在於指
出：在心學範疇中，「君王之禮遇臣下」與「臣下之敬愛君主」乃吾人本心特
質的自然流露，而非干生理性、機能性的「能」「不能」問題，換言之，在楊
簡看來，人類倫理情感之自然表現即是第一序的本心發露，〈毛詩序〉所言之
「能」，恐有倒退到生理性、機能性層次來解釋人倫日用之嫌，故不爲楊簡心
學所認可。

　　那麼在楊簡心學中，究係如何安立、看待「人本能以外任何具有能動性、

創造性的思維活動」呢？試舉《慈湖遺書》卷二〈絕四記〉〔註41〕權作說明：

（1）人心自明，人心自靈，意起我立，必固礙塞，始喪其明，始喪其靈。

（2）孔子日與門弟子從容問答，其諄諄告戒止絕學者之病，大略有四：曰意、曰必、曰固、曰我，門弟子有一于此，聖人必止絕之，毋者，止絕之辭，知夫人皆有至靈至明、廣大聖智之性，不假外求，不由外得，自本自根，自神自明。微生意焉，故蔽之，有必焉，故蔽之，有固焉，故蔽之，有我焉，故蔽之。昏蔽之端，盡由於此，故每每隨其病之所形而止絕之

（3）何謂意？微起焉皆謂之意，微止焉皆謂之意，意之為狀，不可勝窮，有利有害，有是有非，有進有退，有虛有實，有多有疾，有散有合，有依有違，有前有後，有上有下，有體有用，有本有末，有此有彼，有動有靜，有今有古，若此之類……縱說橫說，廣說備說，不可得而盡

（4）然則心與意奚辨？是二者未始不二，蔽者自不一，一則為心，二則為意，直則為心，阻則為意。

從例1至例4可見，吾人若動了「相對性」「計執性」「分別性」「算計性」等等依「私我」而起的意念造作，一定會阻滯吾人本心之靈明，從這個意義上說，一切從「私我意識」出發、帶有「相對」「計執」「分別」「算計」等特性成分的「思維活動」，在楊簡眼中都是孔子所欲破除的「意、必、固、我」，算不上「具有能動性、創造性」可說，當然也就不值得鼓勵、助長了。相對來說，在楊簡心學系統中，「心」與「意」二者的關係──「未始不二，蔽者自不一，一則為心，二則為意，直則為心，阻則為意」，換言之，只要去除那個從「私我意識」出發的「意」使回歸清明之「本心」，那麼操持在本心保任下「任何具有能動性、創造性的思維活動」，又怎會是楊簡心學所反對、否定的呢？所以據筆者之見，崔君唯恐楊簡心學可能有「反智傾向」的質疑其實是多慮了，但相對來說，能讓楊簡肯認為是「具有能動性、創造性的思維活動」，必然也是相當「高規格」、「高境界」的精神交流層次，絕非止於一般所謂「不要自私計較」等表面意義層次的泛泛虛說而已。除此之外，崔君所自

〔註41〕〈絕四記〉一文乃楊簡自陳「心意關係」最詳盡完整之文本，可避免學者各舉相異文本各自解讀、卒無共識的毛病。

設的意義判準：「人本能以外任何具有能動性、創造性的思維活動」之實指，其實還有待崔君本人分說清楚，〔註42〕且所謂「人本能以外任何具有能動性、創造性的思維活動」語脈中的「人本能以外」一語，這在楊簡心學系統中根本是不存在的，蓋離開了本心的涵攝，如何能有「獨立」產生能動性、創造性思維活動的「本能」呢？關於這點，崔君恐怕有必要為其倡言的「能動性」「創造性」二詞重新賦予更明確、清楚的界定。此因一般由帶有「相對」「計執」「分別」「算計」等特性衍生的「思維活動」，在楊簡心學立場看來，無乃是「假我」造作出來的產物，此或足以填補「形軀我」「思慮我」往外馳騁、較量的假性滿足，但在生命之學場域，它卻是「為學日益」、永難填補得盡的意識黑洞，無以帶來生命究竟的悅樂，既然如此，此等駁雜的「思維活動」又怎承擔得起「能動性」「創造性」二詞指涉的意義、功能呢？即言之，以上的辨議討論，便涉及楊簡、崔大華對「自我層級」的認識存在著「立體—平面」的巨幅認識落差，此在下一章中將有所討論。至於楊簡心學如何安立「認知心」與「思維活動」，在下一節「心善意害說」「意之兩重性」中即予展示。

二、楊簡心學「提倡無思無慮無知的蒙昧主義？」

　　至於崔大華對楊簡心學第二個嚴屬的論斷：認定楊簡心學「提倡無思無慮無知的蒙昧主義」，當然也是不切實際的指控。關於何謂「無思無慮無知的蒙昧主義」，崔君說明如下：

> 蒙昧主義是這樣的一種認識理論，它反對人們去認識那些可以認識的具有豐富內容和複雜規律的外界事物，而主張人們去體

〔註42〕據筆者揣想，在崔君的思維邏輯中，一定認為「學術論文發表會」「學術討論」可視為是「人本能以外具有能動性、創造性的思維活動」，但從楊簡心學立場來說，「學術討論」經常淪為一種摻雜學術門戶立場、及面子之爭的較高層級的人際思維活動，此中不乏名利爭逐、生存競爭的本質，縱使研討會真有「學術知性交流功能」，但只要參與者「私我意識」未克淨化，由此具備「相對」「計執」「分別」「算計」「造作」生命特質之人興辦的「學術知性活動」，能否如實名之曰「具有能動性、創造性的思維活動」，恐怕還有待分說。進言之，儘管學術會議本身宜是中性、中立的，本不應成為「能動性、創造性」之障礙，有問題者恆然在「人」及其心靈態度、人格品質、生命層級。相對來說，如果與會者皆是向道之良師益友——一如孔門師生、「鵝湖之會」等君子般的生命交流活動，此必然是楊簡心學下所贊同首肯的，所以筆者認為：楊簡心學義下——「具有能動性、創造性的思維活動」其實是一種高規格、高境界的精神交流層次，原因在此。

驗那沒有任何內容的內心狀態」，崔君進而挖苦、諷刺地說：「惟昏昏噩噩可以使人智慧煥發，品德端正，無所不能，成爲聖人」（以上二引文參見《南宋陸學》頁 151）

然則楊簡心學眞的是「昏昏噩噩」，「主張人們去體驗那沒有任何內容的內心狀態」嗎？崔君如此失之輕率、殊欠論證的評斷，應與其一貫以平面、定著、無生命穿透力的視點來理解楊簡的「心善意害」說有關，以下筆者便還原到崔君所列舉的三個文本來重新解讀：

(1) 聖人果有知果無知乎？曰：無知者聖人之眞知，而聖人之知實無知也。如以爲聖人之道實可以知之，則聖人之道乃不過智識耳，不過事物耳。而聖人之道乃非智識、非事物，則求聖人之道者不可以知爲止。然以聖人之道爲可以知者，固未離於知，以聖人之道爲不可知者亦未離於知，惟其猶有不可知之知，非眞無知也。聖人之眞無知，則非智識之所到，非知不知所能盡，一言以蔽之，曰：心而已矣。(《慈湖遺書》卷十一《家記》五·論〈論語〉下)

(2) 如蒙如愚，以養其正，作聖之功。(《慈湖遺書》卷五〈吳學講義〉)

(3) 惟無思故無所不明，惟無爲故無所不應。(《楊氏易傳》卷十四〈益〉)

同樣地，如何從如上三例中讀出楊簡心學「提倡蒙昧主義」，亦是令人費解；例 1 中所謂的聖人，當然是楊簡心目中體證了「聖人之道」的聖人，儘管爲了彰顯「聖人之知」迥異於以認知、思辨爲本的「世俗之知」，楊簡在描述方法上借用了道家「知——不知」正言若反的技巧，然此聖人之「無知」只是境界型態的描述語，用以點出契入它的方法端在本心的證量工夫，而不在「智識」對「事物」的思辨與推理；所以此「無知」當然不能從文字的表層意思來理解，錯會爲「昏昏噩噩」、近乎愚昧的心智狀態。例 2 引文則係從《易經》〈蒙卦〉「蒙以養正，聖功也」脫胎轉化而來，所謂「如蒙如愚」一語是針對心學踐道者應有的心靈態度所作的描述，旨在勉勵踐道者以「素樸踏實」「小火慢溫」地心靈態度，走完修道的全程，蓋心學踐道者如果太「精明機巧」「貪求速成」，容易掉入「爲學日益」「追求絢爛」等自我意識所構築的陷阱中，是禁耐不住修道歷程所內具的「枯燥無味」與「平淡無奇」的。至於例 3「惟

無思故無所不明，惟無爲故無所不應」，則係融化了老子「爲學日益，爲道日損。損之又損，以至於無爲，無爲而無不爲」（老子四十八章）的概念而加以轉化，旨在點出「道體」（心）作爲吾人的精神實體，只要吾人解除主觀私我意識的營爲造作，生活行履自得其靈明感應的發用，迥非以文字表層意義所對的「無思」「無爲」作爲心學修養目標，如果楊簡心學眞如崔君所揣想的——以「昏昏噩噩」、「無知」「無思」「無慮」狀態爲修學目標，那麼「智障」「心神喪失者」豈非成了楊簡心學意義下的聖人了，那還需要下心學工夫做什麼呢？以下再舉兩個楊簡論「心」更典型的例子續予證明：

（1）此心之靈明踰日月，其照臨有甚於日月，日月能照容光之地，不能照蔀屋之下，此心之神，無所不通，此心之明，無所不通，昭明如鑑，不假致察，美惡自明，洪纖自辨。（見《慈湖遺書》卷二〈絕四記〉）

（2）人咸有良性，清明未嘗不在躬，人欲蔽之，如雲翳日，是故不可無學，學非外求，人心自善，孩提皆知愛親，及長皆知敬兄，不學而能，不慮而知，人心自仁，大道在我，無所不通，聖人曰時習，明其無時而不習也，無時而不習，非學而能慮而知，有所思焉，思有時而止，有所爲焉，爲有時而已，匪思匪爲，匪合匪離，孝弟之至，通於神明，其與人爲忠，其恕人爲恕，其節爲禮，其和爲樂，其知爲智，名殊而道同，意慮不作，其學常通，清明有融，故樂生其中。（見《慈湖遺書》卷二〈樂平縣學記〉）

例 1 文本特殊之處在於：楊簡一般言本心特性，通常是舉「日」「月」「鏡」「鑑」爲喻，但此處楊簡進一步在此比喻基礎上，點明此心之「靈」「明」「神」更超踰乎日月，其本身具足不必透過感官知覺捕捉，即能清楚辨明「美惡」（識別人間事相善惡與精神境界深淺）、與「洪纖」（察知人間事理萬相之實際內涵）的先驗能力，而這種先驗能力的開啓，便是楊簡心學存在「超智」特性的充要證據（此「先驗能力之開啓」乃伴隨著楊簡心學體證完成相隨而來的副產品——「某種奇妙、難以言說的奧祕經驗」）。〔註43〕

例 2 文本則在點出，此靈明之本心本自含具因應人倫儀節、如理發用的

〔註43〕有關「美惡自明，洪纖自辨」略帶神祕經驗的超驗能力，下一章生命之學中續有所討論。

感通能力，從「孝弟之至，通於神明，其與人為忠，其恕人為恕，其節為禮，其和為樂，其知為智」看來，「忠」「恕」「禮」「樂」「智」並非外在於本心的後天學習，而根本是與心體、道體連結的同一存在，不待思維認知作用始能生發，可見楊簡體證的本心自有「清明有融」、超乎感官經驗層次之殊勝悅樂（「意慮不作，其學常通，清明有融，故樂生其中」），這都是有實質內容、不隨外在現象消長、變遷的「恆在」，又怎能與「無思無慮無知的蒙昧主義」相提並論呢？

綜合如上討論，可見崔君倡言：楊簡心學「主張人們去體驗那沒有任何內容的內心狀態」「提倡無思無慮無知的蒙昧主義」等論斷，實是誤將楊簡舉「日」「月」「鏡」「鑑」來說明本心特性的比喻理解得太死，才會執著於「日」「月」「鏡」「鑑」等語的表層意義——「無思」「無為」「無慮」，從而做出偏離文本的解讀、論斷，這也是普天下任何以「平面認知心」揣度「立體生命境界」所必然產生障隔的謬誤。

三、楊簡心學向「唯我主義」發展傾斜？
——兼及楊簡心學的「身——心——靈」關係

除以上兩個對楊簡心學的質疑、論斷外，崔君第三個論點，便是對楊簡將「本心」比擬為「己易」、似有「無限性」延伸本心功能之嫌深致不滿，其言曰：

（1）在《己易》中用主觀的我吞沒一切，自然和社會的一切，都是我心的產物。」（《南宋陸學》頁140）

（2）「楊簡是陸派心學向唯我主義方向的發展。」（《南宋陸學》頁141）

然則楊簡心學果真朝「唯我主義」發展、傾斜嗎？若其心學果真發展到如此極端地步，豈非與其「處閨門如對大賓，在暗室如對上帝」的人格形象無法相容？難道楊簡在人事踐履上過度壓抑，以致在精神層次的展現上流於「狂妄自大」？此卻不然，試列舉崔君原引用文本以明之：

> 天地，我之天地，變化，我之變化……天者，吾性中之象，地者，吾性中之形，故曰在天成象，在地成形，皆我之所為也……以吾之照臨為日月，以吾之變通為四時，以吾之散殊於清濁之兩間者為萬物。……（《慈湖遺書》卷七〈家記一・己易〉）

坦白說，上述文句如果表面、個別理解，〈己易〉之「我」確有無限伸展、擴張之嫌，竟膽敢將自己與「上帝」「造物者」並列同一層級，視一切天地、萬物、日月、四時都是「我」之變化、照臨，此豈非過於托大？但從另一角度言之，楊簡如欲使其心學體證得以傳播推廣、蔚為福音，其在世間所能採用的方法、途徑，便只能借助各種「啓悟性」「導引性」語言文字，來陳述其心學體驗中「不可言說」的部分，所以「精神境界之展示」恆然是一種比況、一種勉而為之、不得不爾的方便說明，崔君若不能正視楊簡心學之為「中國生命之學」可能內載若干「超智」學問特性，只一逕欲以自己「有限」、「相對」的認知張孔來丈量楊簡心學，當然只能看到自己主觀視點所看到的對方局限，並滿意於從自己角度衍伸而出的解讀、認定，從而造成更多理解上的誤差、謬解。依筆者之見，楊簡〈己易〉一文長達五千餘言，內容除展示其心學境界體證外，某種程度上，為說明「清明之性」「本心我」之殊勝可貴，及點出世人將「血氣我」「思慮我」誤認為「自我」的顛倒錯謬，以致〈己易〉中的楊簡，頗有立於「清明之性」「本心我」境界的高度，俯瞰塵世間仍錯將「血氣我」「思慮我」誤認為「自我」的世間人，而懷抱著無限悲憫、企欲救拔的況味。所以崔君所引〈己易〉——「天地，我之天地，變化，我之變化……天者，吾性中之象，地者，吾性中之形，故曰在天成象，在地成形，皆我之所為也」等文本中之「我」，當然不是「血氣我」「思慮我」，而是指：「不大不小，不彼不此，不縱不橫，不高不下」「吾性澄然清明而非物，吾性洞然無際而非量」〔註44〕的「本心之我」，且此「本心我」的特性、本質恆然是「澄然清明」「洞然無際」，既然如此，崔君又怎能以世俗之眼，將此「非物」「非量」的「本心之我」比賦為以「血氣我」「思慮我」為質性的「主觀之我」，進而將楊簡心學、《己易》擴張解釋為「以主觀的自我之心，吞沒一切外界客觀事物」，判定為朝向「唯我主義」傾斜？這豈非張冠李戴，無端將人羅織入罪嗎？

　　茲再舉《己易》相關文本進一步論證之：

　　（1）不以天地萬物萬化萬理為己，而惟執耳目鼻口四肢為己，是剖
　　　　　吾之全體而裂取分寸之膚也，是梏於血氣而自私也、自小也，
　　　　　非吾之軀止於六尺七尺而已也，坐井而觀天，不知天之大也，
　　　　　坐血氣而觀己，不知己之廣也。（出處同上）

〔註44〕出處同見《慈湖先生遺書》卷七〈己易〉。

（2）可強可弱者，血氣也，無強無弱者，心也。有斷有續者，思慮
　　也，無斷無續者，心也。能明此心，則思慮有斷續，而吾心無
　　斷續，血氣有強弱，而吾心無強弱，無思無慮，而吾心無二，
　　不能明此心，則以思慮爲心，雖欲無斷續，不可得矣。以血氣
　　爲己，雖欲無強弱，不可得矣。（出處同上）

從例 1 文本可見，楊簡認吾人若「執耳目鼻口四肢」的「血氣我」爲「己」，必然會割剖我人所以爲「人」的質性、本體，無法與天地、萬物、萬化、萬理參贊爲一。換言之，人因爲自己的「自私」「自小」，拘限、滿足於「血氣我」的形軀格局，乃造成與天地、萬物的封限阻隔，可見楊簡基本上對「血氣我」是不持肯定態度的。文本 2 進一步指出，不僅「血氣我」會隨著年齡、時間等因素推移、變化、衰朽而無法倚恃，就連那表面看似主宰著「血氣我」做這、做那的「思慮我」亦同樣是不可信靠的，此因「思慮我」恆然造作、起心動念，永遠隨著主客觀情境、內外在變化等因素消長斷續，莫衷一是，以致它和「血氣我」一樣，同樣不足以作爲吾人生命地「本眞之我」，準此可見：楊簡心學唯一究竟肯認者，唯是「清明之性」「本心我」而已，就此而言，如何喚醒、彰顯普世之人的「本心之我」，便是楊簡心學唯一的究竟目標與使命。因此楊簡乃不辭苦口婆心提醒世人：「不能明此心，則以思慮爲心，雖欲無斷續，不可得矣。以血氣爲己，雖欲無強弱，不可得矣」。換言之，吾人唯有眞正體證「本心我」是唯一「眞我」，才庶幾不被「血氣我」「思慮我」反客爲主、牽曳而去，造成眞假生命的顚倒錯認、主客異位。從楊簡這樣「超越」「明確」的「身——心——靈」視點看來，儘管其心學、經學著作等身，然唯一重點，唯是以各種方便言說提醒吾人對「本心我」的正視，庶幾循著一定的修學方法——「毋意」工夫，導向「生命之我」的復位、回歸而已。以上再舉相關文本證之：

（1）目能視，所以能視者何物？耳能聽，所以能聽者何物？口能噬，
　　所以能噬者何物？鼻能嗅，所以能嗅者何物？手能運用屈伸，
　　所以能運用屈伸者何物？足能步趨，所以能步趨者何物？血氣
　　能周流，所以能周流者何物？心能思慮，所以能思慮者何物？
　　（《慈湖遺書》卷七〈家記一・己易〉）

（2）目可見也，其視不可見，耳可見也，其聽不可見，口可見，噬
　　者不可見，鼻可見，嗅者不可見，手足可見，其運動步趨者不
　　可見，血氣可見，其使之周流者不可見，心之爲臟可見，其能

思慮者不可見。（出處同上）

（3）其可見者有大有小，有彼有此，有縱有橫，有高有下，不可得
而一，其不可見者不大不小，不彼不此，不縱不橫，不高不下，
不可得而二……是心本一也，無二也，無嘗斷而復續也，無嚮
也不如是而今如是也，無嚮也如是而今不是也，晝夜一也，古
今一也，少壯不強而衰老不弱也……。（出處同上）

同樣地，乍讀以上 3 則文字排列組合奇特的文句，一定令人有點錯愕，不禁
好奇楊簡不厭其煩使用重覆、雷同的語文形式，其間有何用意？其實如果掌
握楊簡心學施設的用心，便可瞭然：楊簡這些排列組合奇特的文句，便是部
分融攝佛家思想、所自然形成地「啓悟性語言」的特殊運用，千言萬語，唯
在點醒吾人莫被「血氣我」「思慮我」蒙蔽、牽曳而去，如此而已。試忖楊簡
將本心境界描繪得如此高妙——「其不可見者不大不小，不彼不此，不縱不
橫，不高不下，不可得而二……是心本一也，無二也，無嘗斷而復續也，無
嚮也不如是而今如是也，無嚮也如是而今不是也，晝夜一也，古今一也，少
壯不強而衰老不弱也」，恍然類似〈心經〉地「諸法實性」（「不大不小，不彼
不此，不縱不橫，不高不下，不可得而二」），難道只是心學家玄智造作、虛
構想像的思維產物嗎？這當然不是。蓋楊簡終其一生將其心靈體證以「不可
說而說」的方式托出以示人，無乃品味「本心我」的「至樂法味」（楊簡名曰
「天樂」），企欲與人同霑共享，何況此「天樂」境界恆超乎「血氣我」「思慮
我」所能計慮、想像的層次，入於某種「超越界」地精神高度，才讓楊簡窮
其一生以弘揚、闡釋此等「高境界」「高規格」的心靈體證為天職，此也是內
證行者「蘊於中，發於外」的慈悲心行流露。就此而言，連「清明之性」「本
心我」況味（「天樂」）都已體證品味的高階行者，還須同一般凡夫俗子以「血
氣我」「思慮我」為「基底」，刻意膨風去操作「以主觀的自我之心吞沒一切
外界客觀事物」的外馳行動嗎？可見崔君第三個論點：判定楊簡心學朝「唯
我主義」發展傾斜，乃是錯將「己易」之「我」錯認為「血氣我」「思慮我」
導致的「主觀思維造作」，其無干於楊簡心學本旨亦是清楚可見的。

第四節　楊簡心學主軸——「意之兩重性」

從如上對崔君質疑楊簡心學論斷的探索過程中，可見楊簡心學主軸：「心

善」、「意害」說實質內容如何正確理解，確是掌握楊簡心學的不二樞紐，無怪乎歷來學者都頗能接受黃宗羲所謂：「慈湖以不起意爲宗」的說法，〔註45〕然從如上近 3 萬言的討論過程中，我們也明顯感知：楊簡心學的「心」「意」關係不如文本表相那麼簡略、平淺，此中似有蹊蹺，此下便據引崔大華對楊簡「心」「意」關係文本的誤解，來切入、釐清這個問題。

一、下層之「意」與上層之「意」的關係機制——「心與意奚辨？是二者未始不一，蔽者自不一」

據筆者之見，楊簡心學會引發後人質疑、誤解，除其心學境界「玄渺難知」，亦與楊簡解釋心學體證的「工夫語」過於簡略有關；換言之，在楊簡心學中，如何豁顯「本心」至於「至靈至明」「萬物畢照」，楊簡均一概以「毋意」、「不起意」二語充當其心學工夫之「指點語」，但問題是，「毋意」、「不起意」倒底是工夫還是境界，其具體內容爲何，此皆容易留下太多「聽聞者」自行解讀想像、乃至引起誤解的空間。〔註 46〕換言之，楊簡從事心學指點，在第一時間以「毋意」、「不起意」等語教人，或因師弟間存在著相似的文化背景與對特定生命情境的共同默契，此等心學傳授相對不虞質變，造成誤解，然而時空背景如果轉換，得以讓楊簡心學「指點語」被人正確認識、理解的背景環境變遷，有時愈是簡單的語言文字，反愈容易成爲後人卒難理解的「迷障」，〔註47〕而顯然地，楊簡的心學工夫 ——「毋意」、「不起意」二語，現實上即存在著此種時空隔閡、即難以第一序究明的問題，以下便舉崔大華對楊簡「毋意」、「不起意」二詞誤解之例權爲說明，崔君言：

> 楊簡的毋意，雖然主要是指要克制「心」以外的邪念，但因爲

〔註45〕見《宋元學案》卷七十四〈慈湖學案〉

〔註46〕一般來說，不同根器的弟子其修爲境界層次迥殊，若不依個人實際修爲應病予藥，至少應給出一個適用於大眾、且普遍可行的循序漸進之道，此如象山教人即從「辨志」、「義利之辨」入手，陽明教學則示人以「四句教」，此皆有階梯次第可循，方不致教人無所適從、各自心解，但楊簡以「毋意」「不作意」教人，而「毋意」「不作意」之意義指涉又不夠明確清楚，其後引發質疑、爭議並不教人意外。

〔註47〕我們必須承認：用以教人的心學工夫指點語，若用得簡略明確，誠然人人易懂、有其方便，但若「毋意」、「不起意」之實質意涵不是那麼明確，或根本此「毋意」、「不起意」的概念，其實是從佛家境界、術語脫胎轉化而成，那當然會造成後人理解上的疑質與障礙。

他所理解的「心」是如同明鏡一般無思無慮、寂然不動的精神實體，所以在實際上必然要否定人的一切意念活動。（《南宋陸學》頁 149）

從崔君以上文義語脈的理解角度看來，楊簡的「心、意關係」乃是絕對互斥、異質的二元對立關係，而楊簡文獻著作中諸多言及「心」、「意」文本也多予人「二元對立關係」的印象，比如《慈湖遺書》卷二〈絕四記〉便說：「人心自明，人心自靈，意起我立，必固礙塞，始喪其明，始喪其靈」，又說：「人心至靈至神，虛明無體，如日如鑑，萬物畢照……微動意焉，爲悲爲僻，始喪其性」，［註48］然而這類「心」、「意」二元對立關係的文本，只是楊簡整體「心善意害說」理論的一部分，充其量它只是楊簡心學系統中一個較簡單、籠統、概括性的方便解釋，不代表那便是楊簡心學系統架構的完整呈現。質言之，楊簡「心善意害說」不全然是一組相對互斥的概念、或心在上層、意在下層的二元對立關係，更不是一種「心善」「意惡」相互排斥、對立的兩極關係，相反地，在某種本心開顯的特定狀態下，楊簡的「心──意」關係其實存在著特殊、辨證的內在連結，此時「意」的地位得以躍昇到上層與「心」同一層級，產生「心──意」作用整合的「加乘效果」，茲舉三例明之：

（1）「然則心與意奚辨？是二者未始不一，蔽者自不一，一則爲心，二則爲意，直則爲心，阻則爲意。（見《慈湖遺書》〈絕四記〉）

（2）孔子莞爾而笑，喜也，非動乎意也；曰：「野哉，由也」，怒也，非動乎意也；哭顏淵至於慟，哀也，非動乎意也。（見《慈湖遺書》卷二〈臨安府學記〉）

（3）不動乎意，非木石然也。中正平常正直之心，非意也；忠信敬順和樂之心，非意也。（見《慈湖詩傳》卷十八《維天之命》）

從例 1 到例 3 顯示，當心學踐道者本心開顯之時，其「心」「意」關係乃是微妙地縮結在上層，此時心、意「二者未始不一」，然一旦「心」「意」關係支離了、受到阻窒了，「意」便退墮到下層來「反客爲主」，踐道者始間喪其靈明。楊簡並舉「本心開顯」的聖人孔子爲例，認孔子雖也有喜怒哀樂等人類的共同情感、情緒，然其喜怒哀樂乃是收攝在「心──意」關係統整於「上層」的「超相對」心靈境界，如其所如地發用，所以孔子的喜怒哀樂──本質上恆然超乎常人主觀好惡的情緒，是與「中正平常正直之心」、「忠信敬順

［註48］見《慈湖遺書》卷三〈學者請書〉。

和樂之心」同一屬性，所以非屬「下層之意」的相對層級。茲為進一步印證
筆者的判定，以下再舉楊簡心學的上、下層級之「意」逐一究明闡釋之：

A —— 下層之「意」：

（1）千失萬過，孰不由意慮而生乎？意動於愛惡故有過，意動於聲
色故有過，意動於云為故有過。

（見《慈湖遺書》卷二〈樂平縣學記〉頁十82）」

（2）何謂意？微起焉皆謂之意，微止焉皆謂之意，意之為狀，不可
勝窮，有利有害，有是有非，有進有退，有虛有實，有多有疾，
有散有合，有依有違，有前有後，有上有下，有體有用，有本
有末，有此有彼，有動有靜，有今有古。

（見《慈湖遺書》卷二〈絕四記〉）

（3）意之變態無窮，有利之意，有害之意，有柔之意，有強之意，
有彼之意，有此之意，有眾之意，有寡之意，有進之意，有退
之意，有過之意，有不及之意。

（見《先聖大訓》〈孔子燕居第五〉）

（4）有意則有所倚。（見《先聖大訓》〈孔子燕居第五〉）

B —— 上層之「意」：

（1）意無所動本亦無過。（見《慈湖遺書》卷二〈樂平縣學記〉）

（2）不動乎意，澄然虛明，過失何從而有？（見《慈湖遺書》卷二
〈永嘉郡治更堂亭名記〉）

（3）意慮不作，澄然虛明，如日月之光，無思無為，而萬物畢照，
此永也。（見《慈湖遺書》永嘉郡學〈永堂記〉）

（4）周公仰而思之，夜以繼之，非意也。孔子臨事而懼，好謀而成，
非意也。（見《慈湖遺書》〈絕四記〉）

在以上列舉 A、B「意」例的文本區隔中，A 項文本 4 例在楊簡心學系統中，
明顯係屬「下層之意」，B 項 4 例文本則屬「上層之意」，從 A 項 4 例的語意
脈絡顯示，凡在楊簡心學系統中繫屬於「下層之意」者，它表現出來的特性，
如：「利害、是非、柔強、彼此」等情狀、變態，都具有「相對性」、「互斥性」
及「倚恃性」，以致無法同時相容、並存，甚至此「意」可能導致吾人在「愛
惡、聲色、云為」的表現上產生過患（即所謂「意害」），反之，當踐道者之
「意」無所動時，此「意」乃自然、並時連結到 B 項 4 例的上層「心體」（亦

云「道體」），與之縮結爲一，此時它的發用——「仰而思之，夜以繼之」「臨事而懼，好謀而成」，儘管不可避免、必須動用到「思慮」，然此「思慮」已不再隸屬下層那具有「相對性」「互斥性」的雜染之「意」，而是統屬於上層、與那具足「澄然虛明」「萬物畢照」「絕待」特性的「心體」連結爲一之「意」了，就此意義、層次來說，楊簡的「毋意」「不起意」工夫，其實是頗接近佛家禪宗所謂「無念」〔註49〕及「分別亦非意」〔註50〕地意義指涉的。由此可見，楊簡心學義下的「心」、「意」關係，其實不如崔大華所以爲的「二元對立、衝突」，其中仍有內部系統的一大轉折。然則問題來了，導致楊簡心學義下之「心」「意」關係支離、阻窒的因素爲何呢？或者說促使踐道者之「意」得以在上、下層級間昇降、移位的因素爲何呢？這便牽涉到「表層之意」與「深層之意」的內在連結機轉了。

二、「表層之意」與「深層之意」的內在連結——「意念既作，至於深切時，亦未嘗不洞焉寂焉」

關於如上之問，其實便涉及楊簡心學之「意」原來有兩個層次，一是簡單概念的「表層之意」，另一組則是複雜概念的「深層之意」，前者文本如下：

（1）凡動乎意皆害道。（見《慈湖遺書》〈詠春堂記〉）

（2）意爲人心，意不作爲道心。（見《楊氏易傳》〈離卦〉）

（3）不能明此心，則以思慮爲心。（見《己易》〈泛論易〉）

從如上三例可見，所謂「意」「動乎意」、「思慮」名相儘管有別，但在楊簡的心學詮釋系統中，都是雜揉、統屬於下層的「表層之意」的，然則促使吾人之「意」由「上層」轉墮「下層」的內在解釋依據爲何呢？楊簡的回答是：「不起意，非謂都不理事；凡作事只要合理，若起私意則不可」，〔註51〕可見「意」之公、私實爲決定自我層級升降的主要關鍵；而同樣地，楊簡用以啓發學者復歸本心的指點語，亦一律以「毋意」或「不起意」二詞以名之，此二詞充

〔註49〕此處可舉二例以明之：1據《神會和尚遺集》頁101所載：「不作意即是無念。」至於何謂「無念」呢？據《六祖壇經》〈定慧品第四〉說：「無念者，於念而無念。……於諸境上心不染曰無念，於自念上常離諸境，不於境上生心。」可見楊簡的「毋意」工夫，絕非要斷盡吾人的起心動念，而是近似佛家「於諸境上心不染」「自念上常離諸境，不於境上生心」的「無念」工夫。

〔註50〕此參見《六祖壇經》中永嘉禪師參見六祖慧能自求印證的部分。

〔註51〕見《慈湖遺書》卷十三《家記七〈論中庸〉》。

塞於楊簡著作亦是到了「意滿爲患」的地步，於是這樣以「意──毋意」爲軸心所建立的循環解釋，便構成楊簡心學一個內在升降理論與教育方法統整爲一、單純素樸的解說系統，〔註52〕並幾乎給人兩者對立、互斥的二元印象；然楊簡心學之「意」絕非如表相所見那麼簡略，其間其實另有更幽微、細密地「深層之意」的特殊面向，此證據如下：

（1）何爲我？我亦意之我，意生故我立，意不生我亦不立，自幼而乳曰我，孔長而食曰我食，衣曰我衣，行我行，坐我坐，讀書我讀書，仕宦我仕宦，名聲我名聲，行藝我行藝，牢堅如鐵，不亦如塊，不亦如氣，不亦如虛，不知方意念未作時，洞焉寂焉，無尚不立，何者爲我？意念既作，至於深切時，亦未嘗不洞焉寂焉，無尚不立，何者爲我？（見《慈湖遺書》〈絕四記〉）

（2）吁！本心雖明，故習尚熟，微蔽尚有，意慮萌蘖，即與道違，我自違道，有我有違，無我無違，有我斯動，無我則無動，我本無我，意立而成我。（《慈湖遺書》卷二〈樂平縣學記〉頁十）

以上文本1，乃楊簡闡釋「意」之性質、概念時，舉《論語》孔子「四毋」說──「毋意」「毋必」「毋固」「毋我」等語加以衍伸詮釋而成；此文本顯示：楊簡心學之「意」，其實是一錯縱複雜的概念，它不是只有單一、片面、制式的固定解釋──如「意念」、「意慮」、「邪念」而已；一如筆者先前指出，楊簡之「意」有上、下兩重結構，當它墮於「下層」時固有無數情狀、變態的殊別表現，而這些「相對性」、「互斥性」、「倚恃性」的特質，與「私意」、「邪念」、「思慮」、「思維」、「念慮」等概念皆有一定程度地指涉，此可廣義視爲楊簡心學義下的「表層之意」；但若更本質、內在地推究檢視，則可發現：楊簡心學義下「下層之意」的核心概念，其實是吾人與生俱來將「形軀假我」「思慮我」誤認爲「自我」的──「無明執著意識」與「無始我執意識」（即文本1「自幼而乳曰我，孔長而食曰我食，衣曰我衣，行我行，坐我坐，讀書我讀

〔註52〕楊簡心學自悟之道其實充滿著複雜、辨證的過程，但問題是，楊簡教導其心學從人的指點語卻大抵是「教條般的孔子名言」，並以「整體論」的特色來呈現，甚至簡單以「毋意」「不起意」二詞籠統概括，可見楊簡「自悟之道」與「教人悟道」之法間存在著實質內涵上的落差。換言之，聖人孔子的名言義理，在楊簡心中，業已經其心靈體證工夫、及部分的融佛歷程，重新思索、咀嚼、內化、默識於心，始克積累、孕蓄成某種悟道的契機張力，一般心學初機若未經類似的心靈悟道歷程，只徒然拾取聖人名言充當知解之用，這對其心學啓悟、體證是沒有實質裨益的。

書，仕宦我仕宦，名聲我名聲，行藝我行藝，牢堅如鐵」及文本2「有我有違……有我斯動」所顯之義），以致「意生故我立，意不生我亦不立」，換言之，楊簡「表層之意」的「私意」、「邪念」、「思慮」、「思維」、「念慮」等概念，其實都是從這個「深層之意」的「無明執著意識」「無始我執意識」衍化而來，由於吾人有此幽微地「無明執著意識」與「我執意識」，才會顛倒妄想，錯將「思慮我」「血氣我」誤執爲「眞實自我」，以致蒙蔽了「清明之性」「本心我」的體證開顯；更特別的是，此「無明執著意識」「無始我執意識」的本質其實是「洞焉寂焉」「我本無我」，也就是本性空寂、無有質礙的，所以當它尚未起動、現形時——「無尚不立，何者爲我？」「無我則無動」，相對來說，當此「無明執著意識」「無始我執意識」業已堅固深切，發而爲各種變態的情狀表現時，它的本質「亦未嘗不洞焉寂焉」「我本無我」，也就是依然是本性空寂、無有質礙的，所以踐道者才可能在「私意」、「邪念」未完全遣盡的情況下，經由心學修養——「毋意」「不起意」工夫，從「下層之意」提昇到「上層之意」，當下與「清明之性」「本心我」連結，回歸復位爲「自靈自明」「清明廣大」的「本心之我」。

行筆至此，我們不僅看出楊簡的「心意關係」，有其內在結構之特殊連結（即意之「兩重性」：「上層之意」與「下層之意」的轉化機制），就連其「心善意害」之「意」也隱含著「表層之意」「深層之意」兩個層面，就此而言，楊簡的心學工夫「毋意」「不起意」，某種程度上便對應著「表層之意」及「深層之意」，而顯現爲如下兩層意涵：第1、楊簡表層「毋意」「不起意」二詞所對治的，顯然是較粗糙、外延、足以阻窒「本心我」開顯、帶有「相對」「起落」「生滅」特性的「私我」「意慮」；第2，至於深層「毋意」「不起意」所對治的，則是吾人與生俱來將「形軀假我」「思慮我」誤認爲「眞我」的——「無明執著意識」與「無始我執意識」，就連前者所云「私我」「意慮」，究竟說來也歸根、導源於此，這才是楊簡心學工夫「毋意」「不起意」所欲泯除「虛妄假我」的究竟意涵，在這樣的認識基礎上，楊簡所謂「毋意」、「不起意」之義，不是如木頭人般萬念滅絕、一念不起，或將所有「意念」「意慮」「認知」「思維」予以殲滅，而是近似《六祖壇經》〈定慧品第四〉所言：「無念者，於念而無念」「於諸境上心不染曰無念，於自念上常離諸境，不於境上生心」，及〈般若品第二〉所謂：「若無塵勞，智慧常現，不離自性，悟此法者，即是無念」，以致當心學踐道者「下層之意」提升到「上層之意」時，乃得以「仰

而思之，夜以繼之，非意也」「臨事而懼，好謀而成，非意也」，換言之，這樣從容、自得的「上層之意」，便類似唐永嘉禪師與六祖惠能初次「交鋒」時，惠能問以：「無意誰當分別？」，永嘉禪師所回應的——「分別亦非意」境界，〔註53〕唯其如此，楊簡心學才能指向：打破、泯除「形軀我」「思慮我」背後的主謀——「無明執著意識」「無始我執意識」，回歸、體證那「清明廣大」的「本心之我」，〔註54〕進而坦率說出「天地，我之天地，變化，我之變化……以吾之照臨爲日月，以吾之變通爲四時，以吾之散殊於清濁之兩間者爲萬物」，當下與天地、日月、四時、萬物參贊融合爲一，這是吾人探討楊簡「心意關係」「清明之性」時首應認識、把握的。

　　經如上層層勾勒、辨析，在這裡，我們終於完全體會楊簡所云「孔子莞爾而笑，喜也，非動乎意也；曰：「野哉，由也」，怒也，非動乎意也；哭顏淵至於慟，哀也，非動乎意也。」（見《慈湖遺書》卷二〈臨安府學記〉）、以及「不動乎意，非木石然也。中正平常正直之心，非意也；忠信敬順和樂之心，非意也。」（見《慈湖詩傳》卷十八《維天之命》）的關鍵原因了，此因楊簡所謂「毋意」「不起意」，即近似禪宗「無念」——「於念而無念」「於諸境上心不染曰無念」的相容境界，換言之，楊簡心學中那個言行舉止「直心而發」的聖人孔子，其內部其實是部分含具著「念而無念」的融佛心學工夫，迥非如崔大華以爲的「楊簡的毋意，雖然主要是指要克制「心」以外的邪念，但因爲他所理解的「心」是如同明鏡一般無思無慮、寂然不動的精神實體，所以在實際上必然要否定人的一切意念活動。」（《南宋陸學》頁149）換言之，如果楊簡之「毋意」「不起意」，眞如崔君所以爲：「在實際上必然要否定人的一切意念活動」，那麼崔大華恐怕得費更多唇舌來解釋：爲什麼楊簡遍注群經，竟可以在去除「意念活動」的狀態下進行、完成呢？

　　總之，經由以上層層追索，環環相扣，我們已然明白，楊簡心學不僅在修證歷程中部分夾雜著佛禪工夫，甚至他心學理論文本儘管大都以儒學「名言」妝點而成，但他心學的主要理論「心善意害說」之實質概念，如「本心境界」與「心意關係之兩重結構」，幾皆沿用佛家「無明——覺」「念——無

〔註53〕見〈機緣品〉第七。
〔註54〕如果就「生命之學」立場、角度來談「自我」，那麼，楊簡最終體證的「本心我」層次，當然相對接近佛家「無我」的境界層級，相對遠於儒家「德性主體我」的路數，此在第四章中將進一步有所論證。

念」等修行理論轉化而成，這才是吾人在探討楊簡心學特性、並爲其學問定調時所最應釐清、檢別的。

　　經過以上逐層論證、說明，可見崔大華對楊簡心學「心——意」關係與「心」「意」之實質內容均有所誤解，才會作出溢題的評斷，此除與崔君一貫以平面、定著、質礙、無生命穿透力的視點來解讀楊簡心學有關，更重要的，則是崔君對宋明理學的認知已有先天主觀態度上的預設，以致無法認同楊簡將人倫日用之道的根源歸之於心學體證的學問特性，觀諸崔君所言：「人類並不存在有先天性的、永恆的倫理本能，人的倫理感情和道德行爲，都是後天在一定的社會環境中形成的，……所以理學家乃至整個儒家倫理學說所立足的人性論的前提是虛假的……」、〔註55〕「人類思想的眞正發展並不表現爲一種古老的學說觀點或思想體系又獲得新的論證，而是表現爲它的破綻被發現，它的立論被超越。現代科學已足以證明，最後根源和最後眞理都是並不存在的，一種學說如果要致力於這個似乎崇高、然而卻是虛幻的目標，那才是它眞正的不幸。理學的厄運即使不是已經發生，最終也要從這裡發生。」、〔註56〕可見崔君對宋明理學之哲學命題、乃至儒學人性論之成立基礎，基本上是持否定態度的。當然，崔君上述之見是否諦當仍有辨議、討論空間，〔註57〕但筆者必須指出，崔氏若以此爲由而不從「宋儒吸收佛老之學所作的思想融攝、內在轉化」及「宋儒以生命、主體意識來追索、實證聖人之道」的立體面向來理解「理學」，而只從個人的學術張孔作「切片式」的評議，這對古人「生命之學」的理解不僅有「失焦」疑

〔註55〕見崔氏《南宋陸學》146頁。

〔註56〕見崔氏《南宋陸學》118頁。

〔註57〕崔君上述言論固然並非一無可取，但抽離了歷史發生義的因素，也無視於宋明理學重視內在心性體證的特性，徒然標舉「現代科學已足以證明」的大旗，作出「最後根源和最後眞理都是並不存在的」結論，這樣的敘述表面看來冷凝平靜，但背後何嘗不是另一種過度托大智性效用的魯莽表現？依筆者之見，宋明儒對先秦儒學之根源所提出的論證是否正確，儘管缺乏客觀方法可以檢證，但宋明儒在追索儒學根源的歷程中，其心靈體證的深度獲得提升殆是無可疑的，反倒崔君所謂「現代科學已足以證明，最後根源和最後眞理都是並不存在」的說法才啓人疑竇，蓋「最後根源和最後眞理」既無法藉助客觀方法、工具加以檢測，那麼崔君欲以「現代科學」之名否定「最後根源和最後眞理」之可追索亦同樣是徒勞無功的，且有無限制擴張現代科學的有效用度之失，這是很危險的，何況中國心性之學的本質本非一般所謂「思想」「學說」，學者若自外於心學體證的實踐工夫，何從取得立足點逕視宋明理學所追索的是一「崇高然而卻是虛幻的目標」，而侈言「它的破綻被發現，它的立論被超越」呢？

慮，甚至罔顧理學是以「內在體證」爲存在、發展動因，硬以現代「知識規格之劍」否定宋明理學之存在基礎，這當然會造成理解向度的隔閡、質礙，導致知識之學對生命之學的魯莽迫害、割裂，然此問題已非本論文討論重點矣。

本章結語

經過本章四節 3 萬 6 千餘字循序漸進地探討，最後讓筆者對本章楊簡心學特性及其儒佛定位問題總結如下：

1、楊簡心學原是專以開啓吾人本心爲主（一如禪宗以教人開悟爲第一要務），非以理論建構爲目標，所以本質上帶有若干「信仰」、「信持」的「超智」特性；〔註58〕再者，楊簡心學體悟儘管曾經象山點撥，然因工夫論中夾帶「靜坐」（或名曰禪坐）內觀的體證成分，以致其內證經驗有一部分涉乎佛禪境界（此或可名爲各家心性之學所關涉的「公共精神領域」），然楊簡個人態度歸仰上，則全然以傳承儒家薪火自居，乃本能地視其心學體證爲儒家所本有，進而揀擇儒家內證義理名言用以詮釋其心學，弔詭的是，此心學詮釋的核心理論：「意」「心」二者的實質概念，卻是沿用佛家「無明——覺」「我執——無念」等理論轉化而成，以致造成後儒理解上的葛藤，引發對其心學儒佛屬性的質疑，進而產生不同理解、立場者間的論辨，此應是楊簡心學內部隱藏的部分融佛痕跡之被嗅及所必然產生的結果。至於崔大華對楊簡心學溢題的論斷，一部分原因是崔君對楊簡「心善意害說」的「心」「意」關係理解向度有誤，另一部分原因，則是崔君對宋明理學之成立基礎已有先天主觀上的預設立場，加以心學境界迥非「聞見之知」及其方法所能驗證，崔君之誤解也是有其脈絡可循的。

2、楊簡心學儒佛定位問題，儘管歷來眾說紛紜，缺乏交集與共識，然依筆者之見，如果視儒、佛兩家爲兩個必須清楚區隔的學派，非彼即此，非此即彼，此中當然缺乏依違兩可的空間；但吾人所以必須將佛、儒思想明確區

〔註58〕楊簡心學本質上帶有某種層次的「信仰」成分之證據，見諸於經象山「扇訟之教」後所自陳的：「某始自信其心即道」（見《慈湖遺書》〈二陸先生祠堂記〉），其實就連陽明心學亦是如此，陽明嘗言：「近來信得『致良知』三字，眞聖門正法眼藏。往年尚疑未盡，今日多事以來，只此良知無不具足。」並言：「人人胸中各有個聖人，只自信不及，都自埋倒了。」（見《傳習錄》下）可見若捨棄了信仰、信心或信持的心靈態度，恐無心學成立基礎可言。

隔，乃是建立在現代學術知性研究、以滿足人類思維清楚區隔的前提之上，然楊簡心學及其內在體證顯非一般知識之學，其最初修學動因亦非專爲繼承那個家派薪火而來，換言之，站在楊簡立場，他只須爲自己追索「聖人之道」是否完成負責，而不必爲是否涉及「道爲天下裂」、或爲某個學派的「純粹性」「忠誠度」負責。所以在學術鑑別工作上，固可簡單區隔「佛家之道」、「道家之道」或「儒家之道」，但從踐道者個人立場來說，他除了是宇宙萬事萬物萬理的「接受者」、「統合者」，更是自行賦予宇宙萬理「特定意義、價值」的「詮釋者」；所以綜合他生命氣質、家教陶養、特殊生命體驗、及主客觀情境因素所形成的「心學體證」，確是難以用某某家派一詞簡單概括的。所以儘管在中國思想發展脈絡中，誠然以儒釋道三家爲主，但歷來投入中國「聖人之道」追索實踐行動的隊伍何其龐大，其所反映出來的生命境界與型態分布，就不是簡單對應於儒、釋、道三家——而只呈現爲儒釋道三種境界形態的簡單類別光譜而已，而可以說：歷來有多少中國「聖人之道」的踐道者，就可能表現散殊爲千、百、萬種儒、釋、道思想融合交織呈現出來的——層次程度深淺不一的複合式生命境界、光譜型態，在這種動態、交融、互動、渾化的情況下，除非萬能如上帝，否則又有誰能簡單鑑別這些踐道者生命層級的高低、深淺，而予以完全無誤的屬性歸類、定位呢？在這樣的認識基礎上，筆者認爲：某種程度上判定楊簡爲「融佛心儒」，其學爲「融佛心學」，不失爲相對公允、接近事實的結論，這就好比經過改良嫁接的水果，茲以芒果爲例，若其經過嫁接、與香蕉某部分特質結合爲「香蕉芒果」，儘管「香蕉芒果」的外表、氣味與原始芒果略有差異，但本質上仍不礙芒果仍爲「香蕉芒果」的成分主體，同樣地，筆者判定楊簡爲「融佛心儒」、其學爲「融佛心學」，原因便在於此。當然，吾人亦可另定一「普遍檢測原則」作爲評量儒佛界線之標準，比如以「道德主體性」之有無，作爲評量楊簡心學是否可納歸儒門的界限，但問題是，在此單一、固態評量標準的篩選下，楊簡一定會硬生生被掃出儒門，〔註 59〕同樣地，若吾人也爲佛、道家立一「普遍檢測原則」來

〔註 59〕楊簡心學儘管充滿諸多似儒「德性名言」，比如——「此心無體，清明無際，直心而發爲事親、爲從兄、爲事長上、爲夫婦、爲朋友，仕則事君臨民，其愛心曰仁，其處事得宜曰義，其恭敬曰禮，其不欺不妄曰忠信，視聽言動喜怒哀樂無所不通，無所不妙」，但因這些似儒「名言」是安置在「此心無體，清明無際」的「虛明」「無體」的本心意涵之下，而非由「道德主體性」所導出，所以若視「道德主體性」爲儒家唯一檢驗標準，那麼楊簡在儒門中便幾

丈量楊簡心學，那麼只要是曾部分融攝別種家派之學的踐道者，恐皆難逃「品種不夠純正」的評議，這勢必會造成「單一、固態評量標準」對「生命之學」無情的切割與傷害。是以依筆者之見，如果無須特別強調「道德主體性」爲界定儒家特質的唯一主線，〔註60〕而視儒家本是一條持續在人間給出價值意義根源的活水長河，且此活水長河本就允許與別種活水長河融攝互動，並順應不同的歷史因緣條件，生發、分化爲各種型態的儒學分枝的話，那麼視楊簡心學是儒家在人間活水長河中：一種兼融並蓄、異軍突起的內證發展高峰，此自然是名正言順、合乎事實眞相的如理定位。

無立足餘地矣。

〔註60〕 茲以荀子爲例，他學說中的主要思想——「心」，其實不是儒家以道德主體爲本的創造心，而是「虛壹而靜」、類似老莊思想的「大清明心」，這已是中國哲學史及文化界的共同結論，但歷來學界大都未將荀子排除在儒家之外，既然如此，若持相同的評判標準，吾人又怎能因楊簡心學部分融攝了佛禪的思想成分，便大筆一揮，硬將他驅出儒家門牆呢？

第四章　楊簡心學問題在「生命之學」場域的義理考察──「爲學當以心論，無以外飾」

　　前章我們已從所有可能的內因外緣，對楊簡心學「儒佛之辨」問題作過全盤考察，並從其「心善意害」理論中，發現內部存在著「心意關係兩重性」的融佛痕跡與思想連結，進而對其學問特性、定位作出一定的解釋，更重要的是，我們已檢視出楊簡心學是由某種信仰般的心靈態度與內觀體證所形成的「生命之學」，但問題是，楊簡心學何以形成此種形態？其工夫歷程如何？心學境界層次如何？凡此都存在著現代智識之學角度卒難理解的疑竇，這些都有必要從「生命之學」的進路尋索必要的原理解釋，此便是本章研究重點。換言之，就筆者的認識理解，楊簡心學確源自其眞實生命體驗，絕非憑空臆想或從哲學思辨杜撰而來，倘楊簡非眞有所體證，而只依玄智思辨造作一個「玄渺難知」的心學境界，絕不可能窮畢生之力傳承此心學體證，然問題來了：個人心靈體驗再如何眞實高明，在現實上恆然具有無法在別人生命中有效移轉、如實感通之難題，以致吾人若習於以「形軀我」「思慮我」來認識人我、世界，對楊簡「玄之又玄」的心學文字，難免因經驗的隔閡逕視爲文字遊戲，讀來昏昏欲睡。換言之，對楊簡心學境界的隔閡，固造成吾人理解上的迷障，但更大的「迷障」，則在吾人不具備恰當、相應的心靈向度，以致錯失與楊簡心學交會的可能。易言之，只要生命向度調整得宜，「境界」與「體悟」的理解誤差，都可在生命向度的調整中獲得彌補，此因「生命眞理」只能以「生命之學」的方法來進入，硬以認知心推敲考究，無異瞎子摸象一般──徒在外圍兜圈硬闖、橫生枝節而已。及今爲因應學術研究之高規格要求：

期使「生命之學」與「知識之學」適度統整、方便說明，本章節筆者乃另闢蹊徑，試從廣義「靈修學」——「生命之學三進路」的切入點，探勘楊簡工夫歷程的內在形成，進而解釋楊簡心學在「生命之學」場域的問題謎底，希對中國「生命之學」有進一步的開發與貢獻。

第一節　楊簡「內門之路」工夫歷程之全盤考察

　　據大陸學者鄭曉江、李承貴考訂，認爲楊簡住世 86 年生涯中，總共歷經修學上「8 次大覺」，〔註1〕每次「大覺」後其心學造詣乃相隨更上一層；然依筆者考察，鄭、李兩位學者的說法是有部分問題的。首先，據《慈湖先生年譜》及《慈湖遺書》文本所載，楊簡雖有描繪心學境界的「比況語」——如「忽覺」「微覺」「初覺」「覺」「頓覺」「斯覺」「始覺」「多覺」「小覺」「有覺」……，〔註2〕但從不曾「量化」標舉其畢生經歷過「8 次大覺」，換言之，「8 大覺之說」乃鄭、李二氏自行就楊簡工夫進階所作成的形式判定，未必代表楊簡實際修學的悟道次數。再者，無論楊簡歷經幾次「悟道」體驗，此都不足以認定其具足解索楊簡心學之謎的「解碼」功能。換言之，縱使歷經 18 或 80 次大覺，也未必能作爲楊簡心學造詣登峰造極之指標，相對來說，縱然只有 3、5 次覺悟體驗，也難以認定其境界修爲必遜於 18 次或 80 次大覺者，故「次數多寡」只有相對意義，實難以作爲修證造詣高低深淺之判定依據，必得另於「覺證內容」與「境界層次」中求之。此外，所謂「大覺」二字，鄭、李兩位學者亦用之太過，據筆者遍索楊簡心學文本，直書——「忽覺」「微覺」「初覺」「覺」「頓覺」「斯覺」「始覺」「多覺」「小覺」「有覺」……等心靈體證之詞謂，固然屢見不鮮，但從不曾白紙黑字名之曰「大覺」，換言之，楊簡特殊心靈體驗固影響其心學之形成，反言之，楊簡若干次生命體驗對其心學之形成，也同樣具有先後、輕重、主從等程度不一之影響，實不宜粗糙、平列地以「8 次大覺」籠統概括，且所謂「忽覺」「微覺」「初覺」「覺」「頓覺」「斯覺」「始覺」「多覺」「小覺」「有覺」等境界之實指，乃是在一具體、動態地生命情境與師友關係互動間對顯、襯托出來，故本章節筆者爰從廣義「生命

〔註 1〕　見東大圖書公司鄭曉江、李承貴共同撰著《楊簡》一書第二章〈慈湖生平、師承、著述〉及書末所附《楊簡年表》。

〔註 2〕　此文本散見楊簡所有著作，茲不個別另標出處。

層級內在提升」的角度，對實質影響楊簡心學形成的：一、28 歲「循理齋之悟」、二、32 歲「扇訟是非之教」「夜宿山谷之覺」、及三、50 餘歲「夢中獲古聖面訓」等特殊心靈體證，重新予以解讀，期從中發現更多線索、及更具穿透力的核心解釋。

一、「循理齋之悟」生命原型之碰觸
——「忽覺空洞無內外，幽明有無通爲一體，略無縫隙」

　　據《慈湖先生年譜》卷一〈行狀〉所載，楊簡 8 歲，「入小學，便儼立若成人，書堂去巷陌，隔牖一紙，凡遨遊事呼譟過門，聽若無有，朔望，例得假，群兒數日以俟，走散相徵逐，先生凝靜如常日課，未嘗投足戶外」，假期將屆，鄰童被外在境相牽擾徵逐，楊簡卻能視若無睹，如常日課，定靜工夫迥非尋常童子可比。年 20 歲，「任幹蠱主，出入家用外，終日侍通奉公旁，二親寢已，弇燈默坐，候熟寐，始揭弇，佔畢，或漏盡五鼓，爲文清潤峻整，務明聖經，不肯規時好作俗下語。」（出處同上）此文本中，楊簡弱冠之齡即已荷擔家業，侍奉雙親之餘，不廢讀聖賢書，建立自己的爲學目標。及 21 歲，「踰弱冠，入上庠，每試輒魁，聞耆舊言先生入院時，但面壁坐，日將西，眾闐闐競寸晷，乃方舒徐展卷，寫筆若波，無一字誤，寫竟，復袖卷舒徐，俟眾出，不以己長先人。」（出處同上）此例中，楊簡公然在闈場打坐，恍然無視闈場乃考試競技之地，行爲舉止確實招人側目，然其心學融有「靜坐」體驗由此可見。如此歷時 7 載，終在 28 歲生發第一次「循理齋之悟」特殊體驗，相關文本有二：

> （1）簡行年二十有八，居太學之循理齋，時首秋之夜，齋僕以燈至，簡坐於床，思先大夫有訓曰：「時復反觀」，忽覺空洞無內外，無際畔，三才、萬物、萬化、萬事、幽明、有無通爲一體，略無縫隙。（並見〈行狀〉及《慈湖遺書續集》〈僧炳求訓〉）」

> （2）某之行年二十有八也，居大學之循理齋，首秋初夜，燕坐於床，奉先大夫之訓，時復反觀，某方反觀，覺天地內外、森羅萬象、幽明變化、有無彼此，通爲一體，曰天、曰地、曰山川、曰草木、曰彼、曰此，某皆名爾，方信範圍天地非空言，發育萬物非空言。（見《慈湖遺書》卷十一）

此文本中，「忽覺空洞無內外，無際畔三才，萬物、萬化、萬事、幽明通爲一

體，略無縫隙」及「覺天地內外、森羅萬象、幽明變化、有無彼此，通爲一體」所示的心學境界，宛然與禪宗打破虛妄假我、證會眞如自性時，那種虛空粉碎、陸地平沉的——「回歸心靈原鄉」的境界隱然暗合。依筆者之見，此種近乎禪境的特殊生命體驗，未必是某個生命之學家派的專利，蓋任何人只要調整一定的心靈向度，長期如法靜坐，也可能觸及類似楊簡特殊生命體證的境界層次；換言之，此境界可視爲「生命之學」場域中一個「超智的公共精神領域」，不必貼上特定標籤，即言之，無論外表的身分爲何：不論是正式受洗、進級傳道人的神父、牧師，乃或受過聖賢教育陶冶地君子、儒者，只要依循同樣地心態、方法、進路長期修持，也可能觸及楊簡心學體證地相似精神領域。換言之，此種近乎禪境的特殊生命體驗，只與吾人採行的心靈向度與綿密性有關，與吾人表面的身分、履歷等外在條件無關。茲爲進一步探索楊簡心學在「生命之學」場域的縱深，避開修行路數「門戶之見的可能糾葛」，以下筆者爰從廣義「靈修學」角度，解索楊簡類似禪修的特殊生命體驗。

　　據筆者的理解，楊簡「時復反觀」的靜坐修學方法，顯然是一條生命向內觀索的修行之路，此「靜坐」本身不是目的——既不是追求健康養身、或氣脈運轉（雖然靜坐得宜確可能引發類似的身心反應與附帶效果），亦非刻意在靜坐過程尋找任何形式的生命奇蹟與靈修奧祕，只是讓身心完全放鬆、專注，〔註3〕讓生命向內覺知「形軀我」、「思慮我」之造作不實，除不隨之擺蕩起舞，亦不刻意揮斥抗拒，在不離、不執「形軀我」、「思慮我」作用功能的基準下，去體證、覺知那更內在——不受「形軀我」、「思慮我」拘限的「本心眞我」。即言之，楊簡此種類似禪境的特殊心靈體驗，乃是在一定的「禪定」基礎上，〔註4〕進一步採行「時復反觀」地內觀工夫所自然呈現的境界。至於何謂「時復反觀」式地「禪定」境界？以下筆者借用近代佛教學者張澄基博士的說法，嘗試說明楊簡內觀體證中「非可言說」的部分。張澄基博士《佛學四講》一書〈佛法與禪定〉一章22頁云：

〔註3〕據法國耶穌教甘易逢神父在其《源頭》（光啓出版社1999年5月出版）一書頁23指出：靜坐「不僅是身體的姿勢，也是內心舒坦的達成，所以打坐是坐在自己的心上，佔滿內心整個的空間，在平安中佔有自我，完全的放鬆。」

〔註4〕此「禪定」術語是方便借用，只意味楊簡「靜坐」工夫日深，可能觸及某種類似禪境的「公共精神領域之內證體驗」，不必然代表楊簡是有意識、及目的性地學習佛禪工夫。

> 禪定是一種特殊的心理生理狀態；在這個狀態下，心理方面的
> 顯著現象是心注一境、或無波動式妄念起伏的現象；生理方面
> 的顯著現象，是呼吸作用、血液循環，和心臟跳動緩慢、微細，
> 以至於絕對的停止。（見張氏《佛學四講》一書〈佛法與禪定〉
> 一章 22 頁，美國佛教會印行）

換言之，唯有在「心注一境，無波動式妄念起伏」的身心狀態下，楊簡「生
命內觀」工夫乃得有效進行，然問題有二：1 楊簡此種類似禪境的修學狀態與
「瑜珈」行者進入生命冥想狀態有何不同？2 楊簡「時復反觀」工夫如何在「心
注一境，無波動式妄念起伏」的特殊身心狀態下進行？關於前者，《無聲之樂》
〔註5〕（SilentMusic：TheScienceofMeditation）一書的作者威廉・強斯頓在該
書 51 頁指出：

> 今日已能夠科學地辨別禪意識和瑜伽意識。表面看來，此二者
> 一模一樣。二者都是靜默的、超越觀念的、合一的、無形象的、
> 無言語的、在思想之外的。而且二者的修行人都產生高震幅的
> 阿耳法腦波，但其相同點也僅止於此。腦波震動器實驗顯示，
> 若弄出一點聲音，禪修者會聽見，若你弄個閃光，他會看見，
> 若你用針刺他，他會感覺到。因爲他修持即是小心停留在此時
> 此地，完全臨在於現實中。因爲禪是極端入世的。至於瑜伽行
> 者進入深刻的定境時，則什麼也聽不見，什麼也看不見，什麼
> 也不覺得。

換言之，若入於禪定生命狀態者皆有某種程度的「相似性」可資參照的話，
那麼楊簡「循理齋之悟」近似禪定的特殊生命體驗，無疑也是：「靜默的、超
越觀念的、合一的、無形象的、無言語的、在思想之外的」，但與此同時，他
對外在境相並非渾然無知，凡外在一丁點聲音、乃至光點的反射變化，他其
實都是清楚覺知的，只是無所擾動而已。如果分析入於「禪定」者的腦波狀
態，威廉・強斯頓指出，人類腦波大致可分四種明暗層級，此各自代表不同
的狀態與意義，茲簡述如次：

　　1. 貝他波：是醒覺時最普通的腦波，其震率每秒 13 圈或更多，此時人的
注意力集中，頭腦的思想靈活，傾向於外面的世界。

〔註 5〕　《無聲之樂》一書作者係威廉・強斯頓，劉河北譯，台中光啓社民國 68 年出
　　　　版。

2. 阿耳法波：是最平靜的腦波，震率降低到每秒 8 至 12 圈，內心的狀態被描述爲向內的「輕鬆警覺」，或所謂的「內在集中狀態」。此種腦波多數人閉目養神之際都會發出。不過要睜著眼睛產生阿耳法波卻是很困難的。通常沒有靈修訓練的人很少能作到，但禪門子弟則是個中佼佼。阿耳法波可能因腦產生微伏特的多寡而有不同的震幅。震幅大的阿耳法波是指此人處於較深層的定境中，此波和高度的默想與神祕經驗有關。

3. 戴他波：每秒震率約 4 至 7 圈，是昏昏欲睡時的腦波，在人意識漸失或漸入睡眠狀態時出現，往往有近乎夢寐的幻象飄浮腦際。

4. 德爾他波：每秒震率約 0 至 4 圈，此波是屬沈睡時的腦波。〔註6〕

即言之，內觀者若能如法靜坐，身心全然放下、放鬆、專注，腦波便能攝持在阿耳法波「輕鬆警覺」的層次，在此層次裡最利行者往「內觀之路」觀照、前行，反之，內觀行者靜坐時腦波震率如果過高，屬貝他波層級，身心頭腦狀態（明暗度）過於靈敏活潑，此或有利於處理生活外在之事，卻不利於內觀靜坐潛修，必須進一步調整生命向度，使之更形潛沈收斂，腦波明暗度徐徐下降一級，自然、穩定地保任於阿耳法波的身心狀態；反之，內觀行者若身心疲累勉強靜坐，生命警策力入於遲頓、弱化，腦波呈戴他波狀態，身心便無法有效統整從事內觀。

至於第二個問題：楊簡在類似「禪定」的特殊身心狀態下，其「時復反觀」工夫是如何進行的？針對此問題，儘管一般學術認知、概念思考的進路有其局限，無法對靈修體驗作更本質義的解釋，但站在廣義靈修學立場，儘管各家靈修進路異趣、難以盡同，但對多數有所成就的靈修者來說，其內證體驗儘管獨一無二、無可取代，但此內證體驗之間一定存在某些「相似性」與「共通原理、雷同經驗」可資借鏡，所以無論人類物質文明發展到何種地步，都無礙在「生命之學」場域中，人類的心靈體證恆然具有超越時間古今、民族種性、乃至文化差異等等可茲參照類比的特性，不會因物質文明的消長起落遽爾改變「生命之學」的基本原理；所以從超越的靈修內觀體驗中，尋繹「循理齋之悟」的諸種意含，據以探討楊簡「內證之路」的生命認識與現代詮釋，恆不失爲一條可資追索研究的方向。據有長期靈修體驗的法國傳道人——甘易逢神父，綜合他對各家「生命之學」的領會、統整，指出「內在靜觀之路」大致有如下筆者彙整的六種特性：

〔註6〕 以上腦波理論係筆者依《靜觀與默坐》一書引用威廉‧強斯頓文本整理而成。

（1）靜觀不是什麼抽象或超塵脫俗之事，它乃是植根於人的經驗內。我們是從自己所站立非常具體的世界，以人的官能靜觀所見、所聞、所觸及之物下面、或上面、或裡面、或四周的實體。我們所得的一切知識，乃至種種最深或最高實體的知識，也是通過我們身體的感官或內在的觸覺。靈修經驗的對象，我們可能覺得是在外面或超越的遠方，但經驗本身卻在我們內部。（見甘易逢神父所著《靜觀與默坐》〔註7〕4 之 1〈靈性世界的結構：內與外〉第五、六課）

（2）事實上靜觀可以分成兩類：一種注視外面，一種注視裡面，當然二者都是從內在的心神出發的。就第一種情況來說，內在心神的凝視乃轉向靜觀的目標，這目標我告訴自己是在我外、在我上面的世界裡。在我視爲終極目標、我典範的另一位面前，我達到一種神魂超拔，忘我地與天主合一。

（3）若靜觀轉向內在的存有，態度便大爲不同。我尋求的目標不是我外的對象，而是我自己。首先，我使自己與外面斷絕，以便覺出內在的生命：身體的、心理的，最後是心神的。起初我會全神貫注自己的思想、感受，但漸漸我會發現自己的內在，是活動、思想的中心。我會徹底明白自己的人格。然後我會到達存有最深的內在。可是內在，並不是說與外界斷絕，反而是從我存有的最深處，我才覺出存在的一切。我和每樣東西有了新的關係，我由我內的極深處伸出到達外面，到達超越界。

（4）人裡面有不同的層次，有表達清晰概念，及控制行動的層次，這是我們日常生活的層次，也是人控制得很好的層次……如果我們轉向自己，來到陰影、黑暗的層次。這便是無意識的層次。在這裡，我們必須走過一個門，穿過黑暗，在個人意識之外的深層意識之新世界中浮現出來。於是，我們已走進原型的領域，在集體無意識的層次上。

（5）要注意的是，人由清晰的象徵，到意象與形式，逐漸失去了鮮明的內容，使他無以面對自己原型的內在動力。然就在原型的

〔註 7〕該書係法籍耶穌會神父以法文撰寫，姜其蘭女士翻譯，1997 年 2 月由光啓出版社出版。

層次上，他達到純粹的空與虛；原型是大有能力的潛在力量，卻顯然空無一物。在此，人覺出滿，但含糊不清，超越界在一個全然神祕的經驗中出現。

（6）沿路，依靠象徵、意象、形式，人可賴以走向他的中心。然而到了時候，不再有象可執持依恃。那是人到存有中心時的共同經驗。此可視之為虛，更可說，此時一無所見，唯一的經驗是空。（出處同上）

如果以上甘神父所述的靈修內證體驗，大致是內觀行者所可能觸及的相似經驗，那麼筆者認為，楊簡「忽覺空洞無內外，無際畔，三才、萬物、萬化、萬事、幽明、有無通為一體，略無縫隙」的特殊生命體驗，便顯示如下幾重意義：

1. 首先，楊簡在靜坐定境中「時復反觀」，乃是先使自己與外面的關係暫行斷絕，以便覺出內在的生命。首先他切斷內在生命與形軀的關連，覺知「血氣我」作為生命主宰的局限與不足倚恃，繼而切斷內在生命與「思慮我」的關係，覺知「思慮我」飄浮來去、變化不定，亦非生命真正之主。如此不即、不離覺知自己的思想、感受，終得以發現自己的「內在」，其實才是活動、思想的中心。至此，楊簡終於徹底明白自己的人格，到達存有最深的內在。然此所謂「內在」，非與外界一切斷絕，反而在此存有的最深處，他才真正覺出存在的一切，從而打破「血氣我」「思慮我」與「本心我」二元對立的主客關係，得以和主客觀世界、內外現象、天地、人事建立起「全新的連結」，由我內在的極深處伸出，到達外面，此時「超越界」與「現實界」統整為一（即「空洞無內外，無際畔，三才、萬物、萬化、萬事、幽明、有無通為一體」所顯之義），內證者一旦體證及此，他對「世界」的認識、理解便與以前大不相同了，此時他體證的心靈境界：對世界、人我關係的認識──便不再是個別孤立的、單一的、割裂的、片斷的，而是整全的、一體的、相連的、無割裂的，並即此與世間關係重新建立起難以言說的內在連結。據筆者看來，楊簡終其一生不辭辛苦解經講學、教化世人，此種整全的、一體的、相連的、無割裂的「觀看世界心靈視窗」之重新建立，應是其力行實踐的最大動因。

2. 據筆者對「生命之學」的綜合理解，凡踐履「內門之路」的行者，生命中若有過體證本體的殊勝經驗──走進「生命原型」領域，入於「無意識」（或云「純意識」）地境界層次，此便是一種石破天驚、如回「生命原鄉」的

特殊覺受。在此「原型」層次上，他達到了純粹的「空」與「虛」：「忽覺空洞無內外，無際畔，三才、萬物、萬化、萬事、幽明、有無通爲一體，略無縫隙」，來到存有的中心，此「原型」是大有能力的潛在力量，﹝註8﹞其中雖然空無一物，但生命進躋於此，其眞正的覺受卻是種「滿」，這是一種豐盈、富饒、平安、回家的感受，超越界在此全然神祕的經驗中出現。到此之時，人不再有任何「象」可以執持、依恃。這是內觀行者來到「存有中心」時普遍的共同經驗。

　　3. 如果以上所述不離楊簡「循理齋之悟」體證之實指，那麼儘管楊簡入於「生命原型」地體證經驗，只是生命歷程中一個偶然提升地契機，並非日後隨時可以喚起、再現，但此已是他生命目標——「生平無他事，唯道而已矣」一個突破、更新的分水嶺，此突破、更新雖不意味楊簡生命道業已究極完成，但卻顯示：楊簡對「存有中心經驗」已有「第一序」地實際觸及。換言之，此碰觸「存有中心經驗的本身」，在「生命之學」場域中便已饒具「指標性」意義，此即：楊簡對「血氣我」、「思慮我」不可作爲「生命眞我」，於此「循理齋之悟」中有了「生命內部」的確認，乃至對「本心我」之理解掌握，亦不再是由外在知解而來，而是以「第一序」進入「生命原型」「存有中心的經驗」作爲基底，這在靈修的意義上，便是一種生命的「印證」與「證量」。所以楊簡終其一生弘揚「玄渺難知」的心學，「人笑其迂」，卻不減其生命的自信與堅篤，在此可以得到根源性地解釋。此因楊簡既已有過企及生命「本心我」的眞實體驗，自然對「血氣我」、「思慮我」之執著、攀附乃相對降低，可以想見一個對「血氣我」「思慮我」合成之「假我」不以爲眞的內證行者，又怎會介意別人由「血氣我」、「思慮我」之造作營爲，所牽帶而出的一

﹝註8﹞ 據甘易逢神父《靜觀與默坐》之1（光啓出版社）頁88載有容格（G G Jung）對原形的研究，頗可參考。他說：「原形不是我們思想的產物，而是人性正常的開展，一如花朵之綻放。」以下筆者將此「原型」的重要特性歸納爲如下五點：
　（1）原型不是預先形成的明確結構，而是潛在力量：能使精神力量流動所呈現的無別物質成型。
　（2）原型純粹是動力，在非常不同的形式下自我呈現。原型還沒有任何明確的內容，一旦確定，只在其形式內，而且還有限度。
　（3）原形本身是空的。
　（4）原形本身，其本質似乎無法意識到。原型是超越的，所以原型本身人無從理解。
　（5）原型包含很大的情感力量，有神祕的特性，意思是神聖且超出人力。

—同爲生命外在層級之事的「俗知俗見」（「人笑其迂」）呢？

二、楊簡「扇訟之悟」之重新解讀——「某所以獲執弟子禮於先生門下，四方實未之知」

歷經「循理齋之悟」後，第二個影響楊簡心學形成的重要特殊體悟——便是經象山點撥、在宋明理學中傳爲佳話的「扇訟之悟」。坦白說，筆者無意譁眾取寵、另作翻案文章，但閱讀相關文本後，不得不提出異於傳統見地的另類解讀。換言之，在筆者的認知理解裡，楊簡「扇訟之悟」的內在性質與啓悟過程，其實不如傳統學界以爲的：此純然是經象山點撥之因、而後在楊簡身心產生微妙轉化作用的結果，箇中其實另有複雜、幽微的內在因素，以下爰引「扇訟之悟」兩種文本：〈象山版〉與〈楊簡版〉試加論證：

（A）象山版 1：「四明楊敬仲時主富陽簿，攝事臨安府中，始承教於先生，及反富陽，三月二十一日，先生過之，問如何是本心？先生曰：惻隱，仁之端也；羞惡，義之端也；辭讓，禮之端也；是非，智之端也，此即是本心。對曰：簡兒時已曉得，畢竟如何是本心？凡數問，先生終不易其說，敬仲亦未省，偶有鬻扇者訟於庭，敬仲斷其曲直訖，又問如初，先生曰：聞適來斷扇訟，是者知其爲是，非者知其爲非，此即敬仲本心，敬仲忽大覺，始北面納弟子禮，故敬仲每云：簡發本心之問，先生舉是日扇訟是非答，簡忽省此心之無始末，忽省此心之無所不通。先生嘗語人曰：敬仲可謂一日千里。」（見《象山全集》卷三十六）

（A）象山版 2：「簡主富陽簿，訪余於行都，余敬誦所聞，反復甚力，余既自竭，卒不能當其意，謂皆其兒時所曉，殆庸儒無足采者，此其腹心，初不以語人，後乃爲余言，如此又一再見，始自失，乃自知就實據正，無復他道。」（見〈象山全集·楊承奉墓碣〉）

（B）楊簡版：「陸文安公新第，歸來富陽，長先生二歲，素相呼以字，爲交友，留半月，將別去，則念天地間無礙者，平時願一見莫可得，遽語離乎？復留之，夜集雙明閣上，數提本心二字，因從容問曰：何爲本心？適平旦嘗聽扇訟，象山揚聲答曰：且

> 彼訟扇者，必有一是有一非，若見得孰是孰非者，即決定爲某
> 甲是某乙非，非本心而何？先生聞之，忽覺此心澄然清明，亟
> 問曰：止如斯耶？公竦然端厲，復揚聲曰：更何有也？先生不
> 暇他語，即揖而歸，拱達旦，質明，正北面而拜，終身師事焉。」
>
> （見《慈湖先生年譜》卷一〈行狀〉）

以上 A、A1〈象山版〉及 B〈楊簡版〉三則文本，看似大同小異，歷來一直
被視爲是心學範本、儒門佳話，而事實上「扇訟之悟」（或云「扇訟之教」）
的啓悟過程，在宋代極具生命張力的講學風尚下，也確實是眞實、可感的存
在，據筆者揣想，象山「扇訟之教」對提振宋儒踐道信心必有正面增益之效，
然歷來學者對此「儒門公案」都只平面解讀，稱揚再三，從不見有人提出不
同視野、角度的觀察，然據筆者看來，「扇訟之悟」如果當作「儒門公案」來
理解，其中委實充滿諸多蹊蹺之處，原因在於：同樣是「扇訟之悟」，〈象山
版〉與〈楊簡版〉所述內容明顯有別，此便是檢視箇中異同一大線索，此如：
A〈象山版〉所述內容較平板、較不具生命內在穿透力，相對而言，B〈楊簡
版〉便完整剖述楊簡的生命感受，較能反應當時互動眞實情境及其本人的內
在生命狀態。此外，A〈象山版〉指點楊簡「本心之問」特別標舉孟子的「四
端說」，然而「惻隱，仁之端也；羞惡，義之端也；辭讓，禮之端也；是非，
智之端也」等語，對早年即已熟稔儒典義理的楊簡，顯然不具實質生命指點
功能（「余敬誦所聞，反復甚力，余既自竭，卒不能當其意」），此因知解上的
「四端說」只有知識上的意義，無法與楊簡生命內部對「道」的探索感應連
結，以致楊簡幾誤認象山「殆庸儒無足采者」，一直要到「聞適來斷扇訟，是
者知其爲是，非者知其爲非」「彼訟扇者，必有一是有一非，若見得孰是孰非
者，即決定爲某甲是某乙非」──楊簡回溯當初判案眞實情境、經驗，才瞬
間助其體悟「本心」，以上便是象山對「扇訟之教」的理解、說詞。至於 B〈楊
簡版〉對「扇訟之悟」的理解卻不是這麼回事，我們可以發現：B〈楊簡版〉
根本不提象山所舉的「四端說」，而是直接切入「扇訟是非」與本心的關係。
換言之，站在象山立場，所謂「本心」當然是儒家「即感即通」的「良知本
體」，以致楊簡能判定「扇訟是非」，當然是此「良知本體」之現前發用，但
問題是，楊簡雖在象山「本心之問」後生發「忽覺此心澄然清明」的覺受，
並旋於次日拜象山爲師，但據筆者解讀，楊簡並不是將那能判定「扇訟是非」
的「決定者」──「本心」，單純以儒家具有「道德創生」意義的「良知本體」

來理解，反而他對「本心」的理解，較接近佛家「以覺言心」「自性清淨心」的認識層次，才會在象山反向夾逼究詰、來不及設防地「本心之問」的情境下（「非本心而何？」），剎那間打破「血氣我」、「思慮我」之妄想執著，即此與生命中某種隱然、難以言喻的──進入「生命原型」「存有中心的經驗」再次連結，流露出「忽覺此心澄然清明」、切近佛禪境界的特殊生命體證。換言之，楊簡「扇訟之悟」的生發及內在變化，是在看似偶然、其實卻有內在邏輯因果可說的情況下，「歪打正著」地發生的。換言之，儘管象山在生命氣質上，常被認為頗有佛家禪師般的氣魄與風格，然象山本人從不曾以禪師自比、或有意識導引學生「入於禪」則是無庸置疑的。相對來說，楊簡所以生發「忽覺此心澄然清明」地覺受，其實與其工夫歷程中，一貫抱持著融佛（或云不排斥佛家思想、修行方法）的內觀心靈向度有關，而與似乎領會了象山所舉的孟子「四端說」──具有「道德創生」義的「良知本體」無關。〔註9〕換言之，楊簡「扇訟之悟」乃是在「循理齋之悟」後，心靈向度持續朝「內門之路」前行、延伸所產生的結果。就此而言，楊簡「扇訟之悟」，常人總以為象山「扇訟之教」為因、楊簡「忽覺此心澄然清明」為果，殊不知，此見地只看到事件的表層面向，未觸及「扇訟之悟」的真正核心。據筆者之見，楊簡「扇訟之悟」所以生發，乃是客觀面上──「扇訟之教」時機因緣上的偶然，與主觀面上──「楊簡生命內部蘊蓄程度近於成熟、滿出」等條件的配合，「歪打正著」所產生的結果，〔註10〕以致楊簡流露此種特殊的心靈覺受，就連象山本人也覺有些意外；再從楊簡修學歷程來說，其「扇訟之悟」生發「忽覺此心澄然清明」的覺受，乃楊簡在融佛「內門之路」前行、生命蘊蓄張力近於滿出時，遲早都可能生發、觸動的，若不生發於此次象山「扇訟之教」地觸動，也可能在另一個極具生命氣場、情境搭配得宜的時空情境下順適發生。就此而言，象山、楊簡師生對「本心」意涵理解的分歧，便是兩人心學內涵

〔註9〕據筆者的認知理解，禪師啟悟弟子是不必「敬誦所聞，反復甚力」的，象山教導楊簡時若真「余既自竭，卒不能當其意」，這在禪宗看來，便是入道時機因緣迄未成熟，何須如此執著、費力。所以「敬誦所聞，反復甚力」的言教入路，在「生命之學」場域中應屬「中門之路」的教法，而非「內門之路」的指導路數。

〔註10〕此「歪打正著」之意須進一步解釋，此即現實上先要有楊簡生命內部蘊蓄程度近於成熟滿出的「因」，再加上象山「扇訟之教」充滿生命氣場、張力的「助緣」，始可能「歪打」而「正著」，換言之，「扇訟之悟」的生發不是毫無理序，更非一般人想要如法泡製即可簡單泡製得成的。

的實質差距，就此而言，象山、楊簡師生心學內涵有別，早在楊簡部分融佛的工夫進路上便已註定要形成的。

在此，筆者也一併對「扇訟是非之教」在「生命之學」場域所反映的現象、癥候，抒發個人另一面向的觀察與解讀。此即：「扇訟是非之教」的啓悟故事，儘管載諸儒典蔚爲佳話，但從整體文本的「生命氣場」及導向楊簡本心「忽覺」、「澄然清明」的生命覺受看來，此「扇訟之悟」的內在情境與發展過程，儘管含具「歪打正著」的「美好意外」，但透過故事情節的脈絡敘述，我們仍可讀出「扇訟之悟」的情境發展過程，宛然具存類似禪師啓悟弟子的風格與型態，若排除當事人的姓名、身分與「四端說」等文句，只取 A 象山版1：「忽大覺」「忽省此心之無始末，忽省此心之無所不通」，及 B 楊簡版：「先生聞之，忽覺此心澄然清明，亟問曰：止如斯耶？公竦然端厲，復揚聲曰：更何有也？先生不暇他語，即揖而歸，拱達旦，質明，正北面而拜，終身師事焉」等文句，幾讓人懷疑此文本出自《六祖壇經》或《景德傳燈錄》等禪師啓悟弟子的佛典公案裡，〔註11〕教人「儒佛難辨」無從區分。據筆者之見，「扇訟之教」這種「儒佛摻雜」的啓悟特色與過程，絕非無中生有，偶然生發，蓋在宋代專主「生命之學」、講究實修、體證的踐道場域裡，只要踐道者的爲學意向、態度、爲學立場，自認堅守儒家本位，則「踐道方法」、「心靈態度（生命向度）」、乃至「境界」、「理念、信念」等因屬個人方寸間幽微難知之事，未明顯涉及高敏感度地：學派界線等外部考察問題，以致踐道者若有心於「生命內觀之學」，隨個人意願與因緣所至，部分汲取佛、道家的「踐道方法」、「心靈態度（生命向度）」、乃至「境界」、「理念、信念」等，融攝爲與自己生命基調同質或可搭配增益的修學進路，此在現實上，絕對是可行、善巧、不虞被攻訐的調適上遂之道。但無可避免的，此一部分融攝佛、老「內觀之學」的爲學進路本身，也註定此內門行者的踐道之路必然從儒家含具著「中門之路」的修學基點，更徹底、深化地走向生命返本的「內門之路」，形

〔註11〕一般來説，儒家「中門之路」的教法，大抵是弟子先入門正式拜師，爾後經過一段循序漸進的學習過程，完全領會老師教法後，始克外出弘揚。但楊簡卻是「扇訟之悟」生發在先，正式拜象山爲師在後，此種修學進路的風格、特色，在「生命之學」場域中當然是更接近禪宗風格的，此如六祖慧能未遇五祖弘忍之前，早就聽《金剛經》而有覺，心中常自然湧現「出世地智慧」，可見慧能生命內門之路的開啓學習，是早在拜五祖弘忍爲師之前即已自行運轉生發而有小成了。

成某種程度的質變、轉化，而證之楊簡若干次修證體驗：「循理齋之悟」、「扇訟之悟」、「夜宿山谷之覺」、「母喪之悟」等，顯然即某種程度地存在著「儒、佛融攝」類型的「質變」與「轉化」。進言之，宋儒此種融攝佛家「踐道方法」、「心靈態度」（生命向度）、「思想境界」使與個人生命基調搭配增益的修學進路，儘管未必普遍為全體儒者所運用施行，但可確定的是，此種融攝佛家「踐道方法」、「心靈態度」（生命向度）、「思想境界」使與個人內證工夫搭配增益之例，絕非僅只楊簡一人而已，象山另一弟子詹阜民「內證」修學之例，情形便類似於此，茲舉證如下：

> 先生（此指象山）舉〈公都子問鈞是人也〉一章云：人有五官，官有其職。某（此指詹阜民）因思是，便收此心，然惟有照物而已。他日侍坐，無所問。先生謂曰：學者能常閉目亦佳，某因此無事則安坐瞑目，用力操存，夜以繼日，如此者半月，一日下樓，忽覺此心已復，澄瑩中立，竊異之，遂見先生，先生目逆而視之曰：此理已顯也。某問先生何以知之？曰：占之眸子而已。因謂某：道果在邇乎？某曰然。……先生曰：更當為說存養一節。（見《象山全集》卷三十五頁 28）

同樣地，若刻意略過引文中明顯帶有儒家味道的文字，如：「公都子問鈞是人也一章」、「人有五官，官有其職」、「用力操存」、「更當為說存養一節」等部分，只取「便收此心，然惟有照物而已」、「學者能常閉目亦佳，某因此無事則安坐瞑目」、「一日下樓，忽覺此心已復，澄瑩中立」、「先生目逆而視之曰：此理已顯也」等文句讀之，幾也讓人懷疑在讀禪宗經典。換言之，「收此心」「照物而已」「常閉目」「無事則安坐瞑目」等文字顯示的修學方法、向度、氛圍，某種程度上，即是宋儒在當時三家合流的時代風尚中，部分融攝佛家「內門之路」修行方法的證據。以是可進一步推斷：宋儒工夫論中融佛之例見諸《象山全集》者便有如上二端，其他未形諸文字記載者恐更卒難計數，可見宋明理學相對於原始儒家而顯其「開新之局」，此「開新」二字便不僅落在對原始儒家「形上學」「宇宙論」思想內含之不足，大力補實而顯其意義，更是在工夫論、修學進路上，隨個人性之所近，部分汲取、融攝佛家「內門之路」地「踐道方法」、「心靈態度」（生命向度）、「思想境界」、「理念、信念」等，從而在學問內涵上，發展出某種儒、佛相融、再造、更新的「生命之學」，此才是宋代理學在儒學發展史中應被賦予「開新」意義的重點。

　　在這樣的理解基準上，如果我們進一步將楊簡「扇訟之悟」的覺證體受，對比於原始儒家的師生問學案例，我們便可發現：楊簡「扇訟之悟」的體證覺受，無論在孔子、孟子乃或荀子教導門人的為學門徑中，都是絕無僅有、前無所承的。換言之，荀子之學專主「第二序」之「禮」，此屬原始儒學之「轉出」「分化」，所以在「生命之學」場域中，荀子之學確可判定為「中門之路」而無疑，至於孔、孟開創德性主體、挺立價值根源，此修學進路業經唐、牟諸先生判定為「逆覺體證之路」，故在廣義「生命之學」場域中，誠可納歸「生命內門之路」，但在孔、孟指點門人弟子的諸多案例中，卻從未見弟子生發類似楊簡「忽覺此心澄然清明」的特殊生命體證，據筆者所知，《論語》中固不乏弟子問仁、問政、請學稼、問士之例，但弟子聆受教誨後的「典型反應」大致是：「回雖不敏，請事斯語矣」「雍雖不敏，請事斯語矣」「子張書諸紳」「正唯弟子不能學也」（以上引文分見〈顏淵〉第十二及〈述而〉第七公西華語），流露出「虔敬領受教誨」的態度，然問題是：孔門弟子「虔敬領受教誨態度的本身」與楊簡「扇訟之悟」中那種「忽覺此心澄然清明」的心靈覺受，仍是大有區別的。對此差異，吾人究應如何詮釋、理解呢？愚意以為，孔門弟子「問仁、問政、問孝、請學稼、問士」所請益者，固屬德性意義層次，但在師生一往一復對話之間，孔子之施教指點在弟子心中，多屬認知意義下：德性知識的體會、理解（即屬聞見、知解之知），未必第一序「穿透」該弟子生命內部，當下觸發生命本質的更新、蛻變與轉化，以致弟子領會後的反應率止於「接受」「服膺」，以備日後躬行實踐，但楊簡承象山「扇訟之教」「歪打而正著」，繼「循理齋之悟」後，再一次引爆「生命原形核心經驗」的碰觸，流露出「忽覺此心澄然清明」的覺受，這顯然不是象山對楊簡另有偏愛，特別賜予他某種神奇、不可思議的精神力量，而是楊簡生命內部——必有某種不為人知的幽微「潛在內因」與「心靈行動」，才會在象山「扇訟之教」夾逼究詰、來不及設防地——饒富生命氣場地「本心之問」的強大張力下，霎時生發此種不曾在原始儒家德性指點中出現過的特殊生命體證、及外在徵候表現，這難道不值得吾人興起疑情，重新調整歷來學界對「扇訟之悟」的刻板理解嗎？

　　此外，為證成楊簡「扇訟之悟」體證歷程中，部分融攝著佛家「內門之路」的修學方法，筆者在「扇訟之悟」A〈象山版〉與 B〈楊簡版〉之外，還找到另一個更重要的文本：〈祖象山先生辭〉，可資進一步佐證，此文本如下：

某所以獲執弟子禮於先生門下，四方莫不聞矣，某所以獲執弟子禮於先生門下，四方實未之知。豈惟四方之士未之知，雖前乎此千萬世之以往，後乎此千萬世之未來，盈天地兩間，皆高識深知之士，竭意冥慮，窮日夜之力，亦將莫知，又豈惟盡古今與後世高識深知之士莫能知，雖某亦不能自知。壬辰之歲，富春之簿，廨雙明閣之下，某問本心，先生舉凌晨之扇訟是非答，實觸某機，此四方之所知，至於即扇訟之是非，乃有澄然之清，瑩然之明，匪思匪為，某實有之，無今昔之間，無須臾之離，簡易和平，變化云為，不疾而速，不行而至，莫知其嚮，莫窮其涯，此豈惟某獨有之？舉天下之人皆有之，為惻隱、為羞惡、為恭敬、為是非，可以事親，可以事君，可以事長，可以與朋友交，可以行於妻子，可以與上，可以臨民，天以是覆而高，地以是厚而卑，日月以是臨照，四時以是變通，鬼神以是靈，萬物以是生，是雖可言而不可議，可省而不可思。孔子曰：吾有知乎哉？無知也。文王順帝之則，亦自不識不知，況於某乎？況於四方之士乎？故聖人過絕學者之必，以有必則有知，過絕學者之固，以有固則有知，過絕學者之我，以有我則有知，愈知愈離，愈思愈遠，道不遠人，人之知道而遠人，不可以知道，不知猶遠，而況於知乎？（見《慈湖遺書》卷四〈祖象山先生辭〉）

以上這篇重要文本，除寫作動機與寫作時間非比尋常，〔註12〕某種程度上確可視為楊簡心學路數迥異於乃師的公開告白，以下筆者先指出該文重點，再梳理其中幾個被忽略的問題。

首先，楊簡此文本點出：一般人只知他與象山締結師生情誼的表面過程，

〔註12〕如果從寫作動機來看本文性質與內容，那麼楊簡身為象山高弟，恩師遽爾過世，大弟子撰寫紀念文章本屬平常之事，但特別的是，以上摘錄文本約佔〈祖象山先生辭〉全文三分之二，其中稱揚乃師行誼、學問者僅四分之一，其餘四分之三篇幅卻在點出：一般人只知他與象山締結師生情誼的表面過程，卻非真正識得他在「扇訟是非之悟」中所歷經的生命體證，故乃藉撰寫紀念文的機會，將當年何以「忽覺此心澄然清明」的幽微內在覺受、情狀公然分說清楚，此外再從寫作時間——此文不成於象山在世之時，卻遲至恩師過世才正式披露，可見某種程度上——此種癥候現象確可視為楊簡對「本心」之體證與象山心學有所出入的證據。

卻非真正識得他在「扇訟之悟」中所經歷的「忽覺此心澄然清明」的特殊生命體證，此不僅一般人不知，就連古往今來「高識深知之士，竭意奚慮，窮日夜之力，亦將莫知」，且不僅「高識深知之士……亦將莫知」，「雖某亦不能自知」。平心而論，若從單一、平面視點閱讀楊簡上述告白，定會發現如上敘述充滿著邏輯思維上的矛盾；此如：一般人不理解楊簡何以「忽覺此心澄然清明」或可理解，蓋「內行人看門道，外行人看熱鬧」，外行人不理解楊簡內在心行無寧是正常、自然的，何以連古今「高識深知之士」的內行人「亦將莫知」呢？更奇特的是，除了「高識深知之士……亦將莫知」，何以連當事人楊簡都說自己「亦不能自知」呢？這不是很荒謬、無稽嗎？如果連當事人楊簡都「不能自知」，那麼他有何理據、立場判定一般人、及「高識深知之士……亦不能自知」呢？進一步說，如果連楊簡本人都「不能自知」，那麼身為「扇訟之教」的指導者象山，對楊簡特殊的生命體證，也當然爾必然也是「亦將莫知」的，如此看來，「扇訟之教」的整個啟悟過程與結果，豈不顯得荒唐、無稽嗎？當然，以上楊簡這些看似「矛盾之言」必有其內在理則、邏輯可說，筆者的解讀大致如下：

關於第 1 點：「高識深知之士」何以對楊簡「扇訟是非之悟」的特殊生命體證「亦將莫知」？據筆者解讀，此因楊簡體證的「本心我」乃是具有先驗、明鑑能力的精神實體，此在楊簡心學中係屬「無知之知」的生命層次，此「無知之知」是如此地超越於「思慮我」能力、作用範疇之外，以致「高識深知之士」再如何「竭意奚慮」——動用「思慮我」造作的「意念」、「思辨」、「分別」「思維」去計度捕捉，還是隔靴搔癢、無法如實體證得知的。

至於第 2 點：何以連楊簡本人對「扇訟是非之悟」中「忽覺此心澄然清明」的覺受之因果來由，「雖某亦不能自知」呢？據筆者解讀，原因大致有 2：

第 1，楊簡對自己循純粹「內門之路」前行的過程本身，確可能是「知其然而不知其所以然」的（此恰似蘇軾詩所謂「不識廬山真面目，只緣身在此山中」），換言之，楊簡誠然在融攝儒、佛兩家「內門之路」的修證過程中，領受、見識了若干「標誌」，但對一個爬山正處於中點的內證行者而言，儘管部分領受了明媚的風光與開闊的視野，但由於迄未走完山林的全程，幾於「證道」的頂峰（所謂頂峰就「究竟義」來說，可能是「無頂亦無峰」），以致無法立時對箇中修證歷程的原理、路徑，作出全面統整性的解釋說明，這就好比第一流的運動選手，未必擅長解釋運動學理一樣。

至於第 2 個「雖某亦不能自知」的更本質原因，愚意以爲，由於楊簡已部分融攝了佛家「內門之路」的修學入路，調整其「內觀之行」所含具的心靈向度與方法，此態度、方法當然不單指形式上的「靜坐」，更兼指在生命返本之路上有關「內觀」行動的實質蘊蓄與準備，發用於平常地生活行履、言行語默之間，以致當他生命蘊蓄的火候自然界臨成熟、滿出的階段，只要被一個極具生命張力的機緣、趨力所觸動，此如：「先生舉凌晨之扇訟是非答」、「實觸某機」，生命靈光便在霎那間被喚起、照亮，再次領受觸及「生命原形」時心靈超拔、難以言說的覺證境界體驗。換言之，楊簡前一次「循理齋之悟」，乃是融多年定功，復於某晚靜坐融攝「攝心」、「時復反觀」工夫所得到的體證；至於「扇訟之悟」則更進一級，已無須仰賴以「靜坐」形式爲開啓內觀心行的方便入路，而逕在與象山「本心之問」的特殊時空情境下碰觸而覺證；因此「忽覺此心澄然清明」的「覺受」，確是楊簡在「不自知」、「不經意」的生命狀態下，自然生發完成的，這便好比花草樹木，只要承受一定地陽光、水份、養料的滋潤，只待時機成熟，一定也會在「不自知」「不經意」的自然狀態下開花結果，至於此開花結果的植物，對其自己之能花繁葉茂的原委亦是難以分說其詳的。所以楊簡所謂「雖某亦不能自知」，其實便牽涉到靈修學上所謂「耐心等候」的問題。關於此，甘易逢神父在其《源頭》〔註 13〕一書頁 46、47 中曾云：

(1) 對臨在於人內的深刻的「性」所抱的信心，使無數男女進入「心」的寂靜，以求在「性」中發現他們與「絕對」的關係。他們知道修行之路經過「心」，也知道心虛之後，才有路可通。

(2) 這項發現可能很快，也可能緩慢的修得。無論如何，人得會等。因爲雖然道路的盡頭必能見性，它卻來自道路的外方。我做到一切之後，還是得等。因爲見性的最後經驗不在於我目前的意願。我非等不可。等待可能是漫長而痛苦的。

(3) 見性是一樁如此奧秘的事，要注意千萬不要臆想它。這可能是達致此經驗最常遇到的阻礙：即自以爲唾手可得。這樣的經驗一方面是如此的個人化，又如此的超越一切可以表達的字句，我們唯可守株以待，也不是等待一樁按照昔日的經驗可以定

〔註13〕此書原爲法文寫作，經劉河北先生譯爲中文，由光啓出版社於 1999 年 5 月初版。

義、可以想像的事，所以要把一切對「見性」究竟是怎麼一回
事的臆測視爲「誘惑」，視爲精神的空中樓閣。

（4）所以若浮現任何繪影繪聲，切不可注意它們。這繪影繪聲是進
步的眞正阻礙，因爲它們把內心的眼目移轉到幻象上去。它們
貌似經驗，卻實爲經驗的障礙。所以在我們所尋求的事上要時
時抹去其形影。

即言之，循「內門之路」前行、尋求類似佛家「見性」體證經驗的行者，
絕非一直執著於此目標，不顧一切地往前奔赴，反而必須在調整、運施一切
必要的心靈態度與內在行動後，放下一切對「見性」可能發生的期盼與妄想，
學習必要的「等待」，讓有關「見性」之事隨緣、自然地發生。換言之，儘管
已播下了內觀之道的種子，但現實上仍不排除可能因某些主客觀因素、條件
的改變，以致悟道種子未必能全程發芽、開花、結果。同樣地，內門行者對
「見性」之事若懷抱期盼、臆想，此何嘗不可能導致修證路上莫大的「自欺」
與「障蔽」。就此而言，楊簡「扇訟之悟」中生發「忽覺此心澄然清明」的心
靈覺受，確是在不自知已部分融攝佛禪工夫、兼「無所等待」地內在心行踐
履下，「意外會遇」成辦的；換言之，楊簡前次「循理齋之悟」的虛空體驗、
及本次「扇訟之悟」中「忽覺此心澄然清明」的覺受：「有澄然之清，瑩然之
明，匪思匪爲……無今昔之間，無須臾之離，簡易和平，變化云爲，不疾而
速，不行而至」，皆非「有心」朝心中計量、預想地「證悟」「見性」「覺悟」
等境界目標，「計劃性邁進」的結果。他這兩次特殊生命體證，宛如金庸筆下
之「主角」練成曠世絕學那般，都是在隱然朝某特定目標——「道」前行、
卻無所思爲、執著的因緣下「不自知地」促發成就的，此所以楊簡對「扇訟
之悟」的幽微變化、內在原理，自謂「雖某亦不能自知」，原因便在於此。就
此而言，楊簡工夫歷程中部分融攝著佛家「內門之路」的方法、向度與境界，
確是清楚可見、無須遮障諱言的。

三、楊簡「山谷夜坐之覺」之解索研究——「觀外書未解而心動……至丁夜，忽有如黑幕自上而下」

再據《慈湖年譜》〈行狀〉所載，楊簡 32 歲「扇訟之悟」不久，旋又生

發另一次不曾被學界研究過〔註14〕的「山谷夜坐之覺」，其文本有 A、B 兩例，皆饒具探索楊簡工夫歷程、修學方法的解碼功能，此處特予揭出，先言文本 A：

（A）八年秋，七月也，已而沿檄（筆者按：此「檄」字疑爲錯簡），
宿山谷間，觀故書猶疑，終夜坐不能寐，天瞳瞳欲曉，忽覺灑
然，如物脫去，乃益明。

據筆者解讀研究，此文本對釐清楊簡工夫歷程問題確有甚深幫助，此即：一般人多以爲楊簡承象山「訟扇之教」，「忽覺此心澄然清明」，復於次日拜象山爲師，便以爲楊簡心學體證之事已然完成，這場「儒門公案」到此已告結束，殊不知「生命之學」有其「特殊性」與「連續性」，蓋楊簡經象山「訟扇之教」而「有覺」，並不意味此階段之成長歷程已告截止，亦不代表楊簡此生若不值遇象山，終其一生不可能生發類似「澄然清明」的覺受體證。換言之，內證行者只要循「生命內門之路」進階前行，有多少生命的蘊蓄內因與實踐行動，便可能相對應在「時間之流」中陸續顯發內在實踐的成長變化，所以楊簡「訟扇之悟」後境界成長並非就此間歇，而是持續處於「生命更新、蛻變」的調整適應階段。從「觀故書猶疑，終夜坐不能寐，天瞳瞳欲曉，忽覺灑然，如物脫去，乃益明」等文字敘述，可知楊簡承象山「訟扇之教」，內在生命疑情並非即此淨化無餘（此意是說，楊簡「生命內在」雖已與「道」體證交會，但並不意味著澈頭澈尾的「永在」融入），可讓此「澄然清明」覺受永保不失、免於消退。換言之，楊簡「訟扇之悟」後「內在」雖處於某種提升轉化的歷時階段，但此境界成長不似加工廠之物件操作：只要「成品」製成即大事已畢，而其實另有「生命內在階梯」進退反覆、時明時暗的不定爬坡歷程，所以楊簡前後雖已有兩次觸及「生命原型」的內證體驗，但現實上的「身心實然狀態」迄未整體跟上靈性成長的腳步，必得另在「宿山谷間」再一次「淨化」「淘洗」內在某些幽微隱晦的「生命雜質」（此楊簡皆以「習氣」「舊習」二詞名之），進行使生命更形澈澄、清明的後續內證行動。此後續內證動作與徵候，便是楊簡內觀之路部分融攝佛家內證工夫的證據與註腳。至於「山谷夜坐之覺」另一版本 B，用以佐證楊簡修學入路融攝佛家內證工夫，那就更明確、完整了，此文本 B 爲：

〔註14〕對於楊簡「山谷夜坐之覺」，當代學者尚無一人關注及此，蓋一般研究者都只從《年譜》尋繹楊簡生平事蹟、工夫歷程，殊不知楊簡在《慈湖遺書》自述個人修證體悟的部分，反而講得更爲詳盡清楚。

（B）某行年二十有八也，居大學之循理齋，首秋初夜，燕坐於床，奉先大夫之訓：時復反觀，某方反觀，覺天地內外、森羅萬象、幽明變化、有無彼此，通爲一體，曰天、曰地、曰山川、曰草木、曰彼、曰此，某皆名爾，方信範圍天地非空言，發育萬物非空言，惟舊習未易釋，後因承象山陸先生扇訟是非之答而又覺，某澄然清明，安得有過？動乎意始有過，自此雖有改過之效，而又起此心與外物爲二見，一日，因觀外書有未解而心動，又觀而又動，愈觀愈動，掩書夜寢，心愈窘，終不寐，度至丁夜，忽有如黑幕自上而下，而所謂窘者，掃跡絕影，流汗霑濡，泰然，旦而寤，視外物無二見矣。（見《慈湖遺書》卷十一）

據筆者看來，此文本 B 顯然存在不少有待釐清的玄奧部分，並有如下三問題線索亟待解碼，茲說明如下：

第 1，從文本顯示，楊簡「山谷夜坐之覺」顯與「夜觀外書」有關，然楊簡當晚倒底是讀何書未解而心動？此文本雖未明言，但卻裸現兩大線索：1、此書必與楊簡修證方法、心學境界密切相關，2、楊簡所以「夜觀外書」，絕非追求知識之眞，反而是懷抱著虔心學習、印證「生命之眞」的心靈態度。從文本 A「宿山谷間，觀故書猶疑」及文本 B「因觀外書有未解而心動」看來，筆者敢截然斷定，此所謂「外書」「故書」二詞，百分之百是佛家經典無疑，原因在於：凡楊簡所有著作，言及儒家經典者皆一概以「全稱」名之，〔註15〕以示尊仰，從不曾出現「外書」「故書」這類「隱晦」「神祕」的字眼，若楊簡所讀不是唯恐引發議論的佛書，何苦如此小心措詞，生怕啓人口舌端緒呢？再者，關於此「外書」二字之來歷，據筆者理解，應是楊簡在「爲學立場」與「個人意向」上，確然以儒家、聖人孔子之學自居，乃相對反於佛教習將儒書、儒典統稱之爲「外典」、將世間所有心外求法之宗教、家派稱之爲「外道」的判例，來個「反向立場」的詞彙操作，重新判定儒家爲「內學」、佛家爲「外學」，如此一來，佛經、佛典被楊簡稱作「外書」，便是很自然、正常的「楊氏新解」了。如是以觀，楊簡常讀「外書」「故書」——即佛書，並引爲證道之助，自是修行進路融攝佛家「內門之路」境界、方法的更明確證據了。

〔註15〕楊簡言及儒家經典以全稱標明之例不勝枚舉，此可參見楊簡所有經學著作文本，茲不個別舉證。

　　至於第 2 個問題，則是楊簡「山谷夜坐之覺」內在幽微變化歷程的解釋問題。一如文本 B 所云，經「循理齋之悟」、「扇訟之悟」後，楊簡「方信範圍天地非空言，發育萬物非空言」「某澄然清明」，但麻煩的是，「舊習未易釋」「起此心與外物爲二見」，以致原先體證的特殊生命覺受：「天地內外、森羅萬象、幽明變化、有無彼此，通爲一體」又復消泯不見了。據筆者解讀，這便是楊簡「心—意」關係猶未完全統整，浮游擺蕩於「意之兩重性」——「上層之意」與「下層之意」之間、操持工夫迄未打成一片的表徵，以致此次「夜宿山谷」閱覽佛書，或因其中某些思想境界的觸動啓發，再次引爆生命內部另一番莫大的疑情與激蕩，所謂「掩書夜寢，心愈窘」，便是內在生命亟欲衝破某個「要上不上」「要下不下」的關卡，引發「心 —— 意內在機制」自動尋找「生命出口」所發出的訊號，以致無法安然入睡，整晚心靈都保持著某種企求「突圍」的張力與趨向，直到半夜，「忽有如黑幕自上而下，而所謂窘者，掃跡絕影，流汗霑濡，泰然，且而寤，視外物無二見矣」 —— 那個阻滯生命不得通暢的「物事」（可能是楊簡生命內部某種不自知的深細「執著」「穢污」），才終於在楊簡持續運施「離染」工夫的「淨化」行動中，像「黑幕自上而下」般地消退散去，此刻生命始清朗如初，「視外物無二見矣」——「本心我」攝持、統整「思慮我」「形軀我」，打破「主客二元對立」、回復生命整體觀照的純粹一致狀態。

　　至於第 3 個問題：楊簡明明已歷經「循理齋之悟」「扇訟是非之悟」，何以爾後還需歷經「山谷夜坐之覺」……等若干次後續心靈體證，此是否意味楊簡此時境界，猶擺蕩於「似悟未悟、似明未明」的不定變化歷程中呢？若果如是，此在靈修學上該作何解釋？

　　關於此問，筆者試引甘易逢神父的 3 段文字權作說明：

（1）當人得到自我的最終經驗，在覺悟中，他會感到無可言宣的富饒。那是自我本身的豐饒，是含攝一切的統一。但也有其不幸。經驗本身是那麼寬廣、深刻，人可能因而完全陷溺在這豐饒中。……這是一切走內門之路的修道者可能碰到的問題與危險。換言之，內證之路上，不是在最後一步才會碰到危險，即使是最初的豐饒、滿盈的經驗也可能讓我們面臨靈修的陷阱，由於此種內在的生命經驗給我們一種滿的感覺，讓我們誤以爲已達到了覺悟，我們便可能被此經驗本身所攫去，掉入自我不

自知的圈套。（見《靜觀與默坐》第二冊第三十二課 108 頁）

（2）在每個靈修旅程中都包含著集中、專心、消除、捨棄的過程。
爲了集中心神向自己存有的內在奧祕開放，必須捨棄許多東
西。……修行者的思想、感受、內在知見盡可能簡化，就會達
到一種寧靜與平安。（見《靜觀與默坐》第二冊第三十四課 121
頁）

（3）所有靈修學有一共同基本點，不論基督教、佛教、道教或其
他，都不可停留在感性層面上，得跨越它。顯然，情緒的激昂、
感性經驗的衝勁，會堵塞最深刻的官能。人若尋求重溫知覺奧
祕的甜美，它便不再生動如初。……所以初步發覺我內在的生
命之後，又必須束裝上道。爲了更進一步，我必須再投入虛空，
擺脫一切的經驗，……勿使我們存有最深處所受的神聖碰觸，
浮現於感性上的水花，弄得心迷神醉……勿在中途繫戀一些恩
典，不論它們多麼嫵媚。（見甘易逢神父《源頭》一書第 82 頁
劉河北譯光啓出版社 1999 年 5 月初版）

如果以上甘神父所敍內證體驗，可與楊簡這三次覺證體驗作某種程度的
「類比」，那麼筆者以爲，楊簡「循理齋之悟」「扇訟之悟」後，其「內門之
路」修證歷程其實還存在諸多關卡。換言之，「內門路上」每道關卡的突破，
雖意味著某種更高境界層級的觸及，但困難、弔詭之處恰也在此，此因每道
內在層級關卡的突破，都可能伴隨著某種類似「豐饒」、「滿」的特殊覺受經
驗，這些微妙覺受體驗，恰似生命境界進躋某「高階層級」所自然湧現的「標
誌」「記號」，這在「生命之學」的詮釋意義上，便恍如獲得「桂冠」、「勳章」
地加冕，是如此地高貴殊勝、無以言宣，但陷阱、誘惑恰也在此，此即：此
「覺受體驗」也可能成爲內證行者另一個執著、倚恃的對象，以致循「內門
之路」前行，基本上是一條無止盡「集中、專注、消除、捨棄」、類似「剝洋
蔥」的內在開發歷程，內證者無論獲致何種「覺受體證」，都應隨時自我警策，
避免陷溺於那極其寬廣、深刻且豐饒的覺證體驗中，亦不可回溯、重溫體證
那「奧祕經驗」時的甜美感受，否則它便不再生動如初，當然更不能讓此覺
受體證「異化」爲官能上的浮面情緒與感性衝動。進言之，無論內證者歷經
幾次覺證體驗，這些覺證體驗從「究竟義」來說，都只是「暫態性」存在，
恆不保證此覺受體證能賡續到底、永不變異。就此而言，內證者的覺證體驗

確有其客觀、實然上的「局限性」，此即：無論內證者經歷的覺受體證有多麼
殊勝深刻，它恆然無法隨順內證者主觀意志的操控，隨時「喚起」、永遠「保
鮮」，亦無法簡單將此「覺證體驗」凌越「界域」，擴張、施用於其他現實生
活領域，以取得世俗界的利益與成功，儘管如此，這些「局限」並不代表此
「覺證體證」是虛假、無效、或沒有實質意義的，恰恰相反，內證者每次的
覺證體驗，都揭示著此階段生命次第與境界進階的達成，這對內證者由「生
命本身」湧出絕對的信心之充滿、深化與擴充，乃至對日後生命「全體之明」
的進一步開啓，都是深富實質意義與多分增上效果的；進言之，內證者有過
觸及「本心我」的心靈體證，這對其現實世間（或云「現象世間」）具體存在
地「思慮我」「形軀我」之安頓、指導，亦有其正面貞定效果。換言之，內證
者只要有過開顯「本心我」的心靈體證，便能打生命內部明辨「身──心─
─靈」關係中：「眞我」、「假我」的眞正分際，除認清「思慮我」「形軀我」
在「身──心──靈」關係中，只宜居於「輔佐性功能」與「配角性地位」，
以免「思慮我」「形軀我」過度伸張、膨脹，對眞實生命造成「反作用力地傷
害」，〔註16〕進而可免「思慮我」「形軀我」過度伸張、膨脹，對「本心我」
之開發、彰顯造成壓抑與障礙，繼而才能對「本心我」作出最好的「接駁」
與「服侍」，俾讓已開發之「本心我」隨時統攝「思慮我」「形軀我」，在「現
象世間」作出最合宜的功能發揮與角色扮演，這是吾人研究楊簡心學在「生
命之學」「身──心──靈」關係中，所應深刻掌握、並予根本揭出的。

四、楊簡心學「超智性」「奧祕性」之探討──「夢中獲古聖面訓，謂某未離意象」

　　從上述「山谷夜坐之覺」的討論中，我們已發現楊簡工夫歷程，存在著
若干獨特、罕見地身心徵候，如：「觀外書有未解而心動」「觀而又動，愈觀

〔註16〕據筆者的認知理解，吾人「思慮我」若過度伸張運轉，一定會造成大腦內部
　　　某部分功能過分發達，導致思緒、情緒的敏感與亢奮，進而造成某種「假性
　　　生命充實感」的假相，使生命過度揮發、耗損。進言之，吾人「思慮我」若
　　　過度伸張，大腦內部的發電動能便如薪火燎原般全幅點亮，此時內在「本心
　　　我」的靈光其實是很幽微、難有開啓作主之機的。甚至「思慮我」若過度伸
　　　張──大腦某部分功能過度揮發、燃燒，這對現實存在之「形軀我」亦是一
　　　大耗損，畢竟「形軀我」便好似一輛物質性的車子，若「思慮我」過度伸張，
　　　大腦某部分功能過度揮發、燃燒，「形軀我」一定相隨受到役使，如此長期「慣
　　　性」過度使用，「形軀我」的結構配件容易耗損、折舊，此不問可知矣。

愈動」「掩書夜寢，心愈窘」「度至丁夜，忽有如黑幕自上而下，而所謂窘者，掃跡絕影，流汗霑濡」，此明顯與傳統儒者的工夫歷程、身心癥候大有差別，可見楊簡心學的「超智性」，恆然是與其工夫歷程中的「奧祕性」連結在一起的，本小節中，筆者特列舉楊簡饒具「超智性」「奧祕性」之文本兩則進行探討，以期對楊簡心學在「生命之學」場域中的殊別特性能有更全面的發現。

文本 1：

> 學者初覺，縱心所之，無不玄妙，往往遂足，不知進學，而舊習難消，未能念念不動，但謂此道無所復用，其思為雖自覺有過，而不用其力，虛度歲月，終未造精一之地，日用云為，自謂變化，雖動而非動，正猶流水，日夜不息，不值石險，流形不露，如澄水不動，而實流行。某自三十有二微覺以後，正墮斯病，後十餘年，念年邁而德不加進，殊為大害，偶得古聖遺訓，謂學道之初，繫心一致，久而精純，思為自泯，予始敢觀省，果覺微進，後又於夢中獲古聖面訓，謂某未離意象，覺而易通。縱所思為，全體全妙，其改過也不動而自泯，泯然無際，不可以動靜言，於是益信孔子學不厭，乃是知及之以後事。

（見《慈湖遺書》卷十五〈家記九〉）

由內文可知，楊簡寫此文本時年紀已逾五十，文章裡他痛切反省自己：32 歲「扇訟之悟」、「山谷夜讀外書之覺」後，便長期面臨「境界退轉」的問題，至於境界何以退轉，楊簡歸諸如下兩個因素：第 1，便是當初獲致本心覺證體驗後，便以為心學境界已然「到頂」（「學者初覺，縱心所之，無不玄妙，往往遂足」），乃漸退失早時那份精進勇猛地向道之心。第 2 個原因，則是本身「習氣」根深柢固、一時難以清除淨盡（「未能念念不動」「未造精一之地」「思為雖自覺有過，而不用其力」），乃導致內證路上萌生：生命內部幽微、深細的「可能自欺」問題（即「日用云為，自謂變化，雖動而非動」所顯之義）；換言之，內證行者的修學工夫是否已精純無間，便似楊簡所謂「流水」、「澄水」之例所顯境界層級的差別，蓋心學內證者工夫如未臻「念念不動」「精一之地」，便似「流水」一般：表面上日夜都在流動運轉、造作營為，然未值遇種種現實境界之淬煉，便考驗不出真實的境界修為（「不值石險，流形不露」），所以此處楊簡「流水」一詞比擬的，非指「意之兩重性」中的「上層之我」，反是指涉自己 32 歲之後十餘年，生命境界猶擺盪在「意之兩重性」的升降不

定歷程中，以致生命「外部」之日常行履表面看來，似乎很有「修證」的樣子，但這些生命外部的流動營爲，乃是無法掩飾生命境界仍未躋於消融、圓滿之境的自知之明的，必得更進一步，讓生命完全內化、澄汰，至於「澄水」之境：「本心我」全幅開顯、臻於「不動」「全體清明」之境（此「不動」係指生命不復擺蕩於「意之兩重性」之間，日常行履隨時都統攝於「本心我」自如發用），生命始克不爲現象世界之「相對性」「變化相」所擾動，幾於純然天理流行的絕對造境（「如澄水不動，而實流行」）。

及至中年（約 52 至 54 歲），楊簡終於克服十餘年來「境界退轉」的問題，心學工夫持續長進，對此楊簡歸因於如下兩大原因：1「偶得古聖遺訓」及 2「夢中獲古聖面訓，謂某未離意象，覺而易通」，針對所謂「偶得古聖遺訓」，據筆者考察，這乃是指楊簡偶讀《孔叢子》一書至於「心之精神是謂聖」一語，幡然而有省（即「謂學道之初，繫心一致，久而精純，思爲自泯，予始敢觀省，果覺微進」），「自此酬酢門人，敘述碑記，講說經義，未嘗舍心以立說」。〔註 17〕但問題是，《孔叢子》一書分明是東漢王肅爲對抗鄭玄經學所私造的「僞書」，用以佐證自己的經學觀點，此在學術界已成定論，如果站在維護名教尊嚴的立場，楊簡竟是讀這樣一本非純儒寫就的「僞書」，進而「始敢觀省，果覺微進」，這不是很讓維護名教的儒者、君子難堪、狐疑嗎？且楊簡先前讀「外書」「故書」——即佛書而有「山谷夜坐之覺」，此番又是讀「僞書」而「微覺」，此就「生命之學」原理該當作何解釋？

關於如上之問，筆者以爲，此同樣是不成問題的問題，蓋楊簡心學所以爲「生命之學」而非「知識之學」，箇中關鍵便在於此。換言之，「知識之學」首重分別，所以一定會有門戶之見、家派之別，並因此衍生複雜的思想糾葛與學術是非，這便是發揮佛家所謂「分別智」的功能、作用所必然造成的人間現象；但楊簡心學顯然是純粹「生命內門之學」，任何門戶家派：包括佛經、東漢王肅所僞造的《孔叢子》，都只是他修學路上所履經的踏板、墊腳石，只要踏板、墊腳石有助其生命境界層級提升，則拾級而上之後，楊簡是不必揹負著「知識之學」及門戶、家派張孔所含具的——踏板、墊腳石地俗世重量的。所以從「生命之學」邏輯原理來說，即使「心之精神是謂聖」一語確出自「僞書」，但當楊簡以虔敬、內觀的生命向度解讀會遇，並將該語所示之境界與個人修學進路渾化統整爲一，則書籍文本之眞僞固有其學術是非之「客

〔註 17〕見《四朝見聞錄》甲集〈心之精神是謂聖〉。

觀性」，此有待訓詁、考據學者研究判定，但楊簡內證工夫、境界層級因之提升，硬是從一條看似絕路、僞路的「無路之路」，殺出一條「生命活路」來，此卻是「生命之學」較「知識之學」殊勝特出之處。所以內證修學最後是否成辦，固然一部分可與所讀文本思想內容攸關，但更重要的關鍵，端在內證行者採行的生命向度、修學動機、方法及長期踐履能力，何況《孔叢子》一書雖非王肅證道之作，但何礙此書仍可充載部分有益修學之啓悟文本，這就好比禪宗固不乏超乎常情常理、不能以常識忖度之「公案」「話頭」，卻恆有助生命蘊蓄程度近於滿出之禪子悟道體證一般，就此而言，「心之精神是謂聖」、「學道之初，繫心一致，久而精純，思爲自泯」等修行語，對長期懷抱「生命修行意識」讀書的楊簡，當然亦深具實質啓悟意義與境界提升的效能。換言之，生命眞理（道）在世間流布、分化的實情恆然是：「公修公得，婆修婆得，不修不得」「雖在父兄，不能以移子弟」，因之以「思慮心」之造作寫出「心之精神是謂聖」一語的王肅，在經學史誠然取得衽席之地，然則在世間「留名」乃生命外部之事，此與生命內證之事何干？（從某個層面說，若爲了生命「外門之路」的世俗成就，而在汲營爭勝過程中玷污了自己的靈魂，此在「生命之學」立場，其實是本末倒置、良可悲憫的）反倒是誤讀「僞書」對「心之精神是謂聖」一語篤信不疑、並引爲修證之助的楊簡，得以在修證路上攀登高峰，這絕對是吻合「道」（「生命眞理」）在宇宙間運施所內具的因果邏輯與原理法則的。

　　至於楊簡第二個免於「境界退轉」的關鍵：「夢中獲古聖面訓，謂某未離意象，覺而易通」則似乎顯得玄奧難解了；蓋從一般世俗張孔角度觀看，所謂「夢中獲古聖面訓」，當然充滿玄奇、超智的神祕色彩，令人難以遽信。但從廣義靈修角度看來，楊簡心學工夫既已融攝佛禪「內門之路」的修證態度與方法，那麼「夢中獲古聖面訓」，便是循「內門之路」前行所可能値遇、生發的奧祕表徵了。〔註18〕據筆者對「生命之學」的綜合理解，在「生命之學」三進路中，「內門之路」、「上門之路」行者，較可能在修證過程中生發若干「奧祕性」「超智性」的特殊體驗，且此「奧祕性」「超智性」體驗確然難以用人間世俗、尋常的經驗來類比、理解。相對來說，「中門行者」因大抵在人間相對的現象、環境中，係以「認知心」「思慮我」來尋找、建構人間理想的通路、

─────────────

〔註18〕據筆者所知，內門行者頗不乏以夢境內容作爲自我檢測修行進境的借鑑指
　　　　標，但基本上，其心態前提是不容許執著、貪戀的。

準則、秩序與人生正確，此固有其方便殊勝之處，但不容否認的是：一般「中門行者」普遍未懷抱「內門之路」「上門之路」行者所持的心靈向度，此如：出世心、捨離心、信仰心、供養心、感恩心、懺悔心、虔敬心、發願心……等，以致路徑不同、方法向度殊異，自不易生發「奧祕性」「超智性」的靈修體驗。相對來說，楊簡工夫歷程係循「內門之路」前行，修證過程中生發若干「奧祕性」「超智性」特殊體證，自是意料中事、可以理解，且某種程度上，確可與宗教行者依靠信仰力量、精神修持，獲得「殊勝感應」的事例加以類比。〔註19〕所以楊簡「夢中獲古聖面訓」一事，據筆者解讀，應是楊簡對「道」──生命內門真理的追索、實踐日夜無間，乃至連睡夢中都持續保持著向「道」綿延、前進的向度，以致「夢中」亦是他生命觸角延伸的場域；茲以筆者為例，博士論文寫作期間，亦不乏夢中靈感湧至、突於半夜醒轉寫作的經驗，可見「思慮我」朝某特定目標前行探索，半夜夢中尚且得以「自生自長」、尋覓答案，那麼對「自總角承先大夫訓迪，已知天下無他事，唯有道而已」（見《慈湖遺書》〈家記三〉）的楊簡來說，當生命向度持續向內觀索、生命蘊蓄程度近於滿出之時，「夢中獲古聖面訓」便不算什麼唐突意外、難以理解之事了。

此外，為進一步探討楊簡心學工夫之「奧祕性」與「超智性」，以下筆者再舉一例，以見楊簡「夢中獲古聖面訓」的修行徵候，確迥異於原始儒家「不語怪力亂神」的態度與進路，此文本2為：

> 汲古問：孔子云：吾不復夢見周公，或謂聖人嘆道不行，故託夢為辭，非果夢也，此說是否？先生曰：孔子方強壯，可行道之時，屢夢見周公，必有神交之祥，孔子不言爾，一日忽曰：吾衰也久矣，不復夢見周公，以衰老道不可行，故不復夢見，孔子之心澄明如太虛，既與天通，又與古聖神通，故夢隨時而見。（見《慈湖遺書》卷十一）

〔註19〕楊簡夢中獲古聖教誨而突破修學瓶頸，此種修學進路的「超智」特性──從某角度上看，頗類似宗教行者依靠信仰力量、精神修持而獲得「感應」的案例。據筆者所知，佛教即不乏佛弟子藉助「誦經」「念佛」「禮佛」等方法、途徑，希求消除業障病苦、增長智慧的案例與模式，以致夢中獲佛、菩薩加持的感應事蹟，多如過江之鯽。但楊簡夢中獲古聖教誨的差異處，則在楊簡將信仰、歸仰的對象從佛家的覺者──佛，轉個方向，投射到中國式「生命導師」──聖人周公、孔子身上，從而使他心目中的周公、孔子帶有若干佛家覺者的特質。

同樣地，此文本之來歷、背景亦值得關注留意。蓋此文本乃楊簡與弟子汲古第一現場、第一時間的即席答問，最沒認知思考及文章寫作「第二序」地修飾、隱匿空間，相對最能看出潛存楊簡心中具存地——聖人孔子的眞實形象與圖繪，[註20] 以及他對孔子「不復夢見周公」一事的看法。此文本中，弟子汲古所提問的：「孔子云：吾不復夢見周公，或謂聖人嘆道不行，故託夢爲辭，非果夢也」，便是一般「中門行者」對孔子「不復夢見周公」一語的典型解讀，此即認爲：孔子「久不復夢見周公」一語應只是感嘆聖人之道不行而已，並非眞認爲有一個具體、現實存在的「周公之夢」可以追尋、會遇；但奇特的是，楊簡並不依弟子汲古這種典型循儒家「中門之路」的思維方式來解讀，反而認爲：孔子行道之時：「屢夢見周公，必有神交之祥，孔子不言爾」，乃至晚年道不可行時，其心行境界依然是：「澄明如太虛，既與天通，又與古聖神通，故夢隨時而見」，清楚表達出：無論孔子是否行道，他隨時都可於夢中與聖人周公「神交」「會遇」的看法。且楊簡抒發此論，態度平順自然，一點也沒有自覺神祕，必須「矯飾」「遮撥」的意味，或許在楊簡的體證認知中，周公、孔子雖是分處兩個不同時空的聖人，但「時空之異」「形軀之隔」只對世俗人有所拘限，但對證得「心澄明如太虛」的聖者孔子來說，當然是超乎其外、不受「時空之異」「形軀之隔」的，故乃隨時可於夢中與另一聖人周公會遇。進言之，據筆者判斷，楊簡認定孔子「屢夢見周公，必有神交之祥」「夢隨時而見」的特殊觀點，便是他個人修證歷程中「夢中獲古聖面訓」某些特殊神祕經驗、認知的主觀投射。如果從夢境原理來解釋——夢境可視爲吾人某種深層心理意欲、或內在願望地主觀投射的話，那麼楊簡「夢中獲古聖面訓」的所謂「古聖」，便未必專指在歷史時空中存在過地周公、孔子，更可視爲是楊簡「心靈大師」：「本心我」在夜夢中的指點發用。此因楊簡體證的「本心我」既是：「無今昔之間，無須臾之離，……不疾而速，不行而至，莫知其嚮，莫窮其涯」[註21] 的，那麼此「本心我」當然也是沒有「日夜」、「睡醒」「夢裡」、「夢外」之別的，因此楊簡「生命修行意識」持續在睡夢中生發作

〔註20〕據筆者對楊簡心學的綜合理解，楊簡心目中的聖人孔子——即是他自己心學境界之登峰造極者，他所有心學著作，顯然都有強拉聖人孔子來爲自己的心學體證「背書」的傾向。故此文本中「孔子之心澄明如太虛」一語，雖係正向讚美之詞，但細加條分縷析，便可察知——「澄明如太虛」一語用以指況佛家體證，無寧較爲適恰，用以比擬儒家孔子則相對不倫矣。

〔註21〕見《慈湖遺書》卷四〈祖象山先生辭〉。

用，據以尋找、探索其本人長期設定的生命目標：「道」及所對應的答案時，「本心我」乃與心中的生命導師──「古聖」產生某種程度「感應道交」的連結，就此而言，楊簡「夢中獲古聖面訓」一事便顯得合情入理、可被理解接受了。進一步說，內證體驗中的所謂「奧祕性」「超智性」，恆然是對未循此路徑前行，致對此內證領域的各種標誌、系統、經驗、情境極度睽違、不適應之人始顯其陌生。反過來說，萬一普世之人皆朝「內門之路」或「上門之路」踐履前行：如西藏人集體信奉密宗、天主教基督教國家集體信奉天主、基督，並完全接受此種生命進路的可能境界及系統解釋，或許「內門之路」「上門之路」裡的「奧祕性」「超智性」，對該門踐道者來說便顯得自然平常、法爾如是，所謂靈修經驗中的「奧祕性」「超智性」，其實也不過是「生命之學」領域中「平常性」「自然性」的另一面向罷了。所以楊簡「夢中獲古聖面訓」一事，在筆者看來，只要不對夢境過度執著，並記取修證之路可能「未離意象」的警策指點（據筆者解讀，所謂「未離意象」，應是指楊簡彼時猶對某些修行境界、體驗存有某種程度的「黏著」，「離染工夫」、內在心行仍未究竟到家之謂），則楊簡從該夢境中獲得一定程度的心學教導與增益，殆是無庸置疑的。

　　行將結束本節之時，筆者再綜合討論一個楊簡內證工夫中很重要的問題，並試作解答，此問題是：既然楊簡是部分融攝佛禪「內門之路」以進修的「心學儒者」，並有過數次特殊內證體驗，那麼楊簡生命境界究竟如何？在「內門」修學路上，他倒底成就、完成了沒有？且內證工夫是否完成到頂，此中存在著那些次第、階段呢？

　　關於如上之問，筆者的理解大致是：一般而言，內證行者循「內門之路」進修的工夫歷程中，若生發「小見性」（即楊簡所謂「微覺」）及「大見性」（覺悟）等體證都是很正常的，因為此二者都是通往「至高經驗」所必履經的梯階。若方便將「內證之路」分成 3 階段來分述，那麼第 1 階段的體悟，便可權名之為「證」，此即有若干「證據」、「徵驗」、「標誌」等經驗可見。事實上，凡稍有禪定工夫的人都隱約相信、約略察知：在其生命深處確有其「自性」，此「性」即是吾人最深的自我，然而隱約上雖已知道，但實際上尚未直接驗證、澈悟此事。換言之，內證行者對「自性」之可開顯所以深信不疑，乃是植基於對「道」或「聖人」生命境界深具信心（猶如楊簡之於聖人孔子，便一直是以「生命導師」地態度在尊仰、學習著，若從靈修學後設的角度來解

釋：此種「心靈向度」本身，便是一種穩住生命方向、增長信心、進而避免「境界退轉」的方法）。或許有一天，在他本體的深處，忽然綻開一個縫隙，一種極其神祕的境界湧現、顯露出來，此刻他似乎窺見、看見了，或了悟、明白了。無論用什麼字眼來描述都無所謂。總之，他已邁進了分隔「隱然相信」與「實際驗證經驗」的分水嶺。若將此種第 1 階段的靈修層次，用以比擬楊簡的修證次第，那麼「循理齋之悟」便代表楊簡此階段的「覺證」次第。

然而以上這種初步「見性」的體證經驗，可能一瞬即逝，但消失之後，可能在某個不刻意等待的時刻，它又轉往回來。當這種「覺證」經驗日趨「習慣」「普遍」，便進入內證之路的第 2 階段，此時它便不再是生命中曇花一現的偶然之事，而是可以從現實生活經驗中直接滲透出來。它就活生生呈現在眼前，但此境界的呈顯與肉眼所見的現象卻不相干，這是「常久覺醒」的一個境界。所以由第 1 階段——初步領略若干證據、徵驗、標誌等體悟，進躋第 2 階段：直接從現實生活經驗中滲透出來，此需一段心靈持續修學的時間歷程。若舉楊簡修證次第為例，其 32 歲「訟扇之教」「山谷夜坐之覺」、乃至此後近二十年「舊習難消」「未離意象」境界退轉、進而克服的「不定變化歷程」，便是第 2 階段修證層次的具體表徵，所以在內觀修學路上，當然需要「悟後起修」，絕非有過第 1 階段權名之為「證」的心靈體證，從此便大事已畢、究極完成。

最後第 3 個修證層次，便是生命澈底的「覺悟」，此際已不再落入分段、相對的境界層級中，此「覺悟」基本上：「已不是一種所見，而是對見性經驗所含蘊的一切澈通。以不可言喻的方式，人的悟力明白了人「性」的實際，它是人性的，也是宇宙的。人在經驗他的本性時，也經驗了他和一切宇宙萬象實際的合一。人於是瞭解了宇宙萬象只有一個實際，並在此實際中與萬物合而為一」。〔註22〕至於楊簡修證次第是否進階及此呢？此問題則難分說，或許有，或許沒有，此因楊簡心學確有諸多類似第 3 階段境界之文本，然這些文本究竟是楊簡第 3 階段的「境界語」呢？或只是第 2 階段境界的引伸、描繪呢？這就不是筆者所能辨識、置喙的了，但如果從楊簡 66 歲時，另有一次讀〈大禹謨〉至於「一日偶觀大禹謨，知舜以克艱稽眾，舍己從人，不虐無

〔註22〕此引文參見甘易逢神父所著《源頭》一書頁 55，光啓出版社 1999 年 85 月版，另此處解釋楊簡心行境界是否登頂到家，筆者係參考甘神父對內門修學次第的理解。

告，不廢困窮，惟帝堯能是，是謂己不能也，三復斯言，不勝嘆息」〔註 23〕
的體證看來，不排除楊簡當時的體證猶未躋於第 3 階段澈底「覺悟」的境界。
據筆者對「生命之學」的綜合理解，內證行者生命境界若已全然登峰造極，
便好比日光燈之撚亮：應是澈底而無停息的照亮，並發露一如象山、惠能「六
經皆我注腳」「佛經皆我注腳」般的絕對自信，無須像楊簡陸陸續續在日常生
活經驗中逐步積累個別、單一的發現與體證，所以楊簡 66 歲時，生命境界尚
有點點滴滴的成長，固然可喜可賀，但這些點點滴滴的進步，便好似日光燈
之時閃時爍、要亮不亮一般，是不足以作爲生命境界全體、澈底「照明」地
表徵的。

　　最後一併要說明的是，眞正的「見性」是否要到第 3 階段才算完成呢？
這其實是一個「見仁見智」猶待討論的問題，端看吾人對「內證之路」的境
界層級如何詮釋、定義而論。所以若有人視第 1 或第 2 階段的體證即是「覺
悟」，或如禪宗有名的「人牛圖」、佛家十地說，將內證之路分成 10 個階段、
次第，亦未嘗不可，畢竟「內證之學」領域中，「得其受用」才是第一義諦，
至於靈修次第、層級如何詮釋、定義，才算「內證之學」的正宗確解，也許
到目前爲止，人間還不存在一個各家共同信服的標準答案與固定解釋，相對
來說，這也正是亟需所有追求生命內證眞理的各家行者，適度放下個人家派、
境界的執著，持續透過各種可能的對話、討論方式，據以共同詮釋建構內門
修學次第的重要課題罷。

第二節　楊簡「以覺言心」在「生命之學」場域的義理考察——「慈湖所傳，皆以明悟爲主？」

　　本節要討論的主題有 3：第 1，從各種資料、證據皆足以顯示，經楊簡啓
悟而「有覺」的心學從人，他們的工夫歷程、心學體證、乃至教化方式、境
界特性皆與傳統儒學有所不同，以致黃宗羲對楊簡心學「以覺言心」、及其認
可的「覺者」標準皆有所微詞，連當代鴻儒錢穆先生在《宋明理學概述》一
書 236 頁也說：「簡之後學……謂其師嘗大悟幾十，小悟幾十，眞儼然成了禪
宗一祖師」，這不禁令人對楊簡的修學路徑、識人之明、及人品評價標準何在
心生疑竇，難道「未必爲豪傑之士」及「以聚斂稱」的庸俗之人，在楊簡心

〔註 23〕見《慈湖遺書》卷八。

學中也可入於「覺者之列」嗎？

第2，更離奇的是，不僅「非豪傑之士」或「以聚歛稱」的趙與籌都經楊簡認可爲「覺者」，甚至不少「婦人女子」亦名列楊簡「覺者」門牆，這與傳統儒家不見有婦人女子在儒門「登堂入室」的情況大爲不同，此該作何解釋？

第3，從各種資料、證據皆足以顯示，經楊簡讚譽、認可爲「有覺」「覺」「忽覺」……的「覺者」及其案例，大量出現於《慈湖遺書》〈墓誌銘〉〈祭文〉等相關文本中，可見楊簡心學某種程度上必與生死課題有所關涉，此小節將進行必要之探討，對楊簡心學在「生命之學」場域中之分位作出統整定位及解釋。

一、楊簡心學從人的工夫過程及修學特徵——「此一二十年來，覺者踰百人矣，古未之見」？

如前所言，楊簡心學明顯是「生命之學」而非「知識之學」，其心學傳承對象——是針對生命「內門行者」，非泛指一般知識分子，乃至他所傳承的學問——也是個人特殊的心靈體證，非以認知思辨爲本質的生命知識。然明儒黃宗羲在其編纂《宋元學案》卷七十四〈慈湖學案〉裡，卻有一段話點出楊簡心學不少問題，茲將文本摘述如下：

> 慈湖所傳，皆以明悟爲主。故其言曰：此一二十年來，覺者踰百人矣，古未之見，吾道其亨乎？然考之自錢融堂、陳和仲以外，未必皆爲豪傑之士也，而況於聖賢乎？史所載趙與籌以聚歛稱，慈湖謂其已覺，何也？夫所謂覺者，識得本體之謂也。象山以是爲始功，而慈湖以是爲究竟，此慈湖之失其傳也。
> （見黃宗羲編纂之《宋元學案》卷七十四〈慈湖學案〉）

坦白說，黃宗羲上述質疑楊簡心學之言，可被疵議處著實不少，此如第1：黃宗羲云「所謂覺者，識得本體之謂也」，誠可謂內行人語，但問題是：何謂「本體」？具體內容爲何？此在不同工夫體證者的理解中可能人言言殊，以致象山、楊簡對「本體」的認知與心學詮釋若存在落差，便是師生「工夫——境界」入路殊異產生的差別。就此而言，黃氏指「象山以是爲始功，而慈湖以是爲究竟」的判定、評比，便顯得牛頭不對馬嘴。據筆者所知，象山心學之始功——乃是有名的「辨志工夫」——「義利之辨」、及「先立其大」，

〔註24〕此純然是孟子學路數，亦是道德良知脈絡下情境逼顯的第一序提問，此誠屬正統儒家「識得本體」的標準典型；但問題是：楊簡心學體證之「覺」與「識得本體」，一如前文指出：由於楊簡工夫形成歷程部分融攝著佛家「內門之路」的心靈體證，以致其體證的「本體」乃是：「虛明無體」「性空」「此心無體，清明無際」「無尚不立，何者爲我？」〔註25〕的「無知之知」，此大大迴異於象山體證之「心」具有孟子學那種饒具「實有層」：陽剛、富厚、給出正面價值根源、及道德創生意義的心學特性，可見象山、楊簡師生「工夫—境界」如其有別，黃氏不究個中殊異，逕自籠統判定：慈湖（楊簡）是以象山「辨志」工夫所對的道德良知本體之豁顯爲究竟，而謂「失其傳」，這對楊簡心學的理解無乃過於睽隔。

至於黃氏第 2 個可被商榷、疵議的質問：「史所載趙與籌（即趙德淵）以聚歛稱，慈湖謂其已覺，何也？」，則因涉及趙與籌個人人品的事實評價與歷史考察，此非今人所能探究，然依筆者之見，爲鼓勵不同流品之人融入心靈改造、生命層級提昇的行列，或許不排除楊簡在某種教化情境背景下說出：「某某人已覺」這類「鼓勵性」話語的可能，且「覺」字隨著不同生命情境、語意的指涉，其「境界」其實有高低、深淺之分，此如：一個外在行履曾經「聚歛之人」（貪心習氣較重），在某種情境下，若悟覺以往生命之不淨，有心改悔向道，儘管其粗重習氣仍在，但某種程度上亦可嘉勉名之曰「覺」，何況誰能鐵口認定：前此曾經「聚歛」之人，日後不可能在某人生關卡因特殊機緣的激蕩、觸發，生命亦有尋求終極歸仰的深層渴求呢？

至於黃氏第 3 個可被商榷、疵議的質問：「考之自錢融堂、陳和仲以外，未必皆爲豪傑之士也，而況於聖賢乎？」，此便純然是黃宗羲以個人既定標準、張孔，來丈量「世界」所產生的問題；蓋「豪傑之士」在儒門中尚且未必是值得師法的人格典範，且「豪傑之士」從「外門之路」角度觀看，或許稱得上英發、精彩，但此與「內證本眞」（道）「生命之學」何干？換言之，「豪傑之士」不必然是生命眞理的體證者，內門眞理的體證者亦不必然是行俠仗義、建立事功的「豪傑之士」，此二者誠可有某部分界域地重疊，但基本上，「豪傑之士」與楊

〔註24〕此處且舉二例明之：1、據《象山全集》卷三十六記載：「傅子淵自此歸家。陳正己問之曰：陸先生教人何先？對曰：辨志。正己復問曰：何辨？對曰：義利之辨。若子淵之對可謂切要。」再如《象山全集》卷三十四亦云：「陳正己自槐堂歸，問先生所以教人者。正己曰：首尾一月，先生諄諄只言辨志。」

〔註25〕此處所舉文本及梳解文字已見第二章第三節內文，茲不再個別標明出處。

簡所謂「覺者」的心靈基調、進路是截然異趣、難以類比的。若從「生命眞理」的本位看，人間的眞相可能是：走「外門之路」欲以征服天下的「豪傑之士」，每每是「內門路上」無法駕馭自我，只能借助外在功業證明己身存在價值的「迷途之人」；相對來說，若從「外門之路」張孔角度觀看：似楊簡這般常年抒發心學高論、一無所求的人間行履，亦可能被外門中人視爲「異類」「不食人間煙火」「稀有動物」或「沒本事」等等，凡此生命進路之殊、境界層級差異，導致觀看世界的面貌、內涵千差萬別，豈不正是「器世人間」所以爲「器世人間」的本來事實嗎？就此而言，黃宗羲以其「豪傑標準」「聖賢標準」質疑楊簡心學的「覺者標準」，此實難謂有何對錯，但某種程度上，也部分揭露楊簡「以覺言心」的心學特性確與傳統儒學有所區別。

　　儘管黃氏對楊簡心學的評議有其盲點，但不容否認，此文本中，他還是精確點出楊簡心學兩個很「關鍵性」地問題，此即：第 1，黃氏一語道出：楊簡所傳心學「皆以明悟爲主」（即「以覺言心」），這與傳統儒學乃至宋代理學、象山心學皆有程度不等之殊異，換言之，楊簡是「有意識」地以「覺」來定位他的心學體證、並以「覺者」來定位他的心學傳人，此皆大大迥異於傳統儒學以——仁、義、禮、智、信、德、忠、孝、誠、中等關鍵字來詮釋儒學，或以「君子」、「聖賢」等德性詞謂來定位儒學傳人，針對這種現象，吾人究應如何理解、詮釋呢？至於黃氏對楊簡心學第 2 個「關鍵性」地識察，便是明白點出：楊簡曾有「此一二十年來，覺者踰百人矣，古未之見，吾道其亨乎？」這樣特殊的言論，這對比於孔門弟子成德達材者概以 72 賢計，難道楊簡的學問、教化本領竟高於孔子，以致弟子成材者超踰百人？或抑其學生根性利於孔門弟子？乃或楊簡對「覺者」的定義指涉，根本與孔門弟子的「德性標準」、孔門四科的劃分方式天差地隔、無法類比，並據此顯示楊簡心學確與傳統儒學大相逕庭？以下筆者爰針對楊簡心學如上「兩大問題」探究、解索。

　　首先，針對黃氏指出楊簡心學「皆以明悟爲主」（即「以覺言心」）似與傳統儒學有違的問題，據筆者之見，楊簡心學所以「以覺言心」（「皆以明悟爲主」），基本上乃踐道者循「內門之路」前行所呈現的境界表述，換言之，「覺」乃是內證行者除垢、離染等內觀工夫臻某境界，自行覺知開顯其「內在自我」（「清明之性」「本心我」），此未必然與「外在現象世界」存在直接交涉關係。換言之，楊簡歷經若干次覺悟體證，大抵是他具以踐履、完成「生命內在之我」的覺醒、體證行動，此未必然與現實現象世界直接應對；至於目前學界

普遍以「仁、義、禮、智、信、德、忠、孝」等關鍵字來定位儒學，此基本上，乃是以「中門之路」的進路、思維來理解儒學所作的系統詮釋。一般而言，儒家言「仁」，在當今學界普遍被界定、詮釋爲——「自覺心」「公心」，此大抵已蔚爲共識，〔註26〕然儒家「仁」字義下所顯地「自覺心」之「覺」，與楊簡「以覺言心」義下之「覺」當然是明顯異轍的。據筆者所知，儒家「自覺心之覺」乃是以吾人「主體性」存在之我——「德性主體」爲基準，在「存有世界」展開德性踐履，以顯其主體存在意義，所以儒家義下之「仁」：公心、自覺心，若是離開了「人我」、「時空」、「事物」等交涉對待的關係與過程，便無法取得「獨立自存」的地位；因此儒家之「仁」（自覺心），總須先立一「主體性身分」存在之我——德性主體，據以在具體人間世界取得立足點，並以「某種形式的對待關係」與人事物交接，始克相依而存，進而與「義」（自覺心的價值判斷）、「禮」（人我間恰當的行爲表現），縮結成一內外互通、有本有源、主客交融的生活整體，進而在此「生活世界」的活動過程中，彰顯其德性實踐活動的意義與價值，就此而言，儒家「自覺心」義下之「覺」（仁），若是脫離了「生活世界」的對待關係，便相對無以彰顯其存在之義。所以，不離於具體的「人間世界」及一切人事物的「對待關係」，即此展開「人文化成」的德性踐履，此便是儒家在「生命之學」三進路中，大致可被歸類爲「中門之路」的原因。相對來說，楊簡「以覺言心」義下之「覺」便有異於此，此如：楊簡前後歷經數次「大覺」「忽覺」「微覺」「有覺」「又覺」……等心靈體證：28 歲「循理齋之悟」、32 歲「扇訟是非之悟」「夜宿山谷之覺」、34 歲「母喪之悟」及 50 餘歲「夢中獲古聖面訓」等，其生發情境基本上都是楊簡「內在心行蘊蓄程度近於滿出」、復經某種因緣際會的偶然觸發，所達成生命境界的「超頓飛躍」與「主體提升」，以致此種特殊心靈體證，除了以「覺」、「明悟」等關鍵字來表述，實難再有更適切地相關詞彙足以取代。在此理解基準上，楊簡以「覺者」一詞，指況某種程度上證得「清明之性」「本心我」的心學從人，也就名正言順、可被理解了；相對而言，中門儒者的踐道進路，總須先肯認、安立一「主體性身分」存在之我——德性主體，始得以在人間世界，以「某種形式的對待關係」與人事物交接互動，進而通過「義」（自覺心的價值判斷）及「禮」（人我間恰當的行爲通路），與生活世界縮結成一內外互通、主客交融的德性實踐之意義整體，就此而言，中門儒者以——仁、義、禮、智、信、德、忠、孝、中等關鍵字，來詮釋儒學意義的某些切面，

或以「君子」、「聖賢」等德性詞謂來定位其儒學傳人，當然也是符合其本身生命進路、及認識世界方式地——「各得其宜」的人生正確與適恰表現了。

至於楊簡心學第 2 個「關鍵性」問題，便是黃宗羲指出：楊簡曾有「此一二十年來，覺者踰百人矣，古未之見，吾道其亨乎？」這樣特殊、有異傳統儒學特色的言論，有鑑於此，以下筆者先檢覈黃宗羲引用文本的可靠性，再從楊簡「生活世界」的「交游關係」（親友、故人、婦人女子）及其心學從人的工夫進路、修學特徵，探討「此一二十年來，覺者踰百人矣，古未之見，吾道其亨乎？」，應放在怎樣的情境脈絡下來認知理解。

首先，在《慈湖遺書》卷三、及卷六，筆者各發現一段與黃宗羲上述指陳之言完全吻合的相關文本，茲摘錄如次：

（1）某內外親故二十年來亦多覺者矣，敢告。（見《慈湖遺書》卷三〈謁宣聖文〉）

（2）大哉，孔聖之言，哀樂相生不可見，傾耳聽之不可聞，不見乃真見，不聞乃真聞。……比一二十年覺者寖寖多，幾二百人其天乎？（見《慈湖遺書》卷六〈大哉〉之辭賦體文字）

從此 2 文本可見，楊簡確有「某內外親故二十年來亦多覺者矣」「比一二十年覺者寖寖多，幾二百人其天乎？」等極其特殊、有異傳統儒學觀點的言論，可見楊簡不僅「以覺言心」，甚且爲踐履其心學「有覺」者幾達兩百人倍感欣慰。〔註 27〕茲爲探索「此一二十年來，覺者踰百人矣，古未之見，吾道其亨乎？」之語，應放在怎樣的情境脈絡下來理解，筆者進一步找到「間接文本」與「直接文本」各 2 則，作爲觀察楊簡心學從人（即楊簡所謂「覺者」）的修學模式在「生命之學」場域中的研究樣本。即言之，從楊簡與「內外親故」交游互動的關係（師友、門人、婦人女子）、及其工夫歷程、修學進路、境界徵候等面向，探索、比對楊簡心學「以覺言心」何以異於傳統儒學，並對「此一二十年來，覺者踰百人矣，古未之見，吾道其亨乎？」等語，深入觀察解

〔註27〕另在《慈湖遺書》卷六〈大哉〉之辭賦體文字中，楊簡對其近二百名修證心學有成的「內外親故」、心學從人，亦皆一律以「有覺」「覺」字眼名之，乃至對子夏、有子、子思、孟子之學，皆一概以「覺雖小」「悟」「覺之」「惜乎小覺」等字眼名之，且「覺」字的相對詞是一「昏」字，可見楊簡的心靈體證，基本上不屬「中門儒者」——以「仁、義、禮、智、信、忠、孝」等關鍵字所顯之「道德性」「規範性」意含，即言之，「覺」、「昏」二字基本上乃是對「本心我」覺醒程度、悟性層級之透顯縱深所作的比況、描繪，明顯非屬儒家「道德主體性」之義。

讀，確有助於此問題之有效釐清。筆者先列舉如下兩則「間接文本」：

(1)……明仲純恪進德有證，聞執事敬之一言，日夜從事，至右手運用，其左猶拱，其專如此；如此者閱兩旬，忽大喜，喜止，又驟悲，悲止而泰然和平矣，自是發言頓異曩時，及其為里正也，公移方急，嘗曰：出入阡陌，奔走應辦，憂勞苦辛則甚矣，而實未嘗微動。(《慈湖遺書》卷四〈祭孫元禮人文〉)

(2)於平常而起意，始差始放逸。渭叔領會無疑，今其季汾清叔曰：渭叔蓋頓有覺焉。後移書曩所，師寺丞呂先生，先生甚善其有覺。……今銘渭叔墓銘曰：人心虛明，變化云為，不可度思，渭叔覺斯。(見《慈湖遺書》卷五墓誌銘〈銘張渭叔墓〉)

以上二例「間接文本」中，例 1 係言楊簡心學從人孫明仲的修學變化歷程，所謂「日夜從事」，係指孫明仲不為人知、但確實運施存在的內在心行，至於「右手運用，其左猶拱，其專如此」，則為孫明仲在「生命之學」場域中據以「專注內觀」的為學入路與方法，「如此者閱兩旬，忽大喜，喜止，又驟悲，悲止而泰然和平」，便是孫明仲循「內門之路」踐履，心靈淘洗、淨化後呈顯的境界外顯徵候；[註28] 至於文本 2 則係楊簡稱許張渭叔「頓有覺」「覺」之例，然此處楊簡所謂「頓有覺」「覺」，依常理判斷，或許不是一般人得以簡單知悉的，從文本「其季汾清叔曰：渭叔蓋頓有覺焉」、「師寺丞呂先生，甚善其有覺」看來，可見在楊簡生活周遭、「內外親故」之間，必然還有不少人如楊簡一般，對「本心我」境界之開顯——「覺」的身心外顯癥候，亦能一眼洞悉、準確察知，呈現出彼此對「本心我之開顯」——「覺」的生命境界，擁有大致同質同調的基本認識，此皆指向「覺的境界」未必極端神祕、或極度「個人化」到不可被旁人感通察知的，以是可進一步推斷：楊簡心學之「覺」，一定不只是個人單向的主觀證知、及修學路上獨一無二的心傳之祕而已，此所謂「覺」的生命境界，內證者必有若干心靈成長變化，發顯於外在形貌某些徵候、行為的改變，可為其他高階心靈體證者所知悉、認取。以下再舉兩則「直接文本」進一步解索，先言例 1：

饒之樂平鄒夢遇，字元祥，四明楊某之宰樂平也。夢遇與鄉貢，

[註28] 據筆者的認知理解，所謂「忽大喜，喜止，又驟悲，悲止而泰然和平」，應是孫明仲「內門路上」類似懺悔、除業、除垢、淨化的行動外顯效應，亦是內門行者體證「本心我」所必履經之歷程，截然與「怪力亂神」之說無干。

自是相與從容，後某以職事至蘭若，夢遇見次，言近覺，某叩
之，知其覺矣，而猶不無阻，隨通之，自是益澄明；後又得夢
遇之叔祖近仁，字魯卿，與之語，厥明，再語而頓覺；……末
得比邑餘之曹夙，字叔達，叔達留縣庠，晝忘食，夜忘寢，旬
有四五日而忽覺。……魯卿之子曾，字伯傳，比年亦覺。嗚呼
盛矣，元祥事親至孝，篤愛諸弟，嘗語人曰，事親從兄之際，
不思不勉，無非實地，……又曰：人皆以兀坐端默爲靜，吾獨
以步趨應酬爲靜，人皆以步趨應酬爲動，吾獨以兀坐端默爲
動。（見《慈湖遺書》卷五〈鄒元祥墓碣〉）

以上這則「直接文本」的意思就更清楚了。此文本中4個主人翁：鄒夢遇（元
祥）、鄒近仁（魯卿）、鄒魯（伯傳）、曹夙（叔達），顯然都是經楊簡肯認循
「內門之路」進修而「有覺」的心學成就者。其中「某以職事至蘭若」一語，
更是楊簡入佛寺與方外人往還交涉的證據。文中鄒夢遇（元祥）自陳其修行
境界：「嗚呼盛矣……人皆以兀坐端默爲靜，吾獨以步趨應酬爲靜，人皆以步
趨應酬爲動，吾獨以兀坐端默爲動」，顯然切近佛禪而遠於傳統儒家，所謂「人
皆以兀坐端默爲靜，吾獨以步趨應酬爲靜，人皆以步趨應酬爲動，吾獨以兀
坐端默爲動」，當然不是夢遇在「動」「靜」文字間標新立異，故意與常人的
習性經驗唱反調，而是旨在點出：循純粹「內門之路」踐履，內在歷程必然
存在一定程度地——破除自我定執習氣的「去執」工夫，及相隨「去執」工
夫而來地「消泯分別相」的心悟體驗，以致內門行者對「動」「靜」二相的體
證宜是「動靜一如」，非如外、中門人對「動」「靜」二相的認識，大抵落在
外在境相表層差別的經驗感受上。至於楊簡啓悟心學從人的體證經驗與過程
——「夢遇見次，言近覺，某叩之，知其覺矣，而猶不無阻，隨通之，自是
益澄明；……與之語，厥明，再語而頓覺；……晝忘食，夜忘寢，旬有四五
日而忽覺。……，比年亦覺。」亦清楚顯示：楊簡啓悟、檢證心學從人（「內
外親故」）境界層級的過程與方法，宛然與禪師指點弟子的方法、過程十分近
似，筆者雖不必論斷楊簡上述作爲全盤襲自佛禪法門，但楊簡及其從游「內
外親故」、心學從人工夫論中部分融攝著佛家「內門之路」的形跡則是清楚可
見的。就此而言，楊簡心學工夫及其傳承之間，顯然存在著「印證」與「檢
驗」的問題可資研索。

據筆者對「印證」「檢驗」問題的理解，一般而言，只要是循「內門之路」

踐「道」的行者，多少都會面臨境界是否必須「印證」「檢驗」的問題，否則無止盡循「內門之路」前行，工夫修爲是否有所進境，乃至心靈境界走到何種層級，若內證者全無所知，豈非如「大海中地孤舟」「盲人騎瞎馬」般地糊塗而危險，所以「印證」「檢驗」問題，永遠是內證行者心中一個亟待自我釐清之「謎」，但「內門之路」的困難、陷阱恰也在此。此意是說：悟道或開悟、覺悟與否，人世間顯然不存在一個清楚透明、人人信服的檢證方法，畢竟悟道、開悟與否，無法像作「健康檢查」一般，透過醫學儀器的檢測得出一客觀、量化數據，作爲有公信力的現實比對標準。何況在「生命之學」場域中，依不同進路的修學方法、目標而進階的「可能悟道者」，在不同家派、信仰進路的行者看來，是否算得上開悟、證道，恐怕難有定論，此即人世間是否存在「統一證道檢測標準」的問題。再從「證道者條件」來說，如果莊子「有真人而後有真知」這樣的看法，確然是所有「生命之學」的普遍準則，那麼人世間必然得先具存已經悟道、開悟的體證者，無論他是佛、基督、聖人或真人至人，始具備爲人「印證」「檢驗」的資格；但問題來了：在距聖久遠的普今之世，具備這種爲人印證「資格」的「高人」何在呢？企求印證者又該如何訪求呢？難道能透過登報、上媒體的方式來訪求嗎？若果透過傳媒真能覓得若干「印證師」，那麼又將何以鑑別這些「印證師」境界層級之高低真僞呢？再者，假如真能從一群真假充斥、境界不一的「印證師」中覓得真正「高人」，此便意味其已具備能鑑別「印證師」資格的「慧眼」、「法眼」了，那還需要別人來印證自己的修行境界嗎？又如果我們無法在一群真僞相參的「印證師」中明辨真僞，這是否代表我們尚未臻於究竟真實境界呢？既然工夫尚未到家，那還能妄想「印證」「檢驗」之事嗎？再者，一個透過自力自修方式自許爲「悟道」的內證者，如何在茫茫人海中尋找合格的印證師？如果他執著於個人「證道」的自我主觀認定，那麼在「印證之路」上是否可能重蹈「國王新衣」的故事，「印證者」與「被印證者」相互裝成煞有介事的模樣，彼此欺瞞，用以沽名釣譽，牟取個人內在深層意欲的滿足呢？乃或內證行者若未全體覺悟而自謂已然徹悟，那麼別人又有何方法檢別、過濾呢？當然更嚴重的問題是，如果普天之下，本就不存在著絕對的悟道者與印證師，那麼亟求印證的內門行者，終其一生，難道便無法肯證自我的生命境界、心靈層級嗎？或者他亦可如釋迦、孔子、老子、耶穌一般，在自我修證過程中自我「發現」、「明白」：自己的修學進境，其實是「不證自明」的，真的假不了，假的真不

了，所謂「印證」「檢驗」其實只是外門「餘事」，就「道」（生命眞理）的本位而言，「印證」「檢驗」等程序至多只是「充分條件」而非「必要條件」呢？相信以上提引，在「生命內門之學」場域中，都是極爲重要、有趣、値得吾人持續關注解索的課題。

以下再舉另一則「直接文本」2——楊簡啓悟心學從人趙德淵之例加以探討：

> 輿論謂數年前極有性氣，及爲僉判，全不見有性氣，永嘉徐良甫與德淵至稔熟，言其喜怒不形於色，同徐良甫從少保壙所，從容幾日，德淵忽於早食前驚曰：異哉！良甫問狀，於是知其有覺，某後見德淵，德淵曰：及今於日用應酬都無一事，只未知歸宿之地。某曰：不必更求歸宿之地，孔子曰：心之精神是謂聖，人皆有是心，心未嘗不聖，何必更求歸宿？求歸宿乃起意，反害道。孔子每戒學者毋意，後再見德淵，果平平，不動乎意。（見《慈湖遺書》卷五〈書雲萍錄趙德淵親書後〉）

據筆者解讀，此文本中「全不見有性氣……、喜怒不形於色」，便是德淵融入內門工夫後某種良性的氣質轉化，如此操持本心後，乃於某日早餐前生發特殊的心靈體證（「驚曰：異哉！」），然這並不代表德淵的工夫業已完成，從德淵自云：「及今於日用應酬都無一事，只未知歸宿之地」看來，或許他的心靈修爲，確已能在平常日用間無所掛礙，他修行路上唯一僅存的問題是：心中仍有一個自覺存在的「自我」企欲覓得「究竟歸屬」的隱然冀望。換言之，德淵此種「未知歸宿之地」、欲「求歸宿」的心理，如果以靈修學語言來說，便是亟欲爲「生命我」尋找類似「生命原鄉」「生命永恆家園」以究竟安頓的幽微心理。

對德淵此種亟欲追索「生命永恆歸宿」的心理，筆者以爲，此種心理的生發背景，某種程度上或與德淵對「人間的故鄉」「腳底下的家園」，是否可以作爲「生命原鄉」「生命的永恆家園」之疑問、究詰有關，亦與當事人對現實存有世界之「局限性」有所覺知有關。此因：「何謂家？」「什麼是故鄉？」，本來就是一個複雜、難以簡單定義的命題，且通常愈是高階靈性之人，愈會興發、有感此問題。甚至一般會追問生命究竟歸屬的心理，也大抵與當事人生命歷程中經歷地「漂泊經驗」有關，且各種不同層級、特性的「漂泊感」，就生命原理來說，也必有其可資回歸、對應的「歸屬層次」。此如：「形軀生

命之漂泊」之於「俗世幸福」的安全歸屬、「歷史因素導致民族情懷之漂泊」之於「民族一統」的情感歸屬、「地域之漂泊」之於「故鄉、祖國之重新定位」的生命歸屬、「現實世界之漂泊」之於「形上精神世界」之超越歸屬、「虛妄生命之漂泊」之於「永恆、愛、宗教」的終極歸屬等等……。〔註29〕即言之，以常情常理來說，從身分、地位、事業成就、血源、土地、語言、或族群、文化中尋找「熟悉感」與「認同感」，乃是一般人（尤其是外門中人）尋找「心靈故鄉」的主要途徑，但從「生命之學」角度看，由身分、地位、事業成就、血源、土地、語言、族群、文化等因素組構的「家」、「故鄉」，其實是由外在一系列變化無常的條件串系所組成，若將「生命原鄉」「永恆家園」定位寄託於此，一旦這些外在條件變化遷流，一定會造成心靈嚴重的失落與生命貞定不住的恐慌，就此而言，「人間世俗的家」只是給「形軀我」及其家屬暫時棲身安頓之用，但對追索「生命本眞」的內門行者來說，心中顯然另有一個共同關懷的課題，此即：「世俗的家」如果眞只是人間地「驛站」，那麼作為「生命我」的永恆歸宿倒底歸根何處？就此來說，德淵雖已能「於日用應酬都無一事」，但心中顯然仍隱約存有一絲必須追索何處是「道之止境」、何處是「道之終點」的疑竇與不安（「只未知歸宿之地」），據筆者解讀，本來德淵此種「自我修學進境」是否「完成」的質問，對一般初學者絕對是一種正面、必要的究詰，但對循「內門之路」前行、已有若干進境的修證者來說，若過度用心追問修學進境是否完成，這對道業之全程踐履反而平添另一道阻滯難行的「路障」，此因：德淵如果自認尙未覓得「歸宿」，便會起一相對、必須繼續尋覓之心，此種「尋覓之心」本身，便是楊簡心學架構：「意之兩重性」中會起計執、分別作用的「下層之意」，這當然是楊簡心學期期然以為不可的（即楊簡所謂之「毋意」），反之，若德淵自認道業已然完成，便可能自恃心學工夫已然登頂，從此可以高枕無憂、太平無事，這又容易掉入更大「自我欺誑習氣」的可怕網羅之中。所以在楊簡看來，德淵欲「求歸宿之地」的心理，其實是修學途程中「我執習氣」未淨化遣除所自設的「路障」「關卡」，絕對有必要超越、破除、平心等視。

經過如上對楊簡心學從人、「內外親故」工夫形成過程、及修學特徵的探討，

〔註29〕以上諸種型態地「漂泊」對應於各種類型地「歸屬」之分類，參見筆者〈試以漂泊——掙扎——尋覓——歸屬的思想架構，試詮張系國地、笛、紅孩兒的內在義理世界〉一文，見崑山科大學報第三期 。

筆者的綜合理解大致是：楊簡心學純粹是就生命本身——「身」「心」「靈」關係問題，採行的生命層級提升行動（如果以「身」「心」「靈」三者簡單區分，則楊簡心學主要關注的，當然是「靈」（靈性境界）的層次，而非「身」「心」部分）。在筆者看來，似楊簡這般高階境界層級之人，得以識別初階「內證者」心靈境界層級之：「已覺」、「微覺」、「有覺」乃是很自然、平常之事，這便好比人生歷練豐富的長者，每可從後生晚輩言行癥候間，當下鑑識彼等心性層級之殊異一般，可見楊簡「識人以覺」「以覺言心」未必如想像中神祕。進言之，楊簡鑑識生命覺悟層級的標準、方法，跟「外門之人」以「生命外部」標準、尺度看人，完全是兩碼子事。換言之，在楊簡心學的識人之明中，生命不是單向、平面的並列關係，而是立體錯綜、有其高低深淺的縱深內含，一個在「世俗界」揚名立萬之人，在生命真理地「明鏡」「平台」前呈顯的，可能只是一個低階靈性地「凡夫俗子」，相對來說，一個在「世俗界」無何特殊成就的內觀行者，只要長期如法於道途踐履，則其在生命真理地「明鏡」「平台」前所對應的，卻可能是一個具足超越生命境界的「高人」。因此只有還原、回歸「生命內門之學」——尤其是「身心靈關係」中之「靈性」層級來品評「人」，才能掌握楊簡「以覺言心」及識別生命層級以「覺」字爲首出的傾向意義。

當然，如果站在現代「智識之學」張孔觀看，楊簡以「覺」「微覺」「小覺」「有覺」等語，比況內門心靈境界層級，或許不夠精確、實指，以致令人難以對「覺」「微覺」「小覺」「有覺」等語指涉的境界內含，作出更明確的區分，但跳開「智識之學」的思考角度，我們也可以反過來說，難道不正是楊簡心學這種「不夠清楚、實指」的特性，更可確認楊簡心學所以是純粹「生命內門之學」的本質特性嗎？換言之，「生命之學」乃是針對「生命真理」知所探索、踐履之人，始顯其存在之義，同樣地，楊簡識人以「覺」「微覺」「小覺」「有覺」等語，也必得放在第一序「生命指點」的情境現場，始克完足理解，否則「生命之學」若牽就「現代學術」的知解框架，硬將楊簡心學體證予以「量化」、「標準化」，建構成一套明確清晰、可資談辨之用的思維遊戲，比如：「微覺」代表五百公尺高的境界層級、「小覺」代表一千公尺高的境界層級……，如此將「內觀之學」定義得涇渭分明、非此即彼，恐將失去楊簡心學所以是「生命之學」的特色，此因：「生命之學」既是爲生命迄未完成之人而存在、彰顯，且「內門之旅」本就是在一「內部尚未完全清楚」、「生命境界有高低起伏、進退變化」的錯綜歷程間展開，進而在此尋

覓、探索、開發、體悟的過程中,「明白」、「體證」了「生命的真實」,所以對內證行者來說,內在心行的踐履過程,本就具存著「當下不可能全然清楚」「必須在黑暗幽谷中全程走過」的特性,否則「生命之學」的內在奧祕若本來就「昭然若揭」,個別行者的踐道之旅都可經「智識之學」「分別智」事先準確設定、執行、完成,那麼「生命內門之學」(楊簡心學)只須以「智識之學」「分別智」處理即可,屆時人人按圖索驥,便可找到自己生命內碼所對應的「座標」「路徑」與「答案」,一切標示得清清楚楚、明明白白,果若如是,則此型態的「生命之學」便是「機械式」地——可被人為操控、宰制的對象,但問題是:「生命之學」的內在問題複雜而幽微,個別行者的生命內在密碼人各異趣,「智識之學」「分別智」果真足以因應、承擔——複雜、幽微的生命層級提升之事嗎?

綜括如上各 2 則對楊簡心學從人「間接文本」、「直接文本」的討論,最後,讓筆者對楊簡「此一二十年來,覺者踰百人矣,古未之見,吾道其亨乎?」這樣特殊的言論,作出個人的觀察與總結。據筆者之見,楊簡心學所以「以覺言心」(「皆以明悟為主」),基本上乃是工夫歷程中部分融佛、並循「內門之路」前行,所必然呈現的境界表述;換言之,此「覺」乃內證者覺知、開顯其「生命內在之自己」(本心我)的境界層次,不必然與「外在現象世界」存在直接交涉關係,甚至在「身——心——靈」關係統整的層次上,楊簡心學首重者唯在「靈」(靈性成長、開啟「本心我」境界)的部分,在此教學目標:引導心學從人開啟「本心我」境界的特殊蘄向下,楊簡心學或與傳統儒家「內證之學」有某部分界域地重疊、交集,甚或在「內門之路」上較傳統儒者走得更為深遠,但基本上,其為學屬性、方向、乃至對「覺者」的定義指涉,都是無法與孔門「德性標準」(聖賢、君子)或孔門四科的劃分方式「類比」、並論的,既然性質、路徑、基準點如其有別,那麼硬欲追問:孔門弟子成德達材者概以 72 賢計,難道楊簡的學問、教化本領竟高於孔子,以致弟子「有覺者」超踰百人?或抑其學生根性利於孔門弟子?——等等「假設性」的擬想問題,便顯得掛空不實、不足深究了。

二、「有覺婦女之修學模式」與楊簡心學之關涉——「婦人女子亦覺?」

前小節已就黃宗羲質疑楊簡心學問題,作出相應的解釋與說明,並對楊

簡「內外親故」工夫論中，部分融攝著佛家「內門之路」的方法與徵候有所論證，但楊簡心學令人疑惑處尚不止此，此因楊簡「內外親故」中——部分婦人女子的修爲境界，在楊簡心學中，竟以高於傳統儒者修爲的評價被楊簡鄭重表彰：「自古儒宗學子，不知其幾千萬，覺此者有幾？不謂婦人而有此。」（見《慈書遺書》卷五〈冢婦墓銘〉），這與傳統婦人女子，幾無法在儒門取得一席之地的情況大不相同，無乃是一特殊、罕見的現象，〔註30〕此必意味楊簡心學另有異於傳統儒學之處，爲探討此「有覺」婦女在楊簡心學中的分位，並解說婦人女子之修學在楊簡心學及「生命之學」場域中的意義，以下筆者列舉兩則：1 楊簡之妻馮氏（名媛安，字婉正）、2 葉元吉及其母親孺人張氏修學之例，進行討論。先言前者：

（1）楊簡之妻馮氏（名媛安，字婉正）「有覺」之例：

……新除將作監，楊子字敬仲，妻馮氏，名媛安，字婉正，孝友篤，至靜專，無故不出戶，衣服不事侈，口不言財利，寬厚慈惠，知過能改，明白不藏，襲病久，常情不堪，婉正語其子壑曰：我雖病，實未嘗病，生如死，死如生。……銘曰：嗚呼，馮氏死生一致，至哉斯言，自古儒宗學子，不知其幾千萬，覺此者有幾？不謂婦人而有此。（見《慈湖遺書》卷五〈冢婦墓銘〉）

（2）

婦而能覺，古惟太姒，自茲以降，俾行稱於史，固不乏求，其內明心通，惟龐氏母子……（見《慈湖遺書續集》卷一〈奠馮氏妹詞〉）

文本 1 中，楊簡之妻馮氏，被楊簡譽爲「自古儒宗學子，不知其幾千萬，覺此者有幾？不謂婦人而有此」，可見在楊簡的認知理解裡，其妻馮氏的心靈體證（「覺此者」）顯然與生死課題之體悟、超越有關；換言之，馮氏長年瀕處「形軀我」形將崩壞、離逝的生命臨界點（「襲病久，常情不堪」），此種人生無常的艱難課題，必然強力驅使馮氏必須正視個人「生死命限」，並對生死課題所涉及的——「形軀我」隨時可能崩壞的現實有一「究竟認知」，所以馮氏

〔註30〕本小節筆者以「婦人女子亦覺？」爲研究主題，這必須感謝 90 年筆者拙文〈楊簡心學定位的兩個問題〉投中央大學〈人文學報〉第 23 期發表時——某未具名審察老師的寶貴意見。

對其子埜自陳:「我雖病,實未嘗病,生如死,死如生」,此在楊簡的認知理
解裡:此種「病而未病」「死生一致」的生死觀與心靈向度,顯然超逾傳統儒
家「未知生,焉知死」、進而迴避正面言死的人生態度。進言之,在筆者看來,
楊簡所以稱譽乃妻「病而未病」「死生一致」的心靈體證,超逾歷來「不知其
幾千萬」「儒宗學子」的生死認知層次,可能與楊簡工夫修學歷程中經歷:「覺
天地內外、森羅萬象、幽明變化、有無彼此,通爲一體」(「循理齋之悟」)、「乃
有澄然之清,瑩然之明,匪思匪爲,⋯⋯無今昔之間,無須臾之離,⋯⋯變
化云爲,不疾而速,不行而至」(「扇訟之悟」)、「此心虛明無體象,廣大無際
量⋯⋯不曾動,不曾靜,不曾生,不曾死。」(見《慈湖遺書》卷三〈日本國
僧俊仍求書〉)的「本心覺證經驗」有關。換言之,馮氏「病而未病」「死生
一致」的生死觀與心靈向度,某種程度上指涉的,便是楊簡與其「內外親故」、
近二百名「有覺者」對「生命之學」,尤其是「身 —— 心 —— 靈」的交互關
係,有著異於常人的體證認知。即言之,在「生命之學」場域中,各家行者
如何看待理解「身 —— 心 —— 靈」意含,並對「身 —— 心 —— 靈」的交互
關係提出個人解釋,這都會影響他對「生命之學」境界層級、及具體內容的
殊別認識,從而決定、影響他修學進路的方向與表現。據筆者的認知理解,
楊簡本人及其「內外親故」、近二百名「有覺者」所形成的修學網絡、及對「身
—— 心 —— 靈」關係的認識,都指向:「身」(形軀我)、「心」(思慮我)都
只宜是「靈」(本心我)的「工具」與「僕役」,絕不允許「身」(形軀我)、「心」
(思慮我)反客爲主,進而壓迫、遮蔽「靈」(本心我)的開發與彰顯,這與
「外門中人」極度重視「身」(形軀我)、及「中門之人」極度重視「心」(思
慮我)之開展、滿足,確有著天差地隔的殊別。相對來說,正因楊簡心學具
備此種極度重視「靈」、相對淡視「身」「心」的修學傾向,以致楊簡心學可
能無意間弱化了儒家「外王事功」面向的表現,乃至某種程度上,更可能涉
及認知:「形軀我」「思慮我」之無法倚恃、必須另覓究竟、超越的生命出路,
凡此修學特色、傾向,都是楊簡、及其心學從人在選擇以「更純粹地內門之
路」作爲修學入路,所形成的特殊「身 —— 心 —— 靈」「認識論」中便已註
定形成的。至於文本 2 就更特殊了,此處楊簡讚譽其妻馮氏修學境界,儘管
爲了舉例、襯托上的方便,確有列舉相對「參照模組」的必要,然將「太姒」
與「龐蘊」結合在一起論述,恍然周文王妻、以「婦德倫理」見稱的后妃「太
姒」,與唐代有名的「禪修」家庭「龐蘊」妻女,都是「婦而能覺」「內明心

通」的典範，從楊簡這種「下意識」流露出來的思維傾向來解讀，相當程度
上，便是楊簡心學「以覺言心」——部分融攝佛禪思想、境界的確據。以下
再舉 2 葉元吉之母——孺人張氏「有覺」之例，文本如下：

2－A：「葉元吉，名祐之，母孺人張氏。故將作監丞，允恭女歸司
農寺簿，大顯。簡至，適元吉來訪，執事甚恭，自言弱冠志於
學，而未得其方，得先生〈絕四碑〉讀之，知此心明白廣大，
自謂讀書行己，不敢起意，復寐中聞更鼓聲而覺，曰：此非鼓
聲也，終夜不寐，夙興，見天地、萬象、萬物、萬變、明暗、
虛實，皆此一聲，而目前常有一物，及一再聞先生警誨，此一
物方泯然不見。元吉弱冠與貢，孺人不以爲喜，及見簡歸，道
簡言，且謂若不見先生，止於半途，於是喜甚。簡訪元吉，孺
人已疾病，命二女聽於屏間，盡記簡之言以告，孺人舉手曰：
幸甚，吾兒得此於先生，死無憾矣，垂絕，神氣清明，無一語
差，時嘉定十一年十一月乙未。」（見《慈湖年譜》卷二《遺
書》〈誌葉祐之姚張氏墓〉）

2－B：「某之至契葉元吉，名佑之，母孺人張氏，諱景昭……孺人
孝敬明悟，自幼不獨治女工，常親書史，事親竭情備養，有孝
女之稱……平居亦不切切，讀誦過目輒記，元吉謂其虛明靜
一，如鑑中象，自然畢照，未嘗作文章，曰非婦人所當爲，從
寺簿，歷官中外，言不及政，曰非婦人所當爲……孺人言必端
莊，事必謹審，高明而色柔，嚴正而氣和，尊者不以貧賤廢禮，
卑者不以貴盛降意，奴婢不答，困乏必恤……，某至吳，元吉
來訪，執禮甚恭，自言弱冠志於學，而未得其方，凡先儒所是
者依而行，所訶者必戒，如是者十有七年，然終未相應，中間
得先生〈子絕四碑〉一讀，知此心明白廣大，異乎先儒繳繞回
曲之說，自是讀書行己，不敢起意，後寐中聞更鼓聲而覺，全
身流汗，失聲嘆曰：此非鼓聲，如還故鄉，終夜不寐，夙興，
見天地萬象、萬變、明暗、虛實皆此一聲，皆祐之本體光明變
化，固已無疑，而目前若常有一物，及一再聞先生警誨，此一
物方泯然不見。元吉弱冠與貢，孺人不以爲喜，聞聲而大警悟，
孺人雖喜而未至於甚，及元吉見某後歸，道某言，且謂若不見

先生，止於半途，於是喜甚。某訪元吉，孺人已疾病，命二女
聽於屏間，盡記簡之言以告，孺人舉手曰：幸甚，吾兒得此於
先生，死無憾矣，垂絕，神氣清明，無一語差，時嘉定十一年
十一月乙未。」（見《慈湖遺書》卷五〈葉元吉妣張氏墓誌銘〉）

此文本2－A、B中的主角，顯然有葉元吉、及其母親孺人張氏（諱景昭）二人，且先從元吉之修學路數說起。

據筆者解讀，元吉乃是由「中門之路」轉入「內門之路」踐履的行者，從「弱冠志於學，而未得其方」「如是者十有七年，然終未相應」看來，元吉似已經歷一段追索「道」（生命真理）的心路歷程，但問題是：元吉前此雖已建立良好的心靈向度——「凡先儒所是者依而行，所訶者必戒」，但問題是——「凡事依先儒教誨奉行」的學習態度與方法，亦反映著此態度、方法背後的盲點，此即：「踐道」「證道」本是行者方寸間事，古聖先賢所教化、肯證的真理，乃至極力訶斥的言行舉措，基本上，都是在當日某種特定的教化背景、及個別生活情境下，對「受教者」所抒發、所特定適用（何況歷來「先儒」何其之多，個別儒者的教化指點，在不同情境背景下，極可能是相互牴牾、或彼此相異而皆為是的），所以受教者若只循規矩步地：「先儒所是者依而行，所訶者必戒」，這在現實生活經驗的處理上，一定會面臨許多無法簡單適用、難以面面兼顧的兩難、多難困境（即「理分問題」），從而造成生命內部的緊張與矛盾。所以元吉凡事依先儒教誨而行，固然反應其向道的虔謹、精進，但若無法究竟把握「先儒所是者」及「所訶者」背後的本體、原理，只在「中門之路」——某些人倫、文化、政治、儀節……等現象之是非規範上，尋求「意義感」的成就與自我肯定，長此以往，容易墮入先儒所欲教誨之「生命原理」所對應的：無窮無盡地「現象迷失」與「相對價值觀」之泥沼中。若以修學原理來解釋，元吉前此凡事依先儒教誨而行的態度，在「生命之學」場域中，便是某種「制式好學生」或「形似好學生」的修學迷思。

所謂「制式好學生」或「形似好學生」，其意是指：追索生命真理道途中，部分行者確可能像制式教育中的「好學生」那般：凡事以老師（「先儒」）的言行教導為依歸，不敢有異於老師教導方向、內容外的踰越，並自我型塑為傳統價值模式下的所謂「好學生」，但問題是：此種型態的「乖」與「好」，多半是因應社會規範、配合別人期許而來，未必發自個人內心真實的意願，更非生命經過淬練、洗禮後轉化而成的「自覺實踐」，所以此類型的「好」，

只能名之曰「近似於好」，而非等如「內在體證之真實」。同樣地，部分行者「踐道之路」的內在情狀，亦近似於此。據筆者對「生命之學」的綜合理解，生命道途中真正「與道會遇」之內門行者，一定是從「百死艱難」「境界考驗」的生命歷程中，跋涉、體證過來，此大大迴異於單走「中門之路」「外門之路」——在經書卷軸中，尋覓「聖人之道」的「經院式經學家」；〔註31〕換言之，古往今來生命境界的第一等人：孔子、釋迦、耶穌、老莊、惠能、陽明……等，都不是可以在固定、制式的教育環境中，硬性被「栽培」出來的，所以行者（尤指傳統經學家）若只局限於「中、外門之路」的「相對性」意識思維，而未輔以「內門之路」、「上門之路」的體證工夫，縱使畢生浩首窮「經」、盡瘁於「道」，然此踐道行履頂多只是「尋覓生命真理的地圖」，絕不代表擁有手繪的生命地圖，從此便可進躋生命進路的「入口」，一路安然「就道」。就此而言，元吉初時的修學狀態，便近似於此（「自言弱冠志於學，而未得其方，……如是者十有七年，然終未相應」），手中空持有「先儒」手繪的生命地圖，卻未掌握「生命地圖」內在的本體、原理，得其受用。

　　及至後來讀了楊簡的〈絕四碑〉，元吉乃「知此心明白廣大，異乎先儒繳繞回曲之說」（體悟前此「先儒所是者依而行，所訶者必戒」的修習態度與方法實未究竟），「自是讀書行己，不敢起意」（所謂「不敢起意」，便是元吉修學工夫由「分別智」、注重判別現象矩鑊是非的「中門之路」，改走生命返本還源、「無知之知」地「內門之路」的表徵），終致獲得「內門路上」某種特殊的生命體證——「聞更鼓聲之覺」，並在此覺證過程中生發「全身流汗」、身心相即的特殊現象，換言之，彼時「更鼓聲之覺」帶給元吉的心靈覺受：「此非鼓聲，如還故鄉」，顯然與楊簡 27 歲體證「循理齋之悟」的「生命原型碰觸經驗」十分近似，箇中差異唯是：元吉「更鼓聲之覺」的覺受體驗是：「見天地、萬象、萬物、萬變、明暗、虛實，皆此一聲」，此便意味：元吉還執著於生命內部、底層，有一能與天地、萬象、萬物、萬變、明暗、虛實通而為一的「音聲」（依筆者解讀，此「音聲」未必是現實上真實存在的聲音，只因元吉之覺受體驗，是因「更鼓聲」觸動引起，以致在體證過程中，乃對促發

〔註31〕據筆者之見，若排除生命三進路的踐履，只在書房中思維、知解、詮釋、講述經書義理，固也可能獲致依稀想見的「聖人之道」，但可斷定：此依稀想見的「聖人之道」與當事人的生命實存境界，基本上仍是兩碼子事，這就好比穿著美麗華服之人，外表固然光鮮搶眼，但衣著光鮮亮眼恆不保證當事人的生命本質——也與他的衣著材質同樣亮麗美好。

他生命覺醒的「音聲」興起某種不自知的「執著」；換言之，所謂「皆此一聲」，在元吉當時的心靈認知中，乃是以「道的聲音」來對待仰視的，這便容易產生某種冀盼、想望重新回溯此種「道的音聲」的幽微心理），而有異於楊簡「循理齋之悟」：「忽覺空洞無內外，無際畔三才，萬物、萬化、萬事、幽明通為一體，略無縫隙」的「完全虛空體驗」，以致元吉「更鼓聲之覺」後，便產生「目前常有一物」的特殊身心現象。所謂「常有一物」，據筆者解讀，便是元吉「更鼓聲之覺」後引起的「執著覺境症狀群」；換言之，由於元吉對引起他生命覺醒的「那一聲」念念不捨，誤認「此一聲」為現實中眞實存在的音聲，乃恍然以為耳邊還隨時可聽聞那一聲：「道之音聲」的神祕經驗召喚，這種特殊、不尋常的幽微心理情結，便對元吉彼時心靈的內證成長造成一定的障礙，此即文本所謂「常有一物」；及至後來接受楊簡「警誨」，放下對引起心靈覺受「那一音聲」的戀棧執著，那個縈繞在元吉耳邊「似有似無」「或眞或假」的音聲，「方泯然不見」，終得以從「執著覺境」的自我靈修桎梏中走出來。凡此可見，元吉本人的修學進路、與楊簡對他教化指點的方式，都是典型「內門之路」的路數表徵。

談過葉元吉的內證之路，此下再言婦人女子——元吉母親（孺人張氏）的修學。

據筆者之見，元吉母親雖非親自受學於楊簡，然從其踐道方法、心態及修學特徵，迴異於一般循「中門之路」學習「人倫道德修養層次」的儒者看來，孺人張氏應是饒具「出世心」人格特質的行者：元吉榮登仕途（「弱冠與貢」）未牽動孺人之心（「不以為喜」），元吉內證途中略有小成（「聞聲而大警悟」），孺人似早知仍未到頂，以致「雖喜而未至於甚」，直到元吉修行之路獲楊簡指點，走向「究竟之眞實境界」——「覺」，她才衷心感到安慰（「謂若不見先生，止於半途，於是喜甚」），甚至臨終前疾病纏身，還「命二女聽於屏間，盡記簡之言以告」，乃至「遺言」亦只謂「吾兒得此於先生，死無憾矣」，不似世俗人之牽掛世俗事，此皆指向孺人饒具「出世」行者的人格特質。至於孺人視為「人生大事」的「吾兒得此於先生」之「此」，指涉的不是別種事，正是指元吉從楊簡處習得的「內門之路」的心學體證。換言之，在元吉母子的心態認知中，楊簡教導的心學之道，不是拿來清談、辯議、或作學問妝點之用，而是直接有助於解決生命內部問題的根本疑惑。所以「垂絕，神氣清明，無一語差」，便是孺人體悟楊簡心學後，得以從容、自在面對個人「生死

去留問題」的具體表徵。

　　以上對楊簡之妻馮氏及元吉母親孺人張氏修學「有覺」之例梳理完畢，準此可問：此等婦人女子在楊簡心學中，爲何得以高於傳統儒者修學進境的評價被楊簡鄭重表彰，乃至對元吉母親——一個在傳統儒學界不見經傳的婦人：她的性別、身分、角色、俗世生命流程、乃至修學型態在「生命之學」場域中代表的意義，作出進一步的觀察與解釋。

　　針對如上問題，筆者首須說明個人對「生命內門之學」的理解與看法，此即：吾人生命覺醒的程度，基本上，與吾人世俗的身分地位、男女性別、角色、教育程度、乃至職業層級，未必有一定比例、程度的因果關係。更精確言之，生命覺醒的程度、層級，只與當事人先天的慧根、悟性，以及後天在「生命內門進路」上投入多少修學努力有關，此如：向道心之強弱、發心之眞僞、踐道的方法與態度、道心在現實界之踐履能力等……，除此之外，其他外在世俗條件皆非重點。因此，元吉母親孺人張氏的「性別」及「是否在儒學界取得身分、地位」，這跟她靈性的覺悟成長層級，皆無一定比例的因果關連。所以若以身分地位、性別角色、教育程度、乃至職業層級等外在條件，來檢視常人的世俗成就，這的確吻合「世俗界」以「外在張孔」觀看世人的「識人邏輯」。但在絕對、超越地「生命眞理」的平台前，身分、地位、性別、角色、教育程度、乃至職業層級，都只是依附「形軀我」而暫時存在，此與「生命眞理」截然無干；準此，強以「外在標準」來評斷修道者的境界修爲與覺醒程度，一定會造成「逾越層級」「無法對位」的莽撞與危險。

　　此外，據筆者之見，元吉母親孺人張氏的修學境界（即楊簡所謂「有覺」），其實與她個人的身分、地位、性別、角色關連者少，反與她個人「特殊的生命氣質」、及「俗世生命流程裡採行的心靈態度、內容」攸關者多，故以下筆者一併抒發個人對「特殊生命氣質」「俗世生命流程裡採行的心靈態度、內容」與「道」之間關係的看法。

　　據筆者對「生命內門之學」的綜合理解，內門行者尋覓「生命之珠」（道）的過程，可以是很簡單直接，也可以是很曲折、繚繞的，且內門行者在「人生大觀園」中尋覓「生命寶珠」的案例、模式，也經常是繁複多端、難以簡單概括論定的。因此，「行者人生之路的表相光景」與其「悟道之路」之間，經常維持某種程度的「背反」關係。此即：當吾人人生際遇相對順適、安逸之時，「上坡之路」的沿途風光，每易讓人眈著外在境相，持續追逐、捕捉「外

門之我」之「意欲」所建構的「假性生命目標」，致而「逐物不返」「看外不看內」，此時自難以感受「道」（生命真理）在吾人身心慧命上的迫切需要，當然也就不可能用心求索，具以感知「道的方位」，關心「生命真理」與吾人身心性命的交涉關係；相對而言，往往必須在「下坡路上」，適度值遇種種難以簡單分說的「境界考驗」，此如：現實上遭逢莫大的困阨挫折、生老病死等等魔難煎熬，才較可能在「壓力臨界點」的強大趨力下，驅迫自己正視生命本身「身——心——靈」的嚴肅課題，在最後關頭覺知：將「形軀我」「思慮我」作為「生命之主」之無以倚恃，終致全心「往內」反觀自照，讓靈性慧命保住最後一絲往上提升的契機。

　　進言之，芸芸眾生中，打一開始即已完全清楚、或隱約明白：自己「人間之行」具存著一定「踐道使命」的人，與那些經歷過艱苦生命流程洗禮，才終於感受到有迫切尋覓「生命真理」（道）之需的人，其比例本來就是後多前少。換言之，生而為人，從小便清楚覺知此生「踐道」的任務使命，並循著既定的方向、態度、方法與步伐，據以感知「生命寶珠」的可能方位，持續向前（或向上、向內）尋覓、探索，最後終於安然「就道」、順利取得「生命之珠」「與道會遇」之人，在現實經驗上本就不可多得；從某個角度說，這些天縱英明的證道者，如：孔子、釋迦、耶穌、老莊、惠能、陽明……等，或許天生註定，便是要在「人間地荒原」「生命地海洋」，擔負起「領航者」任務的角色；相對來說，普世間大多數修行者，與「道」之間的關係定位便非如此截然、清楚了。即言之，更多修行者，可能一腳踩進萬紫千紅的「人間大觀園」，便多少被人間美麗的景相，如：花草鶯燕、亭台樓閣、琴棋書畫、經史子集，乃至被當時身分地位所賦予的「角色」之「義務」「責任」給「網住」，終其一生陷入「向外學習、打拼、比較、義務、責任」的「泥淖網羅」中，無力出拔，也無從出拔，茫然無知於今生來此「人間大觀園」的任務與使命。因此，多數修道者「外表的身分、地位、性別、知名度……」，與其「個人是否真實悟道、證道」之間，根本是兩碼子事。據筆者之見，誠然有一部分人打一出生，便因緣具足地置身於「生命之學三進路」（內、中、上門之路）的氛圍環境之中，如：甫一出生，便在儒、佛或基督教、天主教家庭的特定氛圍中成長，並在此殊勝環境因緣陶養下，具備比別人在「生命之學」領域中涵泳、成長的更好機會，他或許無須經過「百死艱難」的逆境考驗，便得以在時間、因緣的推移下，順利習得該所屬生命進路

的「生命知識與專業訓練」，乃至擁有該生命進路的某些「外部身分、地位」，如：取得主教、神父、住持、方丈、太師、太傅等名銜，然而，這些生命進路「外部身分、地位、頭銜」之取得，從「超越界」的視點看來，恆不意味、保證：擁有這些「外在名器、職稱」便等如「與道會遇」之眞實。相對於此，人間其實還有更多後天的行者，他們「俗世的生命流程」與「道」之間的關係，並非從小幸運地躋身「生命進路」的氛圍環境中，無法自幼投入尋覓「生命眞理」的行列隊伍，但這並不妨礙日後他們生命內部的「迫切感」自然湧至之時，他們對「生命眞理」之尋覓、歸仰，亦有著與生俱來的內在渴望，就這一部分殷切、渴求的向道心理情境來說，這與大部分行者最初「尋覓生命之珠」、並選擇以「某條生命進路」作爲安身立命之歸仰的心理背景，是沒有太大差別的。即言之，他們的「求道之路」或許未必如「前例」那麼順遂天成，且他們身分地位、性別角色、教育程度、乃至職業層級，「加總」起來牽引形成的俗世生命流程，也未必有機會讓他們直接從「經典教育」中去體會、思索「聖人之道」「生命之學」，但這仍不妨礙他們對「生命眞理」尋覓、歸仰之「迫切感」水到渠成湧至之時，他們自會以呼應自己生命特質的方式，展開接觸、認識「生命眞理」（道）的心路歷程。在筆者的認知解讀中，元吉母親孺人張氏的踐道之路，便是此種較曲折、繚繞地修學型態與類型。

抒發過「行者生命流程」與「道」之間內在「背反」關係的看法後，以下再回到婦人女子「有覺」的文本2——A、B，討論筆者上述之見與元吉母親孺人張氏踐道之路間的關連，進而對張氏踐道之路與楊簡心學的關係作出綜合解釋。

據筆者對文本2——A、B的解讀，元吉母親孺人張氏，顯然具備一定程度的人文教養（「常親書史」「讀誦過目輒記」）與賢淑德性（「事親竭情備養，有孝女之稱」、「言不及政，曰非婦人所當爲……孺人言必端莊，事必謹審，高明而色柔，嚴正而氣和，尊者不以貧賤廢禮，卑者不以貴盛降意，奴婢不笞，困乏必恤」），然就「生命之學」原理來說，熟讀中國書史，具足人文教養，只代表觸發悟道的書面文本接觸較多，並不保證「人文教養」與心靈體證、境界層級之間，必然具備本質上的因果關係；同樣地，中國傳統女性具足「賢淑德性」者固不乏人，亦不保證「賢淑德性」必然是楊簡指涉的婦人女子「有覺」之主要條件，所以孺人張氏被楊簡鄭重推舉，更在她饒具兩大生命特質：「孺人

孝敬明悟」及體證「虛明靜一，如鑑中象，自然畢照」的生命境界。換言之，「孝敬明悟」係指孺人先天的根慧與事行表現，「虛明靜一，如鑑中象，自然畢照」，便是她修學「內門之路」後成就的特殊心靈體證；據筆者解讀，孺人體證的既是「虛明靜一」的心靈境界，此便意味孺人的修學進路，殊非「實有層」、立一「主體性之我」的「中門之路」，所謂「如鑑中象，自然畢照」，某種程度上，便是孺人心靈修為跳脫「形軀我」「思慮我」之局限，得以如實觀照世情的境界寫照，可見孺人依循的，亦是「為道日損」「曖曖內含光」的部分融佛「內門之路」。進言之，唯其依循的是生命返本的「內門修證之路」，孺人對「身——心——靈」關係的認知視野，才能與世俗人大相逕庭：元吉「弱冠與貢」之時「不以為喜」（不看重元吉世間假性功名利祿的取得），元吉「聞聲而大警悟」之時，「雖喜而未至於甚」（因已看出元吉此時「悟境」仍落在相對境界層級），直到元吉終於體悟楊簡「心善意害」「此心明白廣大」的心學境界（「〈絕四碑〉讀之，知此心明白廣大，自謂讀書行己，不敢起意」），孺人才「於是喜甚」，滿心安慰，恍似完成了此生最重要的教子任務、使命，可見體悟楊簡的「本心我」境界，在元吉母子的心靈認知中，不是任何「身」（形軀我）「心」（思慮我）的「世俗成功」可以替換、取代的。

行將結束本小節之際，筆者再為身為「婦人女子」性別、角色、身分的元吉母親，何以在楊簡心學定位中名列「覺者之列」，作出個人的觀察與解釋。

首先，通過前述對「生命流程」與「道」之間關係的理解，筆者以為，孺人乃是在「人生大觀園」及人間各種相對難以公平的：諸如男尊女卑、父系社會結構（「言不及政，曰非婦人所當為」）、生老病死、悲歡離合的人生現實格局中（「孺人已疾病」），以第一線的現實人生經驗，從種種「苦難生活的交涉磨練中」，去戴入、體悟「生命內門底層真理」的踐道類型。即言之，孺人或許未必具備：以男性為角色設計的「儒者」之典型外在身分、角色，如：聖賢、君子、士人、經學家、理學家、某官職頭銜等……，去參與經典知識的涉獵、與「聖人之道」的學習，但這並不妨礙她對「生命真理」（道）的認識體證，仍可以另一種「隱性」、非主流傳統、未被特別注目、甚或更適合傳統婦女角色身分，在尋常平庸地現實生活中點點滴滴去體悟學習。換言之，傳統「婦人女子」的身分、角色，儘管在中國傳統社會較無個人成就發展空間，其所扮演、承受的現實角色、待遇（多半扮演家庭「付出

者」「犧牲者」的角色）也相對辛苦、委曲，但從「內門悟道」因緣來說，艱苦、不幸的性別、角色與生命流程，恰也提供行者一個反向的機會、視點，讓她得以從「人生有憾」的實然局限中，去認識、體悟：不被性別、角色、身分所拘限的「生命眞理」（本心我），相對可免於傳統中門儒學：以「男性」爲角色設計地「生命之學」所可能內具的盲點。進言之，從「外門之路」角度看，生錯「性別」、生錯「時代」，對個人事業成就與命運發展，確實影響深遠，但從「生命之學」角度看來，「性別之殊」對修行者追索、體證「生命內門眞理」卻絲毫沒有妨礙，蓋人間各種角色、身分、性別之扮演，誠或有其程度不等之內在艱苦與實然局限，但相對來說，只要踐道者具足眞誠、懇切的心靈向度，人世間也沒有那個角色、身分、性別的現實生命情境，不能提供踐道者足夠的悟道機會；進言之，據筆者對「生命之學」的綜合理解，只要追索「生命眞理」的心靈向度調整得宜，在一般人認爲是愚夫愚婦、近乎迷信的踐道、信仰行爲中，卻可能存在著人類經驗中很寶貴、虔敬、謙卑、高尚的心靈態度，進而作出極美麗、動人的生命飛躍，反而在一些表面看來，似乎很講究科學、理性的知識分子的行爲模式中，卻可能暗藏著極度偏執、狂妄、自大、近乎無知愚昧的心靈態度，從而弄髒、玷污了自己的靈魂，就此而言，孺人追索「生命眞理」的心靈向度所成就的平生行履：「事親竭情備養，有孝女之稱」，此從「世俗張孔」看來，不幸苦命被人稱譽爲「孝女」，何嘗意味孺人在具體現實生活中，必然長期承受著別人難以體會的：身心過度付出所相隨而來的碩大疲累；同樣地，「言不及政，曰非婦人所當爲……孺人言必端莊，事必謹審，高明而色柔，嚴正而氣和，尊者不以貧賤廢禮，卑者不以貴盛降意，奴婢不笞，困乏必恤」，此在「世俗張孔」中，也同樣寫照著孺人在具體繁雜的家族生活間，必然承擔著諸種「性別」「身分」「角色」地責任、義務以及維護、成全家族大局的辛苦，這都未必是傳統仕宦出身的「男性」「儒者」之身分、角色所能如實體會的，所以從「生命之學」的立場、張孔看來，孺人「凡事付出」（「事親竭情備養，有孝女之稱」）、「凡事謙卑」（「言不及政，曰非婦人所當爲」）、「凡事大度、不與人計較」（「奴婢不笞，困乏必恤」）、「凡事平等心」（「尊者不以貧賤廢禮，卑者不以貴盛降意」）、「凡事柔軟心」（「高明而色柔，嚴正而氣和」）的「俗世踐道流程」，不正是其追索、踐履「生命內門眞理」的心靈向度，落實在具體而微的日常行履間的實質體現嗎？乃至最後臥病床榻、行將離世之際，尚且對「生命內

門眞理」(道)流露出全然承仰、歸向的心靈向度(「某訪元吉,孺人已疾病,命二女聽於屏間,盡記簡之言以告」),即言之,正是此種對「生命內門眞理」(道)長期信靠、歸仰的心靈向度,及在具體而微的日常行履間所成就的生命體證(「虛明靜一,如鑑中象,自然畢照」),乃是孺人被楊簡歸入「覺者」之林的原因。

綜括言之,行者是否「與道會遇」,確與其採行的心靈向度攸關者多,與其外在世俗條件攸關者少;就「生命之學」原理來說,吾人心靈態度之正偏良窳,在時間之流的逐日積累中,一定會在「生命眞理」的「明鏡」「平台」前,如實反映自身生命狀態所自然對應的境界層級,儘管此境界層級、生命狀態,一般人或許未必有足夠慧眼如實識知,但這並不代表:普世之人的心靈層級、生命狀態,不存在著本質境界上的高低、深淺、寬窄之殊。進言之,識別生命境界層級之事,唯生命境界層次較高、心靈質地相對乾淨澄澈者,始能洞澈知悉,這就好比爲人父母、師長者,只要用心觀察,每每一眼便能洞悉個別子女、學生心性層級之殊異一般,可見心性層級之殊,未必與「身分」「性別」「角色」等外在因素直接相干。所以楊簡得以指點、判別百餘弟子——「微覺」「小覺」「有覺」⋯⋯,乃至孺人亦能識別元吉之修學境界仍未到頂,其內在原理都可在此獲得解釋。相對來說,一般初階學道者,對自己「身——心——靈」境界、狀態的轉化,往往未必能在「第一時間」如實察知,其所以如此,便好比「入鮑魚之肆,久而不聞其臭」的原理一般,必得經過一段「時空必要的隔離與淨化」,始克在生命前後狀態的反思、對比下,照見前此的不淨;反之,若內證者已能照見自身生命之不淨,此便意味其生命狀態、層級已逐漸轉化、質變、提升。所以普世之間,無論以何種俗知俗見的標準,諸如:「年齡」「性別」「學歷」「身體官能」「形貌美醜」「世俗成就」等尺度,欲以論定「超越界」的生命層級之事,一定會受制於觀看者「心靈態度死角」與「境界水平不足」地局限,產生無法平心如鑑、識人無偏的誤差與盲點。同樣地,從身爲「婦人女子」性別、角色、身分的楊簡胞妹馮氏、及元吉母親孺人張氏「有覺」的修學歷程,以及其「生命流程」與「道」之間的接榫關係,也讓我們對隱伏在傳統儒家:大部分以士人、官宦、男性爲角色設計的踐道模式之外,存在著與楊簡心學連結地——適合傳統「婦人女子」潛修的踐道模式,有著異於「知識之學」「傳統儒學」思維張孔外的認識與理解。

第三節　楊簡心學與生死課題之關係連結——「德性無生，何從有死？」

前節研究「婦人女子」名列楊簡「覺者」之列時，我們已初步發現、觀察到：楊簡心學與生死課題的可能關涉，並就楊簡心學從人、元吉母子的修學模式，在「生命之學」場域中的可能意義作出解釋，本節將進一步從楊簡一系列與生死課題有關之文本出發，回溯楊簡 34 歲「母喪之悟」及其心學從人面對生死課題之境界表現，爲楊簡心學在「生命之學」中的分位明確定調。

一、楊簡融佛「生死觀」對儒家原型生命論之縫合補強——「德性虛靈，曩豈生，今豈死？」

前節研究「婦人女子亦覺？」部分，我們已發現楊簡之妻馮氏臨終前，語其子塾曰：「我雖病，實未嘗病，生如死，死如生」，此種「病而未病」「死生一致」的生死觀與心靈向度，在楊簡的認知理解裡，顯然超逾傳統儒家「未知生，焉知死」、進而迴避正面言死的態度；繼而在元吉母親孺人張氏的修學案例中，也發現孺人張氏的生命觀、臨終情境與常人大相逕庭：「孺人已疾病，命二女聽於屏間，盡記簡之言以告，孺人舉手曰：幸甚，吾兒得此於先生，死無憾矣，垂絕，神氣清明，無一語差」（見《慈湖遺書》卷五〈葉元吉妣張氏墓誌銘〉），此皆指向孺人饒具「出世」行者的人格特質，在她修學的認知理解裡，楊簡啓悟的心學之「道」，不是拿來充作清談、辯議、或學問妝點之用，而是直接有助解決生命內部，尤其是生死課題的根本疑惑的。值得關注的是，楊簡心學與生死課題之關涉，非僅如上二例，更是全面「事實性」的普遍存在，此皆指向楊簡心學在「生命之學」場域中，必有異於傳統儒學的殊異之處，以下筆者爰就這一問題意識之趨向與文本，進行必要之梳理、探討。

關於楊簡心學涉及生死課題、範疇之文本，經筆者歸納整理，大致可區分爲如下兩類：A 類見於〈祝文〉、〈行狀〉〈墓誌銘〉中，B 類則散見於楊簡其他解經文本中，先言 A 類：

（1）德性虛靈，曩豈生，今豈死？……（見《慈湖遺書》卷四〈奠高處約辭〉）

（2）某於象山先生文安公受罔極之恩，片言頓覺，如脫桎梏，……

日月遷流，斯覺未嘗流，死生雖異，斯覺未嘗異，言辭有極，斯覺無極（見《慈湖遺書》卷四〈代李伯誠祭象山先生文〉）

（3）嗚呼哀哉，子先我覺，導我使復親象山以學，某即從教，自是亦小覺……（《慈湖遺書》卷四〈奠徐子宜辭〉）

從文本1、2可見，楊簡體證本心之境界——「覺」，確實含具著「生死無間」（「曩豈生，今豈死？」）、「覺性不隨形軀我壞異而改變」（「死生雖異，斯覺未嘗異」）的特性，這顯示楊簡的「本心我」境界，強烈標幟著攸關生死課題之處理、解決與超越，這種直接觸及生死課題本質，並一語「說穿道破」的心學取向，在先秦儒學或宋明理學範疇中，都是極其特殊罕見、前無所承的。另從文本3，我們也看出早在拜象山為師前，楊簡即以「覺」來定位他「心學」的屬性、特質，且以「覺」來定位、描述心學特性，並非楊簡個人發明首創，而是承襲故人徐子宜「以覺言心」的為學路數與境界風格（「子先我覺，導我使復親象山以學，某即從教，自是亦小覺……」）。故此處可續追問：楊簡「以覺言心」的心學風格，與傳統儒學乃至宋代理學風格之間存在的落差，此該如何看待、理解呢？

就筆者對楊簡心學的理解，儘管楊簡一直自許站在「不離人倫日用之道」的儒者立場，此所以其體證的心學之「道」，必有一定程度的「人間性格」、及與「人間性」之相容與適應，但因工夫體證歷程中，部分融攝、夾帶著佛家「內門之路」的特殊內證體驗，以致其心學呈顯出來的境界、層次，乃與佛禪境界有若干相似合流處。另據筆者對「生命之學」——「凡融攝必留下影響、痕跡」的認識觀點，楊簡工夫歷程既已部分融攝佛禪境界、思想，以致其心學體證必有若干特性、徵候異於傳統儒學，然此異於傳統儒學特性、徵候的「成分、色彩」，究竟發露在那裡呢？據筆者之見，儘管楊簡在為學立場上，始終堅守傳統儒家「成德之學」的底限，然其融攝、夾帶佛禪特性地心靈體證之主要特徵，不可免地，便表現在個人「執著（我執）意識的淡化、減輕」之上，而不復將儒家「實有層」之「道」，強烈表現在「道德主體性」及「有一可創造之我」立場的挺立上；換言之，因楊簡工夫歷程中部分融佛的事實，乃使其心學含具一定程度的「作用層」特性，甚至體悟的「聖人之道」，也受到佛家工夫論、方法論影響，帶有若干「超智」「超人間」特性，這在宋代理學中都是特殊罕見、值得留意的。進言之，楊簡「超智」「超人間」的心學特性，便具體而微表現在對「生死課題之超越」及「生死本質的看穿、

識破」之上，此可從楊簡一系列與生死課題有關之文本中看出。

此外，楊簡心學觸及生死問題本質之文本，不只見於 A 類「正面表彰」、具存一定「禮儀色彩」的〈祝文〉、〈行狀〉〈墓誌銘〉之中，乃至其他 B 類文本，楊簡亦抒發著相同體證的生命觀與生死見地，此除第二章引用的文本：「此心虛明無體象，廣大無際量……不曾動，不曾靜，不曾生，不曾死。」（見《慈湖遺書》卷三〈日本國僧俊仍求書〉）」外，以下筆者另舉較具代表性的三則案例，論證楊簡心學對生死課題的態度、認知確與傳統儒學有異，先言例 1：

(1) 楊簡解《論語》子曰「其爲人也，發憤忘食，樂以忘憂，不知老之將至」云：「當知發憤忘食，非用人力，樂以忘憂，乃有天樂，人心可知，道心不可知，人樂有盡，天樂無盡，可知者有久暫，不可知者前無端緒，後無終止，喜如此，怒亦如此，哀如此，樂亦如此，今日如此，明日亦如此，千歲亦如此，無思慮，亦無不思慮，融融悠悠，是豈爲生而存、死而亡？生與死尚不能入，而況於老幼耶？」（見《慈湖遺書》卷十一）

據筆者的解讀，《論語》「發憤忘食，樂以忘憂」之「本義」，本是指：孔子一旦全神投入經書述作、「制禮作樂」等工作，往往不自知時間遷流之速，幾乎忘卻「形軀我」的世俗存在；換言之，孔子「本義」旨在強調：其爲學心態的誠篤、純粹與用功，至於專注投入文化參贊活動過程中的「忘我」悅樂，則是誠篤、純粹、用功爲學過程的「副產品」，所以孔子體受「忘我悅樂」時，幾忘卻「相對時間」的存在，便可視爲是在「本義」基準上發展、衍伸出來的，可見孔子「發憤忘食，樂以忘憂」之「本義」，並非特別針對「生死問題」而發；但在楊簡解經的「衍義」理解中，楊簡卻以個人特殊的心靈體證———「天樂」，來詮釋孔子專注投入文化述作、制禮作樂過程中的「忘我悅樂」，且此「天樂」的本質不僅超踰乎「情緒」（「喜如此，怒亦如此，哀如此，樂亦如此」），更是超踰乎「時間」（「今日如此，明日亦如此，千歲亦如此」）、「空間」（「前無端緒，後無終止」）的相對概念，甚且是連生死之分別意識也告消泯、不存留駐餘地的（「無思慮，亦無不思慮，融融悠悠，是豈爲生而存、死而亡？生與死尚不能入，而況於老幼耶？」），可見楊簡心學成立之始因，縱非特別針對生死課題而發，但因工夫歷程部分「融佛」生發的心靈體證（「天樂」），直接涉及生死課題之面對、超越（換言之，在楊簡「身———心———靈」相屬關係的體證理解中，楊簡是以開發之「靈」（本心我）來指導、貞定「心」

「身」的層級分位，連帶搭起三者間的橋樑通路），乃自然將其超越生死二相之心靈體證，流露於解經的思想見地中。以下再舉第 2 例明之：

（2）楊簡解「孔子讀詩，至於正月六章，惕焉如懼，曰：彼不達之君子，豈不殆哉？」時注曰：「孔子惕焉如懼，非以死生動其心也，心無實體，清虛無我，生不加益，死不加損，死生如雲氣聚散，太虛常一，然而白刃鼎鑊，人心之所同畏，聖人未嘗與人殊，而其處死生之變，聖人不以動其心，而眾生昏而亂則不同也，彼輕生樂死，未離乎意，非道之正，得寂然不動之妙，而未得喜怒哀懼之妙，未爲得道之全正。」（見《先聖大訓》卷五〈讀詩〉第四十五章頁 183》）

同樣地，此則解經文本中，楊簡心目中的聖人孔子：「惕焉如懼，非以死生動其心也」「處死生之變，聖人不以動其心」，儼然是一生死課題的無上「超越者」。在楊簡看來，孔子何以能超越生死課題之畏恐，便是建立在：「心無實體，清虛無我」的修學境界基礎上，然而具存此種「心無實體，清虛無我」型態、特性的孔子，顯然與先秦儒家注重「德行主體」「德行我」：「我欲仁，斯仁至矣」（述而第七）「爲仁由己，而由人乎哉？」（顏淵篇第十二）的儒學思想原型存在巨大落差，此皆清楚顯示：楊簡心學體系從「究竟義」來說，並非立一「實有層」之「主體我」，據以在人間世界展開德性價值實踐，進而有所依持的「中門之儒」的踐道類型。

此外，上述文本另有兩點特殊之處值得分說，其 1 爲：楊簡直言：「眾生昏而亂則不同也，彼輕生樂死，未離乎意，非道之正」，這樣的敘述立場，乃是直接將「聖人孔子」與「眾生」二詞，賦予一定程度的相對、比況意義，此明顯是承用佛家「覺者——眾生」、心性迷悟層級之殊的對比，可見楊簡心學確部分沿用著佛家對宇宙人生認識的系統解釋。換言之，在楊簡心學及對「聖人之道」的認知理解中，楊簡已部分凌越傳統儒者「以人爲本位，其他動物生靈爲次位」來觀看世界的相對親疏模式，而從更寬闊、平等的生命角度——「眾生」一詞及其概念，來正視人類在宇宙中存在，乃是與其他生靈同爲「生命共同體」「生命一族」的特定事實，凡此不能不說是：楊簡心學融攝著佛家思想、境界與工夫論的認識結果。至於第 2 點，則是楊簡解「彼不達之君子，豈不殆哉？」時，直接將此「不達之君子」直接等同於「輕生樂死，未離乎意」「得寂然不動之妙，而未得喜怒哀懼之妙」的「眾生」，這無

乃宣示：在楊簡的心學認知中，唯有「非以死生動其心」「心無實體，清虛無我」「處死生之變……不以動其心」「得寂然不動之妙」，亦「得喜怒哀懼之妙」的高階「眾生」，才是楊簡心學義下「得道之全正」的「有達君子」，這便涉及以佛家思想的「覺者」標準，來重新詮釋、理解儒家以「德性」爲主軸的「君子」了，這與儒學原有的思想型態、發展模式，當然是有重大出入的。至於楊簡第 3 則涉及生死課題、具足代表性之文本爲：

（3）楊簡解《論語》子曰「未能事人，焉能事鬼；未知生，焉知死？」
時注曰：「人鬼生死實一，非強一，蓋人道之大，通三才，貫萬古，分而言之，有氣有魄，合而言之，一也。……人心廣大，虛明變化萬狀不出於中，其曰範圍天地，發育萬物，豈特聖人如此，聖人先覺我心之所同然爾，德性無生，何從有死？非二道也。此道昭然，不可瓬語於庸人之前。」（見《慈湖遺書》卷十一）

此則文本中，「德性無生，何從有死？」的觀點，顯然與傳統儒學最有落差；蓋在傳統儒學中，儒家「德性之學」本自兼具「內聖」、「外王」兩個互爲表裡、相輔相成的特質、面向，但問題是：儒家義下之「內聖」（內在心性修養）、及「外王」（德性主體在客觀世界之實踐、落實與開發），顯然都須安立一「實有層」之「主體我」，方得以在人間世界展開德性價值踐履，如此說來，例 2 文本：「心無實體，清虛無我」、及此文本所示的「德性無生，何從有死？」的心學境界型態，若非溢出儒學本有規格，否則便應視爲是某種型態的儒學「轉出」、「分化」，或逕視爲部分融佛後轉化形成的：對儒家原型生命思想理論可能缺陷不足，進行縫合、補強的嶄新發展型態了。〔註32〕

據筆者之見，無論普天之下，存在多少家派路數的「生命之學」，但可確定的是，凡可作爲一門「生命之學」來尊仰學習的名門大派，其教義思想必然具存一定程度地：相應於生死課題的心靈態度、及相應於此態度背後的內在原理與系統解釋，就此而言，孔子「未能事人，焉能事鬼」「未知生，焉知死？」、乃至「不語怪力亂神」「朝聞道，夕死可矣」等名言所顯示的生命觀

〔註32〕換言之，楊簡心學教導的「聖人之道」，基本上，具備相當於宗教信仰所提供地：賦予心學踐道者「生命終極歸仰」的特性（儘管此「終極歸仰」是以「心無實體，清虛無我」的作用層境界展示顯現）。就此而言，楊簡心學確可視爲延伸、擴充、轉化了孔子之「道」（「朝聞道，夕死可矣」）涉乎生死學的部分，可作爲楊簡心學從人某種「超越型態」的生命終極歸仰。

與生命向度，基本上便是儒家在「生命之學」場域中，為自我學問特性「定調」所先天設定的基本規格，後代儒者無論如何發展衍繹，至少都不應踰越此基本規格的主軸與架構。

此外，孔子「未能事人，焉能事鬼」「未知生，焉知死？」的生命態度，據筆者理解，這便是一種「存而不論」的生命觀。唯須解釋的是，儒家對死亡課題「存而不論」的生命觀，並非偏寡平淺、有意閃躲生死課題，此因儒家不完全、直接以「生死課題」作為學問焦點，從「生命之學」的角度看，也可以理解為是一種「正向思考」「積極面對陽光取向」的健康型生命觀。進言之，孔子「未知生，焉知死？」的生命觀，如果是為彰顯「生的意義」、及時掌握「生之動源」，警惕吾人不必在死亡課題、或「怪力亂神」等餘事上浪費時間，而忘失了更積極的「德性主體之掌握」，進而以「德性我之完成」取代對「形軀我」死亡的恐懼（即「朝聞道，夕死可矣」），則這樣的思考面向，當然饒具意義價值、並有其正面深義可說，此即：只要吾人能掌握「生之意義與動源」，那麼只待體證「生之意義、動源」之時，也將連帶解決「形軀死亡課題」帶給吾人不安心靈意識之有效安頓。

進言之，孔子這種「積極面對陽光取向」的生命觀與生死態度，對已完全融入、並積極踐履儒家「生命之學」的儒者、君子來說，確已足夠在此「解釋系統」中得到「完足性」地支持力量，但對其他不同品類地眾人而言，或許儒家這種「正向思考」「陽光取向」「言生不言死」的系統解釋，仍未必能滿足他們對生命問題的「終極性探知渴望」與「歸屬性的精神需求」，畢竟就常人的心理層面而言，「生死」課題恆然是亙古以來，人類、萬物所共同面對最艱難、嚴肅的課題，孔子「未能事人，焉能事鬼」「未知生，焉知死？」的生命觀點，單向從「生」的面向追索「生命意義之整體」，固然亦可系統成立，然終未進一步就「生死」的「內在原理」「本質真相」「生從何來，死往何去」等問題層次，作出更「根源性」的解釋、釐清，這未必足以作為「死亡」終將在人生終點線上降臨的事實本身，拋給大多數人「唯恐生命即將消失毀盡」、徬徨於生命「何所從來，何所來去」的疑慮不安心理之依靠與安頓。甚至在《論語》文本中，孔子涉及生死課題的真實情境部分，如孔子面對「生死之隔」的典型反應模式，也讓人有不如老莊、佛家來得「超然灑脫」之感，此如：在某些人生變故的特定情境，孔子面對顏回之逝、冉伯牛之疾，流露出「天喪予」「子哭之慟」「斯人也而有斯疾也」的悲慟、喟嘆，此固襯托、

彰顯孔子疼惜門人早逝的至性真情，然孔子悲慟、喟嘆之時所顯示的生命態度，終不若專主「內門之路」的佛、老二家之生死觀來得自在、超越，此亦是客觀上不容抹滅、否認的事實。就此而言，若從方便說明的角度，對比「生命之學」的「純粹性」、「針對性」問題，那麼筆者以爲，佛、道兩家，確實比儒家更能從「生命問題」本身，來正視、說明生命本身的：流轉、本質、原理及安頓等系列課題。以上看法如果無誤，那麼當我們回頭觀看楊簡心學，也會發現一個很微妙的事實，此即：從「生命之學」角度出發，楊簡無疑是中國儒學史上，第一個自覺、用心於將「儒學」完全視作純粹「生命之學」「內觀之學」來對待理解、詮釋的理學家，至於他何以將「儒學」完全等同於純粹「生命之學」來理解、詮釋，此態度背後的因素，則是他融攝佛禪工夫、思想境界後，將其體證的心靈體證「移情投射」於詮釋儒學經典後的結果。這也可以解釋：爲何楊簡心學的主要核心概念，既不是「仁」、也不是「義」或「禮」，而是「心」、「道」、或「覺」的主要原因。再反過來說，由於楊簡全然將「儒學」視作純粹「生命內門之學」來對待理解，這乃使他的心學體證，一定程度地含具著「我執意識」之破除，及生死本質課題的面對、破解與超越，呈現出「心靈體證」與「學問特性」交互影響、因果相生的自然發展，這是吾人研究楊簡心學在「生命之學」場域之分位、特性、表現時，最應揭櫫指出的。

行筆至此，便不能不附帶討論「生命之學」一詞，究應如何更明確定義、詮釋的角度理解問題了。據筆者之見，如果視「生命之學」必須相當程度涉及、解釋：所有「生命界」「物類」何以生死遷流的原因、本質、原理及安頓、歸屬等系列課題，那麼型態上歸屬「上門之路」（天主教、基督教、回教）、與「內門之路」（佛教、道家）的宗教、學派，顯然較能視爲「如其所如」的純粹「生命之學」；但如果視「生命之學」應以「人類」爲主軸，且吾人除須具備「心性主體修養」「人文化成」的本質、特性外，還須一體承擔國家、民族乃至所有一切人類的現實實務之對治：無論是政治、經濟、法治、制度、禮儀、倫常……等性質、範疇不一的——「集體生活之現世因應與規範」的話，那麼兼備「內聖」「外王」兩大面向：且「外王事業」必得統攝於「內聖修養」的中國儒家、儒學，對於這樣的任務、使命，顯然照顧得最爲周全，最能承擔得起後述「生命之學」定義指向下的要求與類型。就此而言，楊簡

在個人人格踐履上，雖保有部分後者型態「生命之學」的儒者風格，〔註33〕然其心靈體證與心學屬性，尤其是「身——心——靈」的綜合認識與生死觀，卻是多分偏向前者「生命之學」地基調與型態。此如楊簡所謂：「不曾動，不曾靜，不曾生，不曾死」，乃至「無思慮，亦無不思慮，融融悠悠，是豈為生而存、死而亡？生與死尚不能入，而況於老幼耶？」，以及「心無實體，清虛無我，生不加益，死不加損」「德性無生，何從有死？非二道也」等等生命觀，都大大擴張了心學體證者面對、因應生死課題的現實處理能量，具備這種意義、功能的心學生命觀，在先秦儒學與宋明理學中都是前無所承的。進言之，「心無實體，清虛無我」，亦清楚說明：楊簡心學從「究竟義」來說，殊非立一「實有層」之「主體我」，據以在人間世界建立德性價值規範，進而有所依恃、執持的「中門之儒」類型，此因在楊簡的心學體證中，「德性無生，何從有死？非二道也」，此即：楊簡體證認知的「德」，原指「本心我」之體證完成，而此「本心我」的本質又是「清虛無我」、超越一切德性、生死地「對待相」，那麼楊簡又怎會以「主體性存在之我」為中心，執意去建構、開拓一個具存相對、依恃特性的具象美善德性世界，〔註34〕才算「清明之性」「本心我」的落實完成呢？

二、楊簡心學生死觀之工夫歷程與內門體悟——「至於喪親，如天地崩陷……百無所思，此純一哀痛即道也」

前節已就性質不一地兩類文本，闡釋楊簡超越地生命觀、生死學論點，本小節將從楊簡工夫過程及其心學從人從容自在地生死例證，探討楊簡心學與生死課題高度連結的工夫歷程與內門體悟。

1. 楊簡「母喪之悟」——「大悟變化云為，縱橫交錯，萬變虛明不動，如鑑中象」

在本章前 2 節「生命之學」與楊簡心學關係的研究過程中，我們已觸處發現：楊簡將其體證的心靈境界：「覺」，與生死課題、境界相提並論之諸種

〔註33〕楊簡個人的人事踐履，參見第二章第一節之二〈生平事蹟與人事踐履〉部分。
〔註34〕據筆者研判，在楊簡心靈體證的尺度標準中，一定會認定：一般依「主體我」展開的德性踐履，乃係「思慮我」支使「形軀我」，朝意識所認定的主觀面向展開的「造作營為」，既然此「主體我」的本質非「清虛無我」，那麼依「主體我」展開的德性踐履，也是無法統屬於「本心我」的境界層級的。

案例，這些案例之產生形成，絕非憑空而降或純屬時機因緣上的巧合，而是楊簡心靈體證含具部分融攝「佛禪」工夫，從而造成某種程度地學問「質變」所導向有脈絡可循的發展結果。質言之，本章第二節探索楊簡工夫歷程時，筆者刻意保留楊簡 34 歲「母喪之悟」，此因「母喪之悟」明顯觸及生死學課題，故挪移至此單元研索。換言之，在筆者的認知理解裡，楊簡心學若內具超越的生死觀，這些特徵、緣起一定可以在其工夫歷程中找到足夠證據，作爲其心學何以帶有若干「出世」特性的原因解釋，以下爰將楊簡「母喪之悟」文本列舉如下：

> 「春喪姚氏，去官，居堊室，哀毀盡禮後，營壙車廄，更覺日
> 用酬應未能無礙，沈思屢日，偶一事相提觸，盂起，旋草廬中，
> 始大悟變化云爲之旨，縱橫交錯，萬變虛明不動，如鑑中象矣，
> 學不疑不進，既屢空屢疑，於是乎大進。」（見《慈湖先生年
> 譜卷一》）

據筆者解讀，楊簡 34 歲值逢母喪，一如多數爲人子女的喪親心情：「居姚氏喪，哀慟切慟，不可云喻」（見《慈湖易傳》卷二十），乃去職守喪，竭盡孝道，然而「居堊室」「哀毀盡禮」後，楊簡「營壙車廄，更覺日用酬應未能無礙」，至於楊簡「日用酬應」何以「未能無礙」，文本雖未明言，然據筆者解讀，這便指向「居堊室」「哀毀盡禮」等傳統儀節，對守喪者心靈釋放、撫慰功能的局限了，此因「居堊室」「哀毀盡禮」，只是「中門之路」盡孝守喪的制式表現，守喪者除非轉從「生命內門之路」體悟、提升，否則「中門之路」的「居堊室」「哀毀盡禮」，固然克盡、完成世俗「儀式之禮」，但相對也可能在盡瘁於「形式化」的儀節行動後，喪親的「哀慟感」依然未得化解，除了形軀疲累不堪，心靈的「整體性」「自由性」亦告失落，更有天崩地陷、無所歸依的「蒼茫感」相隨而來。所以人子「盡孝守喪」，不應是「規範性」「被動性」地禮儀行動，而宜是人子內在天性地自然流露。進言之，人子守喪如果投入過多「情感執著」（即楊簡所謂的「動乎意」），並以爲非達到某種高標準的「守喪規格」，才算克盡孝道的話，那麼，這種唯恐守喪不夠盡心盡力的綿密壓力，當然會驅使守喪者「日用酬應未能無礙」。再從踐道者的心理背景來說，人子單循儒家「中門之路」的路徑、方式守喪盡禮，若未全面掌握儒家「內證之學」的根源、本體，則「不安求安」的主體心理慣性，極容易驅使喪親者「不自知」地投入永無標準答案、且無一定形式內容的「無止盡忙

碌盡禮行動」中，造成生命過度的負累；換言之，人世間其實未必真有一個類似「上帝」「神祇」般的「往者」，無所不在地「檢視」守喪者的「盡禮盡孝行動」是否及格、滿分，所以楊簡初時「日用酬應未能無礙」，便是對「喪禮」「盡孝」意含的不全面認知，所自行賦予過量重擔的結果。

爾後楊簡何以能擺脫「日用酬應未能無礙」的心理狀態，「大悟變化云為之旨？」據筆者解讀，這當然與楊簡由生命「中、外門之路」轉入「內門之路」，對母喪之事有所體悟、境界層級隨之提升、消融有關。至於楊簡「沈思屢日」後，倒底係經「何事」觸發（「偶一事相提觸」），「大悟變化云為之旨」，文本雖未明言，〔註35〕但可確定的是，楊簡修學大抵是抱持「內門之路」「時復反觀」的心靈向度，始能經「某事」的觸發而脫胎換骨，心靈境界陡地提升，有豁然解脫、如釋重負之感。故此處宜問：楊簡「母喪之悟」所體證地：「大悟變化云為之旨，縱橫交錯，萬變虛明不動，如鑑中象矣」，該如何詮釋理解呢？

據筆者之見，楊簡34歲「春喪妣氏」「大悟變化云為之旨」，確然是他心學體證一個重大的「分水嶺」，楊簡心學所以內具濃郁地「超智」「超人間」等「出世」特性，大抵肇基於「母喪之悟」地真實生死體驗。換言之，楊簡34歲值遇母喪，更經「偶一事相提觸」的生命碰撞，終得以進一步體悟「世間」的本質（即「縱橫交錯，萬變虛明」所顯之義）：無論是人與人的關係、人與事物的關係、人與身分、角色的關係、乃至人與人間現象交涉地關係……，本來就是來去生滅、變動不居而難以當真的，世間本不存在一個「母子既定關係」的永恆實體，是以心學內證者面對人間世相的變化遷流，唯有如「鏡中象」一般：鏡子只如實反映當下呈現在鏡前的事物影像，一旦鏡前影像消散離去，便不復執著勾留、勉強攀附，只是如實回返「本自圓滿具足」的自己（「清明之性」「本心我」）而已。若將楊簡這層「居妣氏喪」「如鑑中象」地體悟，放到其心學的形成過程中，則此番「大悟變化云為之旨」，必然大大有助楊簡生死課題的現實面對與主體超越，如實接受「生死別離」乃「形軀我」在人間必然的歷程、結局，體悟「清明之性」「本心我」境界本質：「不

〔註35〕據筆者所知，楊簡工夫歷程中重大心靈體驗，若與佛家思想、方法明顯攸關而未便明言者，楊簡概以類似「偶一事相提觸」、模稜兩可的方式簡單帶過，此外如「山谷夜坐之覺」，楊簡分明是讀佛書有感而體證，然卻以「讀外書未解而心動」一語輕輕帶過，可見楊簡在宋代理學的時空環境下，縱使部分融攝佛家思想，還是得顧應人間現實，予以必要的調整與淡化。

曾生，不曾死」「無思慮，亦無不思慮，融融悠悠，是豈爲生而存、死而亡？」「生不加益，死不加損」「德性無生，何從有死？」，才是我人生命唯一的究竟眞實，進而消減「思慮我」對世間各種現象、人際關係的執著攀附，泰然接受世間各種關係、際遇、角色、命運的不定變遷，得以從「母喪之慟」導致的深細幽微、無所歸依的「蒼茫感」中超拔出來，讓生命自然「歸零」，重新出發。

此外，楊簡得以從「日用酬應未能無礙」的狀態「躍然提升」，除前述「偶一事相提觸」的未明原因外，據筆者研判，應還與楊簡值遇「母喪之慟」的痛楚心靈感觸有關，茲將兩則相關文本摘錄如下：

（1）楊簡解「孔子曰：人未有自致者也，必也親喪乎？」時注曰：「致之爲言至也，人未有自至乎道者，至於喪親，如天地崩陷，人子不復知有身，此身死亡猶不計，而況於他乎？百無所思，純一哀痛，此純一哀痛即道也。……人心即道，日用不知，因物有遷，至喪親而復始純一不雜。」（見《慈湖遺書》卷三〈王子庸請書〉之二）

（2）少讀易大傳，深愛無思也，無爲也，寂然不動，感而遂通，天下之故。竊自念學道必造此妙，及他日讀論語，孔子哭顏淵至於慟，從者曰：子慟矣，曰：有慟乎？則孔子自不知其爲慟，殆非所謂無思無爲、寂然不動者，至於不自知，則又幾於不清明，懷疑於中，往往一二十年，……及後居姚氏喪，哀慟切慟，不可云喻，既久，略省察裏正哀慟時乃亦寂然不動，自然不自知，方悟孔子哭顏淵至於慟矣而不自知，正合無思無爲之妙，益信吾心有如此妙用（見《慈湖遺書》卷七）

從例1文本可見，在楊簡的心靈認知中，「至親之逝」對人子的心靈震撼，是碩大無朋、難以類比的（「至於喪親，如天地崩陷，人子不復知有身，此身死亡猶不計，而況於他乎？」），但相對來說，值遇「至親之逝」，恰也逼顯出人子「自我檢視生命狀態」的絕佳反省點（「人未有自至乎道者，……至喪親而復始純一不雜」），換言之，爲人子女的，適足以在「至親去逝」逼出的現實苦慟張力中，藉著諸如：流淚、懺悔、感恩、思念、內省、回顧等內在行動，讓原先駁雜不純的生命狀態，在「百無所思，純一哀痛，此純一哀痛即道也」的蛻變統整過程中，重新「淨化淘洗」「復本返原」，此是心學內證者靈性慧

命成長的一大契機。

至於例 2 文本更有意思，蓋例 2 文本涉及的，本是三個不同經驗範疇領域的意義理解問題，且這三個不同經驗範疇之意義理解問題，在學術研究工作中，本應是個別獨立，或根本是「風馬牛不相及」、無法統屬的。此文本中第一個經驗範疇層次，乃〈易大傳〉所載：「無思也，無爲也，寂然不動，感而遂通，天下之故」的客觀意義理解問題，第二個經驗範疇層次，則是《論語》所載「孔子哭顏淵至於慟」，然而孔子卻「自不知其爲慟」，引發楊簡生發懷疑孔子或許「幾於不清明」的「問題意識」之長期解索行動（「懷疑於中，往往一二十年」），至於第三個經驗範疇層次，則是楊簡本人值遇母喪：「哀慟切慟，不可云喻」的主觀心靈感觸、體證問題。

獨特、有趣的是，楊簡將前兩個不同經驗範疇層次之意義理解問題，在值遇「母喪之悟」時，完全融入自家向道的內證體驗中，進而將此三則不同經驗範疇層次之意義理解，內在「統整」爲：對自己心靈體證大有助益的「更大脈絡地心學意義整體理解」中。換言之，《易大傳》文本：「無思也，無爲也，寂然不動，感而遂通，天下之故」所涉及地——資料眞僞考證問題、《易大傳》中的孔子及《論語》中的孔子，時間先後次序可能矛盾有誤、乃至該思想境界是否眞實出自孔子，均非楊簡所問，唯一確定的是，在楊簡個人特殊生命氣質的導引下，楊簡自幼便對此文本境界有所偏愛，並將此境界「內化」爲自己心學體證的一部分，及至後來讀《論語》「孔子哭顏淵至於慟」一段：孔子「自不知其爲慟」，乃引發楊簡以原初讀《易大傳》文本的理解，懷疑孔子面對愛徒顏淵之逝如其悲慟，或許孔子的境界修爲仍未到家（即「幾於不清明」所顯之義），這個深層「問題意識」之疑情，直到後來值遇「母喪之慟」（「居姚氏喪，哀慟切慟，不可云喻」），楊簡才恍然大悟：自己當初哀慟逾恆，其實正是心體「如其所如」流行發用的表現（「曩正哀慟時乃亦寂然不動，自然不自知」），從而一併理解「孔子哭顏淵至於慟」「自不知其爲慟」二語，不能平面理解爲「幾於不清明」，而無寧是「正合無思無爲之妙」的心靈境界發露。

從楊簡這樣曲折、繚繞的心靈境界成長歷程看來，可知楊簡是全然以自己純粹、主觀的內門心靈體證來解讀〈易大傳〉，亦同樣是以自己主觀的生命成長體驗來理解孔子的，所以楊簡理解的〈易大傳〉、孔子，若帶有若干「出世」特性，並與客觀歷史中的〈易大傳〉、孔子、乃至如今學術界所理解認定

的〈易大傳〉、孔子思想有所落差，自是天經地義、理所當然。〔註36〕此處吾人應注意的是，楊簡這種曲折、繚繞的境界成長過程反映的，便是「母喪之悟」對其心學特性所造成的實質影響。換言之，原始儒家乃至大部分理學家，雖非無所涉於生死課題，而自有傳統儒家面對生死課題的因應態度與哲學，相對而言，楊簡的生死觀，卻大抵非循原始儒家乃至大部分理學家的生死態度而來，而是另有個人涉及生死課題之特殊體驗所作成的融佛思想轉化，從而使得他的心學特性，強烈標誌著與生死課題的內在連結。換言之，「母喪之悟」除讓楊簡體證「如鑑中象」「縱橫交錯，萬變虛明不動」「大悟變化云爲」等等視世間「如夢如幻」、切近佛家的認識觀點外，「至親之逝」地苦痛現實情境，也逼出楊簡自我檢視生命狀態駁雜不純、務須淨化淘洗的契機，並體悟人子喪親之時，此「純一哀痛」的當下本身，「本心我」即自呈現開顯（即楊簡心學所謂之「毋意」），換言之，此當下本心開顯的本身，即是「道」之自然體現，無須另經「外在禮儀的強制規範」始能入「道」（「百無所思，純一哀痛，此純一哀痛即道也」），乃至楊簡日後種種生死學的心學體悟：「不曾生，不曾死」「無思慮，亦無不思慮，融融悠悠，是豈爲生而存、死而亡？」「生不加益，死不加損」「德性無生，何從有死？」，也都是楊簡「母喪之悟」後自然發展、推擴的體悟，乃至本論文第三章第一節〈家教融佛訓迪〉中，楊父的生死觀與人生態度，亦可在此與楊簡心學生死觀的因果銜接，就此而言，楊簡心學與生死課題之高度連結，乃至其心學含具多分「超智」「超人間

〔註36〕楊簡理解的孔子具足若干「出世」聖者特性，此可參見楊簡六十一歲在《石魚偶記》中的記載，文本如下：「十一月九日，忽覺子貢曰：學不厭，知也。教不倦，仁也。孟子曰：惻隱之心，仁也，羞惡之心，義也，敬之心，禮也，是非之心，知也，二子之言仁異乎孔子之言矣。十一日，未昧爽，又忽省孔子之言——知者不惑，仁者不憂，必繼之以勇者不懼，何也？知及之，仁能守之，知，知道；仁者，常覺、常清明之謂，然而亦有常清明，日用變化不動，忽臨白刃鼎鑊，猶未能寂然不動者，此猶未可得道之全，故必繼之以勇者不懼。」據筆者的理解，文本所謂「勇者」一詞，在孔子本義中，未必如楊簡講得那麼玄遠，而是指能行仁義、勿仁義行的德性踐履者，故「勇者不懼」的本義，某種程度上即是「居仁由義」「自勝者強」之意。然在楊簡以心學體證爲本的心學詮釋中，卻將「勇者不懼」之義，往「忽臨白刃鼎鑊，……能寂然不動者，……可得道之全」的面向來解讀。可見在楊簡心目中：能當下面對生死課題並予超越（「忽臨白刃鼎鑊，……能寂然不動者」）的「勇者」，才算完成「生命之學」意義的整體（「可得道之全」），至於聖人孔子，正是這種意義形態地「得道者」類型，可見在楊簡心目中，孔子確然是當下超越生死課題地「出世」聖者。

性」的「出世」特性，也都可在此因果脈絡、關係歷程中清楚照見，得到完足的解釋。

2. 楊簡心學從人之生死向度與境界展示──「吾心甚明，無事可言，爾輩脩身行道則為孝矣」

本章前三節筆者已以大量地篇幅文本，探討楊簡心學在「生命之學」場域中諸種面向的問題與解釋，並歸結到楊簡心學與生死課題的連結交涉，儘管上述以文本為據的闡釋、論證，已足以證成筆者的觀察與理解，然在本章最後小節，筆者仍有必要就有限的文本，探索楊簡心學生死向度下的境界表現。換言之，儘管楊簡本人的真實生死境界，缺乏足夠的文獻資料可資佐證，但從楊簡著作所載其心學從人達觀、自在的臨終境界修為，還是相對可以作為：楊簡心學與生死課題內在連結的證據。茲將相關 3 文本陳述如下，先言例 1：

> （1）蔣秉信聞歌朝中，措之詞，而及有覺，某厥後屢奉秉信周旋，灼見秉信之果有覺，非學者所知，今其云亡，其子中行求言以發其幽光，秉信之光非幽可間……秉信嘉定三年三月寢疾，故舊訪問必謝曰：萃聚許久，今告違矣，毋訝毋笑，七日而歿。……嗚呼，秉信之善人所共知，秉信之心人所未知，人皆有此心，多不自知。（見《慈湖遺書》卷五〈蔣秉信墓銘〉）

此例中，蔣秉信顯然是楊簡心學義下肯認的心學成就者（「及有覺」「灼見秉信之果有覺」），在楊簡看來，秉信體證的心靈境界及內具本性光明，恆然與秉信生命同在，迥非形軀之限、生死之隔，所能拘限、障隔（「秉信之光非幽可間」），就此意義來說，楊簡認定蔣秉信「有覺」、「秉信之光非幽可間」，某種意義上，便是楊簡心學「本心我」的境界意含──部分繼承佛家「法身」「法性身」的觀念，轉施運用於此。換言之，楊簡心學義下之「覺」，其概念、境界確是自佛家之「覺」沿用、轉化而來，此「覺」之特性與境界：「不曾生，不曾死」「生不加益，死不加損」「德性無生，何從有死？」，明顯涉及生死課題之現實面對、破解與超越，心學從人一旦體證及此，除有助梳理、澄汰生命內部之幽微暗角，開啟生命某種超越地「本性能量」外，同時擁有「預知時至」的先驗能力，對形軀生死課題之看破、放下，擁有更多「現量」的把握與自信（「萃聚許久，今告違矣，毋訝毋笑」）。此外，此文本還點出兩個心學境界「人所未知」的問題：「秉信之果有覺，非學者所知」「秉信之善人所

共知，秉信之心人所未知」，即言之，在楊簡看來，其體證的內門心學境界，
乃「高階次元」的主體精神開發層級，迥非一般庸眾的思維意識所能知，此
因「外門中人」多在平面次元地「生活界面」打轉，無所用心於：立體境界
層級地「生命內門之路」的超越探索與心行踐履，自然缺乏相應地向度、能
力，識知「覺證者」的內在工夫與生命境界。除以上「生命境界有高下層級
之殊」的事實點出外，我們也發現，在楊簡「人所未知」的陳述理解中，還
隱含一層「生命之學」的深意，此即：儘管在心學理論中，心學體證恆然是
日用平常、人人皆可開發踐履之事，但教人扼腕、太息的是：人世間眞肯用
心於心學踐履，永遠是將「生命之學」視作人生「最重要課題」來正視、將
事的少數人（「人皆有此心，多不自知」），依據「種瓜得瓜，種豆得豆」的生
命原理：唯眞實投入心學踐道鎔爐者，其靈性慧命始克如實開顯，反之，若
無所用心或蒙昧於心學踐履，其靈性慧命必然相對昏暗、不彰，以致人間客
觀的踐道實情恆然是：「高階靈性之人的心靈境界，恆非低階靈性之人所能識
知」，便永遠是人間事實狀態與因果層級的必然分布。此外，楊簡心學從人第
2 個生死境界爲：

> （2）饒之樂平鄒夢遇，字元祥，四明楊某之宰樂平也。夢遇與鄉
> 貢，自是相與從容，後某以職事至蘭若，夢遇見次，言近覺，
> 某叩之，知其覺矣，而猶不無阻，隨通之，自是益澄明；後又
> 得夢遇之叔祖近仁，字魯卿，與之語，厥明，再語而頓覺；末
> 得比邑餘之曹夙，字叔達，叔達留縣庠，畫忘食，夜忘寢，旬
> 有四五日而忽覺。……魯卿之子曾，字伯傳，比年亦覺。嗚呼
> 盛矣，元祥事親至孝，篤愛諸弟，嘗語人曰，事親從兄之際，
> 不思不勉，無非實地，……又曰：人皆以兀坐端默爲靜，吾獨
> 以步趨應酬爲靜，人皆以步趨應酬爲動，吾獨以兀坐端默爲
> 動。……孟夏三日，命二子扶坐，艮齋自謂氣雖微，而神則嘉，
> 時齋明喜甚，哦曰：嘉木扶疏兮，鳥鳴關關，暑風舒徐兮，庭
> 中閒閒，起視天宇兮，浩乎虛澄。還中堂與家人茗飲罷，就寢
> 而歿。訃至永嘉，哭於燕堂，遣奠臘月……有日，請志其墓銘
> 之曰：人心至靈，自通自明，元祥無能有所增，惟不動乎意，
> 不昏其本靈。（見《慈湖遺書》卷五〈鄒元祥墓碣〉）

此文本中 4 個主人翁：鄒夢遇（元祥）、鄒近仁（魯卿）、鄒曾（伯傳）、曹夙

（叔達），顯然都是循「內門之路」進修、復經楊簡點撥而「有覺」的心學成就者（「某叩之，知其覺矣，而猶不無阻，隨通之，自是益澄明」「與之語，厥明，再語而頓覺」）。其中鄒夢遇（元祥）的心靈境界，頗有禪宗遣除世俗相對動靜二相的味道（「人皆以兀坐端默爲靜，吾獨以步趨應酬爲靜，人皆以步趨應酬爲動，吾獨以兀坐端默爲動」），更難得的是，夢遇步下人生舞台的風姿背影，極其悠雅動人，恍似只是完成一椿每天都要從事的簡單、平常之事，心中了無掛礙（「還中堂與家人茗飲罷，就寢而歿」），乃至「往生」前吟哦之詩：「嘉木扶疏兮，鳥鳴關關，暑風舒徐兮，庭中閒閒，起視天宇兮，浩乎虛澄」，其中「浩乎虛澄」一語，當是其畢生心靈體證之境界寫照；若將夢遇此等心靈境界、與善終往生之例，與佛家禪師灑灑坐化之例參照比觀，其中委實諸多異曲同工、若合符節之處。換言之，楊簡心學從人之修學始因，縱非特別針對生死問題而發，然工夫歷程間，只要一定程度融攝佛禪內門之路的方法、向度與實踐，〔註37〕則其心靈境界涉乎生死課題之形軀破解與形上超越，乃是合乎人間事相發展的自然因果邏輯的。〔註38〕

至於楊簡心學從人第3例生死境界文本如下：

（3）某爲樂平首，得鄒夢遇，字之元祥，元祥自有覺，某從而滌其滓……，元祥之叔祖居德興，名近仁，字魯卿，又來訪道，某與語，從容，翼日，又與語，良久忽覺，厥後數款語，益信其果覺。嘉定二年春，至行都，又從容累日，歸未幾，而疾作，仲夏癸卯，忽盥手振衣而坐，召子曾曰：吾心甚明，無事可言，爾輩脩身行道則爲孝矣，言訖而冥……（見《慈湖遺書》卷五〈鄒魯卿墓銘〉）

〔註37〕必須承認一個客觀事實，所謂「融攝」二字，除了涉及幽微、複雜的心靈內部行動，也涉及當事者「融攝」的方法與心態。換言之，選擇性地接受此部分、排斥某部分，乃至與個人生命氣質搭調地思想境界予以融攝，與個人氣質強烈不合地思想、境界予以擱置，此乃一般人融攝異家「生命之學」的正常、標準模式。但可相信的是，只要「融攝」的方法、心態愈是圓融如法，融攝者在「生命之學」殊別面向獲得的助益定然更多，反之，若心靈態度過於固化，硬性拘泥於「門戶之見」，則在「生命之學」場域中，可資學習成長的空間必然相對縮小，進而只能看到：一己思維意識張孔所對應的單一面向而已。

〔註38〕這就好比不是爲了宗教信仰的理由而靜坐、吃素、運動，然只要以上三者勤行不輟，則此三者的勤行效應，對當事人的身心健康必有幫助，這是不因動機之異而損其效益的。

此則文本中，鄒近仁（魯卿）的臨終境界亦是預知時至、自在灑脫（「仲夏癸卯，忽盥手振衣而坐，……言訖而冥」），更特別的是，近仁往生前，囑咐其子鄒曾（伯傳）言——「吾心甚明，無事可言，爾輩脩身行道則爲孝矣」，顯然已將心學體證之「道」，由原始儒家「內聖外王之道」，轉化爲「具有生命終極歸仰特性」的「生命內門眞理體證」，從而使「孝」的概念隨之深化、轉化，除不耽著於傳統以「形軀侍奉」「子孫生命繁衍」爲核心論述的狹義之孝，亦不滯於《孝經》那種「移孝作忠」、爲社會秩序及大一統政權服務的「外王論述」，反而將「孝」的概念與「心學之覺」綰結起來，轉化爲：個人對生命內門眞理之體證踐履、從而使「靈性慧命」超拔提升，才是「究竟盡孝」的終極表現。這種「盡孝」意涵的超越詮釋與形上型態，顯然已跳脫一人一家一姓的形軀利益與家族倫常立場，而從立體境界層級的「生命究竟歸屬」與「永恆安頓」來立說，這種高階境界型態的孝道論述，在中國傳統孝道的思維認知中，無乃是另闢蹊徑、別有洞天，這是吾人研究楊簡心學及其心學從人的「孝——道」關係時，應一併與其含「超智」「超人間性」的「出世」心學特性，連結起來認識、把握的。就此而言，楊簡及其心學從人之心靈境界在「生命之學」場域中，某種程度上，可後設地視爲某種型態的「儒學轉出、分化」，或逕視爲部分融佛轉化形成的：對儒家原型生死觀可能缺陷不足，進行縫合、補強的嶄新發展類型了。

本章結語

　　經過本章三大節以「生命之學」爲核心、近七萬言的論證探討，最後讓筆者作成如下三點總結：

　　1、楊簡內門工夫的修學歷程，無論是「觀外書有省」、或他本人數次近乎佛、禪的特殊心靈體證、「以覺言心」、乃或心學從人「有覺者殆二百人」之例，皆在在顯示：楊簡工夫歷程「部分融攝佛禪內門工夫境界、思想」的事實。然弔詭之處恰也在此。換言之，在楊簡的主觀信念中，從未抱持以佛家爲個人生命歸仰的心態、立場來融攝佛禪，甚且某種程度上，楊簡幾乎是故意、或不自知地，以爲其所融攝的佛禪境界，根本即是儒家聖人孔子所體證的境界，在此情況下，可以說：楊簡是以融攝佛禪的工夫修學，來增益他儒學的內門境界修爲，如果楊簡這種「儒佛兼融」的修學型態，只存在個人

修行範疇中，得其自我完足、安頓，此自無可厚非，無勞別人置喙，然只要楊簡將此「儒佛兼融」的生命體證，發露於儒學文本的解經之作，並以直承孔子心法自居，當然會招致儒、經學界的質疑、辨議。

第 2，儘管楊簡「部分融攝佛禪內門工夫、境界、思想」，確是千真萬確的事實，但「部分融攝佛禪思想境界」的歷程本身，也同時意味：楊簡並非全盤接受、認同佛家的思想、立場。比如：楊簡雖接受佛家的「眾生」概念一詞，但顯然他瞭解的「眾生」概念，卻未同體概括佛家「十法界」「四聖六凡」或「六道輪迴」等全盤配套的系統解釋，以致楊簡心學雖有若干「出世」特性、傾向，但其基本關懷領域，從其生平行履、儒者型人間事行來說，仍是此世、腳底下的「人間」。再如：楊簡雖部分攝取佛家「轉識成智」「性空」思想，以成就其心學架構「心善意害說」的主軸，但在楊簡心學、經學思想中，卻全然不見融攝佛家其他重要思想如：「諸行無常」「涅槃之說」「業力說」「緣起法」「四聖諦」「菩薩道」等任何觀念；再者，儘管筆者歸結楊簡在「生命之學」場域，確涉及生死課題之超越與「出世間法」範疇，但楊簡顯然亦未接受佛家「三世因果」說、及任何形式的「佛國、淨土思想」。從這樣有所檢擇、依違的融攝佛禪方式看來，楊簡在人間學問的評價上，便容易落得個——「似儒非儒」「似佛非佛」「既非儒佛、又似儒佛」的尷尬局面，這種「兩面不討好」的情狀，當然不意味楊簡的修學、融攝之路有何謬誤，只能說，「生命之學的超越融攝」，一旦被安置在人間世俗的尺鑊標準上，饒是「天上的鳳凰」也可能被視為「人間的烏鴉」，被世俗機制及人為染污所宰制，這種難以見容於世俗人間「知識學張孔」導致的人間憾事，正是吾人思想念慮中：楊簡所謂「心善意害說」中的「意害」未克淨化、超拔所致，且器世間這種「生命之學」與「知識之學」順序被世人「顛倒異位」的情狀，在人類心靈視窗未克淨化、超拔改變之前，亦將永遠在人間繼續存在、發生。

最後 1 個總結便是，本章節中，筆者業已明確論證：楊簡心學在「生命之學」場域中與生死課題的內在連結；換言之，縱使生死課題之超越、解脫，未必是楊簡最初向道之始因，然因修學工夫歷程中之融佛事實、乃至楊簡「母喪之悟」後漸次興發一連串「出世」「超智」體驗，此皆指向楊簡心學在「生命之學」場域、及「身——心——靈關係」中，直接涉及生死課題之面對、超越，就此而言，楊簡心學某種程度上，確可「後設地」視為某種型態的「儒學轉出、分化」，或逕視為部分融佛後轉化形成的：對儒家原型生死理論、生

命觀可能缺陷不足，進行縫合、補強的嶄新發展類型，此值得吾人在順應「儒學現代化」的時代流風中，抉發可資運用、學習的意義種子，爲儒學新世紀的發展作出積極性地貢獻。

第五章　楊簡「證量解經」問題的義理考察
—— 探索「聖人本眞」

　　如所周知，宋代經學在傳統經學史評價中，總係以貶義居多，皮錫瑞《經學歷史》一書，便明白將宋代經學判為「積衰時代」，其所持論的理由固然多端，〔註1〕然經學家心中預設、具存的經學圖像與意識型態，會影響他經學研究的判斷，則是無庸置疑的；甚至有時學者本身獨特的立場、角色、乃至學識養成過程、時代隔閡等因素，也容易影響他觀看「世界」的角度，從而作出不甚相應的理解、評斷，甚或以某種「經學發展樣貌」為「常模標準」，日漸形成某種特定的執著、偏好，據以衡量異時異地的經學發展，對其所未能相應、認同的部分予以貶抑。諸如以上複雜的因素與僵化一元的經學評量標準，都可能係長期令：其實是頗富特殊風格的宋代經學，不受看重的原因。

　　儘管宋代經學在整體經學史評價中居於劣勢，然以「留情傳註翻榛塞」（借用象山詩）見稱的朱夫子（朱熹），在宋代經學中，卻以「遍注群經」的方式發揮其巨大影響力，宋明以下治經者，殆無人能及；相對來說，宋代理學中唯一能與朱學分庭抗禮的「象山心學」，卻以「學苟知本，六經皆我注腳」的特殊經學見地，投入第一序「易簡工夫終久大」的「知本」工夫，無意委身「支離事業竟浮沈」的解經工作，以致宋代經學幾無象山心學派立錐之地，唯一繼承象

〔註1〕　皮氏判定宋代經學為「積衰時代」，其持論的理由見諸該書第九章：「宋以後，非獨科舉文字蹈空而已，說經之書，亦多空衍義理，橫發議論，與漢唐注疏全異……皆由科舉之習入人之心，不可滌除。故論經，宋以後為積衰時代。」皮氏此論雖未嘗無理，然卻未更深刻思及：任何學術思想、形式，總有其一定的「生命週期」，當它的舊形式無法持續更新、衍化，科舉只是加速經學質變的催化力道之一而已。

山心學、復大力梳解群經的象山高弟：楊慈湖（楊簡），在經學史評價中，又涉及「入於禪」疑慮，爲人所詬病，以致在宋代經學舞台上，竟呈現「理學式經學」全包、「心學式經學」全倒地懸殊畫面，此豈合理反應：該兩學派在宋代發展的客觀事實與影響呢？若排除「儒、佛之爭」這層護教心理因素的考量，難道楊簡經學果眞一無是處？一無可取嗎？以下第一節筆者便從楊簡「心學化經學」成立的內、外緣基礎等面向角度，探討楊簡「證量解經」式經學的立足基礎、存在意義，期許楊簡經學價值能獲得應有的還原與對待。

第一節　楊簡「心學化經學」成立的內因外緣基礎

如所皆知，處於 21 世紀學術分工精密、專業的時代，傳統經學「一門獨大」「經天緯地」的時代，業已一去不返，今日吾人研究〈中國經學史〉，如果還堅持「定著的意識型態」與「一元的評量標準」，那只會壓迫、緊縮中國經學得以發展的空間向度而已，就此而言，宋代經學，尤其是心學式經學：那種揮斥「傳統解經常模」地「證量解經」，及另類型態地言經發展、風格，從更超越的立場、角度來說，在「中國經學史」上顯示的意義，其實便牽涉到：「經學本身究應以何種條件、基礎存在立足」的重要學術命題，倘使心學派經學的經學論點與言經風格，某種程度上，可能對傳統經學造成「解構」威脅、壓力，此何嘗不可視爲：心學家企圖導引經學，往更合乎「聖人本眞義旨」的層次、境界回歸的一種努力呢？以下筆者便從：1〈「後世之經術異乎孔子之經學」──「儒學」與「經學」的辨證糾葛〉、2〈「五經系統」與「四書系統」之消長變化──楊簡「心學化經學」成立的儒學、經學關係〉、3〈「四書義理系統」在「宋代理學」之歸正復位──尋找、創鑄新的經典解釋原核〉、4、〈「未之思也，夫何遠之有？」──孔門師弟「證量解經」原型之內在繼承〉等 4 個面向角度，探討楊簡「心學化經學」成立的內因外緣基礎，用以證成楊簡「心學化經學」在中國經學史舞台上，儘管難免斯人寂寞，但相對而言，中國經學永遠也需要「心學化經學」地適時發聲，來修正、檢討中國經學在歷史現實軌跡中前進所可能衍生的偏執、迷思及失序發展方向。

一、「儒學」與「經學」的辨證糾葛──「後世之經術異乎孔子之經學」

本來「儒學」與「經學」是不可被截然分割的兩個概念，「儒學」一詞，

雖重在「道德主體性」及「心性天通而爲一」面向的挺立開顯，相對偏重「內聖」部分，但這只是方便區分，相信沒人敢保證：若取消了「外王」實踐，「儒學」還有多少成立空間。同樣地，「經學」雖相對偏重「經世致用」、「外王事功」面向，但同樣沒人敢保證：若取消了「內聖」修養，「經學」還能順適地個別發展。從這樣微妙地連結關係看來，「儒學」、「經學」二詞在現代學術意義範疇下，雖可各自成立，但更精確說來，此二者的性質、定義確有部分「重疊」，且此重疊中又似乎隱含著某些牴牾、矛盾，故以下先就這兩者之間：「同質」、「分化」的部分進行梳理。

首先，從時間順序的成立因緣說起。

不容否認，如果從成立順序的時間因素來推估，當然是「儒學」成立在先，「經學」成立在後，〔註2〕故「經學」勉可視爲繫屬於「儒學」創立始相隨產生。但弔詭的是，在中國歷史的發展過程中，「儒學」卻多有賴「經學」的世諦傳布，始增麗其輝光，〔註3〕所以儘管在中國歷史上：「陽儒陰法」「外儒內法」地──儒家不被君主實質尊崇的現象十分嚴重，但六經、十三經在中國學術殿堂上，卻總享有出奇、崇高的地位，歷代學者更是浩首窮經、盡瘁於此，形成中外文化史上特殊罕見的現象；然而「儒學」發展的興衰起伏，果眞是伴隨著「經學」盛衰的節奏運行嗎？或抑「儒學」的興衰起落未必繫屬於「經學」發展，自有其因緣運會條件所構成的運行軌跡呢？這是很值得玩味的課題。

再從「儒學」與「經學」當初如何接軌的因素說起。

可以這樣說，經書（經學文本）當初所以被孔子乃至後儒援引，逐漸成爲儒家教化的典型教本，乃因經書中具備了相當濃厚的：人文、民本、仁愛、德治等等內聖、外王兼備的思想成分，正可反應儒家積極入世的淑世精神，以致後代儒者欲創鑄某種思想理論，以發揮其「經世濟民」之志時，每每從經書素材中汲取可資「創造性詮釋」的種子。就此而言，「儒學」與「經學」

〔註2〕如果「儒學」一詞以孔子創立儒家開始起算，「經學」一詞以漢代設立五經博士、經學與國家機制結合後起算，當然是「儒學」成立在先、「經學」成立在後。但如果把「經學」開創時間拉早到孔子刪述六經，那麼「儒學」、「經學」的成立時間便大致接近，又如把「經學」開創時間拉早到《易經》、《詩經》、《尚書》之粗胚形成，那反而形成「經學」成立在先、「儒學」成立在後了。

〔註3〕必須承認：如果沒有漢武帝「罷黜百家，獨尊儒術」，造成「經學」輝煌、綿續發展，「儒學」是否有機會在中國文化史上長期維持歷史能見度，恐怕不無疑問。

當初能夠連結接軌，導致「經學」長期發展、並對各時代問題提供可能的建言、啓示，最重要的關鍵因素其實在「人」：那些具有淑世精神、積極爲人間服務、對儒家之道有所體證、並能理解、詮釋經義的人。

再從「經學文本性質」與「儒學基本特性」的結合說起。不容否認，我國經學文本的產生，不似佛家經典：全係釋迦從對治生死流轉的苦痛出發，繼而演繹成三藏十二部、以佛陀覺悟思想爲中心的教典；亦非如西方啓示性宗教：其所謂《聖經》悉數爲上帝、先知全知、全能的「聖諭」「天啓」。相對來說，我國經學文本的產生，乃是吾國先民開物成務、生活經驗的結晶，所以經學文本中神話臆想成分相對淡薄，充滿了面對人間現實課題：尋求解決的現世精神與務實態度，這種具備「平實性格」的經學特質，正好與人間大部分的現世問題重疊交集，並與儒家「兼善天下」的入世精神契合相應，正可因應、接通中國歷代所可能面臨的實際問題，有利於經學家、儒者就其所關心的時代課題、面向，發揮借經、解經的詮釋影響力。就此而言，「儒學」、「經學」當初結合之始因，無乃是相輔相成、順適自然的，乃至在歷史演進過程中，幾讓人誤以爲此兩者是「雙胎胞」、「連體嬰」：只要講到「儒學」，便自然想起「經學」，一講到「經學」，同時也會想起「儒學」。換言之，由於內在性質基調契合的「不解之緣」，乃註定「儒學」、「經學」要在中國歷史發展過程中，相互「概括承受」彼此連結所可能肇生地：互相影響、牽連、指涉的命運。

進言之，「儒學」、「經學」當初連結地如此順適，「儒學」也因「經學」受帝王家意外相中，相隨增麗其輝光，何以爾後在時代推移過程中，卻屢發生「儒學」必須適度與「經學」畫清界限的問題呢？以下茲舉楊簡之言明之：

> 自三代衰，孔子沒，義利之辨寖不明，漢興，君臣相與以權術取天下，大略本以利，文之以義，孝宣亦謂漢家自有制度，本以霸王道雜之，豈惟漢規模如此，歷三國、晉、南北、隋、唐、五代，大抵一律，豈惟人主規模如此，士大夫惟上所好，其規模皆如此，豈無善者，其略則同。後世之經術異乎孔子之經學，後世之文章異乎三代之文章矣……一經說至百餘萬言，大師眾至千餘人，時謂祿利之路則然，取青紫有拾芥之喻指，以稽古之力，公言侈說，不以爲恥，三代之時無此風俗也，無此等議論也。……（見《慈湖遺書》卷十五〈家記九〉論文）

此文本中，楊簡旨在強調：「後世之經術，異乎孔子之經學」一義。換言之，

在楊簡的認知理解裡，孔子之時所謂「經學」，才是如其所如、呼應著「聖人之道」的「純粹經學」，時至漢代，經學與政治機制、學官利祿結合後，竟至「一經說至百餘萬言，大師眾至千餘人」，乃漸朝「惡質化方向」發展，「義利之辨寖不明」，至於「義利之辨」寖不明的原因，「相與以權術取天下，大略本以利，文之以義」的漢代君臣，當然要負最大責任。至於漢代君臣如何「相與以權術」，導致「義利之辨寖不明」、進而使經學質變？據筆者看來，這當從漢武帝「罷黜百家，獨尊儒術」與「官吏選拔制度變革」的因果說起。

質言之，當初漢武帝所以「罷黜百家，獨尊儒術」，並非對「儒學」或「經學」情有獨鍾，而是另有其務實地考量。〔註4〕再者，「經學」得以榮登漢代官學正統，在當時乃是伴隨著「通經致用」、「通經致仕」的：「官吏選拔制度」一起變革運行的。即言之，自漢取代秦一統天下，原先以「軍功」敘爵地人才選拔制度，過於嚴峻殘忍，不適人心望治的漢初時局，武帝乃責成諸侯、公卿、郡守，向中央薦舉「賢良方正」之士，另創「察舉」型選官制度。不過這種立意良善的制度試辦之初，卻發生薦舉人才難以實際「統整」的問題，以致丞相房綰乃上奏倡議：「所舉賢良，或治申、商、韓非、蘇秦、張儀之言，亂國政，請皆罷」（《漢書·武帝紀》），可見漢代「察舉」制度初行，並未全盤顧及被薦舉人：學派、思想歸仰不齊、該如何實際統整的問題，這當然與漢初政權一統、各家思想依舊「各行其是」有關；爾後漢武帝採納房綰意見，為改善被薦舉人思想駁雜、難以統合的困境，乃進行「文化一統」，採納董仲舒「罷黜百家，獨尊儒術」之議。所以漢代五經博士設立：由原本不講求學派思想歸屬的「察舉」制度，調整為以「儒學經術」為取向的選官制度，除意味著漢代官吏選拔制度的變革，亦呈現中國文化思想定於一尊的因緣變遷。〔註5〕

再者，自漢武帝以「經術取仕」「通經致仕」取代「察舉」制度後，「經學」旋被納入國家的機制體系中，此在世俗諦誠然是將「儒學」推上高峰，

〔註4〕　精確言之，漢武帝罷黜百家的實際動作，只是將漢初「黃老之術」代之以「儒術」而已，漢武帝看上儒家，並非著眼於國家「學」的需要，而是著眼於個人「術」的運用，「經學」「經義」就好比帝王統治術的美麗「飾物」，頂多只有衣服花邊般的妝點功能，既然「獨尊儒術」只是漢武帝治國手段的策略運用，那麼他又怎會在意：這個「飾品」是否眞是儒家「聖人之道」的眞髓呢？此說參見空大葉國良等人所編《經學通論》第一章。

〔註5〕　讀者若有興趣研究漢代「官吏選拔制度」變革，可參見大陸學者張恆壽所著《中國社會與思想文化》一書，人民出版社1989年8月版。

對世道人心或有短期、正向影響，然負面效應也在實際推展過程中逐漸浮現。換言之，通經可以致仕，必然導致「利祿之路」大開，〔註6〕人心爲之浮動，「經術」與「利祿」牽扯掛鉤的結果，原初「經學」追索聖人之道、重視「經世致用」的本質，乃在「利祿、權勢、名位」等雜染誘引下，「經學」與經生、解經者的關係難再純粹，此後各種俗世力量與名利染污，乃隨著「經學界地異化」被帶進「儒學界」，此後研經的主體：人物，品類逐漸不齊，有：學道者、一般學者、僞君子，以及更多名利的追隨者，甚至研經的目的、動機、手段、過程也逐漸褪化變質，則此種多樣、雜染的經學面貌，〔註7〕還可算是從「儒學」母體衍化而出的「族裔」嗎？

復次，作爲儒學世諦流布的聖典《六經》，一向被視爲是儒門標準教本，然自「儒學」取得形式上的正統地位後，由於利祿所在，各種公家、私人研經注疏，乃蜂出並作，蔚爲大觀，研經成爲士子掌握名器、施展抱負的必要手段，在此風尚籠罩下，各種形式的政治鬥爭與經學的路線之爭時相糾纏，以致：研經者如何以最諦當地態度：無論是蓄積「內聖」境界修爲、或培植「外王」應世能力，以回應經典對吾人教誨的更本質問題，竟乏人聞問，以致六經的精神主旨，居然可以不與研經者的身心慧命連結，則此種「經學」表相上繁榮發達，然研經者心靈主體卻與經典本質脫節、異位的現象，也能算是源自重視德性自覺的「儒學」嗎？

針對上述研經者心態逐漸褪化、變質地情狀，楊簡便有一針見血地洞察，其言曰：

> 自漢以來，古道滋喪，學徒陷溺於經說，琢壞道心，不務實德，
> 唐鳥獸行，君臣相與，其勢競趨於粉飾華藻，……幼能就學，

〔註6〕 「通經可以致仕，導致利祿之路大開」，這對「儒學」「經學」的發展倒底是利是弊，各家見解分岐，難有定論。皮錫瑞在其《經學歷史・經學昌明時代》便赤祼祼直言：「欲興經學，非導以利祿不可」，視之爲大勢所趨，別無選擇，私毫沒有振興經學的手段與儒學核心原則可能嚴重背離的自覺。依筆者之見，導利祿以興經學，此在短期間對「儒學」「經學」之振興或有效益，然對儒學之永續發展卻是先樂後苦、弊多於利的。

〔註7〕 如果「儒學」的世諦傳布，可依心態動機之異區隔爲：「生活化儒學」「智識化儒學」「俗世化儒學」「帝制化儒學」等等類型（此分法係借用林安梧老師對儒學型態之分類），那麼順此「類比」，在「經學」的實際分化過程中，何嘗不可隨著解經者不同的研經心態、動機，區分爲各種諸如：「生活化經學」「慧解型經學」「俗世化經學」「帝制化經學」「智識化經學」等殊別型態呢？

　　皆誦當道之詩，長而博文，不越諸家之集，六經未嘗啓卷，三
　　史皆同掛壁，本朝雖不廢經史，而虛文陋習尚踵餘風，士子所
　　習惟曰舉業，不曰德業，高科前列多市井無賴，子弟篤實端士，
　　反見黜於有司。(見《慈湖遺書》卷十六〈家記十〉)

此文本中，楊簡強烈指責：「學徒陷溺於經說，琢壞道心，不務實德」，換言
之，在楊簡看來，「經說」本爲彰顯「聖人之道」而存在，學者若因「利祿」
誘引、忘失「聖人之道」，沉湎於家法、師法般地「經說系統」與思維遊戲，
這便是「道心」「實德」的實質墮落。此外，楊簡此處刻意將「舉業——德業」
對立列舉，明顯含有價值評判意味，即言之，楊簡「舉業」「德業」的對立區
分，某種程度上，便是儒家一貫課題：「爲己之學」(德業) 與「爲人之學」(舉
業、科舉仕進之學) 間的矛盾、衝突，此種矛盾、衝突的根源，便涉及儒家
核心信念：內聖、外王如何在實際人生中結合、實踐的課題。無可否認，「內
聖」「外王」理念，乃中國古人對遠古聖人完美形象加以綜合的產物，此中必
然帶有若干超現實的理想色彩，在此「理想化」的理念設定中，士子踐履之
「學」的本身：不是單純的知識進級行動，更是與整個人生、社會、國家相
關的綜合性活動，可想而知，如果「爲己之學」(德業) 與「爲人之學」(舉
業——科舉仕進之學) 間所牽涉的，只是知識如何獲致或文化如何傳承的課
題，那兩者間就不必然出現太大矛盾，所以「內聖」「外王」命題的本身，相
當程度上，便是要求學者走出自我，向外拓展，完成治國平天下的理想。但
問題便卡在這裡：責求一介兩手空空的士人、學者，在現實上達成「外王」「經
世濟民」的理想，唯一可能的實踐基礎，便是功名與科舉。若捨功名、科舉
之路弗由，所謂「外王」理想，便可能只是士子心中一個永難企及的大話、
夢想；但相對來說，士子若過分執著「外王」目標，用錯手段，汲營奔競於
科舉、功名之間，又可能在「向外拓展」地過程中，陷入各種與「利祿、權
勢、名位、人情」夾雜地俗世泥沼中，喪失原初的理想，[註8] 由「中門之路」
異化、沉淪到「外門之路」，這便是儒家「內聖」「外王」命題：所拋給儒門
士子共同面臨地「實踐弔詭」。

　　儘管儒家「內聖」「外王」命題確有實踐上的兩難，但無論如何，「儒學」

〔註8〕 唐宋科舉取士，造成士子陷溺於「利祿、權勢、名位、人情」等俗世泥沼，
　　　　衍生無數失衡情狀，此可參見余秋雨《千年庭院》〈十萬進士〉一文，爾雅書
　　　　局出版。

之所以爲「儒學」，核心本質永遠建立在「內聖修養」：「道德主體性」及「心性天通而爲一」挺立開顯的內證前提之上。且無論「經學」（經學詮釋）當初是如何憑借「儒學」地母體長大，倘日後其發展、衍化，未能與「追索聖人之道」的心性修養、踐道行動結合，進而只爲政治上某特定目的、路線服務，那一定會淪落爲歷史上各種形式鬥爭的工具、傀儡；如此說來，此種由「本質異化」拖曳而出的「一時性經學詮釋」，縱或表相上言之成理，門面也妝點得華麗莊嚴，又有「聖人」「聖人之道」爲其撐腰，但歸根究柢說來，都無法掩飾其內在本質：終究只是圖謀個人「形軀我」欲求滿足的「粉飾經學」、與「異化經學」而已。就此而言，經學自漢代衍化發展到宋千餘年，儘管表相發展依然繁榮興盛，但經學本旨日漸異化、質變，確已成爲有識儒者心中一個亟需對治的共同課題，就此而言，楊簡心學式「證量解經」，便是嘗試剝落「異化經學軀殼」、使重新接回與「聖人本眞」課題綰合的實踐行動，企圖使「儒學」、「經學」在歷史發展過程中擠壓所造成的依違縫隙，得以有效敉平、塡補，這便是楊簡「心學化經學」得以成立的內因外緣條件之一。

二、從「五經系統」與「四書系統」的消長變化—— 探討楊簡「心學化經學」成立的儒學、經學關係

儘管就今人立場來說，四書、五經同屬儒學最重要的典籍，實在很難區分何者才是儒門正統教科書（或云「儒門聖經」）。但從歷史「發生義」的角度來觀察，五經：《詩》、《書》、《易》、《禮》、《春秋》，在儒學的世諦流布中，卻打一開始，就較《四書》取得更爲優勢的主流地位，〔註9〕五經的思想內容、

〔註9〕平心而論，《五經》在中國文化思想舞台上，得以打一開始就較《四書》取得更優勢的領先，一部分原因，乃是拜孔子刪詩書、制禮樂、及「述而不作」的態度所賜。換言之，《孟子》《中庸》《大學》成書較晚，影響力無法與《詩》、《書》、《易》、《禮》、《春秋》等量齊觀，此或有理由可說，然代表孔子精神實錄的《論語》一書，成書不算太晚，何以在漢代卻未能與《五經》平起平坐，取得足夠的立足份量？此中原因多端，然據筆者觀察，最大的理由或許是：先秦之時，《五經》本爲各個家派、學者所共同閱讀，非單屬儒家所有，即使如墨翟、莊周等人思想異於儒家，但對經書內容也莫不嫻熟。換言之，在漢武帝以前，研讀經書非僅儒家、儒者之事，各家各派學者都可對經書內容進行各自的理解、詮釋，以致儒家只是九流十家中的一家，孔子所崇仰的堯、舜、禹、周公，也只代表「古代聖人」意義的某個切面，直到漢武帝「罷黜百家，獨尊儒術」，《論語》、孔子的份量才被大大提升，但此時在漢代朝野的認知思維裡，依舊承襲「崇古」觀念：認爲如欲汲取形上根源、「聖人之道」

價值意識，透過漢代官方機制的運作與今古文學家不同面向的詮釋，迅即影響了人們的政治思維、文化意含認定與生活態度；相對而言，《論語》、《孟子》二書雖是記錄孔、孟思想最眞實、直接的文本，但遲至唐代，《孟子》一書才被韓愈、李翺抉發闡揚，大力推廣，至於《中庸》《大學》二書，更遲至宋代才被理學家相中，據以發展成另一套探究儒家天道根源地形上思想，可見在儒學的歷史發展過程中，儒門典籍確可概括粗分爲：「五經系統」與「四書系統」兩個相對劃分、卻未必對立的「義理之源」，這兩組義理系統的劃分：「時間流衍的先後」及「是否被納入學官機制」兩大因素，顯然是方便區分的外緣標準；此外，從內在條件來檢視，「五經系統」與「四書系統」在內容、性質上，也明顯存在著某些歧異、區隔，此也構成這兩組「思想系統」屬性、基調未必全然一致的特性，此如：五經的思想內容：尤其是《詩》、《書》、《禮》、《春秋》等經，明顯帶有較適於往「外王」方向延伸詮釋、聯想的特性成分，以致「五經系統」較容易在重視外王事功的漢帝國裡獲得青睞；反之，四書的思想性質摻揉不少濃郁的「心性之學」色彩（尤其是《學》、《庸》），本就利於往「內聖」的修養方向回歸詮釋，這也頗能解釋「四書義理系統」何以能在重視文治的宋代獲得伸揚。此是值得思考尋繹的線索之一。

　　再就「五經系統」與「四書系統」的「閱讀對象」方便區分，一般而言，「五經系統」的閱讀者除少數是眞正「踐道者」外，它更經常被仕宦、學者視爲文獻、史實、情詩、外交社交工具、甚至訓詁來對待，以致呈現適用上的「駁雜性」；眞把「五經系統」當成「儒門聖經」來對待尊禮的，嚴格說來只有宋明理學家、心學家。相對來說，「四書系統」因較晚被納入國家學官機制，以致用心研索的可能讀者相對較少，但能在功名利祿之外主動開發研繹，相對也彰顯彼等追索「聖人本眞」心態的純粹、勤謹，此是值得玩索的現象之二。

　　再以四書爲例，或許正因「四書義理系統」的屬性，確有諸多方便宋儒汲取養分，據以利用發揮的有利因素：無論是汲取《學》、《庸》的某些論點來對抗佛老，或是《論》、《孟》二書中強烈的道德實踐特性，本就契合宋明理學那種講究道德實踐的時代環境，以致朱熹將《學》、《庸》、《論》、《孟》

　　　　以「經世濟民」，那麼，作爲「經學」地《五經》所充載的「聖人之道」，無乃比「儒經」《論語》所充載的「聖人之道」更具代表性，這點集體心理因素，便是《論語》在漢代的影響力始終不如《五經》的原因。

輯爲《四書集註》時，並未遭逢多大阻力，從這樣「溯果推因」的角度來觀察，似乎頗能反應當時宋代理學、經學界：心目中早已自發性地將「四書系統」的地位提升上來，與「五經系統」在儒家經典中的份位等量齊觀，儼然形成一種「一呼百應」的集體普遍共識。這是值得咀嚼玩味的現象之三。

　　復次，「五經系統」在宋代經學領域，表面上雖保有傳統的發展優勢，此如：理學家仍依循往例，通過注疏、解說、議論和引用聖言的方式來解經，並將自己的理學思想，巧妙融入研經的框架結構中，然則他們選取這樣曲折的方式來解經，未必代表他們完全認同五經的思想內容及傳統經學的解經模式，〔註10〕畢竟理學家們最關懷的，乃是「道德實證」及「形上道體地根源探索」，他們所以不辭麻煩，依舊通過經典注疏來詮釋、表達其理學意見，只不過是清楚地認清：在傳統經學勢力沛然莫之能禦的情況下，遽然跳過經學傳統，另起爐灶建構一套自成體系地「理學」思想，一定會引起軒然大波、招來「異端之議」，爲了顧全大局，只好隨順經學本有的運作渠道，曲折地表達自己的理學思想。就此而言，宋代的研經風氣雖然興盛：「宋人說經之書傳於今者，比唐不止多出十倍」，〔註11〕但基本上，它乃是被理學家巧妙運作，用以傳達「理學」思想的「工具」「橋樑」而已，就「有名無實」、「名存實亡」的附屬角色及客觀現實來看，它反應的現象：無寧是五經「盟主」地位的逐次陷落。相對來說，唐代以還，追索、恢復「聖人之道」的言論不絕如縷，時至宋代，此風更蔚爲大觀，《學》、《庸》、《論》、《孟》被理學家們以「源頭活水」地「朝聖態度」重新認識、標舉，此除反應「四書義理系統」的復活、更新之外，更意味宋代經學是以一種特殊地向度：「五經義理系統漸朝四書義理系統傾斜」〔註12〕「外王事功漸收束於內聖修養」以及「質變式經學朝活水式經學靠攏」的發展態勢，進行某種「儒學」與「經學」間的內在重整。這是值得深思玩味的現象之四。

〔註10〕正因宋代理學家未必完全認同五經的思想內容及傳統經學的解經模式，所以宋儒屢有「疑經」「改經」之舉，乃至摒棄章句訓詁，橫發議論，形成所謂「以意說經」的特殊解經方法與風格。

〔註11〕見皮錫瑞《經學歷史》〈經學積衰時代〉河洛版280頁。

〔註12〕所謂「五經義理系統漸朝四書義理系統傾斜」一語，換個方式來說，便是宋代理學家以其對「四書義理系統」的內在體證，重新詮釋舊有的「五經義理系統」，換言之，如果有人用：「以四書內證義理新解五經」來簡單概括宋代經學，其實也是一種方便、傳神的表述。

三、「四書系統」在「宋代理學」之歸正復位—— 尋找、創鑄新的 經典解釋原核

如上所言，「五經義理系統」漸朝「四書義理系統」傾斜，除反應「外王事功漸收束於內聖修養」、「質變式經學朝活水式經學靠攏」的意義外，更代表在儒、經學領域中，存在著聖人經典數量，可在歷史演進過程中隨時擴增、衍化的事實。換言之，西方人爲了準確理解《聖經》的需要，逐步發展出「解釋學」「詮釋學」這類學問，同樣地，中國人爲了探究「聖人本眞」，也創發出「經學」這門特殊的學問來，乃至「經」的形式也隨著時代推移的腳步，陸續發展爲：傳、注、箋、疏、正義等等分化的族裔形式，形成一套複雜、完備的解釋系統。在這個解釋系統中，最值得注意的，便是作爲中國經學解釋原核的經典數量，持續擴增、成長的事實所顯示的意義。換言之，中國經典在不同的時間推移過程中，由最早的「五經」，逐漸加入「春秋三傳」、《孝經》、《爾雅》「四書」等相異內容，陸續擴增、衍變爲「六經」、「九經」「十經」「十三經」等等不同別名，這便具體意味：作爲中國經學解釋原核的經典數量，並非一成不變、固定在少數特定的經典文本裡，不可被移易改動的。進言之，中國經典的數量既可隨時增添，這在「生命之學」場域中，便代表沒有那一部經典是「聖人之道」獨一無二的文本、或永遠載體，只要時勢需要、人心需要，後人還是可依當時的實際需要，另外尋找、創鑄新的經學解釋原核。在這樣的理解基礎上，如何對中國經典數量擴增的現象進行解讀，便是個很關鍵的學術課題。

據筆者之見，中國經學解釋原核、及經典數量所以擴增，主要原因大致有二：1. 爲經學世俗利益的分配問題，2. 爲必須適度反應人心趨勢改變的事實。先言其 1：

首先，我們不能忘記，漢代通經致仕後，「利祿之路」大開，「經術」與「利祿」一旦牽扯掛鉤，「經學」與經生、解經者間的關係便不再純粹。換言之，漢代經學家注經、解經之時，心頭掛念的，除了「聖人之道」精神的抉發、弘揚外，還須一體維護「家法」的解經傳統與「師法」的師道尊嚴，倘能在抉發「聖人之道」之餘，不忘體察趨勢，維護「師法」、「家法」傳承，並取得國家名器及附帶利益，當然是兩全其美、「公私兼顧」，但困難、弔詭處恰也在此。蓋國家名器及其附帶利益，恆然是「寡佔性」的，但人性弱點的試煉卻是「經常性」的；當自身超脫於名利、權勢之外，尚能相對客觀、

理性看清問題，言所當言，保持靈台清明；但若不幸身處「家法」的解經傳統及維護「師法」尊嚴的利害漩渦之中，是否還能靈台清明，避免以私害公，那就是人性莫大的考驗了。何況，有時在特殊時代風潮的集體氛圍下，經義該如何詮解，或該往那個方向導引，已不全然是個別解經者所能為力；進言之，經典數量的擴增變化，除了牽繫於時勢因緣的推移變化外，有時根本是由當政者及少數環繞在君主周遭獻策的大臣所主導，只要時代條件、時勢因緣有其特殊的經典需求，君王及其從臣，往往便能相應推出時宜地經典，以作為時人奉行的圭臬，這便無法不涉及：因應政治現實需要的「世俗榮利分配」問題了。進言之，某些經典當初所以名列「學官」，未必是因它充載較多的「聖人之道」，才取得決定性的領先，而根本是經學一旦發展到「興盛繁榮」的地步，各種「解經之作」「注經大家」，一定雨後春筍般地相繼冒出，官府站在主導者立場，必得有所順應、採取正面鼓勵作為，以致當原先「學官」的獎賞配額，已不符事實的擴充發展時，只好適度追加更多「國家名器」以滿足經學界需求，但問題來了，如何在眾多各有「師法」、「家法」背景的解經者之中，挑選出最優異的解經之作升格為「學官」呢？這便無法不面對「客觀檢驗判準」難尋、及誰最具有評斷經學作品優劣的「身分資格條件」了，若以上問題無法有效解決，套用如今比較通俗的說法，這便涉及某種程度地：「權力分配」、「統統有獎」等世俗原則了。進言之，只要這些解經之作榮登「學官」之列，取得國家名器的身分認證，不論它充載的「聖人之道」是虛是實，是多是寡，它的地位都會變得「神聖」起來，陡然與一般文獻經典拉開距離，這就好比李安、高行健原本在華人世界中籍籍無名，何嘗不是在取得奧斯卡金像獎、及諾貝爾文學獎的冠冕光環後，才在華人世界取得說話份量的情況類似呢！

再談第 2 點：經典數量的擴增，某種程度上反應著人心趨勢的轉變。

此意是說，每時代皆有其個別對應的時代課題，前時代的特定課題與處置經驗固然可貴，但未必能為另一時代所移植適用，一旦時代課題出現整體性的變化、轉折，某些經學觀念勢必也得跟著調整，或以擴增經典文本、重新梳解經義的方式，來順應、紓解這種變化。最顯著的例子，便如「漢學」與「宋學」的時代課題明顯有別，其所看重、標舉的「聖人經典」「聖人形象典範」乃至「聖人之道」，自然也會順應現實條件的變遷，在解經文化工程中，就某些原則、觀念、價值觀予以適度調整；茲以「聖人形象典範」為

例，漢武帝注重文韜武略，以「大結構」「大格局」的氣魄、理念治國，以致漢代「五經義理系統」的聖人典範，大致是以：神農氏、燧人氏、有巢氏、堯、舜、禹等中國古代文明的制作者、先王爲相對典範；及至「經學」發展到重文輕武、偏安江左的宋代，「經書義理系統」的「聖人形象典範」，便隨順宋儒心中「理想聖人圖繪」的轉變，由「五經系統」中「文明制作者」的聖人，相對轉移到：人文精神之建構的周公、及代表儒家「內聖精神」的孔子身上。可見只要時代有其需要，不僅「聖人形象」「聖人典範」可隨時調整，就連「聖人之道」的意涵也可適性轉化，〔註13〕隨順宋代理學家面對「佛老興起」採取的千差萬別態度：無論是攻擊、批判、或表現爲各種不同方式、程度的融攝，經學家都可從一己的「生命張孔」，抒發對「聖人之道」不同的理解、詮釋，並即此相激相蕩，衍化爲宋代經學史上各種繽紛亮麗的經學發展樣貌。就此而言，宋代「四書系統」能在「五經系統」依然被尊仰的態勢下，異軍突起，後來居上，使「聖人經典」的解釋原核持續擴增，這不能不說是：宋代人心趨勢地轉變，加諸於解經者必須對「聖人形象典範」、「聖人之道」的內容，加以適度調整、轉化所帶來的影響。凡此，是吾人探討楊簡「心學化經學」成立的外緣內因基礎時，應一併對「五經系統」「四書系統」在歷史消長變化歷程中——所存在地「聖人經典」「聖人典範」「聖人之道」三者對應關係的演變、調整時應有的認識。

四、孔門師弟「證量解經」原型之超越繼承——「未之思也，夫何遠之有？」

在本論文第四章筆者業以「生命之學」爲主軸，探討楊簡心學工夫的內在問題及相應解釋，證成楊簡「心學」是以生命「內門之路」的心行實踐、及部分融攝著佛禪境界的特殊心靈體證爲基底，據以全面解經，弘揚心學。在這樣的意義上，我們必須承認：楊簡的解經模式，實不能以時下某些經學史所謂「以意說經」一語簡單帶過，〔註14〕若借用佛家修行術語「信、解、行、證」的次

〔註13〕所謂「聖人之道」的範疇，總是維持在某個「生命之學」的性質層次、及界域水平之上，但其實質內含確可隨順解經者的旨趣，加以適度地轉化調整，避免「聖人之道」的實指流於一成不變，固定、封限在某個特定的框架解釋意含中，失去作爲「生命活水」所宜內具的「流動性」「順應性」特質。

〔註14〕何謂「以意說經」？其眞正意含爲何？歷來經學界一直未就此命題作過深入研究，在筆者看來，所謂「以意說經」之「意」，一般固指解經者個人的「解

第來解釋，我們可以認定：楊簡的心學解經模式，相當程度上便是一種含具著「信、解、行、證」的修行次第、及「有本有源」的心學現量工夫所成就的「證量解經」。換言之，所謂「證量」：是指楊簡心學、經學，不是動用意識思維之造作、據以激發「分別智」的知識產物，相反地，它乃是部分融攝著佛禪境界：「無知之知」「無思無爲」「無體無方」「常覺常明」〔註15〕的內門體證；就此而言，楊簡依其「證量」所成就的「解經」當然不屬「智識化經學」，反宜視爲一門「生命之學」的法義教導，並且是以開發、彰顯的「本心之我」，貞定、指導「思慮我」「形軀我」的甚深課程。在這樣的認知前提下，本小節筆者經過「後設」的考察工夫，嘗試返本溯源，爲楊簡心學、經學——在儒家聖人孔子「生命內門之學」及「證量解經」兩大脈絡上，重新接回兩者之間的超越繼承與內在聯繫。

換言之，在筆者的認知理解裡，今經學史作者動輒拿「以意說經」的「大帽子」，批判宋儒的解經進路，此無乃過分拘執於傳統經學（漢學）的解經思維，相對漠視、忘失「經學」作爲「聖人之道」所必須內載地：「生命活水」的本質意含。進言之，在「以意說經」一詞概念的表相意含之外，筆者判定：楊簡「探索聖人本眞」、據以「證量解經」的解經方法，溯源於先秦孔門師弟的教化過程中，其實已一定程度地具存著：以「內門之道」爲歸仰、據以「證量解經」的儒門先例，只是當時或只個別引伸、運用，未能普遍施用於所有士子與經書的關係之間；進言之，儘管孔門師弟間運施的「證量解經」，未必經過有意識地自覺操作，或只是順成當時對經典某些篇章文義的嫻熟，加以適性轉換，以助成弟子對「生命內門之道」的深層領悟而已，只惜此後歷史因緣不足，未能據以發展成儒家解經方法的標準模式，以致到了漢代，「章句

<hr>

經意見」，但問題是：不同解經者的解經意見：其「實質內容」與「解經動機」千差萬別，豈可簡單以「以意說經」一詞籠統概括？據筆者研判，宋儒據以解經之「意」，一部分固可能是解經者依個人常識、經驗所揣想的主觀「臆見」，一部分可能是依客觀經驗、常識法則所累積形成的「知見」，另有一部分是經學家心中主觀建構的理想，抒發其「經世濟民」藍圖的「政見」，更有甚者，則是部分儒者依個人工夫修學、及對「道」的體證，抒發更合乎經學本旨、及聖人之道的「慧見」……；換言之，可資形成宋儒解經意見的來源、動機複雜多端，不同經學家的解經樣貌、內容亦品類不齊，欲以「以意說經」一詞籠統兼賅宋儒之解經實況，恐怕是緣木求魚，難以如實還原宋儒解經的眞相與本來面目。

〔註15〕見《慈湖遺書》卷十一。

訓詁式」的解經方法，透過官方的機制力量、及家法師法傳承、功名利祿誘引，異軍竄起，遂爾成爲「漢學」之正統操作模式，導致曾在孔門師弟間運施地「證量解經法」未被有效傳承，隨之在歷史巨輪滾動下湮沒不彰，這不能不說是日後「儒學」與「經學」接榫關係出現落差的原因。以下茲舉四則孔門師弟解經之例，證成「證量解經」在先秦孔門原本實質存在，並對孔門「證量解經法」提出個人的觀察與解釋：

> 三家者以雍徹。子曰：「相維辟公，天子穆穆」，奚取於三家之堂！（見《論語》〈八佾〉第三）

> 子貢曰：「貧而無諂，富而無驕，何如？」子曰：「可也。未若貧而樂，富而好禮者也。」子貢曰：「詩云：如切如磋，如琢如磨。其斯之謂與？」子曰：「賜也，始可與言詩已矣！告諸往而知來者。」（見《論語》〈學而〉第一）

以上兩則文本中，例 1 是孔子直接引用《詩經》文本批評時政，例 2 則是弟子子貢引用《詩經》文本與孔子切磋論道。進言之，例 1 乃孔子借用《詩經》〈周頌篇〉「相維辟公，天子穆穆」詩句，批評魯國執政大臣仲孫氏、叔孫氏、季孫氏等三家大夫僭用天子禮樂的越禮行爲；如是可以合理判斷：早在孔子引《詩》批評時政之時，孔門師弟間，早就具備了相當成熟的「經典文化資源意識」，才足以因應某樁事件的觸發，信手汲引《詩經》文句，進行「意義轉換操作」，用以影射批評時政，構成一個可資對話、理解的空間。

　　至於例 2，則是子貢引用《詩經》如切如磋，如琢如磨」詩句，以回應對孔子體道勝義——「貧而樂，富而好禮」的理解，這也相對激蕩、引發孔子的讚賞，說出「始可與言詩已矣！告諸往而知來者」這樣的話來。換言之，孔子讚賞子貢，固然透露對子貢慧根、悟解的稱賞，同時也顯示孔子對《詩經》文本與「道」（生命眞理）具足「密切關係」的理解。〔註16〕從這樣的理解面向看來，認定《詩經》在孔子心目中，不只是一部「男女詠歌」的情詩結集，而根本是一部有助體證「古今之道」的「道書」（「始可與言詩已矣！告諸往而知來者」），便是很正常、合理的認識了。以下再舉兩則更具論證力

〔註16〕 上述孔門師弟詮解《詩經》「如切如磋，如琢如磨」的運施方式，歷來常被文批家視爲「斷章取義」「強作解人」，無法認同孔子將「治玉的比喻」，賦會到「生活態度」與「價值認同」等等做人道理的追索之上。朱自清所著《經典常談》（祥一出版社出版）第四部分介紹《詩經》時，即認爲孔門師生對本詩的詮釋過於「斷章取義」，關於此點，以下筆者會有適度回應。

的文本加以證成：

 （1）唐棣之華，偏其反而；豈不爾思？室是遠而。」子曰：「未之思也，夫何遠之有？（子罕第九）

 （2）子夏問曰：「巧笑倩兮，美目盼兮，素以爲絢兮」，何謂也？子曰：「繪事後素」，曰：「禮後乎？」子曰：「起予者商也，始可與言詩已矣」（論語八佾第三）

以上文本中，例1係孔子針對《詩經》逸詩〈唐棣之華〉予以證量梳解，例2則係子夏引《詩經》文句與孔子切磋論道。從例1可知，〈唐棣之華〉原本是一首訴說男女情愛的逸詩，〔註17〕前兩句：「唐棣之華，偏其反而」作法上屬於「興」，蓋純然記景寫實，本身別無含義，意思是說：「唐棣」之花雖長在同一株樹莖上，但花與花綻放的方向卻截然相反，好像一對情人背對著背、不相顧視，感覺上頗爲疏離。進言之，此詩的寫作動機或許是：某深情女子有感於男友日漸冷淡，乃引「唐棣之華」的寓意加以埋怨，至於本詩第三、四句「豈不爾思？室是遠而」（若以口語化表述，便是：「不是我故意冷落妳呀，實是我們住家相距太遠啊！」），便是該男子回應女友埋怨的「辯解之詞」。但孔子疏解此詩，顯然已「實質轉化」了此詩的意含，將原本影射著「男女情變」的「唐棣之華，偏其反而」，重新詮解爲：「踐道者」與「道」（生命內門眞理）之間的「依違關係」，進而自抒胸臆說：「未之思也，夫何遠之有？」，意思是說：天底下只有「踐道者」沒用心追索「天道」，那裡會有用心追索「天道」，而「天道」竟沒有相應感通、回應的事呢？換言之，只要眞心追索，「天道」一定會當下現前呈現，又怎會遠離「踐道者」的身心性命呢？從這樣梳釋的理解角度看來，孔子心中顯然具存高超地「內門心行體證」：隨時充載著與「天道」無所須臾離的相即關係，才能隨時針對《詩經》文本原義，有效適性轉化，另作出與「天道」性質、向度密合的證量解讀，這才是筆者截然斷言：孔子體證之「道」，在「生命之學」場域中，不僅具存「生命中門之路」的性質、特徵，更且同時含具「生命內門體證」地性質、特徵的原因。〔註18〕

〔註17〕此詩之梳解，筆者參考了康義勇先生《論語釋義》（高雄復文出版社1993年9月初版）、及傅佩榮先生《解讀論語》（立緒文化事業有限公司1999年2月初版）二書的看法。

〔註18〕據筆者之見，孔子之「道」高明博大，就連高弟子貢尚且感嘆「夫子之言性與天道，不可得而聞也」（見〈公冶長第五〉），復聖顏回亦有「仰之彌高，鑽之彌堅，瞻之在前，忽焉在後」（見〈子罕篇〉）之嘆，可見孔子之道（天道）

　　至於例 2 文本，則是子夏請問《詩經》〈衛風〉〈碩人〉：「巧笑倩兮，美目盼兮，素以爲絢兮」該如何理解，當孔子回應以「繪事後素」時，子夏立即從孔子「繪事後素」一語聯想到「禮後乎？」，可見子夏已完全瞭解孔子「繪事後素」一語所影射、暗示的：人類社會的發展，乃是先從「樸野狀態」（即所謂「素」），逐步進化到「人文階段」（即所謂「繪」）。換言之，人類文化的陶養，不是與生俱來、自然形成的，必得經過後天人文地陶養過程；若從孔子、子夏這樣深具文化意含的師生對話看來，我們可以相信：在孔門「生命之學」的教育學程中，部分弟子與孔子的心靈感通，必已達到某種「內在頻率接近，彼此容易感知」的地步，據此可以推斷：這種心靈感知的默契與運作模式，絕不是「個別性生發」而已，相反地，它可能是孔門師生在朝夕互動的過程中，逐漸培養起來：一種以「道的探索、把握」爲核心的「論道運作模式」。進言之，孔門這種以「道的探索、把握」爲核心的「論道運作模式」，其中間媒介可能不只《詩經》一種，但可確定的是，在此「道問學」的互動過程中，孔門師生通過對經典的熟稔及原始經義的掌握，據以「適性轉換操作」，正可助成弟子「悟道靈感之啓發」及「當下本心之喚醒」；就此而言，孔門此種型態地「證量解經」，對啓悟弟子「道體」、「本心」之喚醒，當然是饒具正面功能與增上效果的。

　　當然在這裡，我們也必須同時處理、解決：孔門師生此種以「道的探索、把握」爲核心所運施的「證量解經」，可能對《詩經》作爲「文學性本質」之存在所造成「意外傷害」的課題。換言之，在後世文批家眼中，固有無數理由，可以責怪孔門師生的「證量解經」，錯解經文本義，對《詩經》乃或其他經典作了過多「隨己所欲」的「衍義」解讀，大大扭曲了詩經的「本義」與文學性成分，但必須提醒的是，文批家在批判孔門師生不重視《詩經》文學特性、本質之時，也應還原「六經的歷史時空背景」，正視先秦儒家本就具有「德性」先於「文學」的學問特性（即所謂「行有餘力，則以學文」、「有德

的「究竟眞實境界」，連入室弟子都難以捉摸體會，想當然爾，其他門生望而卻步、畫地自限的情形一定不少，有感於此，孔子乃順成「未之思也，夫何遠之有？」的詩句加以引申，期勉弟子在眞理道上再接再勵，就此而言，「孔子之道」若只是枝節、瑣碎地「中門之路」的世相教導，當不致有這麼多弟子唯恐無法跟上，所以究竟說來，判定「孔子之道」在「生命之學」場域中，係以「生命內門之路」爲主、「生命中門之路」爲輔，確是具有「孔門師生文本」及「眞實互動情境」爲基準的如理判定。

者必有文，有文者不必有德」）。換言之，先秦之時，文學的「獨立性」迄未被完整發現、建立，那是整個時代的文學條件尚未發展到成熟階段的問題，此中原因甚多，本文無意探討，但不能顛倒時間次序，將文學在先秦未具「完整獨立地位」的原因，完全歸罪於孔門之「證量解經」，此點因果順序首須辨正指出。

此外，孔門師生當初所以「證量解經」，當然是孔子為了弘揚儒家「生命之學」：傳道、授業、解惑上的方便，乃順應當時現成的「文化資源」與「人性經驗」加以沿用改造、適性轉化，以助成門生對「道」（真理）的體認與境界之提升，迥非刻意操作「證量解經」，用以混淆經書文本成立時內載的原初性質。進言之，這些被孔門師生引用的經學文本，在先秦之時，都還未被提升到「經」的崇高地位：被當成「金科玉律」來對待、尊禮，甚至這些經學文本之形成，在當初也未必是針對「文學性的因素、需要」而展開，所以基本上，它可以被合理視為「公共資源」、或「公共文化領域」，至於爾後它被孔門師生拿來「證量解經」，只能說是「歷史因緣上的偶然」，就此而言，倒底是孔門師生的「證量解經」弄擰了經學文本的性質、原義呢？或是孔門師生的「證量解經」提高了該經學文本的歷史能見度呢？此中功過是非，恐怕一時之間也難分說清楚。

最後，如果必須就儒家「證量解經法」作個「源流性」的總結、論斷，那麼筆者認為，孔子當然是開啟儒家「證量解經」模式的第一人，其門人弟子便是「證量解經」法所運用施行的對象，但孔門「證量解經」在歷來儒門「生命之學」與「經學源流」的關係環節之間，只宜視為「以道的開啟為指向」的方便教導，或是有效融合、良性接觸的先導，基本上它的緣起生發，乃是孔門師生在自然、寫意的情境下，自由運施，而非有意識、有計劃、有自覺的集體解經行動，〔註19〕爾後遲至宋代象山、楊簡、乃至明朝王守仁出，才終於凌越時空間隔，進一步完成儒家「生命內門之路」、與「證量解經」兩大脈絡的內在銜接與超越繼承；就此而言，楊簡心學式「證量解經」在「探索聖人本真」的經學前提上，無乃較傳統「章句訓詁」式經學——更切近中國經學本旨與聖人本懷。

〔註19〕如果孔門師生的「證量解經」，是有意識、有計劃、有自覺的集體解經行動，那麼孔子在《論語》中的解經之作，便不會只以零星、單點地形式出現了。

第二節　從《先聖大訓》「聖人——六經——道」的互指架構——探討楊簡「證量解經」在「解經學」中的理論問題

　　迄今爲止,「中國經學」的定義林林總總,人言言殊,以致中國有所謂「經名考」這樣特殊的學問,但就算我們能找出一個相對完整、爲大多數學者所接受的「經學」定義,相信這個定義,仍未必能概括得盡歷來所有內容、性質殊異的經學之作。換言之,中國經學打一開始,就不是以一個清楚的定義概念、性質範圍,來展開它的學術生命歷程的;更特殊的是,中國歷史上,每時代皆有其獨特的當代課題與學術命題,被當時學者有意、無意地反映到他的經學著作中,以因應時代課題與學術命題之須;在這種情況下,當我們試圖爲「經學」尋找一個明確的定義,用以概括歷來的經學之作時,我們便會發現:這樣的嘗試與努力,比起爲文學、史學乃或哲學尋找明確的定義,用以概括歷來的文、史、哲作品還要來得困難。這樣的困境,正可解釋何以迄今爲止:一部理想的經學史始終難以誕生、問世的原因。進言之,什麼是「經」?什麼是「經學」?此類問題可謂從不曾有過百分之百明確的答案,但不俟此答案之形成,歷代經學家便已迫不及待對應各種複雜的時代現象與學術課題,藉著註經、言經的方式,表達他們的學問識見與對特定問題的看法。這也意味著:儘管「經學」的明確定義、性質範疇、共識未及形成,但一個模模糊糊、似有粗略輪廓的經學概念,卻始終存在所有經學家的寫作意識中。換言之,儘管各經學家的經學意識南轅北轍,甚至解經意見也難免分歧對立、缺乏交集,但這都無礙一個基本事實,此即:歷代經學家大體都環繞著一個特定的主題:「聖人——六經——道」,透過對經典原核的詮釋,抒發對此特定主題的理解,期以達到想望中「內聖」「外王」、「經世致用」的目標與影響。在這樣的認知前提下,本節筆者即扣緊「聖人——六經——道」的主題,以楊簡針對歷來聖人孔子言行思想所結集的特殊解經原核——《先聖大訓》爲主體、《慈湖遺書》部分文本爲輔體,反溯楊簡心中的經學概念與經學圖象(心學化經學觀),解索楊簡「心學化經學」「證量解經」在「解經學」理論中所存在的問題。

一、《先聖大訓》內容、體例、特性、寫作動機略說

　　討論《先聖大訓》「聖人——六經——道」的主題及相關問題前,首須

對楊簡《先聖大訓》這本「不完全言經之作」的內容、特性、寫作動機，進行必要的考察與說明。

　　首先，《先聖大訓》共計六卷 55 節，乃楊簡六十三歲時，假「慈湖館」(原名德潤湖) 梳解而成，內容除選取《論語》《孝經》《易》《春秋》《中庸》《孟子》《禮記》《大小戴記》中之孔子言行加以詮釋外，更雜取王肅偽作的《孔子家語》《孔叢子》等作品梳解而成，如果就經學文本必須取得「官府認證」的標準程序才算「如法」的話，那麼視楊簡《先聖大訓》是一本「不完全言經之作」，大致是吻合這種邏輯思維的。

　　再者，根據筆者對楊簡心學、經學的綜合研究，楊簡在中國經學史上所以特殊，除表現在其特殊心學經學觀：「六經一經、六經一旨」觀點的提出外，更聚焦在以內門工夫為基底地解經方法：「證量解經」及解經文本的普遍運用之上。換言之，在儒學、經學領域中，凡可梳解的經典，楊簡幾都有所著墨，此猶有所未盡，更將「證量解經」觸角延伸到文學領域範疇，凡有關聖人孔子的軼事、傳說、小品文等，亦經楊簡予以「證量」梳解。從「凡存在必有其合理性」的善解角度來說，我們必須承認，楊簡另類文本的心學梳解，也是「廣義」「經學解釋原核擴充」的一種形態。

　　進言之，楊簡《先聖大訓》一書，所以名曰「不完全言經之作」，除了「認證標準程序」有所瑕疵，更特別的是，此經學文本梳解的範疇、程度極度不均，也就是說，卷五第三十九章〈適周〉以前諸章，大抵是楊簡就《論語》《孝經》《易》《春秋》《中庸》《孟子》《禮記》《大小戴記》所載之孔子言行加以梳解，儘管文本相對駁雜，然因其中不乏義理成分，以致楊簡梳解著墨的程度相對深廣，幾到「連篇累牘」的地步，然第三十九章〈適周〉以後，直到末章：第五十五章〈寬猛〉，或因礙於文本內容偏向雜說、小品、文學、故事，相對缺乏可資聯想、延伸的義理成分，以致楊簡梳解、著墨的程度相對減少，〔註20〕這不能不說是：文本本身屬性、格局拋給楊簡的解經難題。〔註21〕

〔註20〕舉例來說，《先聖大訓》卷四第 40 章〈管仲〉，其原始文本全出自《孔子家語》〈致思〉篇，內容係屬雜說、文學故事，相對缺乏義理成分，故楊簡只能全篇照引，未置喙一辭。再者，《先聖大訓》46《臣諫》、47《子路》、48 章《中人》、49 章《晏子》、50 章《顏子》、51 章《楚昭》、52 章《五帝》、53 章《命性》、54 章《孔文子》、55 章《寬猛》，情形亦是如此，楊簡皆只是原文照引，甚少注解，此與文本內容多係雜說故事，缺乏義理成分，難有證量解經、抒發心學見解的餘地有關。

〔註21〕即言之，經典屬性、格局本身，拋給楊簡的解經難題，可舉《先聖大訓》卷

　　至於楊簡何以不厭其煩，對歷來經典中性質分歧、眞僞不一的孔子言行加以梳解，進而結集彙整成書，此「寫作動機」在《先聖大訓》自序中告白如下：

　　　　世稱先聖謂孔子，簡祗惟先聖大訓自《論語》、《孝經》、《易》、
　　　　《春秋》而外，散落隱伏。雖間見於雜說之中，而不尊不特，
　　　　有訛有誣。道心大同，昏明斯異，毫釐有間，雖面睹無睹，明
　　　　告莫諭，是無惑乎？聖言則一，而記者不同也，又無惑乎？承
　　　　訛聽謬，遂至於大乖也。夜光之珠，久混沙礫，日月之明，出
　　　　沒雲氣，不知固無責有知焉，而不致其力，非義也，是用參證
　　　　群記，聚爲一書，刊誣闕疑，發幽出隱，庶乎不至滋人心之惑，
　　　　非敢以是爲確也，敬俟哲人審訂胥正。（見《先聖大訓》自序）

從這篇自序裡，我們可以讀出楊簡如下 3 個寫作動機與態度：第 1，楊簡檢擇歷來「經典」、「雜說」中的孔子言行事蹟注解、彙集爲《先聖大訓》時，他對「雜說」性質之駁雜不純、難以盡信，顯然是預先有所認知的（即所謂「間見於雜說之中，而不尊不特，有訛有誣」）；第 2，既知「雜說」性質可能駁雜、難以盡信，卻仍以之作爲解經文本，可見楊簡並非糊塗、固執，而是另有其「生命之學」層次的特殊考量。此即：在楊簡的體證認知中，聖人心法（道）本是平等一如、無所差別的，其所以會散殊爲「經典」、「雜說」中形式、內容駁雜不一的樣貌，那是後世「人爲造作」的問題（即「承訛聽謬，遂至於

四〈虞戴德〉第三十四章爲例，此章全文談論上古帝王典儀、制度之事，原本應是最安全可靠、可盡情梳解、不虞後人對質反駁的，但問題是：上古帝王的典儀、制度非屬義理思想範疇，相對缺乏楊簡心學可資發揮的空間，這便好比在國中、高中課程裡，國文科範疇寬廣，性質情理相參，虛實兼賅，相對具足較遼闊的梳解、伸展空間，國文老師容易依課文內容、性質、情節、節奏，施以德性、美學教育，相對而言，地理、數學、理化等科，內容偏重具體實務或抽象邏輯，若欲依地理、數學、理化課文內容、特性自由梳解，施以德性、美學教育，相信在性質轉折上定然充滿諸多不順。再如《先聖大訓》卷四第 32 章〈千乘〉、及第 33 章〈四代〉亦然，此兩章文本內容皆不屬義理性質，且多就文義制度面梳解，性質駁雜，很難相信是承傳自儒家孔子思想，以致楊簡自由解釋的空間亦相對壓縮。據筆者之見，楊簡既檢擇這些未必是正統的經學文本作爲梳解對象，就必須面對這些文本性質、內容可能駁雜不純的問題，所以縱使楊簡對此類文本的文義脈絡、思想基調未必滿意，但在難以悖離傳統經學「依經解義」的前提下，既不能直接反對、否定，更不便批評此「未究竟文本」中的孔子，唯一能作的，便只好逕判「是篇者不善屬辭」、（先聖大訓頁 145）或直言「記者不知道」了。

大乘也」），而非聖人孔子或「聖人之道」有何差池，如今既然「聖人之道」
已不爲後人所明辨，那麼自許爲體證「聖人心法」的楊簡，又怎能不站在唯
恐「魚目可能混珠」（「夜光之珠，久混沙礫，日月之明，出沒雲氣」）的「衛
道」「護教」立場，借著梳解孔子言行思想文本的機會，積極貢獻心力、有所
作爲呢（「不致其力，非義也」）？第3，就此而言，如能完善梳解《先聖大訓》，
站在楊簡立場，便是對聖人心法（道）第一序地體證、傳承，因此如何抉發
精微，讓「聖人之道」普遍、正確地爲世人所認識，便是楊簡自我賦予的神
聖任務與使命了（「發幽出隱，庶乎不至滋人心之惑」），而事實上，楊簡梳解
此書，確實也不全然是懷抱著「信古」「崇古」的迷戀心態，唯「子曰」是崇，
相反地，楊簡注解此書，事先即已擬定某種程度的「解經原則」「解經方法」
以爲依據，從這樣的認識角度來說，《先聖大訓》一書所以出現前後文本梳解
範疇、程度極度不均的情形，也可算是楊簡「刊訛闕疑，發幽出隱」原則的
一種表現了。

最後總結如上探索，筆者以爲：在呈現自我體證之「道」以啓佑後學的
前提下，楊簡證量解經之文本：無論是傳統經學家使用的正統經典，或抑後
人假托孔子名義所編纂的雜說、小品文，都只是楊簡抒發心學體證的方便途
徑、管道，未必適宜以學術考據心態，在其所選文本章節的眞僞、可信度上
錙銖計量，否則一定只會看到：從「生命中門、外門」張孔所見種種外表、
形式上的「不如法」而已，這對楊簡心學、經學是指向「生命內門之路」的
開啓、提升，是沒有實質幫助的。準此，讓我們回到楊簡《先聖大訓》「聖人
——六經——道」的主軸及相關問題進行探討。

二、楊簡《先聖大訓》的心學「聖人」——「聖人不能予人以其所無，能去人之蔽而已」

本小節探討楊簡《先聖大訓》的心學「聖人」前，首須廣義說明中國經
學中「聖人」意含之所指。

首先必須指出，在中國文化、經學領域中，能被名之爲「聖人」，此人當
然必須是一種「實指」，用以指涉遠古時代眞正存在的英雄、共主或人格典範，
但相對來說，此「聖人」也必須是一種「象徵」的概念、符號，唯其如此，「聖
人」才能被後人仿效學習。換言之，當我們企圖師法某種人品典範、榜樣，
以作爲取法標竿時，總得嘗試從中整理、歸納出若干具有「普遍意義」的經驗

規律與精神境界，而不能只是照著最初理想的聖人形象、樣貌在現實上加以「複製」「拷貝」而已。因此假如沒有通過對聖人概念加以「抽象化」的過程，使之成爲可資學習的象徵概念或符號，就不可能使「聖人境界」「聖人本眞」成爲可供追索、學習的崇高目標，在這樣的理解基準上，如何將《先聖大訓》的「聖人」研究，放在中國經學「聖人──六經──道」的指涉架構中來處理，試從《先聖大訓》所彙集形式、內容駁雜不一的「聖人」文本樣貌，探索楊簡如何將「抽象化」的聖人概念，融入經學文本的梳理詮解過程中，探討其「證量解經」代表何種意義，便是本節研索的第 1 個目標。

　　至於第 2 個目標，便是探討楊簡「證量解經」中「本義」與「衍義」的相關問題。即言之，在筆者看來，中國心學的代表、也是楊簡的老師：以「學苟知本，六經皆我注腳」名言見稱的象山，雖有「六經注我，我注六經」的經學觀，間亦抒發零星地解經意見，然而有趣的是，象山倡言「六經皆我注腳」「六經注我，我注六經」固是一回事，但是否眞有投入細碎、繁瑣地全面解經工程地意願與行動，又是一回事。換言之，象山徒有「六經皆我注腳」「六經注我，我注六經」的經學主張，卻未有全面解經的實際行動以爲呼應，此除生涯規劃考量、因緣條件不足等因素外，據筆者研判，或許不能排除在具體的解經文本及實際流程中，原本就存在著「經學內部結構」的複雜糾葛，此如：「六經文本駁雜不純」以及「個別經典之間性質、內容高度歧異，難以實際統整」等問題，〔註 22〕這都可能是令象山解經動機不足、未有具體言經之作的主因。

　　進言之，象山徒有「六經皆我注腳」「六經注我，我注六經」等經學名言，卻未以躬親行動實際踐之，所幸大弟子楊簡卻具足強大的解經意願，除了遍注群經，就連「僞書」、「雜說」等「形似儒學」文本，也是他發揮「證量解經」本領地梳解對象，此在世俗諦上，誠然是將「心學化經學」的影響力推到高峰。但問題是，儘管楊簡心學「解經法」，業經筆者判定爲「部分融攝著

〔註22〕象山心學「證量解經」的內在困難，大抵在於如何將「六經皆我注腳」「六經注我，我注六經」等主觀意志、個人理念，落實於細碎、繁瑣地全面解經工程中。換言之，各種心學類型地「證量解經」，都不免得面對「我」（本心我）與「駁雜地六經文本」之間該如何實際接榫地問題。而事實上這種連接上的現實難題，也確然不是筆者妄加揣想、毫無因果來由的。蓋只要吾人實際瞭解中國經學所存在的問題，便可知：如何由一個文化傳統思維所組構、形成的解經模式，重新連接、轉換成解經者個人的心學體證，進而讓依附於傳統解經思維的人群所接受，便知這是一門多麼艱難地文化心靈轉換工程。

佛禪生命內門體證」的「證量解經」，但這並不意味楊簡此種心學形態的「證量解經」，在人間「解經學」領域便足以取得「制高點」，更不保證此種「有本有源」形態的「證量解經」，從此在解經文化工作上，可以一如服了「萬靈丹」「百憂散」般地：一路綠燈，凡事順遂。相反地，楊簡具體解經工程中，凡象山當初未全面注經的可能顧忌與潛在困難，此如：「六經文本駁雜不純」、「個別經典之間性質、內容高度歧異，難以實際統整」等問題，都是「事實性的存在」，也是任何型態地解經者無法迴避的「路障」，這都不是楊簡擁有「特殊心靈體證」即可簡單超越的。

進言之，依筆者之見，楊簡依「證量解經」所成就的「心學化經學」，在「解經學」範疇中最重要、關鍵的問題，便是以「部分融攝著佛禪內門之路的心靈體證」，去注解、詮釋性質上大致可定位爲「生命中門之路」的「經學」，〔註23〕

〔註23〕 依筆者之見，作爲一般知識性的經學，無論它是漢學或宋學，基本上它內在都連結著「做人成聖」的道理，故不宜簡單歸類爲「外門之路」，以其性質不符之故。進言之，這門連結著「做人成聖」道理的知識性經學，因它教導「聖人之學」的方法、途徑，是以吾人的「認知意識、思維」爲工具（即楊簡所謂的「思慮我」），所以大致可歸屬、劃分爲「中門之路」。但這樣判定之後，楊簡經學屬性的問題也顯現出來，此即：楊簡「證量解經的心學化經學」基本上走的是純粹「生命內門之路」，換言之，它根本不是「知識之學」、而是「生命之學」，在這樣的認識基準上，楊簡由純粹內門之路所成就的經學，該如何安置在以「中門之路」爲本質的經學研究課題中，便顯得格外複雜。再者，不僅中國經學的性質可納歸「生命中門之路」，就連傳統經學家的治經方法，也是依「生命中門之路」去尋找、踐履「聖人之道」的。茲舉胡自逢老師《群經大義》（文史哲出版社82年版）一書所云：傳統治經的方法、入路大致有如下八種：1由小學入。2通訓詁。3循注疏。4善用地下出土文物以釋經文。5以經釋經。6從四書入門。7以傳通經。8以群書通經義。即言之，以上胡師所述8條治經入路，如果套入筆者對「生命之學三進路」的詮釋架構，明顯便是典型「中門之路」的踐道模式，若相對於楊簡心學「內門之路」的心靈體證工夫，此8條治經入路明顯只是第二序、第三序地踐道途徑，實難第一序直扣「聖人之道」的本體：甚至以上8條治經入路交涉運用的結果，很可能產生認知異趣、相互依違、人言言殊、真理愈辯愈難分明的情形。換言之，「聖人之道」如果須淪落到在故紙書堆中尋覓蒐集、排沙撿金，那麼一定得先追問：在故紙堆中尋覓蒐集、排沙撿金的當事人：他的生命向度、乃至其「意識思維庫」中裝的是什麼？如果他的生命向度調整得宜，「意識思維庫」中裝的是聖人形象的美善理想圖繪，那麼無論他治經的程序、步驟、論證、結語爲何，他都有機會藉著生命向度的轉換，找到可以自圓其說的「理想聖人之道」，造就自己爲朝著經學內聖、外王目標前行的中門行者；反之，生命向度若偏頗失焦，「聖人之道」淪爲個人牟取世俗名器的手段、途徑，那麼解經者在「生命之學」場域便可能異化、質變爲「外門庸俗之人」了。

兩者生命路徑不同、時空立足次元有異：所可能產生的激盪、變化、適用性及現實影響。換言之，在筆者看來，楊簡「證量解經」所成就的「心學化經學」，其情況頗類似「天界」「仙界」之人，偶在「人間」「世俗界」留下足跡、行履的「意外禮物」。即言之，楊簡體證的「本心我」境界，其層次恆然是——「空洞無內外，無際畔，三才、萬物、萬化、萬事、幽明、有無通爲一體，略無縫隙」（見〈行狀〉及《慈湖遺書續集》〈僧炳求訓〉）「天地內外、森羅萬象、幽明變化、有無彼此，通爲一體」（見《慈湖遺書》卷十一）「忽省此心之無始末，此心之無所不通」（見《象山全集》卷三十六）「無今昔之間，無須臾之離，簡易和平，變化云爲，不疾而速，不行而至，莫知其嚮，莫窮其涯……是雖可言而不可議，可省而不可思。」（見《慈湖遺書》卷四〈祖象山先生辭〉）「心無實體，清虛無我，生不加益，死不加損」（見《先聖大訓》卷五〈讀詩〉第四十五章頁 183》），此根本是「即人間」又「超人間」的超越存在，一旦楊簡將這種帶有「出世間法」「超智」特性的特殊心靈體證，融入性質相對駁雜、幾乎不具「出世間法」「超智」特性的中國經學文本中，當然會引致未親證此「高階心靈境界層級」地普世之人的「隔閡」與「陌生」。進言之，儘管本章第一節，筆者業已指出：作爲中國學問源頭的「經學」，內在具備相當濃厚的：人文、民本、仁愛、德治等等內聖、外王兼備的思想特質，並點出我國經學文本乃吾國先民開物成務、生活經驗的結晶，神話臆想成分相對淡薄，充滿面對人間現實課題尋求解決的現世精神，以致我國經學文本的先天結構，與儒家積極入世的淑世精神較爲契合相應，相對來說，楊簡依「內門心行」「證量解經」所成就的「心學化經學」，與中國傳統經學文本的特性、本質反較違遠，所以當楊簡不自知地以其「部分融攝著佛禪內門之路的心靈體證」，來注解、詮釋：相對具有濃厚人文、民本、仁愛、德治等等內聖、外王特性，及注重現世、人間特性的經學文本，此兩者在內在性質、基調結構的繫聯、接合上，一定會存在某些「境界不全然對味」、難以完全梳通的「質礙」，更何況，我國經學文本的「駁雜性」遠超過一般人想像，絕非前述所言「具備濃厚人文、民本、仁愛、德治等等內聖、外王的特性內容，及注重現世、人間現實課題」等寥寥數語所能概括。如果不厭其煩，就不同的經學文本逐一檢覈，我們便會發現，歷來我國經學文本，其實還夾帶著諸如：戰爭、愛情、弒君、朝宴、神話、卜筮、迷信、祭祀、鑑人術、以階級身分區隔禮儀形式……等等幾近「怪力亂神」的殊異內容與不純成分，這些駁雜地經學文本由正統儒者、經學家來梳解，如何將其內容、意義悉

數轉化爲「內聖外王」之「道」以匡正世道人心，就已見其難爲，若改由「部分融攝著佛禪內門體證」的楊簡加以梳解，那麼楊簡如何在這些部分夾雜著「怪力亂神」、性質複雜的經學文本中，抒發其心靈體證，並印證其中果然存在著楊簡心學式的「聖人」與「聖人之道」，想當然爾，自是無法「順手拈來」、一揮而就的。所以依筆者之見，若循楊簡解經過程所可能値遇的「路障」，探索楊簡如何結合著中國經學「聖人——六經——道」的互指架構，將其心學體證在性質相對「駁雜」、「內容高度歧異，難以實際統整」的文本間梳釋發揮，便得以在經典「本義」（原文本的「聖人」與「聖人之道」）與楊簡心學「衍義」（楊簡心學義下的「聖人」與「聖人之道」）之間，綜理出一個有「明確主題」及「問題經緯」的結論來。以下即以上述兩大研究目標及問題意識爲主軸，結合楊簡梳解《先聖大訓》孔子言行思想的 8 則文本（文本 1—3 出自五經義理系統，文本 4—6 出自四書義理系統，文本 7、8 出自五經義理系統中性質相對駁雜的部分），據以開發、探討，期以達成有特定主題脈絡的系統研究。先舉文本 1：

　　文本 1、《先聖大訓》卷五〈小辨〉第三十六章原文本：「丘聞之，忠有九知，知忠必知中，知中必知恕，知恕必知外，知外必知德，知德必知政，知政必知官，知官必知事，知事必知患，知患必知備……」，楊簡解曰：

> 獨曰忠者，明忠信無二道，忠本無可言，而敘陳九知，何也？
> 方明其爲大道，當詳其言以著其大，忠者，中心也……中本無
> 物，忠亦無說，強名曰道，變化四發，發而爲恕，中實以應，
> 是謂知恕……初曰九知，終益其二，曰樂曰終，嗚呼，聖言適
> 意，而言亦破定見，示無定言。（見《先聖大訓》卷五〈小辨〉
> 第三十六章頁 161》）

此文本中，孔子言論重點本在「忠有九知」，但楊簡梳解此文，卻全然未就「忠有九知」何以可能作出任何原理解釋，換言之，何以「知忠」之後即可「知中」？「知中」之後便可「知恕」？乃至「知恕」之後何以「知外」？「知外」之後何以「知德」？……楊簡都未強作解人，詮解重點唯在強調：「道」自有其「不可言說」「定名」的不共特性（即「中本無物，忠亦無說，強名曰道」「聖言適意，而言亦破定見，示無定言」所示之義），可見在楊簡心目中，聖人孔子之學第一要義，唯是「心法」而已，[註24] 以致弟子如何即體證「聖

〔註24〕楊簡認孔學第一要義，唯是「心法」而已，此說亦見於《先聖大訓》卷一〈蜡
　　　賓第一〉，楊簡言：「小戴記於是曰：仲尼之歎，蓋嘆魯也，殊爲害道。孔子

人心法」而悟道，才是修學「第一義」事；換言之，只要如實體證「本心我」，則世俗上以何種形式、名相「稱說」「本心我」盡皆無妨，此因「名」不礙「實」也，反之，若不能體證「聖人心法」（「本心我」）則再如何對「道」加以定義、言說，也只是畫餅充飢、說食不飽而已，此因「名」無法取代「實」也；在這樣的理解基礎上，筆者以爲，楊簡詮釋聖人孔子的生命境界，首重「聖人心法」及指出孔子「心法」饒具「不可言說」「定名」的特性，某種程度上，便是融攝佛、道家對「名言」的認識理解所作成的心學轉化。再舉文本 2：

文本 2、《先聖大訓》卷一：「故人者，天地之心也」，楊簡解曰：

> 嗚呼，人自生而執如此者爲我，如此者爲物，如此者爲天爲地，自此紛然，勞不可解，不悟吾心之本無際畔，天地、日月、四時、鬼神、人物、萬化、萬事、萬理通一無二，孔子曰吾道一以貫之。（見《先聖大訓》卷一）

據筆者的認知，就孔子內門心靈體證而言，「人者，天地之心也」，本指吾人良知本體一旦開啓、發用，天理流行，自足以參贊天地之化育，在這樣的意義理解上，這個能開啓、彰顯吾人良知善性的發動者，即可名曰參贊天地化育的主人（「人者，天地之心也」）。然楊簡梳解此文，不僅未循儒家型內門之路的體證來理解，反而指出：一般人以「我執」及其「相對性」「片面性」張孔來認識世界、乃至誤認內外現象爲「眞」的盲點（「嗚呼，人自生而執如此者爲我，如此者爲物，如此者爲天爲地，自此紛然，勞不可解」），進而以其部分融佛的內門體證（「本心我」）：「吾心之本無際畔，天地、日月、四時、鬼神、人物、萬化、萬事、萬理通一無二」來理解孔子的「吾道一以貫之」，即言之，在楊簡的心學認知裡，唯其破除我人誤認內外現象爲眞的病根——「我執」及其「相對性」「片面性」，才能體證「本心之我」，這種重在淨化、消解生命負面質素，以開啓「心靈無限視窗」的修學入路，與孔子重在開啓、

曰：吾道一以貫之，孔子之心即道，其言亦無非道，舉六合，通萬古，一而已矣，無他物也。喟然而嘆，嘆道之不行也，後雖言魯之郊禘非禮，亦所以明道也，爲道而嘆，非爲魯而嘆，小戴不知聖人之心，今無取，取家語所載。」由如上文本可知，楊簡認定孔學精髓，唯在「心法」之體悟而已（即「孔子之心即道，其言亦無非道」），連帶使其檢別經學眞偽的唯一標準，唯視該文本與孔子之道：心學主軸是否相應的深淺程度而定，至於其他「中門、外門之路」的世俗考量，比如：是否該站在衛護「魯國」立場來解經，皆非楊簡所重，在此解經前提設定下，楊簡乃勇於擅改篇名（「小戴不知聖人之心，今無取，取家語所載」）。

彰顯人性內在良知善性的踐道入路，顯然是大相逕庭的。再言文本 3：

文本 3、《先聖大訓》卷一：「禮行於郊而百神受職焉，禮行於社而百貨可極焉，禮行於祖廟而孝慈服焉，禮行於五祀而正法則焉」，楊簡梳解曰：

> 郊社、宗廟、山川、五祀，義之所當然，而禮在其中矣。曰義、曰禮、曰心、曰正、曰守、曰無爲，名殊實一，難者曰動靜無二，何必專於無爲？曰：聖人立言垂教，不爲聖人設，爲學聖人之道者設，孔子未至從心之妙也，自曰：我學不厭，學無爲以守至正也……孔子謂：加我數年，五十以學易，易者，萬變不窮之書，至五十而後學易，則是時未五十，正無爲以守至正，學不厭之時也，孔子所學即動靜無二之妙，而蒙養之功必熟乃成（見《先聖大訓》卷一）

此文本中，孔子「本義」原在強調：「禮」以各種儀節形式行於不同時空、地點，皆有自得其宜的正面意義與殊勝效用（即「禮行於郊而百神受職焉，禮行於社而百貨可極焉，禮行於祖廟而孝慈服焉，禮行於五祀而正法則焉」），然楊簡梳解此文，卻跳脫各種名言、詞謂的框架葛藤，將「禮」善巧導引與「本心我」境界連結，視爲與「義」、「心」、「正」、「守」、「無爲」之指涉同等無殊（「曰義、曰禮、曰心、曰正、曰守、曰無爲，名殊實一」）此外，楊簡理解的聖人孔子，除用心於開啟生命內證境界外，更以助成踐道者喚醒內在覺性爲職志（「聖人立言垂教，不爲聖人設，爲學聖人之道者設」），然特殊的是，楊簡認孔子七十歲「未至從心之妙」以前，修學重在「學無爲以守至正」的「學無爲」工夫，此種專從「內聖」「損減」面向（動靜無二、無爲以守至正）觀看「生命」、「世界」的聖人孔子，顯然與《論語》中那個不偏廢「外王」、即政治、禮樂、倫理、教化等面向，展現淑世熱誠的孔子有所間距。即言之，楊簡視孔子五十歲以前：「正無爲以守至正，所學即動靜無二之妙」，雖未必如實反映孔子修學歷程之眞實，然由此映照出：楊簡對聖人孔子生命進階歷程的主觀圖繪與特定認知，則是無庸置疑的。再如文本 4：

文本 4、《先聖大訓》卷一：「好學近乎知，力行近乎仁，知恥近乎勇」，楊簡梳解曰：

> 知即所謂一者，即所謂無思無爲者。知不可言，所可言者，好學爾，好學不已，則知之。知之常不昏，常明者謂之仁，仁亦不可言，可言者力行爾。……夫進德至於仁矣，而又曰勇者，

> 非仁之外復有道也，孔子曰：仁者必有勇，夫道一而已矣，而
> 又必曰勇者，進德之初，舊習未忘，利害或得而移之，及其久
> 也，利害雖不得而動，而死生之變或得而亂之，於是名不動不
> 變者又曰勇；此三者皆非心外之物，知者，此心之明；仁者，
> 此心之常明；勇者，此心之不動不亂，故曰：所以行之者一也。
> （見《先聖大訓》卷一）

此文本中，楊簡詮解「智、仁、勇」三達德，全然不循孔子所示的德性特徵：
「好學」「力行」「知恥」等面向來認定（即「好學近乎知，力行近乎仁，知
恥近乎勇」），可見在楊簡心目中，「智、仁、勇」三達德，非以獨立於心性本
體之外的德性行為來論斷，反而視「智、仁、勇」三者，皆是「本心我」不
同形式、面向的殊別表現（即「所以行之者一也」）。即言之，楊簡心學義下
所謂「知」，乃不起意念造作、然卻無所不知的「先驗之知」及其作用的整體
（即所謂「一」、「無思無為者」「此心之明」），所謂「仁」，即此「先驗之知」
心性境界的攝持保任（即「此心之常明」），所謂「勇」，即筆者第三章所言直
接與「生死課題」攸關、超越、無所擾動的心性工夫（「利害雖不得而動，而
死生之變或得而亂之，於是名不動不變者又曰勇」），可見楊簡心學義下的聖
人孔子，與《論語》中那個以「不惑」「不憂」「不懼」詮解「智者」、「仁者」、
「勇者」的孔子確有間隔，確是無可避言的。再如文本5：

　　文本5、《先聖大訓》卷三〈君子第十八〉：「孔子曰：道之不行，我知之
矣，知者過之，愚者不及也。道之不明也，我知之矣，賢者過之，不肖者不
及也。人莫不飲食也，鮮能知味也。子曰：道其不行矣夫。」楊簡梳解曰：

> 聖人歷觀自古及今，人心不失之不及，即失之過，故為之屢言
> 再嘆而深念之也，愚不肖之不及不足多論，賢知之過是當辨
> 明，賢知之過皆於清明無體、無思無為之中，而加之意，或有
> 此意，或有彼意，或有內意，或有外意，或有難意，或有易意，
> 或有異意，或有同意，或有虛意，或有實意，或有動意，或有
> 靜意，或有約意，或有繁意，或有簡意，或有精意，或有粗意，
> 或有古意，或有今意，或有可之意，或有不可之意，或有知之
> 意，或有行之意，意態萬狀，不可勝窮。故孔子每每止絕群弟
> 子之意，亦不一而足，他日記者欲記則不勝其記，故總而記之
> 曰絕四：毋意、毋必、毋固、毋我，必如此，必不如此，固滯

而不通，行我行，坐我坐，衣我衣，食我食，塊然有我者存，
凡此皆意中之變態，不省中虛，牢執血氣，堅持意態，守焉而
不知其非，固焉而不省其妄，雖賢雖知，難以逃此。顏子自知
其受病之所，曰：仰之彌高，鑽之彌堅，瞻之在前，忽焉在後，
雖欲從之，末由也已，蓋自知欲從之意，去道猶遠，至於三月
不違仁，則脫此患矣，默覺寂然不動之妙，何思何慮，自清自
明，何高何堅，無勞鑽仰，何今何曩，無體無際，夫如是故三
月而如一，莫究厥始，莫窮厥終，變化云為，如四時之錯行，
如日月之代明，渾渾融融，又如萬象畢見於水鑑之中，夫是之
謂仁，又謂之道，謂之中庸，此道可以默識而不可思，可以略
言而不可指議，自覺自信，則終日思為而實無所動，未覺未信，
則雖終日靜默而未嘗少間。……（見《先聖大訓》卷三〈君子
第十八〉頁 86）

此文本中，孔子「本義」原在解說其學（「道」）未被時人接受、理解（「不行」
「不明」）的原因；即言之，孔子原語意脈絡，乃是以「反面方式」（「孔子曰：
道之不行，我知之矣」「子曰：道其不行矣夫」）宣說其生命體證（「道」），必
得建基於心靈向度：「適恰」「時中」（「清明無體、無思無為之中」）的攝持、
實踐基礎上（相對於「過、不及」），以致各類型求道者（如：「知者、愚者、
賢者、不肖者」），若將生命真理（「道」）揣想得過於玄遠，或視為平淡無奇、
無什了了，那便無以相應、契入孔子「即日用平常以踐道」（即「人莫不飲食
也，鮮能知味也」所顯之義）的「儒門內證之路」了。然楊簡梳解此文，顯
然善巧運用原文本語義脈絡可資詮釋轉化的成分，將詮釋基調轉施於發揮個
人「心善意害」的心學思想；換言之，楊簡所謂「賢知之過」，乃指「知者」
「賢者」往往在「清明無體、無思無為之中，而加之意」，以致「此意」（念
慮）在生活行履中，便可能散殊為各種複雜幽微、「意態萬狀，不可勝窮」的
側面表現（「或有此意，或有彼意，或有內意，或有外意，或有難意，或有易
意……」）；繼而楊簡本其對「形軀我」「思慮我」先天有限格局的認識（「行
我行，坐我坐，衣我衣，食我食，塊然有我者存，凡此皆意中之變態，不省
中虛，牢執血氣，堅持意態，守焉而不知其非，固焉而不省其妄」），對孔子
「絕四說」「四毋說」（「毋意、毋必、毋固、毋我」）及顏回「三月不違仁」「仰
高、鑽堅」之說，以其部分融佛地心靈體證加以「改造」「轉化」，建構個人

「儒佛兼融」的特殊心學詮釋架構，用以發揮其心學思想。換言之，在楊簡「儒佛兼融」的特殊心學詮釋架構下，孔子「四毋說」、及顏回「三月不違仁」「仰高、鑽堅」等說，皆經楊簡另作別解，原本與「毋意」平行並列的「毋必、毋固、毋我」三詞，乃在楊簡「儒佛兼融」的心學「改造」「轉化」詮釋後，被彙歸、統整於「毋意」的一大「總名」之中；此外，楊簡以「默覺寂然不動之妙，何思何慮，自清自明，何高何堅，無勞鑽仰，何今何曩，無體無際」來詮解顏回的「三月不違仁」，以「如萬象畢見於水鑑之中」來詮解「夫是之謂仁，又謂之道，謂之中庸」，這無疑已將「孔、顏之學」更內在地導引、通往「純粹境界型態」「超智」「超感官」「超言說」的精神生命層次（即「此道可以默識而不可思，可以略言而不可指議，自覺自信，則終日思爲而實無所動，未覺未信，則雖終日靜默而未嘗少間」），這當然溢乎儒家不離「道德主體性」（德性我）以「踐道」的「內門路徑」了。再如文本6：

文本 6、《先聖大訓》卷四〈樂山第三十一〉：「孔子曰：知者樂水，仁者樂山，知者動，仁者靜，知者樂，仁者壽」，楊簡梳解曰：

> 孔子曰：未知焉得仁，今欲言仁，當先言知，明乎知，則明乎仁矣，明乎樂水，則明乎樂山矣，不明乎道，不足以爲知……自孔子以來，學者能通之者有幾？顏子能通之，故視聽言動三月惟一，一者何也？如水焉流行不息，而水無思也，無爲也，無思無爲，而視聽言動，四達惟一，是謂動中之妙，非如木如石，頑無動用，故特曰動，彼陷於虛空之井，沈於止靜之潯者，何足以知道？何足以爲知？知尚無之，何足以言仁。人心自仁，有蔽焉故不仁，人心即道，故書曰道心，此心虛明，實無一物，昏者立我生私，故窒塞而不虛，故不明，無我無私，虛明無際，視聽言動，如四時之錯行，如日月之代明，是道也，思則失之，爲則失之，故甚難於言……（見《先聖大訓》卷四〈樂山第三十一〉頁 123）

文本6中，孔子「本義」原在指出：「知者」、「仁者」各皆有其美善的德性人格特徵（「知者樂水，仁者樂山，知者動，仁者靜，知者樂，仁者壽」），就此而言，「知者」、「仁者」乃生命境界「平行並列」的兩種類型，此中未必有境界高下、主從、先後之分，然楊簡梳解此文，卻直言「知」乃「仁」的「前置條件」「必要前提」（「未知焉得仁，今欲言仁，當先言知，明乎知，則明乎

仁矣，……不明乎道，不足以爲知」），並視聖人孔子之「知」及顏回的「三
月不違」，即此心學之「知」（即「無知之知」）的境界表現，然問題是，楊簡
心學義下之「知」，已實質凌越傳統宋儒「德性之知」「聞見之知」互爲對比
的架構區分，實難以「德性之知」一詞及其概念加以概括（「如水焉流行不息，
而水無思也，無爲也，無思無爲，而視聽言動，四達惟一，是謂動中之妙」），
換言之，楊簡心學義下之「知」，乃是以「無思無爲」、然卻「視聽言動，四
達惟一，是謂動中之妙」的「本心我」及其性能爲內容，儘管此「本心我」
的本體恆然是「此心虛明，實無一物」，然其本性、功能卻是「全體具足」「無
所欠缺」的（即「無我無私，虛明無際，視聽言動，如四時之錯行，如日月
之代明」），就此而言，楊簡心學義下的「超智之知」，與孟子「盡心知性以知
天」、具足良知善性、給出道德創生根源、及「價值貞定」意義的儒家心學本
義，〔註25〕顯然亦存在著實質落差。

　　此外，文本 7、8 性質係取自《先聖大訓》中兩則涉及「才性論」「品鑒
論」的文本，正可探討楊簡「心學化經學」的「聖人」意含，並觀察其證量
解經的具體運作方法，先舉文本 7 原文：

　　　　子曰：昔堯取人以狀，舜取人以色，禹取人以言，湯取人以聲，
　　　　文王取人以度，此四代五王之取人以治天下如此。公曰：嘻，
　　　　善之不同地。子曰：何謂其不同也？公曰：同乎？子曰：同。
　　　　公曰：人狀可知乎？子曰：不可知也，公曰：五王取人各有以
　　　　舉，胡爲人之不可知也？子曰：五王取人比而視，相而望，五
　　　　王取人，各以己焉，是以同狀。

　　針對如上文本，楊簡解曰：

　　　　上言本，其次，取狀貌顏色聲，非言笑號哭、吁俞噫嘻之類，
　　　　度者有禮度，當時皆有其事，非專以此取人也。人心發見於此
　　　　數者，偶於其一而得之，故傳於後世，唯聖知聖，惟賢知賢，

〔註25〕蓋依孟子學：「心之官則思」「思則得之，不思則不得也」，可見所謂「思」，
　　　　便是吾人心靈主體主動喚醒良知動能，使即各種人生變化情境「如理發用」
　　　　之謂。然在楊簡心學義下，只要未證得「本心我」境界而攝持保任以前，則
　　　　任何型態之「思」，都是後天、人爲的矯揉造作（即「思則失之，爲則失之」），
　　　　也都是楊簡「心善意害說」必須放下、消泯的「雜染之意」，因此唯有轉化以
　　　　「形軀我」「思慮我」來認識人我、世界的「後天之意」，吾人先天本具的「本
　　　　心我」方得有彰顯、發用之機。

> 得之於心，難以語人……五王之觀人不以術也，此心清明，自
> 能照燭，清明者，五王之己也，清明則同。(見《先聖大訓》
> 卷五第 38 章〈少閒〉)

以上《先聖大訓》第 38 章〈少閒〉文本原選自《大戴禮》，性質係古聖傳說、軼事，以今學術研究角度看來，未必適宜以「信史」態度全然接受，且文本主題乃是古代聖王的「鑑人術」，內容相對駁雜、缺乏義理思想成分，以致以「生命內門體證」見長的楊簡，要如何梳解這些帶有神話、想像成分的經學文本，委實有其難處。換言之，站在「解經學」立場，解經者某種程度上，總要對堯爲何以「狀」取人、舜爲何以「色」取人、禹爲何以「言」取人、湯爲何以「聲」取人、乃至文王爲何以「度」取人，提出相應的解釋與說明，進而適度迴護聖人孔子的言論(「子曰」)：必然內載「聖人之道」的經學前提，唯其兼顧此兩大解經原則，才得放手發揮個人「證量解經」的心學本領，是以在筆者看來，這樣的心學解經工程，何嘗不是有其難度，然楊簡梳解此文卻宛如「庖丁解牛」般，一點也不費力，首先他在立足基點上，先肯定該文本的眞實性(「當時皆有其事」)，讓自己取得發言的「合理性」；繼而技巧性迴避《大戴禮》〈少閒〉「內在結構」所存在的瑕疵、難題；即言之，楊簡不直接正面處理：堯爲何以「狀」取人、舜爲何以「色」取人、禹爲何以「言」取人、湯爲何以「聲」取人、乃至文王爲何以「度」取人等問題，反而先推尊古聖：堯、舜、禹、湯、文王取人所本的「狀」、「色」、「言」、「聲」、「度」，都不是世俗層次的「情緒感受層級」(「狀貌顏色聲，非言笑號哭、吁俞噫嘻之類」)，進而「代聖發聲」，點出「狀」、「色」、「言」、「聲」、「度」都只是古聖識人的方法原則之一(「非專以此取人也，人心發見於此數者，偶於其一而得之」)，以順勢將詮釋主題導向楊簡所欲著重的心學主軸，正式點出：古聖取人以「狀」、「色」、「言」、「聲」、「度」都只是「方便權說」(「術」)，其眞正的取人判準，其實不在「外」、而在「內」：也就是「清明廣大」、經楊簡親身體證、並極力倡導的「本心之我」；換言之，儘管古聖五王取人的外在判準：「狀」、「色」、「言」、「聲」、「度」容或微有差別，然其內在取人的「先驗準則」，同是清明無際、「自能照燭」的「本心之我」，卻是無差無別的(「王之觀人不以術也，此心清明，自能照燭，清明者，五王之己也，清明則同」)。在這裡，我們看到楊簡心學「證量解經」的高明、善巧之處：既照顧到駁雜經學文本結構內容的「一致性」「原始性」，也維護了「經義」是「聖人之道」

「載具」所必具的「神聖性」，進而將梳解主軸有效導引到個人心學境界來，暗示就連古聖五王亦是心學的體證者，以壯大自家心學聲勢，如此說來，楊簡所謂「唯聖知聖，惟賢知賢，得之於心，難以語人」等句，便不單單指涉古聖：堯、舜、禹、湯、文王鑑人、取人之高妙精微而已，更且透露另一層玄外之音：原來楊簡的心學造詣，某種程度上，亦達到、近乎「內門生命之學」的「聖人境界」，才能慧眼別具，識出古聖五王亦是「此心清明，自能照燭」的「內門聖人」哩！

此外再引述文本 8、第 2 則「才性論」「品鑑論」文本：

> 公曰：吾未能知人，未能取人。子曰：君何爲不觀器視才？公曰：視可明乎？子曰：可以表儀。公曰:願學之。子曰：平原大藪，瞻其草之高豐茂者，必有怪鳥獸居之，且草可財也，如艾而薙之，其地必宜五穀，高山多林，必有怪虎豹蓄孕焉，深淵大川，必有蛟龍焉，民亦如之，君察之此，可以見器見才矣。
> 公曰：吾猶未也。子曰：群然戚然，頤然睪然，踖然柱然，柚然首然，歛然湛然，淵淵然，淑淑然，齊齊然，節節然，穆穆然，皇皇然，見才色脩聲不視，聞怪物怪命不改志，舌不更氣，君見之舉也，得之取也。」（見《先聖大訓》卷四〈四代〉第三十三章頁 143》，此文本同見於《大戴禮》〈四代〉）

針對如上文本，楊簡梳解曰：

> 孔子詳言人才之狀曰：群然者，眾人群然，遂隨之也；戚然者，道德之戚，人自尊憚之也；頤養雍容，和緩睪然，如目視之，精明有光也，英華之發於外者，自光明也；踖然，敬之至也，如柱然安止不動也；柚然者，應萬變如輪軸之圓轉不窮也，如首然自是，與群眾不同，有穎異之狀也；歛然者，眾論皆與之歸也，如水之澄湛不動，淵深難窺見；淑淑者，善美之至也；齊齊然，有道之容，自有此整整之妙也；節節者，眾善變化之不一，而一一中節也，不亂也；穆穆然，和靜也；皇皇然，有高大之德容，而非子張之堂堂也。嗚呼，道心中虛，何思何慮，而光華外著，自有若是累言難盡之妙。……簡詳觀此視人之才，惟孔子足以當之，孔子雖不敢謂天下無人，然孔子亦自知罕出己右矣，而孔子言之者，亦天下後世之公言也，亦群才皆

可以此法參驗之全者。(見《先聖大訓》卷四〈四代〉第三十
三章頁 143》)

同樣地，以上卷四〈四代〉文本也是探討如何「知人」「取人」的方法，可見
《大戴禮》成書時間確然界於：開創「德性主體」的先秦儒學與講究「人物
品鑒、才性」的魏晉玄學之間。在這篇文本裡，以國君（「公」）向孔子請教
「知人取人術」爲開端，讓孔子抒發他的「鑑人哲學」（即所謂「觀器視才」），
在孔子精闢解說後，楊簡注解此文，卻將原屬「人物品鑒」、「才性論」的主
題，巧妙「適性轉換」，朝心中既定的心學主軸及聖人形象來規劃，全然不就
「觀器視才」等議題作出任何涉及「才性論」「品鑒論」旨趣的開發與深究，
以致無論先前楊簡如何就「觀器視才」等「名相」巧爲圓善梳解（如：「群然
者，眾人群然，遂隨之也」、「威然者，道德之威，人自尊憚之也」、「頤養雍
容，和緩睪然，如目視之，精明有光也，英華之發於外者，自光明也」……），
最後仍是將「才性論」「品鑒論」議題，拉回楊簡心學主軸：「本心我」及其
體道境界來（「嗚呼，道心中虛，何思何慮，而光華外著，自有若是累言難盡
之妙」）。換言之，在楊簡心學詮釋中，凡經孔子稱許爲「器才」美質的正面
形容詞，皆非單單以「形軀我」的「形相」「外貌」來窺見，以致楊簡除對這
些「知人」「取人」等「鑑人名相」給予「正向善解」，更點出：此「知人」「取
人」等「鑑人名相」的「正向善解」境界，根本即是心學證道者「道心中虛」
「光華外著」、「身心相即」的境界自然流露，以便將詮釋主軸、方向悉數回
歸於促使「器才人物」得以成其核心本質的「道心」來。就此而言，楊簡心
學、經學雖唯一肯定「本心我」，未肯定「思慮我」「形軀我」，乃至亦未「條
理性」建構一套如何使「身——心——靈」（假我——眞我）有效統整、連
結的完整理論，但借著楊簡解經文本的相關主題意識，我們還是可以一定程
度看到楊簡「心身觀」的大致輪廓，即言之，楊簡體證的「本心我」並非切
斷、無所掛搭於「形軀我」「思慮我」，相對地，當楊簡心靈體證工夫成就之
時，儘管「本心我」非屬一般世俗感官功能、亦非得以與世相個別對應的「有
形有相」之物，但吾人還是得以透過「形軀我」（「本心我的外在載體」）、及
「思慮我」（「本心我投射的影子」）等徵候，來印證、察知「本心我」具備著
使其自己「有諸中必形諸外」（此「外」指「形軀我」「思慮我」）的「相即」
能量（「道心中虛，何思何慮……光華外著」），這是吾人研究楊簡心學與「身
——心——靈」主題關係時，應一併留心注意的。

　　經前述對楊簡《先聖大訓》「聖人」「聖人之道」8 文本的研究，筆者以為，楊簡依「證量解經」所成就的「心學化經學」，在「解經學」領域中最重要、也最關鍵的問題，便是楊簡以「部分融攝著佛禪內門之路的心靈體證」，去注解、詮釋性質上大致可定位為「生命中門之路」的「中國經學」：兩者生命路徑不同、時空立足次元有異，所可能產生的激盪、適用性問題及現實影響。據筆者之見，在《先聖大訓》所載歷來有關聖人孔子「性質分殊駁雜」的書面文本中，楊簡顯然對其中「內證」「心法」部分最有個人「心學式的特殊感應」，以致儘管梳解內容未必切合孔學「本義」，甚至某種程度上，其心學式「聖人」、「聖人之道」反更切近佛家「覺者」「覺悟」境界（如《慈湖遺書卷十》便明言：「聖人不能予人以其所無，能去人之蔽而已」，這種型態的聖人顯無儒家「道德創生義」可見，反較切近佛家「去無明以顯覺性」之義），然因「內證」「心法」本是楊簡心學最專擅所在，是以楊簡在此類文本的梳解過程中，往往最能將其心學「證量解經」的本領發揮得淋漓盡緻，同時將孔子內證境界以其「部分融佛地心學特殊體證」詮釋得高妙圓融、幾於造境，然相對來說，其心學式「聖人」、「聖人之道」非純屬傳統儒家「內證造境」，亦清楚宛見矣。

　　即言之，問題便出在這裡。蓋楊簡「證量解經」及心學化經學的的依據、標準，既都是「清明之性」「本心之我」，那是一種無法以世俗言語準確傳達、表述的生命境界，一旦楊簡通過「注經解經」的方式傳達此種特殊的心靈體證，便得面對：中國經學文本，其性質、層性大部分是某種較高層級地「形軀我」「思慮我」共構的產物、也即是楊簡「意之兩重性」中「下層之意」的既定事實。因之，楊簡如何從其「本心我」生命境界適恰「調整」「轉換」，以因應、接通內容繁複萬端的「形軀我」「思慮我」共構的經義內容，乃至梳通其心學境界與中國經學文本：內在性質、基調結構某些「境界難以全然對味」的「質礙」，均為楊簡「證量解經」所必然要凌越的「路障」，儘管如此，此「路障」對楊簡「證量解經」來說，並無現實梳通之困難，此因楊簡「證量解經」及其心學化「聖人」「聖人之道」的「境界」，恆然是「作用層」、而非「實有層」，乃能即傳統經學文本的「內在性質」、「基調結構」一體交融渾化，不相妨礙。此外，楊簡「證量解經」的方法、步驟，大致有其一套「轉折順應」、「善巧方便」的融攝包容軌跡、模式可循，此未必如想像中複雜，即言之，楊簡大抵先肯認該文本的現實存在基礎，繼而以「天地內外、森羅

萬象、幽明變化、有無彼此，通爲一體」（見《慈湖遺書》卷十一）「無不兼賅」的心學境界予以攝受包容，以利在文義脈絡的詮釋上「善巧導引」「轉折順應」，此自足以打通、梳解原經學文本間可能存在的「窒礙」「瓶頸」了。

　　至於楊簡「證量解經」現實上最大的難題、極限，在筆者看來，便是楊簡「證量解經」所依據的「本心我」，根本是「即人間」又「超人間」的超越存在，就「生命之學」：「眞實界」與「世俗界」的對比來說，此「本心我」體道境界，迥非一般將「形軀我」「思慮我」誤認爲「眞實自我」的「中外門人」：其身心格局所能理解、穿透。一旦楊簡將這種帶有「出世間法」「超智」特性的特殊心靈體證，融入性質相對駁雜、幾乎鮮少「出世間法」「超智」特性的中國經學文本中，定會引致未親證此「高階心靈境界層級」地普世之人的「隔閡」與「陌生」。因此楊簡欲借心學「證量解經」助成「讀經者」契入「生命內門之路」及其心靈體證，這對現實存在的「讀經者」而言，無疑是個「遙不可及」的夢想。此因：楊簡生命內門「證量解經」，總得具體施用於正在攀登「生命內門之路」的內門行者、或已感受到「中門之路極限」進而視「內門體證」爲「生命瑰寶」的中門行者，才有其時機因緣上的契合、相應，否則楊簡心學「證量解經」之作再多，境界、內容再如何高明玄遠，這對生命「中門、外門人」何異「雞同鴨講」、如天地宵壤般「懸隔」，既然心靈通路、生命磁場如其迥異，何能寄望其得以相應感通，達致生命教育改造的實質功效呢？

第三節　楊簡「六經一體觀」的系統接榫問題——「六經一經，六經一旨也」

　　本小節探討楊簡「六經一體觀」前，首須指出楊簡經學主題：「聖人——六經——道」的交涉關係，進而探討「六經一體觀」在楊簡經學主題「聖人——六經——道」的交涉關係中，扮演著怎樣「穿針引線」的功能，並探討「六經一體觀」所形成的「證量解經法」在傳統經學常模中可能產生的問題。

　　據筆者對楊簡心學、經學的綜合理解，在楊簡經學「聖人——六經——道」的主題架構中，乃是「先在地」存在某種形態地「生命之學」的心靈證量工夫、及弘道信願心理，才足以支持楊簡終其一生盡瘁於「心學化經學」的主旨弘揚，以下筆者便徵引《先聖大訓》文本，嘗試描述楊簡經學此種特

殊的弘道信願心理背景。

首先，在筆者的認識瞭解中，楊簡對「聖人」的崇仰禮敬，乃是與其對「六經」的崇仰、禮敬同其一致的（即《先聖大訓》卷一云：「孔子曰：吾道一以貫之，孔子之心即道，其言亦無非道」所顯之義）。換言之，由於尊崇「聖人」，連帶也尊崇記載聖人智慧心法的「六經」（此「六經」一詞是廣義地說，意指它同時概括「五經義理系統」與「四書義理系統」）；相對來說，尊崇「六經」的行動、態度本身，也同時意味著打內心崇敬「聖人」。進言之，「聖人」所以值得崇敬，乃因「聖人」能夠體證、認識天地宇宙、人生變化的最高法則──「道」（即《先聖大訓》卷一：「所謂聖人者，知通乎天道，應變而不窮，能測萬物之情性」所顯之義），及向我們提供這種以「道」為總名的最高人生智慧（即《先聖大訓》卷一〈五儀〉：「聖人之事大矣，於事無所不盡，則於道亦無所不盡」、《先聖大訓》卷二〈檀弓〉：「孔子此心即道，故無適而非道」）。再者，「聖人」憑藉其深邃的智慧及人格向度，將其體證的生命智慧、文化成果，彙萃為文獻經典：「六經」，由於它內載著「聖人」所體現的「生命之道」，因此「六經」便也具備著等同於「道」的崇高價值，且這種價值和「聖人」本身存在的價值是同等無殊的。一旦「聖人」在世，自得以指導吾人落實「道」在具體生活中的實踐（即《先聖大訓》卷一：「聖人立言垂教，不為聖人而設，為學聖人之道者設」「孔子大聖，職當破百世之昏昏，垂萬世不易之法」所顯之義），然在「聖人」難會的時代裡，唯一能作吾人生命真理之指引與憑藉的，便是這些可以視為「道」的源泉活水的文獻經典：「六經」了。就在這種心理信願背景與邏輯認識基礎的前提下，楊簡經學主軸：「聖人──六經──道」之間，便搭建起一種相互連結、指涉的循環互動關係，在此「聖人──六經──道」的交互指涉關係中，「六經」便居間扮演著連結「聖人」與「道」的樞紐角色了。〔註26〕

再者，「六經」扮演連結「聖人」與「道」接通的樞紐角色，此還代表如下兩層意義，第一層意義是：踐道者必得具備一定程度地追索「聖人之道」的心理向度與讀經方法，〔註27〕才能有效打通、連接「聖人」與「聖人之道」

〔註26〕 在大部分中國經學家、儒者眼中，認定中國經學「聖人──六經──道」之間──存在著交互指涉的關係，筆者參見援引大陸學者王文亮《中國聖人論》一書論點。

〔註27〕 以上對楊簡尊崇「聖人」與「六經」的心理背景的敘述如果無誤，那我們就不能不進一步省察，楊簡此種心理背景，相當程度反映的，便是一種類似「宗

的超越通路，此便是筆者第四章「生命之學」主題再三強調的「生命向度」
問題；第二層意義便是：踐道者閱讀六經文本時，必得先建立一套對經學的
獨特認識、與相應的生命信念，才能讓六經文本對自己的讀經、研經、乃至
解經工作有所啟發。即言之，這一套對經學的獨特認識、與相應的哲學信念，
便是潛藏在經學家心中獨一無二的「經學圖繪」與「經學邏輯」（經學觀）。
針對這第二層意義的探索，正巧楊簡《先聖大訓》有一篇專門針對《小戴禮》
〈經解篇〉著墨梳解的文字，正可作為探索楊簡「經學圖繪」的最佳取樣藍
本，以下便將《小戴禮》〈經解篇〉文本據引如下：

> 孔子曰：入其國，其教可知也。其為人也溫柔敦厚，詩教也。
> 疏通知遠，書教也。廣博易良，樂教也。絜靜精微，易教也。
> 恭儉莊敬，禮教也。屬辭比事，春秋教也。故詩之失愚，書之
> 失誣，樂之失奢，易之失賊，禮之失煩，春秋之失亂。其為人
> 也，溫柔敦厚而不愚，則深於詩者也。疏通知遠而不誣，則深
> 於書者也。廣博易良而不奢，則深於樂者也。絜靜精微而不賊，
> 則深於易者也。恭儉莊敬而不煩，則深於禮者也。屬辭比事而
> 不亂，則深於春秋者也。

　　針對如上《小戴禮》〈經解篇〉文本，楊簡以多出五倍以上的篇幅進行梳
解，然受限於論文承載容量，以下將其重點擇要整理成如下 3 文本：

> （1）小戴以經解名篇，失孔子本旨。聖人凡言皆以明道，今以首文
> 　　　名篇，亦猶論語名篇學而、為政之類，庶不至害道。近世學者
> 　　　弗克靜觀，遽謂易何止於絜靜精微，春秋何止於屬辭比事，遂
> 　　　疑非孔子之言，而不詳考孔子首言曰：入其國其教可知也，特
> 　　　言國俗之所教習者然爾，非謂六經之道如是也。孔子之時，未
> 　　　有六經之名，自孔子沒，世益尊尚其道，知孔子尊稱詩書，推

教信仰的心靈態度」，此即：「聖人」是否真已認識了天地宇宙、人生變化的
法則：道，乃至文獻經典「六經」是否真實承載了「聖人之道」，這在大多數
人心目中，都是無法以思維、理性辨明無誤後才具實相信，繼而採取踐道行
動的。換言之，楊簡根本不是在現象事實的認知之後，才「相信」了「聖人
——經典——道」之間互為指涉的因果關係，進而服膺實踐。所以對楊簡這
種「相信」「聖人——經典——道」的交互指涉，有助「成聖」目標之達成的
特殊心理，與其視為是某種形式的「迷信」「崇古」或「強烈精神執著」，不
如以某種：具足「宗教意識」「形上意識」、卻非認同「形式化宗教」的心靈
向度來解釋較為妥當。

明禮樂，讚易作春秋，又書與禮出孔壁，故後世共尊之曰六經，此所謂春秋，特國史之通稱，而孟子曰：晉之乘，楚之檮杌，魯之春秋，一也。……孔子所謂屬辭比事，特謂國俗教習爲史爾，非謂孔子因魯史而筆削者也，孔子繼言六學之失——愚、誣、奢、賊、煩、亂，則前所言非孔子六經之道昭昭矣。嗚乎！溫柔敦厚，本道心之所著見，惟其自知者寡；天地之間，草木鳥獸，無非天地之性，惟不自知故爲草木鳥獸，今人而不自知，亦何以異於彼？易曰：百姓日用而不知，不知之謂愚，然則何以爲不愚？不愚者，非能有所加也，能自知爾，是知亦非有所思慮，有所鉤索。道心我所自有，忽覺忽明，如日月無所不照，而非思也，非爲也，又如鑑焉，萬象畢見，外內不殊，而明光渾然澄然，變化云爲，明智察微，是謂無思之思，無爲之爲。

（見《先聖大訓》解卷一〈入其國〉第七章）

（2）經禮三百，其致一也，曲禮三千，其致一也，是非強合而一之也。本一也，是一也。惟覺者自知，其深思力索者不知。（見《先聖大訓》解卷一〈入其國〉第七章）

（3）若教習止於屬辭比事而已矣，則無乃徒溺於文辭事爲之紛紛，而不知道乎？故得其所以不亂，則爲深於春秋，事有似是而非，似非而是，是中有非，非中有是，曲折萬狀，紛擾萬端，苟非聖智，必迷必亂，褒貶必差，不亂即不煩，不煩即不愚，不愚即不誣，不誣即不奢不賊，一也。是故六經一經也，六經一旨也。（出處同上）

在以上三則依楊簡經學邏輯順序條列的文本中，例3所謂：「是故六經一經也，六經一旨也」，便是楊簡經學圖繪及內在邏輯的總結語。此處楊簡倡議「六經一經」「六經一旨」、幾近「驚世駭俗」的經學理論，當然與《小戴禮》〈經解篇〉文本理論未爲圓融，適巧提供楊簡批駁辨正、據以抒發「心學化經學觀」的絕佳機會有關。文本1中，楊簡一開頭，便批評《小戴禮》以〈經解〉名篇，不合乎《論語》各章以「首句名篇」的傳統，換言之，楊簡以《論語》文本批判《小戴禮》體例「不如法」的邏輯思維，便是筆者本章前節所謂：宋代學風「五經義理系統漸朝四書義理系統傾斜」的佐證。繼而楊簡更是炮火猛烈，借著注經、解經的機會，批評「近世學者」錯解孔子「經教之說」，

只光從《小戴禮》文本:「其爲人也溫柔敦厚,詩教也。疏通知遠,書教也。廣博易良,樂教也。絜靜精微,易教也。恭儉莊敬,禮教也。屬辭比事,春秋教也」的表層敘述,便輕率斷言「易何止於絜靜精微,春秋何止於屬辭比事」,進而懷疑此文本恐非出自孔子之手。即言之,在楊簡的認知理解裡,《小戴禮》中孔子所稱:「其爲人也溫柔敦厚,詩教也。疏通知遠,書教也。廣博易良,樂教也。絜靜精微,易教也。恭儉莊敬,禮教也。屬辭比事,春秋教也」,這種「六經性質分類」必得放在「入其國,其教可知也」的認知「前提」上,才能相應理解;換言之,《小戴禮》「經教之說」,本是針對如何觀察一個國家民情風俗的特殊傾向而立說,如果該國人民「溫柔敦厚」的特質超顯,便可判斷:他們受到「詩教」的影響、啓迪較多,同樣地,若某國人民「疏通知遠」的特質格外明顯,此便意味:他們受到「書教」的影響、啓迪較深……。就此而言,《小戴禮》「經教之說」:「溫柔敦厚,詩教也。疏通知遠,書教也。廣博易良,樂教也。絜靜精微,易教也。恭儉莊敬,禮教也。屬辭比事,春秋教也」,對一個體證「心學之全」的悟道者來說,是不會把它當成「絕對眞理」或「唯一眞理」來看待、仰視的(即「則前所言非孔子六經之道昭昭矣」)。從這樣的理解角度看來,楊簡對《小戴禮》「經教之說」的梳解體認,無寧是慧眼獨具、深刻過人的。即言之,楊簡跳過一般經學家在經學文本中:排沙撿金、見樹不見林的饤飣解經陋習,一眼識出當代學者將:「溫柔敦厚,詩教也。疏通知遠,書教也。廣博易良,樂教也。絜靜精微,易教也。恭儉莊敬,禮教也。屬辭比事,春秋教也」理解得太死、乃至奉爲「經教」「金科玉律」所產生的盲點。換言之,一般饤飣解經者若將「溫柔敦厚」視爲「詩教」的特定內容,將「疏通知遠」看成「書教」獨一無二的眞理、將「屬辭比事」視爲「春秋之教」的唯一大事(即「若教習止於屬辭比事而已矣,則無乃徒溺於文辭事爲之紛紛,而不知道乎?」……),如此一來,各經與各經之間的藩籬、界域便會徹底「固化成型」,一旦各經典都只能賦與單一、固定、且未必與「聖道」接合的意義詮釋,那麼各經與各經之間,將互爲「質礙」,難有「生命活水」可資通流、交融的餘地,這在認定「聖人——六經——道」三者之間具存「交互指涉」關係的楊簡看來,當然要視爲封限、阻滯了「六經」作爲「聖人之道」地「載體」所內具的活水性質與縱深高度了。

　　再者,針對文本1所云:「詩之失愚,書之失誣,樂之失奢,易之失賊,禮之失煩,春秋之失亂」,楊簡也有過人的心詮善解。換言之,一般「弗克靜

觀」的「近世學者」，往往餖飣式解讀，片面錯解爲：「詩經」帶給讀經者的副作用是流於「愚騃」（即「愚」）、「書經」造成讀經者的副面效應是導向「真僞不分」（即「誣」）、「樂經」引發讀經者的可能弊病是通往「奢靡浮華」（即「奢」）、「易經」加諸讀《易》者的副面影響是導向「心術不正」（即「賊」）……等等，針對這類可能地誤解，楊簡駁正指出：《小戴禮》〈經解篇〉所述的「六失」，其實不是指涉經典本身內容的「六失」，反是針對：讀經者「生命向度」未適整得宜所可能產生的「六失」，所以「六失」的重點其實不在「經典」，而在「讀經者」本身採取錯謬地心靈向度，這果然是更爲高明、直指核心的解經慧見。此外，若連接文本 2、3 綜合並觀，吾人亦可看出：楊簡乃係將「經學」本質與他所體證地「生命內門之路」地「心學」本質完全統整爲一（如：「溫柔敦厚，本道心之所著見，惟其自知者寡」），在這種情況下，身爲一個體證「生命內門眞理」的「聖人」（即楊簡所謂「覺者」），面對細碎、繁瑣地「儀式性禮儀」（「經禮三百」「曲禮三千」），他「內在的覺性本體」乃是恆常如一，不隨細碎、繁瑣的禮儀形式，改變其「覺性本體」的內涵的。在這種認知意義上，個人的修爲體證與心靈向度，在讀經、解經俾便與「道」交流濡染的融攝過程中，無寧是更爲首出、必備的要件（「苟非聖智，必迷必亂，褒貶必差」）。換言之，只要契及「生命內門之路」的心學體證：「道心我所自有，忽覺忽明，如日月無所不照，而非思也，非爲也，又如鑑焉，萬象畢見，外內不殊，而明光渾然澄然，變化云爲，明智察微，是謂無思之思，無爲之爲」，那麼當他通達、體悟了任何一經，此便意味他亦同時通達、體悟了其他各經，乃至當他獲得某部經典之「道」的啓發、受用，也同時代表他當下、一體獲致其他經典之「道」的啓發與受用（「不亂即不煩，不煩即不愚，不愚即不誣，不誣即不奢不賊，一也」），而不像「知識之學」：總得經由片斷、單點、枝節、次第的學習，才能逐步積累成一饒具「相對性」「概念性」的知識系統，且各「知識系統」與「知識系統」之間所獲致的功用、效益也未必能相互通流、取代，在這樣的意義指涉上，楊簡乃正式揭開他「心學化經學」：「六經一經也，六經一旨也」（「六經一體觀」）的經學旨趣。至於「六經」何以即是「一經」？「六經」如何彙歸爲「一旨」？以下再舉楊簡四則文本研究討論：

（1）易、詩、書、禮、樂、春秋，其文則六，其道則一，故曰吾道一以貫之。又曰志之所至，詩亦至焉，詩之所至，禮亦至焉，

　　　　禮之所至，樂亦至焉，樂之所至，哀亦至焉。嗚乎至哉，至道
　　　　在心，奚必遠求，人心自善、自正、自無邪、自廣大、自神明、
　　　　自無所不通。……知吾心所自有之六經，則無所不一，無所不
　　　　通。（見《慈湖先生遺書》卷一〈詩解序〉）

（2）言以啓人，因言而後生名，而人以名而致惑天下之名眾矣，不
　　　　可不思其故也。曰道、曰德、曰仁、曰義、曰禮、曰樂，悉而
　　　　數之，悉有窮盡？……人心虛明，如日月之照，是亦非有實體
　　　　也。禮者，特理而不亂之名，樂者，特和樂而不淫之名，以是
　　　　觀上數名者，則不爲名所惑，不爲名所惑，則上數名者，乃所
　　　　以發明「本無名言」之妙，而非有數者之異也。是故道即禮，
　　　　禮即樂，樂即詩、書、易、春秋。……吾心即禮，悉俟他求？
　　　　至哉，人心之禮乎？心無質體，惟有變化，無作於意，天則自
　　　　昭，天秩自敘。（見《先聖大訓》卷一第五章〈孔子燕居〉）

（3）天即人，人即天，即日月，即四時，即鬼神，即禮樂之原，原
　　　　無所本，亦無所末，本末之名因人心而生，本末之實不以人心
　　　　而異，……人曰禮則曰禮，人曰樂則曰樂，人曰人則曰人，人
　　　　曰道則曰道，曰氣則曰氣，曰志則曰志，曰明曰明，曰無曰無，
　　　　名號紛然，意慮雜然，而未嘗不渾然寂然也。……意慮不作，
　　　　而本清本明之性自無所不照也。此非口舌之所能道也，此非思
　　　　爲之所能到也。（見《先聖大訓》卷一第六章〈孔子閒居〉）

（4）某敬惟，易詩書禮樂春秋，一也，天下無二道，六經安得有二
　　　　旨？……聖言至矣，不可思慮得也，不可以言語索也。（見《慈
　　　　湖先生遺書》卷一〈春秋解序〉）

以上四則文本中，文本1「易、詩、書、禮、樂、春秋，其文則六，其道則一」，
及文本4「易詩書禮樂春秋，一也，天下無二道，六經安得有二旨？」顯然是
楊簡「心學化經學觀」：「六經一經也，六經一旨也」另一種型態、方式的詮
釋表達。然此處楊簡點出「易、詩、書、禮、樂、春秋，其文則六，其道則
一」的經學圖繪時，同時也觸發、勾起筆者另一個問題意識，此即：如果持
認知、平面思維角度觀看楊簡「心學化經學觀」，一定會心生疑竇，大惑不解，
質疑得以使「六經一經」「六經一旨」成立的經學事實根據何在呢？進言之，
此「疑竇」如果轉換成另一個比較有邏輯系統的論述，那麼大陸學者王文亮

先生，適巧有一段「言論」正可「系統性」概括對楊簡「六經一經」「六經一旨」何以能事實性成立的質疑，以下便將王君「相關論點」〔註28〕分成 A、B、C 三組，用以對照楊簡「六經一經也，六經一旨也」的經學圖繪，以方便系統性討論：

論點 A：「人們往往把《六經》、《論》、《孟》視爲一體，不作具體區分，認爲都是一模一樣的載道之文。這是一大錯覺。就文體而言，《詩》是文學作品，《尚書》是政府檔案，《易》是占卜書，《春秋》是史書，《論語》、《孟子》既是道德說教匯編，也是政論文。」

論點 B：「故《六經》、《論》、《孟》中既包含著哲學、文學，還有別的門類。要說它們貫穿著統一的聖人之道，這只不過是後人的僞託。在它們中間，我們實在找不出一種完全相同的、可以稱之爲聖人之道的東西。」

論點 C：「如果硬要說《六經》、《論》《孟》是在聖人之道的基礎上連爲一體的，爲何不能把《荀子》、揚雄《法言》、韓愈《原道》等等上乘的作品也納入其中，進一步壯大陣營呢？」

坦白說，站在「知識之學」認知、明辨的思維角度，王君如上三論點，誠有其思路清晰、明確「區分文體性質」的專擅特長處，甚至某種程度上，王君之見也觸及楊簡心學在「知識之學」場域的「適用性」問題。然若進一步解索，便知王氏之言只看到中國經學的表層現象，卻未能就「表層現象」之「所以然」提出更深湛高明的解釋；所以若將王君論點套用在楊簡心學化經學觀：「易、詩、書、禮、樂、春秋，其文則六，其道則一」的個別經典檢覈上，筆者必須指出：王君論點 A 所謂「就文體而言，《詩》是文學作品，《尚書》是政府檔案，《易》是占卜書，《春秋》是史書，《論語》、《孟子》既是道德說教匯編，也是政論文」的說法，並非完全正確無誤的認識理解。換言之，王君打一開始，便套用如今知識界強將中國學問「分門別類」地思維模式來觀看「六經」的緣起與性質，這是強將古人未具體分科的「生命之學」，塞進今人「知識之學」地「分類框架」中加以肢解、臧否的作法。〔註29〕何況若

〔註28〕見王氏《中國聖人論》一書 357 頁，中國社會科學出版社 1993 年印行。

〔註29〕筆者必須指出，中國古人之學誠然未就「性質區隔」與「專業分工」予以必要的分門別類，但相對來說，中國學問範疇、特性乃得以包羅萬象，「生命之學」與「知識之學」較能內在統整爲一，展現其饒富「包容度」「伸縮性」的獨特風格，所以現代學者精於「知識之學」、昧於「生命之學」，確是與傳統中國文化特質疏離的表徵。

依王君的邏輯思維：「《詩》是文學作品，《尚書》是政府檔案，《易》是占卜書，《春秋》是史書，《論語》、《孟子》既是道德說教匯編，也是政論文」，那麼王君要如何解釋這些帶有「特定文類性質」的作品：「易、詩、書、禮、樂、春秋」，其內在性質都程度不等地含具著諸如：天道、形上思想、宇宙論、人文、民本、仁愛、德治等等與「內聖、外王之道」可資通流、接合的成分呢？

再者，如果以王君論點 B：「《六經》、《論》、《孟》中既包含著哲學、文學，還有別的門類。要說它們貫穿著統一的聖人之道，這只不過是後人的僞託。在它們中間，我們實在找不出一種完全相同的、可以稱之爲聖人之道的東西」，來質疑楊簡「心學化經學觀」：「六經一經也，六經一旨也」的事實根據何在。那麼筆者以爲，此處楊簡文本 1、2、3 正足以解釋、回應王君上述質疑；即言之，在楊簡心學的體證過程中，其心學的主體其實是「人」、是「本心我」，而非以「經典文本」作爲現實存在的完全、客觀依據（即文本 1「至哉，至道在心，奚必遠求，人心自善、自正、自無邪、自廣大、自神明、自無所不通」），所以楊簡「心學化經學」「證量解經」在經學場域得以存在立足，「吾心本有之六經」相對於「作爲文本而存在的經典六經」，顯然更有其現實存在的「優先性」（即「知吾心所自有之六經，則無所不一，無所不通」所顯之義）。進言之，在楊簡經學得以成立的「聖人——六經——道」的主軸架構中，無論是「聖人」、「六經」、「道」：它們本身都不會爲我們自動、活化縮結爲一「統整地意義整體」，並即此教化、啓示我們，眞能讓「聖人——六經——道」建立起相互連結、意義指涉、相即關係的，永遠必須現前存在一個：活生生、眞槍實彈、投入「生命內鎔爐」「焠煉」地心學踐道者，否則若捨此不談，無意將身心、慧命融入追索「聖人之道」的踐道隊伍，只一意在白紙、黑字的經典文本中疇思計量，那麼，以個人尚未淨化、滌蕩的心靈境界與生命張孔，「找不出一種完全相同的、可以稱之爲聖人之道的東西」，又怎麼會是教人意外、詫異的論斷呢？反言之，楊簡以「聖人——六經——道」的經學主題，架構起「追索聖人本眞」的學問命題，其實便是在個人身心性命——內在地「鋪就」一條通往「超越界」的形上通路，並即此踐履行動過程體證「道的眞實」，這怎能以王君隨便一句：「這只不過是後人的僞託」便輕率帶過，企圖推翻、否定呢？〔註30〕

〔註30〕爲何不同的文體、作品不可能存在「統一的聖人之道」？王氏並未就此提出一個足以教人根本信服的「解構論證與理由」，可見王氏對經學的認識，是以

　　準此，再以文本 2、3 來解釋楊簡心學化經學觀：「易、詩、書、禮、樂、春秋，其文則六，其道則一」的成立原理，那就更清楚明白了。文本 2、3 中，楊簡旨在點出：「本無名言之妙」及「名號紛然，意慮雜然，而未嘗不渾然寂然也」的心學奧旨。換言之，楊簡體悟的「本心我」其境界層次：「空洞無內外，無際畔，三才、萬物、萬化、萬事、幽明、有無通爲一體，略無縫隙」（見〈行狀〉及《慈湖遺書續集》〈僧炳求訓〉）「天地內外、森羅萬象、幽明變化、有無彼此，通爲一體」（見《慈湖遺書》卷十一），正如文本 2 所言：「人心虛明，如日月之照，是亦非有實體也」，既然如此，這個「虛明」「非有實體」可得、復與「萬物、萬化、萬事、幽明、有無通爲一體」的「本心之我」（即楊簡體證的「道」），它本身就不是任何後天、人爲的符號、概念、系統、語言所能加以圈限「定名」的，在這種與「萬物、萬化、萬事、幽明、有無」通流、但又不陷入某種特定「名相」指涉的狀態下，無論以什麼「名號」「稱謂」：「道、德、仁、義、禮、樂、天、人、日月、四時、鬼神、禮樂之原、道、氣、志、明、無」來權宜描繪它，都是無可、無不可的，從這樣的理解角度來看「作爲文本的書面六經」：《詩》、《書》、《易》、《禮》、《樂》、《春秋》，無論它們承載的「道」是「個別、獨立之道」、或有其「統一、一致性的聖人之道」，皆不離楊簡「本心我」體證的境界、功能、性質與範疇，從這樣以楊簡「本心我」的體證境界來理解「六經」，進而指出：《詩》、《書》、《易》、《禮》、《樂》、《春秋》名言雖殊，然而它們之間，卻「無所窒礙」的存在著與楊簡心學合流的「生命內門之道」（即楊簡所謂「本無名言」、「名號紛然，意慮雜然，而未嘗不渾然寂然也」），便是理所當然、法爾如是的證量實指了。如此說來，楊簡「心學化經學觀」：「六經一經也，六經一旨也」「其文則六，其道則一」「天下無二道，六經安得有二旨？」，在以「生命之學」爲基調的「解經學」領域中，又怎會是卒難被理解、接受的「神話」或「奇怪的思維邏輯」

「追索知識之眞」的學術心態張孔來貼近的，所以才會在個別經學文本的接合之間，探究一個「事實性、現象性的所以然」；換言之，王文亮全然未理解宋代理學家追索「聖人本眞」，是以生命、立體的「存在意識」「宗教意識」，切入經學義理，據以探求、印證六經間「一以貫之的聖人之道」。在這裡種心理向度下，即使《六經》、《論》《孟》文本、性質各自存在著實質落差，然只要當事者以「存在意識」「宗教意識」「內門之道的踐履體證」爲動因，視《六經》、《論》、《孟》皆是有益吾人「生命內門眞理」之汲取、印證的聖教文本，那便無法抹煞此文本在「以生命內門眞理爲鵠的」的研經者心目中，便已形上、內在地：同時具存著「統一性」「啟示性」意義地「聖人之道」。

呢？

　　至於王文亮君論點 C：「爲何《荀子》、揚雄《法言》、韓愈《原道》等作品，不能納入經學或聖人之道地行列中？進一步壯大陣營呢？」筆者以爲，王氏上述言論能否成立，要看套用在何種「解經進路」的模式、框架下來觀察解釋。換言之，如果研經、解經心態不改，依舊以「生命中門、外門之路」來研經、解經，那麼縱使能透過官方的機制、力量，持續將《荀子》、揚雄《法言》、韓愈《原道》等作品納入經學研究的範疇中，但平心而論，那只不過平添知性經學研究的遊戲領域，擴大功名利祿的爭食空間，從而增長世俗研經者的欲望、無明與「心靈理想圖繪」而已，此與追索、體證「聖人本眞」的內門目標、行動何干？反之，如研經心態一如象山、陽明、楊簡：係以「生命內門踐履、體證」爲基底，連僞書《孔子家語》《孔叢子》都可以是楊簡「證量解經」的文本，並在駁雜地經學文本中抉發超越、殊勝的心學義理，以助內門行者體證「本心我」，那麼如果時機、因緣適恰成熟，進一步「將《荀子》、揚雄《法言》、韓愈《原道》等作品」，納入經學研究的範疇中，這對楊簡「心學化經學」來說又有什麼妨礙、不宜呢？這又怎能以落入「外門之路」、相對意識思維的：「進一步壯大陣營」一語來賦會解讀呢？

　　進言之，如果勉強以「漢學」、「宋學」權作對比，那麼筆者以爲，在以「漢學」爲主軸的經學思維模式下，若強將《荀子》、揚雄《法言》、韓愈《原道》等著作納入傳統經學的研究行列中，由於「漢學」大抵是以個人「意識思維」平面、次第地演繹「聖人——六經——道」的相即關係，甚且「文本的六經」相對於「吾心本有之六經」，更有其被取信、徵驗的「優先性」，這當然容易衍生「個別經典」與「個別經典」之間：義理思想無法相容、誰眞誰僞、誰可信誰不可信、難以實際統整等問題；反過來說，「宋學」、尤其是心學化經學家，大抵以過人的心行體證、證量工夫來解經，對「生命眞理」（「道」）自有其「第一序」「全盤性」「整體論」的內在體證，倘使「學苟知本，六經皆我注腳」、「知吾心所自有之六經，則無所不一，無所不通」等名言，確係象山、楊簡從自家生命血脈中所流出，那麼讀經、注經、解經工作於他，便非「取道之原」〔註31〕主要、唯一的來源，如此說來，既然象山、楊簡生命內部已然「先在地」湧現「源泉、活水」，自行發光，自鑑鑑人，那麼注經、解經工作於他，便只是「傳道、授業、解惑」的途徑、方便、善巧

─────────────────

〔註31〕此處「取道之原」一詞借用柳宗元〈與韋中立論師道書〉一文。

與慈悲而已，〔註32〕既然如此，是否進一步將《荀子》、揚雄《法言》、韓愈《原道》等作品納入經學研究的範疇中，根本就是「不增不減」「不多不少」「無可無不可」的時勢因緣之事，又怎麼會是「心學化經學家」楊簡心中的罣礙與執著呢？

第四節　楊簡「證量解經」在「解經學」中的操作問題

　　前節已就楊簡「心學化經學觀」梳理完峻，以下便進一步研究楊簡如何個別詮解《詩經》、《易經》，探討楊簡「心學化經學觀」：「六經一經也，六經一旨也」「其文則六，其道則一」「天下無二道，六經安得有二旨？」如何在「個別經典」的實際操作上保持「統一性」「一致性」，乃或楊簡心學「證量解經」可能在「解經學」領域遇到那些實踐上的難題？茲為撐開此主題研究，筆者同樣援引大陸學者崔大華對楊簡解《詩》、解《易》的質疑，作為「問題主軸」，據以展開以「問題意識」為動因的系統研究。

一、楊簡證量解《詩》問題研究──「三百篇一旨也」「三百篇平正無邪之妙，昭如日月」

　　據大陸學者崔大華《南宋陸學》一書觀點，楊簡心學解《詩》，基本上乃是對《詩經》三百篇採取如下四種分類與認定，茲將崔氏論點簡單分述如次：第1，楊簡認定某些詩：如〈關雎〉〈鵲巢〉〈柏舟〉〈樛木〉，「直接」表達符合儒家倫理道德標準的思想感情，第2，某些詩大體敘事、寫景，如：〈兔罝〉〈燕燕〉〈清人〉〈氓〉等，但楊簡認為它能「誘發」、「激起」吾人本有之善心。第3，某些敘寫日常生活之詩，如：〈君子陽陽〉〈螽斯〉等，表面雖無深義，但楊簡認為在那平庸無邪之中，卻「隱藏」著「道心」。第4，某些男女幽會的「情詩」（如〈桑中〉）和咀咒君王殘虐的「刺詩」（如〈秦風‧黃鳥〉），一般儒家解

〔註32〕從某個角度說，象山、楊簡在「生命之學」踐道場域中，早已「自給自足」「不假外求」，其所以憑藉現成已有的經典文獻，尤其是已經蔚為流行、普為人知的文獻，加以重新梳解，並在此詮釋內容中注入新的詮釋意涵，某種程度上可視為「生命教育」「教化精神」：「傳道、授業、解惑」工作的積極體現，因為這些文獻原本就為世人所熟悉、信任，不必再無中生有、另起閣樓，即可輕易發揮思想改造與行為實踐的影響力，在這種解經深層心理願望的基準上，說楊簡的注經、解經工作，是生命之學「傳道、授業、解惑」的途徑、方便、善巧與慈悲，自是貼切準確的。

詩者都認爲是「淫亂之詩」，但楊簡卻認爲：它是爲「刺淫」而作，爲「懷時」而作，因而也是「出於道心」、或「冥合道心」的。〔註33〕所以依筆者之見，楊簡《詩》學觀：「三百篇一旨也」「詩三百，一言以蔽之，曰：思無邪」與其心學解《詩》工程，便是「配套」著如上這四種對《詩經》三百篇的分類、認定而展開的。然崔君提出如上認識觀點後，復大筆一揮，另提一個截然對反的論點，幾將楊簡解《詩》的成立基礎全盤推翻，此論點如下：

> 詩經三百篇是西周、東周前期的詩歌總集，年時久長，內容極爲廣泛，有抒情也有敘事，有歌頌也有詛咒，如何能一旨？（見《南宋陸學》161 頁）

這樣問題便來了：先前崔君以其明敏的知性分類能力，辨識楊簡心學解《詩》方法，乃是「先在地」認定不同的《詩經》文本，都程度不等的：「直接表達」、「誘發」「激起」、「隱藏」、乃至「出於」、「冥合」著「道心」，但最後卻將楊簡心學解《詩》基點全盤推翻、否定，則崔君前此的「分類辨識」與爾後的「推翻否定」之間，若非顯示楊簡解《詩》的心學邏輯有所謬誤？否則便是崔君爾後的「推翻否定」隱藏著某些認識上的可能盲點？茲爲解索此問題，以下筆者爰結合：A「崔君推翻、否定楊簡心學解《詩》思維邏輯之探討」、及 B「楊簡證量解《詩》的心學內在原理」二條主軸，綜合解索探究：

A、崔君推翻、否定楊簡心學解《詩》思維邏輯之探討：

首先必須指出，崔君對楊簡認定《詩三百》與「道心」之間存在著：1「直接表達」、2「誘發」「激起」、3「隱藏」、4「出於」、「冥合」等四種關係，明顯有次序、程度上愈益增強地反對態度。換言之，第一類詩如：〈關雎〉〈鵲巢〉〈柏舟〉〈樛木〉〈漢廣〉等，與「道心」「本心」之間存在著密切關係，〔註34〕崔君基本上未持反對態度。但對第 2、3、4 種詩其內容、性質與「道心」間存在著「誘發、激起」、「隱藏」、乃至「出於、冥合」等關係，則大大地有所質疑、保留。換言之，站在崔君對詩經的理解觀點，第 2 類詩如〈兔罝〉〈燕燕〉〈清

〔註33〕見《南宋陸學》頁 162 到 164。

〔註34〕比如楊簡在《慈湖詩傳》序中便云：「〈關雎〉求淑女以事君子，本心也；〈鵲巢〉婚禮天地之大義，本心也，〈柏舟〉懷鬱而不失正，本心也；〈柏舟〉之矢死靡他，本心也。」另梳解〈樛木〉〈漢廣〉詩時亦謂：「喻君子禮賢下士，……此逮下之心，與夫詩人愛敬其君子，贊之祝之之心，皆道心。」（見《慈湖詩傳》卷一〈采蘩〉）「此供祭祀之心，勤敬之心，即道心，即聖賢之心，即天地鬼神之心。」（《慈湖詩傳》卷二〈漢廣〉）

人〉等，內容大抵記述：「贊美武夫英姿風發，足以爲國干城」、〔註35〕「莊姜送歸妾（戴嬀）」〔註36〕及「暗諷高克玩兵河上，以致兵潰逃奔陳國」，〔註37〕此在《詩經》學上率無多大爭議，然楊簡卻不顧原詩文義，逕將梳解主軸往「道心」「本心」方向賦會，自言：「簡詠《兔罝》之詩，亦覺起敬起慕，莊肅子諒之心油然而生，不知所以始，亦不知所以終。道心融融，此人心所同，千古所同，天地四時之所同，鬼神所同。（見《慈湖詩傳》卷一）、「是詩固亦不定指，而一片相送之情，哀傷不已之意，念仲氏之善，塞淵溫惠，皆正心善也，至今讀之，使人閔傷之心隱然以生，而非邪僻也。」（見《慈湖詩傳》卷三）、「觀是詩雖不知高克與文公事情之詳，而其慢易不正可刺可惡，足以消人漫易之心，起人敬正之心。」（見《慈湖詩傳》卷六），這看在對《詩經》文本有知性理解的崔大華眼裡，自然視爲「牛頭不對馬嘴」，大大難以接受。

再如第 3 類敘寫日常生活之詩，比如〈螽斯〉本是祝福他人多子多孫，所以《詩序》解爲：「不妒忌則子孫眾多」，實不算違離〈螽斯〉本旨，但楊簡卻駁道：「以多男爲祝，人之恆情，《詩序》以必推原及於不妒忌者，意謂止言子孫眾多，則義味不深，故推及之，吁！此正學者面牆之見，不悟道不離于平常，故曰：百姓日用而不知，孔子以一言蔽詩曰：思無邪，而初無高奇深幽。」大大地削了《詩序》作者一頓，指其「必推原及於不妒忌」，無乃有「頭上安頭」之嫌；此外，楊簡將「宜爾子孫振振兮」「宜爾子孫繩繩兮」「宜爾子孫蟄蟄兮」等〈螽斯〉祝福語，與其心學見地：「道不離于平常」「思無邪」等旨統整論述，此在崔君看來，亦同樣是強自比賦，難以認同。

最後第 4 類詩，如鄘詩〈桑中〉本是抒寫情侶在桑林幽會偷歡（即「期我乎桑中，要我乎上宮，送我乎淇之上矣」），向來被視爲「鄭國淫聲」的代

〔註35〕即「赳赳武夫，公侯干城」「赳赳武夫，公侯好仇」「赳赳武夫，公侯腹心」等詩所顯之義。

〔註36〕儘管〈燕燕〉一詩有人認爲是衛君子送女弟遠嫁之詩，也有人從「燕燕于飛」「泣涕如雨」「佇立以泣」「瞻望弗及，實勞我心」等句，判定此詩係男女情詩，非指涉兄妹、或國君與妾之關係，但一般來說，認定〈燕燕〉一詩是寫「莊姜送歸妾（戴嬀）」者人數還是居多。

〔註37〕〈清人〉一詩，《詩序》認是諷刺「文公退之不以道，高克進之不以禮」「危國亡師之本」，筆者以爲，《詩序》這種認定確是有其事實根據的，根據《左傳》所載，鄭大夫高克好利，鄭文公欲遠退之而不能，適值狄人侵犯，鄭文公乃命高克率師救援，但高克卻玩兵河上，以致兵潰逃亡，鄭人顧忌直書高克之名，乃借用「清人」二字暗諷，這也是迄今爲止多數詩經研究者的共同認識。

表，《樂記》便批判稱：「鄭國之音，亂世之音也，比于慢矣。〈桑間〉、〈濮上
之音〉也，其政散，其民流，誣上行私而不可止也。」然楊簡對此卻大唱反
調，逕言：「蓋作《樂記》者未達乎作者之旨，所以刺亂非爲亂也，〈桑中〉
非淫者之辭，乃刺者之辭」（見《慈湖詩傳》卷四），這便未顧及文本客觀事
實、逕自表達個人「捍衛詩教」的立場；此外，小雅〈正月〉有「赫赫宗周，
褒姒滅之」之句，《詩序》及一般解詩者都認此詩乃暗刺幽王暴虐無道，然楊
簡對此說卻不表認同，注解曰：「毛詩序曰：〈正月〉，大夫刺幽王也，言刺大
悖……此賢者憂心慘慘，憂念國之爲虐，禍將至也。」（見《慈湖詩傳》卷十
一）這便將梳解主軸導往「忠臣憂國」的視點角度，此似有迴護暴君之嫌。
凡此諸例可見，楊簡「證量解詩」未依《詩經》文本背景、事實概況，逕自
「心詮」「別解」，這看在追求「知識之眞」的崔君眼裡，自然視爲悖離傳統
解經學的常軌。

　　針對崔君如上質疑楊簡解《詩》之言，吾人究應如何看待理解呢？以下
筆者整理出五則楊簡證量解《詩》的心學邏輯、原理，據以對楊簡心學解《詩》
進行研究。

B，楊簡證量解《詩》的心學原理：

　　（1）孔子曰：心之精神是謂聖，孟子曰：仁，人心也。變化云爲，
　　　　興觀群怨，孰非是心？孰非是正？人心本正，起而爲意而後
　　　　昏，不起不昏，直而達之，則關雎求淑女，以事君子，本心也；
　　　　鵲巢昏禮，天地之大義，本心也；柏舟憂鬱，而不失其正，本
　　　　心也；鄘柏舟之，矢言靡它，本心也。由是心而品節焉，禮也；
　　　　其和樂，樂也；得失吉凶，易也；是非，春秋也。達之於政事，
　　　　書也。逮動乎意而昏，昏而困，困而學；學者取三百篇中之詩
　　　　而歌之、詠之，其本有之善心，亦未始不興起也……
　　　　（見《慈湖遺書》卷一〈詩解序〉）

　　（2）子曰：詩三百一言以蔽之，曰：思無邪。學者觀此，往往竊疑
　　　　三百篇當復有深義，恐不止此，不然則聖言所謂無邪必非常情
　　　　所謂無邪，是不然。聖言坦夷，無勞穿鑿，無邪者，無邪而已
　　　　矣，正而已矣，無越乎常情所云，但未明乎本心者不知此，不
　　　　信此，知此信此，則易直子諒之心油然而生，則惡可已，則不
　　　　知手之舞之、足之蹈之。（見《慈湖遺書》卷八〈論詩〉）

（3）孔子刪詩三百篇，未嘗作序，惟以一言蔽之，曰思無邪，某取詩詠歌之，不勝和樂融暢，如造化發育，醇然粹然，不知天地之在彼，萬物之不齊也，不知其所始，不知其所終也。（見《慈湖遺書》卷八）

（4）嗚呼，三百篇一旨也，有能達是，則至正至善之心，人所自有，喜怒哀樂，無所不通，而非放逸邪辟，是謂寂然不動，感而遂通天下之故。（《慈湖詩傳》卷三〈燕燕〉）

（5）人心本善、本正，人心即道，故曰道心，因物有遷，意動而昏，始亂始雜，然其本心之正，亦間見互出于日用云為之間，三百篇多此類。（《慈湖詩傳》卷六〈將仲子〉）

（6）毛詩序曰：氓，刺時也……道之不明也，我知之矣，皆諸儒之故也。春秋雖誅魯桓之大逆，而亦書其告於廟之合於禮。易曰：其吉則困，而反則也正，氓詩悔過反正，可美之道也。聖經明道之書也，深知夫人心即道，故曰道心。意動情遷，始失其道，一能反正，即復道心，人雖至於大惡，特其昏爾，其本心之善，未始磨滅，諸儒不自信己之心，故亦不信人之心，有能信此心之即道，悟百姓日用之機，則三百篇平正無邪之妙，昭如日月。
（《慈湖詩傳》卷五〈氓〉）

從以上 6 文本可見，楊簡證量解《詩》確有其所本，以下便將楊簡「所本者」歸約為如下 3 觀點：第 1，楊簡所謂「嗚呼，三百篇一旨也」，不是站在「知識性張孔」、以「思慮我」來窺見認定，反是站在「生命內門」體證的立場看見、發言的，故楊簡明言：「人心本正，起而為意而後昏，不起不昏，直而達之，則關雎求淑女，以事君子，本心也……」，可見「人心本正，……不起不昏，直而達之」，乃楊簡心學解《詩》的首要前提，如此「六經一經」「六經一旨」「三百篇一旨也」，乃得與楊簡心學體證連結、安立，否則若照崔君「知識性張孔」「思慮我」的思維邏輯，恐亦將無法認同「子曰：詩三百一言以蔽之，曰：思無邪」的詩經本旨認定，並對楊簡竟能在「有抒情也有敘事，有歌頌也有詛咒」地駁雜《詩經》文本中，「取詩詠歌之，不勝和樂融暢，如造化發育，醇然粹然，不知天地之在彼，萬物之不齊也，不知其所始，不知其所終也」，感到嘖嘖稱奇、難以置信了。

第 2，如前所言，所謂「三百篇一旨」「詩三百一言以蔽之，曰：思無邪」、

乃至「取詩詠歌之，不勝和樂融暢，如造化發育，醇然粹然」等語，乃楊簡站在「生命內門」體證立場所發言、認定。所以欲契入楊簡心學解《詩》的內在原理，若捨卻「虔敬的向道意識」與「信仰般的心靈態度與實踐」，便無實質交集、會遇的可能，所以楊簡在文本2、6中明言：「《詩三百一言以蔽之，曰：思無邪。學者觀此，往往竊疑……是不然。聖言坦夷，無勞穿鑿，無邪者，無邪而已矣，正而已矣，無越乎常情所云，但未明乎本心者不知此，不信此，知此信此，則易直子諒之心油然而生」、「諸儒不自信己之心，故亦不信人之心，有能信此心之即道，悟百姓日用之機，則三百篇平正無邪之妙，昭如日月。」此皆再三強調：「知此信此」「信此心之即道」的重要。再從「生命之學」原理來說，楊簡所謂「知此信此」「信此心」之「信」，殊非常識經驗上粗糙、無根的「相信」，亦非常人信口掛在嘴邊、卻隨「情境變化」率爾改易的「淺信」，而根本是「內門路上」親自走過、歷經「信解行證」階段次第、開發「清明之性」「本心我」的「證悟之信」，就此而言，此「證悟之信」便是一種「生命當下的呈現」、一種「本心現前的融入」，捨此「虔敬向道意識」與「信仰般的心靈實踐、態度」以爲依托，「思慮我」再如何造作營爲，都是無法與「三百篇平正無邪之妙，昭如日月」的特殊認識連結、接軌的。進言之，楊簡所謂「聖言坦夷，無勞穿鑿」的信靠態度，其實便牽涉到：如何認識聖人孔子，並以何種態度、方式來理解、接近孔子文本的問題了。蓋從世俗角度說，能像準備聯考、讀教科書那般，將有關孔子言行思想的知識綜合理解即已足矣；若更進一步，想切入學術研究立場，則具備爲學工夫外，更要雜取異說，對孔子思想、可能敵論、周邊環境進行理解、比較，據以形成個人觀點，進而對孔子思想適度批判、自成己見，以便在「學術競技場」與人較量爭鋒，在此知性學術取向下，研究者對孔子思想、人格是否眞心悅服、乃至是否「相信」孔子眞是聖人、是否應進行「人格仿效」等問題，都可以與個人生命「切隔」、視爲與己慧命無關的「外在之事」。即言之，這種爲學進路與心靈態度，便係世俗人在「世俗界」從事「生存競爭」所採行的外門進路，一旦「知識之知」與生命層級提昇之事無關，當然也就無所謂信不信、或信到何種程度、層次的問題了。所以一般而言，若未融入生命「內門之路」修學，則取《詩經》篇章吟哦詠歌，心靈生發何種感受，其實是因人而異、未可一概而論的；據筆者研判，常人讀《詩經》最常見的反應模式，大抵是隨順文本內容之悲歡離合、疊蕩轉折，發爲性質相應、情緒基調相合

的喜怒哀懼之情，乃或面對同樣《詩經》文本，由於個人氣質、稟賦之殊，某些人可能興發思古之幽情，某些人卻可能對牛彈琴、無動於衷，就此而言，楊簡吟詠《詩經》，竟致「法喜充滿」:「不勝和樂融暢」「其本有之善心，亦未始不興起也」，這當然不是情感超級豐富、特愛「傷春悲秋」，亦非動用理智認知、意識思維之「分別智」產生的結果，既然如此，這便無法以一般知識學的方法、進路來評斷。換言之，如果方便類比，筆者以為:楊簡對《詩經》文本的閱讀、理解、注解、詮釋，某種程度上乃是含具著:類似宗教行者讀經、解經的心靈態度;換言之，一如佛經、新、舊約聖經之於佛弟子、天主教徒、基督徒，都不是拿來增加宗教知識、增廣見聞，而是用以「鋪陳」、「打造」通往「超越界」的生命通路，進而幫助該門行者體證該生命之路的眞理（道），如是而已;同樣地，楊簡面對《詩經》三百篇的心態便類似於此，這才能在讀經、解經之時，全然接受《詩》三百確係聖人孔子所云:「思無邪」的本質認定，進而在吟詠品味、含英咀華的過程中，循著「《詩》三百一言以蔽之:思無邪」的本質認定，沈浸於斯，流露「不勝和樂融暢之情」，毫無一絲懷疑、猶豫、阻滯與不安，就此而言，認定楊簡心學證量解《詩》，同樣是以一種不執著於宗教形式、然卻有內在生命張力、及實質內涵的超越體證心態以為依托，確是不容否認的事實。

第3，楊簡心學證量解經，某種程度上雖可認定是象山「學苟知本，六經皆我註腳」「六經註我，我註六經」理念的具體實踐，但同時我們也必須承認，在解經學的實際解經步驟中，任何完美地「解經理念」、與「心學境界」，一旦企圖化為實際「解經行動」使別人如實感知，在「傳達者」與「接受者」之間:其實是存在著「能知」與「所知」地鴻溝的;何況為了彰顯、闡揚特殊心靈體證的「內門眞理」，楊簡事實上是無法一一還原、照顧到經學文本的「客觀性」與「眞實性」的，〔註38〕所以經學文本若只是為楊簡「證量解經」所「方便借用」，那是一點都不必詫異、駭怪的。即言之，「方便借用」經學文本以抒發心學體證，乃是楊簡「證量解詩」所必然採取的現實途徑，甚至當經學文本內容、性質的「客觀性」「眞實性」，未必適合與楊簡內門體證連

〔註38〕 更精確言之，若以為經學文本眞有所謂正確無誤的「客觀性」「眞實性」可得，
　　　　此想法若非思慮欠周，否則便是對複雜人生問題認知過於單純、樂觀，充其
　　　　量只意味其某種主觀地期許、想望而已，所以經學文本「客觀性」「眞實性」，
　　　　也許只存在吾人相對的認知求索與主觀的解讀理解之中。

結接軌時，這時曲折、巧妙地「善解」梳通，或是另起爐灶，抒發個人另一套心學別解，這在楊簡證量解經的過程、方法中，亦同樣是司空見慣、不足爲異的。換言之，楊簡心學證量解《詩》，確與其「先在地心靈體證、解經態度」連結爲一，在這種情況、背景下，只要對經學本質已有「先天、超越地設定」（如態度上的設定、認知上的設定、心學上的設定），則不論《詩經》文本內容再如何駁雜、世俗，楊簡都可以在駁雜、世俗的經學文本中，找到可以良性詮釋、有效轉化的方法，﹝註39﹞據以闡揚其心學體證。至於這種詮釋方法，當然不是楊簡一人的發明，事實上，本章第一節：孔門師弟「證量解經原型之超越繼承」的主題探討中，筆者便在孔門師弟論道的文本探討中，發現孔子因應教化上的需要，便有在駁雜地經學文本中，方便施以良性詮釋、境界轉化的現成案例，至於孔子「證量解經原型」較少被後儒、學者議論，反倒楊簡心學式證量解經容易引起質疑，這當然有其原委可說。

　　首先，我們必須承認，孔子在《論語》中解《詩》施用的證量解經原型，所以未被後世儒學、經學界質疑，蓋因孔子已被後儒推尊爲「聖人」，其崇高的典範地位在儒學、經學領域率無人能及；再者，孔子扼要、單點式的證量解經原型，乃是建立在師生間存在著「上下垂直型」地信任基礎，與「生命之學」場域中方向、態度上「同質、同調」的共識，加以彼此擁有足夠的默契與可資通流的溝通語言，乃至弟子深知乃師「證量解經法」：「目的」、「手段」上的分立、區隔，所以孔子扼要、單點式的「證量解經原型」，在後世「解經學」領域當然不會引發誤解，相對來說，楊簡心學化「證量解經」引發議論，除因楊簡在儒學、經學領域、乃至中國「生命之學」場域中，已不可能取得像孔子般：幾乎無條件被推尊、相信的「人格至高點」，且在當時、乃至後人的主觀認定中，頂多將楊簡視爲「中國聖道實踐隊伍」中的一員，﹝註40﹞彼此間僅維持平行、未有高度信任、交集的關係，加以楊簡證量解《詩》，乃是就駁雜地經學文本作全面「地毯式」的心學詮釋，此大大有異於孔子證量解經原型：只是在「教學

﹝註39﹞　順此原理我們亦可相信，若對事物性質看法已先予以「負面的態度設定」，則不論經學文本再如何純粹美善、境界高遠，也都可以被人爲有色的鏡片眼光所扭曲異化。

﹝註40﹞　講到「中國聖道實踐隊伍」一詞，我們必須承認，中國古人乃是將「學問」視爲通往聖人境界的必然之路，上自帝王、士大夫，下至平民、販夫走卒，都可以是此人格轉化提升活動的參與者，因此「中國成聖之學」某種程度上，確可視爲是超越社會階層、身分的全民生命提升運動。

現場」作「扼要」、「單點」「重點」式地運作，這當然更容易引發「內容屬性越位」的質疑，所以儘管楊簡心學式「證量解經」，確實是慈悲心切，旨趣深長，然一旦其難以任何形式「定名」的心學境界，梳解成白紙黑字的解經著述，便會被時人、乃至儒經學界，以一般經學研究的「中門、外門」張孔、工具：「思慮我」「形軀我」來觀看、評量，以致崔大華所云：「詩經三百篇是西周、東周前期的詩歌總集，年時久長，內容極為廣泛，有抒情也有敘事，有歌頌也有詛咒，如何能一旨？」，便是這種「中門、外門人」特定「張孔工具」與「環境教育」下的思維產物；即言之，若無「意願」、「能力」契入楊簡心學「內門之路」，體證箇中境界風光，那對楊簡「六經一經」「六經一旨」「三百篇一旨也」「詩三百一言以蔽之，曰：思無邪」、乃至「取詩詠歌之，不勝和樂融暢，如造化發育，醇然粹然」等經學心詮、體證睽違難識，乃至視為「痴人說夢」，這都是人間事相的正常反應，允宜包容理解；就此而言，崔大華質疑楊簡解《詩》之見，誠有其「知識之學」面向、角度上的正確、合理，但從「生命之學」層次、立場來說，崔氏對楊簡心學化經學觀：「六經一經」「六經一旨」、乃至「三百篇一旨也」之旨有其睽隔，亦是清楚可見、無庸諱言的。

二、楊簡心學證量解《易》問題研究──「乾坤無殊論」「六十四卦齊一論」「三百八十四爻不殊論」

以上處理完楊簡證量解《詩》問題，本小節更進一步，繼續研究楊簡證量解《易》在「解經學」上的問題。換言之，在筆者的理解中，楊簡心學解《詩》儘管未顧及文本的「客觀性」「真實性」，致引起諸多質疑，然在「文本借用」的解經背景下，楊簡解《詩》與儒家一貫的解《詩》傳統尚不致生發重大齟齬，相對來說，楊簡證量解《易》的問題卻比較複雜、嚴重，連帶也對傳統易學的發展、基礎造成巨大衝擊，此點以下自會分說。

關於楊簡《楊氏易傳》一書的內容、評價，《四庫提要》稱：「簡之學出陸九淵，故其解《易》惟以人心為主，而象數、事物皆在所略，甚至謂系辭中近取諸身一節為不知道者所為」，〔註41〕即言之，《四庫提要》對楊簡《易》學雖有概括性地描述，但並未點出楊簡《易》學更實質、關鍵性的問題。近世大陸學者崔大華則進一步指出：「從某種意義上說，楊簡《易傳》確是異端」

〔註41〕見《四庫全書總目》卷三。

（見《南宋陸學》157 頁），然到底從「那種意義上」可認定《楊簡易傳》是個「異端」，崔君同樣沒有分說清楚。〔註42〕以下筆者便根據個人對楊簡心學、經學的研究，引用楊簡解《易》文本，揭出楊簡易學的特殊論點：「八卦無殊論」「元亨利貞是一非四論」「六十四卦齊一論」「三百八十四爻不殊論」「六十四卦皆可言元亨利貞」、「念慮未動之始，其元乎？」等，以探究楊簡心學證量解《易》在解經學上所面臨的問題，文本如下：

（1）諸儒言易率以乾爲大，坤次之，震坎艮巽離兌又次之，噫嘻末矣。乾……坤……震坎艮巽離兌，其實皆易之異名，初無本末精粗大小之殊也，故孔子曰：吾道一以貫之，子思亦曰：天地之道，其爲物不二；八卦者，易道之變化也，而六十四卦者，又變化中之變化也。物有大小，道無大小，德有優劣，道無優劣，其心通者，洞見天地人物盡在吾性量之中，而天地人物之變化，皆吾性之變化，尚何本末精粗大小之間？（見《慈湖先生遺書》卷一〈周易解序〉、及《楊氏易傳》卷一）

（2）至哉聖言，非聖人豈能道此元亨利貞……夫天地間安得有二道哉？苟分元亨利貞以爲是四者而非一，則安能知元亨利貞哉？……人能反求諸己，默省神心之無體無方，無所不通，則曰元、曰亨、曰利、曰貞、曰一、曰四，皆所以發揮此心之妙用，不知其爲四也。（見《楊氏易傳》卷一）

（3）聖言豈訓詁之所能解，既曰書不盡言矣，又曰繫辭以盡言，既曰言不盡意矣，又曰立象以盡意，於乎至哉，似矛盾而非矛盾也，似異而實同也，聖人之言意，豈盡、不盡之所可言，言盡亦可，言不盡亦可，云不盡者，聖人之實言，云盡者，亦聖人之實言，此惟聖者足以知解者，始信天下何思何慮，始信孔子無隱於二三子，始信六十四卦卦卦齊一，始信三百八十四爻爻爻不殊，六十四卦皆可以言元亨利貞……（見《楊氏易傳》卷二十）

（4）易之道，一也，亦謂之元，乾元、坤元即此元也。此元非遠，

〔註42〕在《南宋陸學》一書第 157 頁，崔君指出楊簡易學有兩大特色：「1、它在古來多如牛毛的易傳中，具有鮮明的個性特色。……2 它在宋代已有的解易路數外另闢新徑。」但卻沒有就楊簡《易》學何以是「異端」提出明確論證。

近在人心，念慮未動之始其元乎？（見《楊氏易傳》卷七〈蠱〉）

從以上四則文本可見，楊簡解《易》乃是從他部分融佛的內門心靈體證出發，掙脫傳統《易》學的基本邏輯設定，自爲新說，另立一套近乎「超世間法」的易學思想，此如：一般儒者解《易》，大抵以「乾爲大，坤次之，震坎艮巽離兌又次之」，但楊簡卻以其體證「本心我」的覺受體驗，另言「乾、坤、震坎艮巽離兌，其實皆易之異名，初無本末精粗大小之殊也」，超越、「解構」了傳統「以乾爲大，坤次之，震坎艮巽離兌又次之」的循序下降成說，將八卦、六十四卦平等視爲「道」（即「本心我」）在不同時空份位下的統體表現。此外，元亨利貞在傳統易學中，本是描述〈乾卦〉德性的卦辭，且意涵大抵個別分立，〔註43〕藉以彰顯「乾卦」在殊別情境下的側面表現，但楊簡卻認爲：「人能反求諸己，默省神心之無體無方，無所不通，則曰元、曰亨、曰利、曰貞、曰一、曰四，皆所以發揮此心之妙用，不知其爲四也」，這便相當程度脫離、「解構」傳統易學將元亨利貞個別分立、不相統屬的基本邏輯設定。此外，《易經》總計六十四卦、三百八十四爻，其個別卦、爻之間，由於所處時空位置、情境之殊，以致在人生意義的指涉：吉凶、禍福、得失及所對應的易道啓示上，當然便有程度深淺、實質意涵之殊，乃至「元亨利貞」所示的卦辭德性，僅見於部分卦象之間，並非所有卦象兼賅，這在傳統解經學中也從無異說，但楊簡卻本其心靈體證，遂認「六十四卦卦卦齊一」「三百八十四爻爻爻不殊」「六十四卦皆可以言元亨利貞」，這便與傳統《易》學的基本演繹邏輯大相牴牾。至於支持楊簡作出這種「另類易學邏輯演繹原理」的，便是楊簡所體證的：「物有大小，道無大小，德有優劣，道無優劣，其心通者，洞見天地人物盡在吾性量之中，而天地人物之變化，皆吾性之變化，尚何本末精粗大小之間？」換言之，儘管在現象界、世俗界確實是：「物有大小」「德有優劣」，但在楊簡部分融佛地生命內門眞理的體證上，卻是「道無大小……道無優劣」「洞見天地人物盡在吾性量之中」「天地人物之變化，皆吾性之變化」，既然如此，不言《易》則已，只要言《易》，就得連結著整體、全幅、呈現的本心體證來論說，怎能切隔個別之卦、爻與心學的相即關係，單一、切片、相對地去論列卦、爻的「本末精粗大小」呢？若理解如上楊簡「另類

〔註43〕茲以〈乾卦·文言〉辭爲例，文本曰：「元者，善之長也。亨者，嘉之會也。利者，義之和也。貞者，事之幹也。」便明顯將元亨利貞個別分立，視爲四種不同性質的德相表現。

易學的邏輯演繹原理」，那對解讀楊簡文本 4 便有莫大助益了，蓋文本 4 云：
「易之道，一也，亦謂之元，乾元、坤元即此元也」，換言之，儘管楊簡將「乾
元、坤元」關係平行等視的超越詮釋，在一般儒家解《易》者看來，已足以
打亂其對易學的基本認識，但此下楊簡更續言：「此元非遠，近在人心，念慮
未動之始其元乎？」這樣殊異的語脈意義，便縱使是最有包容力的儒家解《易》
者也難以接受了。蓋追索「父母生前之本來面目」，本係禪宗破除我、法二執，
用以體證「無生」「無念」境界的話頭與方法，顯然地，楊簡「念慮未動之始，
其元乎？」的特殊易學別解，便是從禪宗探索「父母生我前之本來面目」的
課題脫胎、演化而來，可見楊簡心學解《易》確深受其融攝佛禪境界的影響，
在這種情況下，楊簡解《易》便可能產生筆者先前所言：「楊簡證量解《易》
的問題卻比較複雜、嚴重，連帶對傳統《易》學的發展必然造成巨大衝擊」。
以下即予分說。

　　首先，我們必須承認，《易》學不像《詩》三百篇那般：有其時空、人事、
背景上相對明確的特定內容、主題與情感，所以儘管歷來解《詩》者眾，解讀
詮釋內容也人各異趣，但基本上，都是從一個特定的文本出發，建構在一個可
爲大多數人接受的「寬泛文化解讀領域」中，所以儘管歷來解《詩》者意趣分
殊，但大體無礙其他解《詩》者仍保有各自的詮釋伸展空間，相對來說，《易》
學的產生過程、詮釋方法、成立原理，便與《詩》學大不相同了。換言之，《易》
學本是由若干符號組構、比應、承乘而成，進而在個別符號裡賦予一定的象徵、
比況意義，至於這些符號所示的象徵、比況意義，如何與具體的人事連結，便
由中國古人「約定俗成」的易學邏輯演繹原理及其遊戲規則來串系、接軌決定，
在這種情況下，以下諸種「對反」於楊簡易學別解的原則、定律，如：「乾坤震
坎艮巽離兌循序下降成說」、「六十四卦各卦不一」、「三百八十四爻爻爻有異」、
「元亨利貞只分布在部分卦象之間」，便是傳統易學得以成立的基本前提設定；
進言之，這種前提設定，乃是先區隔出太極、陰陽兩儀、四象、八卦、六十四
卦、384 爻，皆有其地位、性質、功能、屬性上種種「象徵性」地：主從、大
小、高低、貴賤、剛柔、禍福、吉凶的相對、相依關係。就此而言，傳統易學
的解經路數，據筆者看來，便大致可視爲：借助吾人「意識思維」對「世界」
地「相對性」認知，據以演繹、設定一套「約定俗成」的符碼系統，進而在詮
釋解讀過程中追索生命眞理的「中門之路」發展類型。更細密言之，《易經》在
中國文化土壤得以立足演繹，便是建立在太極、陰陽兩儀、四象、八卦、六十

四卦、384 爻：在各種時空環境條件下所對應的情境、關係，並即此暗示、象徵、判定、類比個人乃或群體，某階段在宇宙人生推移過程中所處的殊別生命狀態及其意義。當然在這裡，我們也必須指出，《易經》在學術、乃至中國「生命之學」場域所以殊勝可貴，並非在於以象數、卜筮為基礎所形成的：準確預估未來的先見能力，相反地，《易經》所以值得珍視，更在《易經》在各種卦爻、象數的對應變化中，存在著可資暗示、象徵、判定、類比人生各種狀態變化的可能性，此正提供吾國先民：展現其豐富、睿智地生命智慧的演繹空間，並得以與儒家「天人一貫」地思想密切結合、有效呼應。此外，我們也不能否認，《易》學所以能在經學天地立足，除其內具「不易」的形上特質與內在原理外，更重要的，更在《易》學的先天架構，乃是以〈繫辭傳〉所謂「在天成象，在地成形，變化見矣」為其存在立足基礎，經此人間世相必然「變易」的演繹邏輯設定，太極、兩儀、四象、八卦、六十四卦、384 爻的一切象徵意義，才能運作開展、隨人詮釋，若捨此人間世相必然「變易」的前提設定，《易》學便沒有第二、三層本質意義：「不易」「簡易」可說，也無法構成自身存在立足的基點條件了。從這樣的認識看來，楊簡心學證量解《易》最「顛覆」傳統易學之處，便在於此。

即言之，楊簡證量解《易》，乃是以其部分融佛的心靈體證來詮解《周易》，但問題是，楊簡體證「本心我」的境界若以「循理齋之悟」為代表，其境界恆然是：「空洞無內外，無際畔，三才、萬物、萬化、萬事、幽明、有無通為一體，略無縫隙」（參見第三章「循理齋之悟」），這便不是以意識思維、感官能力所能察知的：「生命內門之路」的「超智體驗」，且此「超智體驗」亦非任何「名相」所能定名、稱說的（即楊簡「循理齋之悟」所云「曰天、曰地、曰山川、曰草木、曰彼、曰此，某皆名爾），所以筆者明確以為，如果傳統《易》學與楊簡心學都廣義統屬「生命之學」，那麼其基本特性區隔便是：傳統《易》學的存在發展基礎，乃是建立在吾人帶有「局限性」地「形軀我」「思慮我」的：工具、功能、性質與特性的黏合接榫之上，以致對人間世相的認識必然落於：主從、大小、高低、貴賤、剛柔、禍福、吉凶等等的相對、相依關係，這便是一種含具「相對性」「變易性」特質的生命觀；但楊簡《易》學卻非如此。換言之，楊簡《易》學的存在基點，乃是打一開始，便將《易》學定位在「清明之性」「本心我」的境界豁顯之上，並即此「解構」常人誤以「形軀我」「思慮我」為「我」

產生的錯謬人生認識，〔註44〕復因楊簡體證的「本心我」乃是內在自行發光，與「萬物、萬化、萬事、幽明、有無通爲一體」，當下圓滿具足，以致對宇宙人生的認識，必然凌越常人相對、有限的心靈視窗，不以主從、大小、高低、貴賤、剛柔、禍福、吉凶等等相對、相依的概念、意識張孔來觀看人我、世界，這便是楊簡《易》學與傳統《易》學最大的區別所在。以下筆者便在如上認識基礎上，進一步例舉楊簡最具代表性的《易》學心說——《己易》，來探討楊簡如何將其心靈體證與《周易》連結等視，據以說明楊簡心學解《易》可能爲傳統《易學》帶來那些衝擊。茲舉文本四則如下：

（1）易者己也，非有他也。以易爲書，不以易爲己，不可也。以易爲天地之變化，不以易爲己之變化，不可也。天地，我之天地，變化，我之變化，非他物也。私者裂之，私者自小也。（見《慈湖先生遺書》卷七家記一〈己易〉）

（2）不以天地萬物萬化萬理爲己，而惟執耳目鼻口四肢爲己，是剖吾之全體而裂取分寸之膚也，是梏於血氣而自私也、自小也，非吾之軀止於六尺七尺而已也，坐井而觀天，不知天之大也，坐血氣而觀己，不知己之廣也。（見《慈湖先生遺書》卷七家記一〈己易〉）

（3）自生民以來，未有能識吾之全者。唯睹乎蒼蒼而清明在上始能言者，名之曰天。又睹夫隤然而博厚在下，又名之曰地。清明者吾之清明，博厚者吾之博厚，而人不自知也。人不自知而相與指名曰彼天也、彼地也，如不自知其爲我之手足，而曰彼手也、彼足也，如不自知其爲己之耳目鼻口，而曰彼耳目也、彼鼻口也，是無惑乎？自生民以來面牆者比比，而不如是昏之甚者鮮矣。（出處同上）

（4）夫所以爲我者，毋曰血氣形貌而已也。吾性澄然清明而非物，吾性洞然無際而非量，天者，吾性中之象也，地者，吾性中之形，故曰在天成象，在地成形，皆我之所爲也。（出處同上）

〔註44〕所謂「解構」「形軀我」「思慮我」並非將「形軀我」與「思慮我」加以「消滅」，此因「形軀我」只是楊簡「本心我」的外在載體，「思慮我」亦只是「本心我」的方便工具，是以「解構」「形軀我」「思慮我」，便是超越吾人以「形軀我」「思慮我」來認識人我、世界所產生的分別妄想、執著計慮，並非取消「形軀我」「思慮我」在世俗界所本具的功能特性。

從以上四則文本可見，楊簡解《易》是完全扣緊其體證的「本心我」境界，渾不將「形軀我」「思慮我」視爲可以參贊《易》學、用以尋找生命眞理的途徑，在此認定基點上，楊簡對「執耳目鼻口四肢爲己」「以易爲書，不以易爲己」的「中外門人」，一概斥爲「坐井而觀天」「坐血氣而觀己」「剖吾之全體而裂取分寸之膚也，是梏於血氣而自私也、自小也」，大大否定傳統《易》學以「形軀我」「思慮我」爲工具，進而黏合接榫所產生的邏輯演繹思維。至於支持楊簡心學證量解《易》的依據，便是楊簡所謂「吾性澄然清明而非物，吾性洞然無際而非量」，換言之，這便是心學證道者從本心湧現地「清明」「遍滿」地覺受體驗，並即此與現象、萬事、萬化產生「超言說」地「一體感」「無隔感」，在此「一體感」與「無隔感」中，不僅天地、萬化、人事、《易》都非自外於「我」而獨存，更即此與天地、萬化、人事、《易》內在、微妙地：搭建起和合關係的連結橋樑，在此情況下，乃可理解楊簡所謂「天地，我之天地，變化，我之變化」「清明者吾之清明，博厚者吾之博厚」「天者，吾性中之象也，地者，吾性中之形」，殊非狂放自大，只是其心靈體證地稱實直說，這也可以解釋：何以楊簡心學、經學幾全然以「非分解說」地方式來呈現表達的原因。以下再舉兩則「非分解說」的心學境界型態語，抒論楊簡〈己易〉「本我心」相對於「形軀我」「思慮我」所作成的超越區分：

（1）是心本一也，無二也，無嘗斷而復續也，無嚮也不如是，而今如是也，無嚮也如是，而今不是也，晝夜一也，古今一也。少壯不強而衰老不弱也。可強可弱者，血氣也。無強無弱者，心也。有斷有續者，思慮也。無斷無續者，心也。能明此心，則思慮有斷續，而吾心無斷續，血氣有強弱，而吾心無強弱，有思有慮，而吾心無二，不能明此心，則以思慮爲心，雖欲無斷續，不可得矣。以血氣爲己，雖欲無強弱，不可得矣。（見《慈湖先生遺書》卷七家記一〈己易〉）

（2）安得無私與梏者而告之？姑即六尺而細究之，目能視，所以能視者何物？耳能聽，所以能聽者何物？口能噬，所以能噬者何物？鼻能嗅，所以能嗅者何物？手能運用屈伸，所以能運用屈伸者何物？足能步趨，所以能步趨者何物？血氣能周流，所以能周流者何物？心能思慮，所以能思慮者何物？目可見也，其視不可見，耳可見也，其聽不可見，口可見，噬者不可見，鼻

可見，嗅者不可見，手足可見，其運動步趨者不可見，血氣可
見，其使之周流者不可見，心之爲臟可見，其能思慮者不可見，
其可見者有大有小，有彼有此，有縱有橫，有高有下，不可得
而一，其不可見者不大不小，不彼不此，不縱不橫，不高不下，
不可得而二，視與聽若不一，其不可見則一，視聽與嗜嗅若不
一，其不可見則一，運用步趨、周流思慮若不一，其不可見則
一，是不可見者在，視非視在，聽非聽在，嗜非嗜在，嗅非嗅
在，運用屈伸非運用屈伸在，步趨非步趨在，周流非周流在，
思慮非思慮，視如此，聽如此，嗜如此，嗅如此，運用如此，
步趨如此，周流如此，思慮如此，不思慮亦如此，晝如此，夜
如此，寐如此，寤如此，生如此，死如此，天如此，地如此，
日月如此，四時如此，鬼神如此，行如此，止如此，古如此，
今如此，前如此，後如此，彼如此，此如此，萬如此，一如此，
聖人如此，眾人如此，自有而不自察也，終身由之而不知其道
也，爲聖者不加，爲愚者不損也。（見《慈湖先生遺書》卷七
家記一〈己易〉泛論易）

同樣地，從文本 1、2 可見，楊簡爲說明其難以言說定名的「本心我」體證，
大量使用某種「部分融禪」、「非分解說」「境界型態」的「啓悟式語言」，（如
「目能視，所以能視者何物？耳能聽，所以能聽者何物？……」），且「本心
我」相對於能「感知」「計慮」的「思慮我」、與能「視聽嗜嗅、運用屈伸」
的「血氣我」，其境界無乃是「不大不小，不彼不此，不縱不橫，不高不下，
不可得而二」的。換言之，儘管楊簡唯一、究竟肯定「本心我」，但對「思慮
我」、「血氣我」現實存在的本質、特性，依舊如實予以肯認，此所以在〈己
易〉中，對與生俱來同時含具「血氣我」「思慮我」「本心我」三重特質、能
力的人類，楊簡總在了知「血氣我」「思慮我」本質、特性的基準上，才一體
伸說：在「血氣我」「思慮我」之內，同時含具著「不大不小，不彼不此，不
縱不橫，不高不下，不可得而二」「是不可見者在」的「本心之我」（即「視
非視在，聽非聽在，嗜非嗜在，嗅非嗅在，運用屈伸非運用屈伸在，步趨非
步趨在，周流非周流在，思慮非思慮」所顯之義）。進言之，在楊簡心學系統
中，「本我心」相對於「思慮我」所作成的超越區分，便是筆者第三章所謂「心
意關係」「意之兩重性」的相對、相即區分，所以若探楊簡「心意關係」與佛

禪思想的融攝連結，那麼筆者以爲，楊簡「心意關係」「意之兩重性」的心學系統，某種程度上便是由佛家「轉識成智」說衍化而成，乃至楊簡心學主軸「心善意害說」中之「意」（此「意」泛指「意之兩重性」中的「下層之意」），其性質指涉在佛家思想系統中，不僅相當、切近於「八識說」中之「第六識」：那個能藉著「意根」攀緣「法塵」的「意識」；甚至此「心善意害」之「下層之意」，更兼具佛家「八識說」中之「第七識」：那個專門伺尋、思量、計執、分別的「末那識」特質，因此在楊簡心學系統中，行者若不能有效「轉識成智」（「不能明此心」），那麼在現實生活經驗的處置上，一定會攀緣妄執，「以思慮爲心」，並即此阻斷吾人與天地、萬化融合地「一體感」「無隔感」，生命一旦落至誤以「思慮我」爲「我」，則縱使主觀意願上「雖欲無斷續」，然在證量工夫不足的情況下，面臨現實境界考驗當然是「不可得矣」了。準此詮釋觀點，楊簡所謂「以血氣爲己，雖欲無強弱，不可得矣」等語，在現實生活經驗的面對上，亦可同作如是觀、如是解讀。

走筆至此，隨順如上探討楊簡〈身——心——靈〉關係的節奏與認識觀點，筆者一併抒發個人對〈身——心——靈〉課題的一得體悟：

依筆者之見，吾人在所處的人間社會生存、活動，大抵係以楊顯庭、楊簡父子所謂「思慮我」、「血氣我」作爲生存、活動的運作演繹工具，因此人類世界的行爲、符號、語言、文字、思維、法則，也大都以「思慮我」、「血氣我」爲工具基準，經此「思慮我」「血氣我」的連結接榫，人類世界一切可見、可聞、可溝通、可理解的行爲、語言、文字、符號、思維、法則乃次第產生，發展出文學、經學、科學、藝術、建築、法律、飲食……等等文化專業類別，構成如今我們所習稱、贊嘆的「人類文明」；反之，若無「思慮我」、「血氣我」以爲依托，人間一切感官可見、可聞、可溝通、理解的行爲、語言、文字、符號、思維、法則便無由產生了。所以從正向角度來說，人類因有「思慮我」的「意念」乃衍生出「思維」，復因「思維」的作用乃歸納出「原理」「法則」，以致人類世界的文化、「文明」乃得以誕生；但相對來說，誤認「思慮我」、「血氣我」爲「我」、或以「思慮我」、「血氣我」作爲生存、活動的運作演繹工具，其可能產生的錯謬、偏執也同樣顛倒、嚴重，換言之，人類只要避開「本心我」、單以「思慮我」「血氣我」（「形軀我」）連結接榫爲工具來認識人我、世界，借用佛家名相來說，只要六根（感官）與六塵（境界）交接攀染，人類便恆難避免：因主觀、片段的認知產生分別執著，繼而對人

我、世界產生愛戀、取捨、是非、好惡，乃至引起形式、程度不等的競擇與
鬥爭，進而爲了解決這類難題糾葛，復需以「思慮我」另外構造一套「頭上
安頭」的「人間律法」，用以解決各種不同形式的紛爭，但值得玩味的是，以
「思慮我」「血氣我」爲運作演繹工具所創造的人間律法，在人類歷史上，也
從未歸根究底、正本清源地「消泯」「止戢」過人類世界的「紛爭」。所以在
筆者看來，通過楊簡心學更超越的「本心我」視點：盱衡人類以「思慮我」「血
氣我」所構造的外在形器世界，便可瞭然：人類所謂文化、「文明」，大抵只
是某種時空條件下的「輝煌造作」與「因應對治」，從根本義、究竟義來說，
它終究無法迴避在「生命之學」場域中，其本身終歸是：有限性、遮蔽性、
不究竟圓滿、治標不治本特性的相對存在，就此而言，人類看似繁華偉大的
文化、「文明」雖可部分滿足吾人「思慮我」、「血氣我」欲求伸展的創造空間，
但相對來說，這些依「思慮我」、「血氣我」建構的文化、「文明」，對啓迪吾
人生命本具的慧命，乃至體證那「不大不小，不彼不此，不縱不橫，不高不
下，不可得而二」「澄然清明而非物，洞然無際而非量」的「心靈自性本我」，
未能有所助益，卻是無庸置疑的；甚至若放任「思慮我」、「血氣我」過分伸
展，更可能造成吾人生命眞假目標的錯位與「迷航」；蓋從「生命之學」本位
來說，以「思慮我」、「血氣我」爲人生基點所構成的生命「外放之路」，表面
看來雖似「海闊天空」無限寬廣，但事實上它卻可能是一條：「斷了線的風筝」
般的「無路之路」、「胡同死路」，乃至若過分放任「思慮我」、「血氣我」恣意
走遠，一旦覺知「外門之路」不足倚恃、生命亟思「返本還源」之時，當初
「思慮我」、「血氣我」所走過的路徑、摘採的果實、戰利品、乃至過程中沾
染的負面習氣，對吾人生命眞實目標的認取與心行實踐，一定會造成某種程
度的「牽絆」「迷障」，此何嘗不是吾人企思「返本還源」、生命重新「歸零」
之時，必須割捨、放下的「過當包袱」與「超荷負擔」呢？

　　以上抒發筆者一愚之見，此下再引 2 則文本探討楊簡心學證量解《易》
的問題：

　　　（1）自清濁分，人物生，男女形，萬物之在天下，未嘗不兩，曰天
　　　　　與地、曰晝與夜、曰夫與婦、曰君與臣、曰尊與卑、曰大與小、
　　　　　曰貴與賤、曰剛與柔、曰動與靜、曰善與惡、曰進與退、曰實
　　　　　與虛，博觀縱觀，何者非兩？一者，所以象此者也。又繫之辭
　　　　　曰坤，坤，順也，明乎地與妻與臣與柔之類也。然非有二道也。

坤者，兩畫之乾，乾者，一畫之坤也。故曰：天地之道，其爲物不貳，則其生物不測。（見《慈湖先生遺書》卷七家記一〈己易〉泛論易）

（2）今人言易者，必本於乾坤，陋矣。但見《周易》之書，不見連山、歸藏之書，故必首乾次坤，不知連山首艮重艮……至矣哉，合三易而觀之，而後八卦之妙，大易之用，混然一貫之道，昭昭於天下矣。三才皆易也，三才之變非一實一，或雜焉，或純焉，純焉其名乾坤，雜焉其名震坎艮巽離兌，皆是物也，一物而八名也，初無大小優劣之間也，形有大小，道無大小，德則有優劣，道無優劣……明乎八卦之皆易也，易道則變而爲八，其變雖八，其道實一，曰：連山、宓戲、歸藏、黃帝，易卦諸象言：大矣哉者十二卦而已，豫遯姤旅言時義，隨言隨時之義，豈他卦皆無時義哉？豈他卦之時義皆不大哉？坎睽言時用，豈他卦皆無時用哉？豈他卦之時用皆不大哉？頤大過解革言時，豈他卦皆非時哉？豈他卦之時皆不大哉？六十四卦，皆時也，皆有義也，皆有用也，皆大也。大矣哉。蓋嘆其道之大，有言不能盡之意，事無大小，無非易道之妙，聖人偶於此十二卦發其嘆，非此十二卦與他卦特異也，使每卦而言，則不勝其言，愚者執其言，智者通其意，豈特六十四卦皆可稱大矣，雖三百八十四卦，亦皆可稱大矣哉。（見《楊氏易傳》卷二十）

文本 1 中，楊簡順承傳統易學的演繹邏輯，先點出自大化「清濁分」之後，一切「未嘗不兩」地現象、性質、價值觀乃至人際角色關係的「相對性認識」便產生了（如：天地、晝夜、夫婦、君臣、尊卑、大小、貴賤、剛柔、動靜、善惡、進退、實虛），繼而楊簡本其「本心我」：「不大不小，不彼不此，不縱不橫，不高不下，不可得而二」的心靈體證，轉化語意脈絡，指出在天地、萬物「相對性」「分別相」的現象、性質、價值觀乃至人際角色關係中，其內在本質恆然是：「爲物不貳」「非有二道」的。然此處特別的是，楊簡爲傳達此「爲物不貳」「非有二道」的心學無殊論，對傳統《易》學的演繹原理及其遊戲規則另行「創鑄」「改造」，所謂「坤者，兩畫之乾，乾者，一畫之坤也」，便是楊簡此種特殊認知的發明、別解，但嚴重問題也相即產生了。換言之，如果「坤者，兩畫之乾，乾者，一畫之坤」這種「乾坤無殊論」的說法，在

易學領域眞可實質成立，那麼所有卦爻所對應的殊別象數、時空關係，便失去相對的比況、指涉意義了，在此失去相對指涉意義的情況下，後世解經家對 64 卦、384 爻在特定時空環境條件下所對應的情境、關係，並即此暗示、象徵、判定、類比：個人乃或群體在宇宙人生中的意義、認識，便將「解構」「消泯」、不復適用，這對傳統易學那一套清楚、明確的演繹原理及遊戲規則，便不只是改良、修正而已，更且從根本、底層予以「拆除」「解構」的實質顛覆了。

　　此外，文本 2 中，楊簡除推翻傳統言《易》必以「乾坤爲首」之說（即「今人言易者，必本於乾坤，陋矣」「純焉其名乾坤，雜焉其名震坎艮巽離兌，皆是物也，一物而八名也，初無大小優劣之間也」），更無視於《周易》、《連山》、《歸藏》三者系統殊異、未必能實際統整的事實，逕自「境界型態」地予以平等融攝（「合三易而觀之，而後八卦之妙，大易之用，混然一貫之道，昭昭於天下矣」），更有甚者，一如先前筆者所言，唯其確立周易六十四卦有其時空、象數關係所對應的殊別德性象徵意義，周易的邏輯演繹基礎、遊戲規則才能建立、展開，以致「豫遯姤旅言時義」、「坎睽言時用」、「頤大過解革言時」，便是此種易學前提：德性象徵意義的側面表現；然楊簡卻本其含具「超智」、「超感官經驗」「超人間性」「超世間法」特性的心靈體證，當下跳脫傳統易學的演繹樊籬，直言：「六十四卦，皆時也，皆有義也，皆有用也，皆大也」「豈特六十四卦皆可稱大矣，雖三百八十四卦，亦皆可稱大矣哉」，這便取消了 64 卦之間彼此的「相對性」與「分別相」，以致每一卦爻當下都圓滿自足，不一不異，這種另類易學別解，誠然是將《易》學層次推上《易》學境界史的頂峰，但相對來說，楊簡如上易學別解，如只視爲借《易》學以言「心學」那便無妨，但如眞欲以楊簡「心學化易學」「取代」傳統易學的話，這教一般依循傳統易學常模「按圖索驥」的易學研究者（中下根人）何所適從呢？換言之，楊簡「心學化易學」已實質「解構」傳統易學那一套清楚、明確的邏輯演繹原理、及遊戲規則設定，復因其體證地：「不大不小，不彼不此，不縱不橫，不高不下，不可得而二」的心學境界，已消泯人間事相地「相對性」與「分別相」，此在傳統易學領域已然登峰造極、難再超越，就此而言，楊簡「心學化易學」誠可視爲中國《易》學史上「無以復加」的「最後、最上發展類型」，但問題是：楊簡此種「最後、最高型」「心學化易學」如果實質成立，並爲後世《易》學研究者所共同信受仰止，這對傳統《易》學的後

續發展、世諦流布、定位問題勢將形成「貝蒙障礙」「境界天溝」，這對易學、對學術、對文化史的發展究竟是好是壞、是利是弊，便值得所有關懷中國文化發展的有心之士共同深思探索了。

本章結語

經過本章六萬餘言的探討，最後讓筆者對楊簡「證量解經」問題作成如下3點總結：

第1、儘管楊簡心學證量解經與傳統經學常模、乃至當今學術研究方法進路，皆存在著某些性質基調、與思維進路上的「隔閡」與「代溝」；但必須認知、承認的是：「經學」在漢代以後如果勢必持續發展、衍化，本就不可能一直停滯在最初的經學框架模式中，而必須以某種「嶄新」「活水」或「特立風格」的型態重新創發，否則便有流於「死水」進而「消沉」的可能，尤其是有關史實、制度、訓詁的經學文本，如果不允許後世解經者另有開創新說的詮釋空間，那麼只要是涉及歷史性的記實事件、文獻、制度、檔案等經學文本，那一定是時代愈早，準確性相對愈高，在這種時間必然劣勢的情況下，「經學」作為一門追索聖人本真的「生命之學」，那裡還有後人可資「創新」「聯想」乃至「衍繹」、「發展」的活路空間呢？所以站在：「經學永遠是為當代的活人而開啟，乃至是為當代有志於內證踐道者而存在、開放」的立場上，如何活化「經學」及「經學史」的寬泛定義，以接納、安立楊簡「心學證量解經型經學」，確是今日治經學者應共同正視的課題。

第2、如果打破知識上學派的人為區分，那麼筆者以為，象山「學苟知本，六經皆我注腳」、「六經注我、我注六經」的解經概念與方法，以及楊簡「六經一經也，六經一旨也」「其文則六，其道則一」「天下無二道，六經安得有二旨？」等心學化經學觀，在「生命之學」場域中，若用以譬喻、比況禪宗六祖惠能之證量心解佛經：「學苟知本，佛經皆我注腳」、「佛經注我、我注佛經」「佛經一經也，佛經一旨也」「其文則三藏十二部，其道則一」「天下無二道，佛經安得有二旨？」），〔註45〕無寧更為準確適用、可免被人質疑攻訐。〔註46〕蓋惠能未受過正統佛學、知識教育訓練，文字尚且不識，卻在佛

〔註45〕以上諸語係筆者轉化象山、楊簡之經學名言，以方便對照說明耳。
〔註46〕必須指出：由於佛經的結集成立、乃至各不同佛家宗派之間，皆有其先天上

寺粗活工作中心行實踐而見性，言談思想莫不切合佛家思想第一義諦。換言之，筆者所以認定心學「證量解經」運用在惠能解經工作上較無問題，〔註47〕乃因在佛家、佛法的思想系統裡，本就存在著極為單純、明確的：佛經三藏十二部皆指向吾人捨假歸眞、心靈覺悟、生命層級提升的純粹特性，所以佛教、佛法從不刻意承擔治國平天下等外王事業課題，只明確針對心靈、生命內部之問題，開創「生命覺悟之學」，然楊簡以其部分融佛地心學證量境界，去詮解「六經」、「四書」、及廣義儒家經典，便得實際面對「經典文本駁雜、眞偽相參」〔註48〕「各經內容屬性未必能準確密合、統整」以及「其心學境界與儒典文本性質、境界的某些誤差、質礙」等問題，就此而言，儘管楊簡「心學證量解經型經學」在「生命之學」踐道場域固可實質成立，但無法滿足一般「知識性經學」的張孔需求（如崔大華以知性學術張孔評量楊簡解《詩》、解《易》），也是人間事相難以面面俱到的現實局限了。

　　第3、楊簡心學「證量解經型」經學發展類型，儘管未必切合傳統經學發展常模，但就堅實掌握「儒學」免於質變的本質特性來說，此種端賴證道儒者悟道體驗在先，再將證道體驗與六經本旨直接照會的言經模式，卻才是最能開啟儒家生命活水的經學典範，此也才是「如其所如」地眞正「尊經主義」。遺憾的是，楊簡此種「第一序證量解經模式」，繫乎證道者的主體境界修為，是以非常人所能師法著力，然此解經模式最可貴之處在於：只要是楊簡對六經內證義理抒發地心學見解，往往都能一語中的，直指人心，超越一般「聞見之知」的平面解經層次，清楚照映出傳統經學家「見樹不見林」的解經盲點，透顯出某種清明的睿智與高明地生命境界，以致楊簡此種殊勝的言經風格，確可為傳統「固化經學」注入一股嶄新的活力，但相對而言，它也幾乎

相互支持、對應的配套、轉化系統，所以惠能以其證量心法詮解各家大小乘佛經，不至有現實立足、適用之困難。

〔註47〕從惠能證量解經法來說，他是以個人體證的大圓鏡智、妙觀察智等四智，向一般以分別智、世智辨聰為生命特徵的弟子講解佛法，由於他體證的佛性「法身」特性：不生不滅、不垢不淨、超越有無是非、差別對待等境界，本就與佛經所述「眞常心」境界同質無異，所以惠能心解佛經，當然更能將「學苟知本，佛經皆我注腳」、「佛經注我、我注佛經」等方法、理念，發揮得淋漓盡致，沒有不同文本內容可能「不對味」「有質礙」的問題。

〔註48〕佛教世諦流布中雖間有部分偽經充斥情形，但其產生大抵是環繞著佛法中心課題而來，所以只要以「三法印原則」為檢驗標準，眞偽佛法是很容易辨明的，甚至佛教界也存在著「偽經」《楞嚴經》可以成為「經王」的情形。

同時顛覆傳統「六經」被視為「金科玉律」「法定教科書」的神聖地位，大有瓦解傳統經學運作模式、立足基礎的可能，這對習於傳統經學思維模式者無乃是一大震撼與極度之不適應。進言之，倘使宋代心學證量解經能即此順利相傳、一路發展，則何嘗不可能為瀕臨僵滯地傳統經學，開闢出一條清新、健全的經學道路來，並使「經學」從各種「現實利益糾纏」、「時代壓力干預」等桎梏中得到解放，回歸「質變式經學朝活水式儒學靠攏」地屬性，往更健康、正常的方向發展。惜乎宋代爾後再無「巨星級」「證量解經型儒者」接棒，傳統經學與官方勢力結合的強大「機制結構」，也缺乏恰當地時代因緣得以解構、打破，以致楊簡那種「直指本心」的言經風格頓成絕響，此實為中國經學發展的莫大損失。

即言之，宋代心學證量解經式經學無法持續發展，顯然受到各種主觀因素（證道大師難覓）與歷史客觀因素等多重影響，但如果「後設性」試想：假使歷史上經學發展得以撇開各種現實力量的牽制，此如：官方勢力的介入、今古文流派及家法、師法等意識型態之爭、利祿誘惑，乃至時代現實問題（如：國勢積弱，外患環伺）加諸給經學家的時代壓力課題，使「中國經學」性質還原、回歸為：原初闡揚儒家「生命內證之學」的純粹修養特性（一如聖經、佛典被耶徒、佛子視為具備生命教化與有益修行的指南功能），則楊簡「心學證量解經型經學」正好最能接上此種「即修行現量以言經」的儒學風格，大有助於內證型儒者主體修為境界的提升，所以儘管在如今側重認知思維的學術環境中，楊簡「心學證量解經型經學」的發展空間相對被壓縮、扼抑，但如果視中國經學的原初性質係以對「生命之學」「聖人心法」（尤其是內證真理）之掌握與闡釋為主軸的話，那麼正因楊簡心學解經的境界、深度極其圓融高明，相對能闡發聖人孔子內蘊思想的甚深第一義諦，則楊簡「心學證量解經型經學」顯然是最有實力：躍居此等以「生命內門實踐、心行境界為核心」的經學史之主流地位的。

第六章　結　論

　　經前面五章 17 節 22 萬餘字的主題研究，最後讓筆者對本論文各章主題：楊簡心學、經學「系統論述」「儒佛之辨」「生命之學」「證量解經」等問題的學術貢獻、餘留問題、未來展望等重點全程綜理，完整作結。

　　首先，在第二章〈楊簡「心善意害說」系統性析論〉「毋意說」討論過程中，我們考察到楊簡所謂「意動」之「意」，乃指某種近似佛家所言具有「起──落」「始──終」「生──滅」特性（「微起焉」、「微止焉」）、「時間對待」、「性質差別」關係的「意慮」「念慮」「思慮」；然楊簡所言的「本心」，相較於孔、孟言「心」大抵不離一「有體有用」「即體起用」的「德性主體」意涵，卻奇特地表現為「虛明無體」、泯除世俗「動靜」「始終」「晝夜」「今明」「生死」等「分別性」「相對性」的特殊心學型態；且楊簡所言「本心之性」，亦不似孟子「四端說」具有「道德創生」「主體能動」意含的「良知善性」，反而是某種具有「未嘗有美惡，而亦未嘗無美惡」「未嘗有洪纖，而亦未嘗無洪纖」「吾心未嘗有是非利害，而亦未嘗無是非利害」「清明虛朗」「至靈至明」「廣大聖智」特質的「清明之性」，且楊簡「心意關係」間似存在某種可以「互為轉化的內在機制」，這都顯示楊簡與乃師象山心學間存在著實質落差，且此差異的明確指標，便顯現在兩人對孟子學理解向度的分歧、走遠之上。即言之，站在孟子學立場，「耳目之官不思，而蔽於物，物交物，則引之而已矣」，以致儒者修學當然得從「立乎其大」入手，庶幾「其小者不能奪也」，此也即是象山始教率以「義利之辨」「先立其大」「辨志」等語示人，並被學界尊譽為直承孟子學的主因；然在楊簡「清明之性」「本心我」及其「性能」恆然「絕待」、「本一」、「無二」的體證立場，一迴視孟子「貴操賤舍」「茍

得其養，無物不長，苟失其養，無物不消」「先立其大，則其小者不能奪也」「存心養性」等論，都是某種程度的意慮造作，乃一概批爲「愈操愈失」「貴操賤舍，斯失之矣」、「孟子猶不能無蔽」「聖人此旨未嘗貴操而賤舍，孟子誤認其語，每每有存心之說，又有存神之說，失之矣」「孟子之言存，乃存意也，存我也」，可見楊簡對孟子學「良知善性」的「心學本義」確無所體會，以致楊簡心學除以「毋意」「不起意」爲說，再無其他「下學」工夫入手處，這便難免貽人「高明之趣多，而艱難之感少，其言皆不足以勵學者之志，而不宜於立教」（唐君毅先生語）、近似不食人間煙火的印象，恍然對道德實踐的艱難、艱苦渾無所知，就此而言，楊簡心學確然偏向「減損面」、「消解面」者多，正向給出「價值根源意義」者少，不似象山總在「血脈」關鍵處啓發、指點人那麼警策有力、感動人心；所以象山、楊簡心學風格、生命基型之別，某種程度上便對應著兩人心學特性的殊異，此恆不因師生存在「扇訟之教」的法誼至情便遽爾改變的。

　　此外，在楊簡字數最長、也最能呈顯「本心」「清明之性」性能的〈己易〉文本裡，筆者除識別出楊簡套用佛家解釋系統以詮釋「形軀我」「思慮我」與「本心」「清明之性」的關係外，更發現吾人根身所接觸的現象世界，無論人情、事物、事理、物理，在楊簡「本心」「清明之性」「澄然清明」「洞然無際」地「性能」中，恆皆超乎「相對性」「分別性」「實指性」「局限性」「散殊性」的拘限，因此《己易》「不大不小，不彼不此，不縱不橫，不高不下，不可得而二」「清明之性」的「本心」，便不單單只是「常識義」的「心量廣大」而已，更近乎佛家《心經》：「是諸法空相，不生不滅、不垢不淨，不增不減」、不可思議的「不二」心靈境界；乃至此「清明之性」「本心我」及其「性能」在宇宙時空中，亦具有「永在」「超相對」「無分別」「超名言」等特性，以致「明昏」「斷續」「嚮今」「晝夜」「少壯、衰老」「強弱」「始終」「大小」「明晦」「遠近」，在楊簡心學中都是「絕待」、「本一」、「無二」「超言說」的，這種「瀰天蓋地」「無所不包」「無所不在」的心學特性，相對切近佛家「心包太虛，量周沙界」「萬法唯心」的境界，並與禪宗重要經典《維摩詰不可思議解脫經》謂「自性」乃「不二之性」之說隱然暗合；乃至當楊簡批孟子「貴操賤舍」之說不當，舉「如日月本明，雲氣蔽之故昏，日月之本明未嘗失也」之例以比況「本心」「清明之性」，此境界亦與《六祖壇經》「諸法在自性中，如天常清，日月常明，爲浮雲蓋覆，上明下暗，忽遇風吹雲散，上下俱明，

萬象皆現」之旨全然契合；乃至楊簡「漸去則漸明」「漸去其塵，其明浸廣」「去塵之有次第也」之喻，也與《壇經》神秀偈「漸教」說相仿，另「如鏡積塵故昏，而鏡之本明不息」之論，也與惠能偈「頓教」說如出一轍，此皆顯見楊簡心學部分借鑑、融攝著佛禪思想的形跡，就此而言，楊簡「心意關係」絕非止於表相所見那麼二元對立，其內部必有特殊轉換機制有待在「儒佛之辨」主題中完整究明。

關於第三章〈楊簡心學「儒佛之辨」的全盤考察〉一文，我們先在宋儒出入「六經──佛老之書──六經」的學思歷程裡，初步發現一個有利於楊簡以融佛思想、境界為「參照系數」來詮解儒典的時代氛圍，更在啟迪楊簡慧命的楊父（庭顯）言行教養中，發現楊父修學具有──「未肯認世間本質」「未肯定人性」「不肯定材藝學問」「與生死課題高度連結」等四大融佛特徵；進而在工夫形成過程中，發現楊簡因長期「時復反觀」靜坐、生發近似「禪悟」般地特殊心靈體證，並以崔大華誤解楊簡心學──否定能動性、創造性的思維活動、提倡蒙昧主義、向唯我主義傾斜等三例，還諸文本，剖析楊簡心學含具的特殊「身──心──靈」關係（「身」即楊簡心學所謂「血氣我」，「心」即「思慮我」，「靈」即「本心我」，因之楊簡「清明之性」「本心我」便含具著佛家「法身」「法性身」的超智特性）。職是本論文對學術界最大的貢獻，便是在楊簡心學主軸：「心善意害」及「意之兩重性」的架構討論中，發現、論證楊簡心學「心意關係」非如表相所見那麼二元對立，蓋楊簡心學之「意」，原具「上層之意」「下層之意」兩重特性，且此「下層之意」亦具上、下兩重結構，當它墮於下層時，固有無數涉乎「相對性」「互斥性」「倚恃性」的變態、情狀表現（即此可言「意害」），但若更內在檢視，便可發現此「下層之意」的核心概念，原是吾人與生俱來錯將「形軀、血氣我」「思慮我」誤認為「真實自我」的「無明執著意識」與「無始我執意識」。進言之，楊簡所再三標舉的「毋意」「不起意」，其實質意含便近似佛家禪宗所謂的「無念」，因此「毋意」「不起意」二語，非如木頭人般萬念滅絕，一念不起，而是近似《壇經》〈定慧品〉所說的「無念者，於念而無念」「於諸境上心不染曰無念」「於自念上常離諸境，不於境上生心」，準此心學踐道者經由「毋意」「不起意」等淨化澄汰工夫，乃可從「下層之意」進躋「上層之意」，此時其生活行履儘管仍須有所作為，然此已是「仰而思之，夜以繼之，非意也」「臨事而懼，好謀而成，非意也」的「無作無為」境界；進言之，如此從容、自

適的「上層之意」，便似《壇經》〈機緣品〉永嘉禪師與六祖慧能「交鋒」時所說的——「分別亦非意」境界，準此心學踐道者才能適度泯除「無明執著意識」、「無始我執意識」，回歸、體證那清明廣大的「本心之我」，與天地、萬物、四時參贊融合而為一。就此而言，楊簡融佛心學誠然是「提昇了儒學義理、境界的高度、深度與寬度」，但片面攝取佛禪內證成分以發展、詮釋心學的結果，導致「中門儒學的廣度與人間性格相對萎縮」，便是現實上難以避免的傾向了。

所以在楊簡學問家派特性定調上，筆者以為：某種程度上判定楊簡為「融佛心儒」，其學為「融佛心學」，不失為相對公允、接近事實的結論。換言之，楊簡「心意關係系統」雖融攝不少佛禪思想，並部分接受佛家「眾生」概念一詞，但楊簡瞭解的「眾生」概念，卻未同體概括佛家「十法界」「四聖六凡」或「六道輪迴」等全盤配套系統解釋，以致楊簡心學雖有若干「出世」特性、傾向，但其基本關懷領域，從生平行履、儒者型人間事行來說，仍不離此世、腳底下的具體「人間」。此外，楊簡雖部分攝取佛家「轉識成智」「性空」思想，以成就其「心善意害說」的主軸架構，但在楊簡心學、經學論著中，卻全不見其融攝佛家其他重要思想如：「諸行無常」「涅槃寂淨」「業力說」「緣起法」「三世因果說」「四聖諦說」「菩薩六度說」、乃至任何形式的「佛國、淨土思想」，從楊簡這樣有所檢擇、依違的融攝佛禪方式看來，實難以判定其學純為「佛禪心學」。是以依筆者之見，如果無須特別強調「道德主體性」為界定儒家特質的唯一主線，而視儒家本是一條持續在人間給出價值意義根源的活水長河，且此活水長河本就允許與別種活水長河融攝互動，並順應不同的歷史因緣條件，生發、分化為各種型態的儒學分枝的話，那麼視楊簡心學是儒家在人間活水長河中一種兼融並蓄、異軍突起的內證高峰，無乃是名正言順、合乎事實的如理定位。

在如上研究成果基礎上，筆者以為，楊簡心學後續研究發展方面，若能將同師「陸學」、與楊簡系出同鄉、同學的「甬上四先生」：袁燮、舒璘、沈煥三人之心學，納入陸學心學餘緒的傳承研究脈絡中，乃至連結明代以「意」為心學主軸的湛甘泉、羅整菴、劉蕺山等人之心學，探討彼等以「意」為核心思想其間存在那些交互濡染關係，確是可資研繹開展的方向。

此外，第四章〈楊簡內門工夫歷程在「生命之學」場域的義理考察〉，我們在楊簡特具「指標性」意義的「循理齋之悟」「扇訟之悟」「山谷夜坐之覺」

及「夢中獲古聖面訓」等文本解讀過程中，**觸處發現楊簡部分融攝著佛家內門之路修學方法、生命向度所生發地「身心變化癥候」**，繼而在楊簡心學從人「覺者踰百人矣」「婦人女子亦覺」等工夫形成過程、修學特徵中，也發現存在著「以覺言心」的特性與癥候，筆者並以「生命之學」原理對此類文本提出相應地解釋，此皆指向楊簡及其心學從人所遵循的，大抵是融攝佛家修學方法、生命向度地「純粹內門之路」，此大迥異於傳統經學家所走的「典型中門之路」、及先秦連結著「中門之路」始相形成立的「儒家內門之路」；最後更從楊簡「母喪之悟」、及其心學從人臨終「吾心甚明，無事可言」「瀟灑坐化」等例，印證只要在工夫歷程中部分汲取佛家「純粹內門之路」地修學方法、生命向度，一定會在具體生命改造行動中生發「標誌」與「徵驗」，即言之，此「標誌」「徵驗」便是楊簡心學「清明之性」「本心我」境界與「生死課題」的高度連結，此大有助心學體證者面對生死課題之破解、超越，就此而言，楊簡心學某種程度上，確可「後設地」視為某種型態的儒學「轉出」、「分化」，或逕視為部分融佛後轉化形成的——對儒家原型生死思想理論、生命觀可能缺陷不足，進行縫合、補強的嶄新發展類型，值得吾人在順應「儒學現代化」的時代流風中，抉發可資運用、學習的意義種子，為儒學的現代發展作出積極性地貢獻。

至於本章所餘留的後續問題線索，此即：如何就楊簡心學從人（如孫明仲、張渭叔、鄔夢遇、郡近仁、趙德淵、葉元吉、楊簡妻馮氏、張孺人）乃至部分汲取佛家「純粹內門之路」修學方法、生命向度以踐道的儒者（如筆者所舉象山另一門人詹阜民「一日下樓，忽覺此心已復，澄瑩中立」之例），其修學進路所反映的特殊文化現象，持續追究探索，從中抉發可能的因果解釋，便是未來可資持續開發探討的課題。

最後第五章〈楊簡「證量解經」問題的義理考察〉一文，筆者先從：「儒學」與「經學」的辨證糾葛、「五經系統」與「四書系統」的消長變化、尋找創鑄新的經典解釋原核、孔門師弟「證量解經」原型之超越繼承等四個義理角度，探索楊簡「心學化經學」得以成立的條件基礎，這在一般流於資料彙編的傳統經學研究中，無乃別開生面，空谷足音；繼而在楊簡鮮少被學界關愛的駁雜解經文本《先聖大訓》中，探索楊簡在傳統經學「聖人——六經、道」互為指涉的前提設下，其心學化「經學觀」（「六經一經也」、「六經一旨也」）、「證量解經法」如何在傳統「解經學」脈絡下運行存在，並即此指出：

楊簡「證量解經」在傳統「解經學」領域得以立足,「吾心本有之六經」相對於「作爲取道之原的文本六經」,更有其現實採擇的「優先性」;至於楊簡「心學化經學觀」及其解經方法,在「解經學」上最大的困難,便是以「部分融攝著佛禪內門之路的心靈體證」,去詮解性質上大致可定位爲「生命中門之路」的「中國經學」:兩者生命路徑不同、時空立足次元有異,所可能產生的激蕩、適用性問題及現實影響。即言之,楊簡「證量解經」及心學化經學的的依據、標準,既都是「清明之性」「本心之我」,那是一種無法以世俗言語準確傳達、表述的生命境界,一旦楊簡企圖通過「注經解經」的方式傳達此種「超待」「永在」「本一」「無二」的特殊心靈體證,便得面對中國經學文本的性質、屬性,大抵是某種較高層級地「形軀我」「思慮我」共構的產物、也即是楊簡「意之兩重性」中「下層之意」的既定事實。因之,楊簡如何從其「本心我」境界適恰「調整」「轉換」,以因應、接通內容繁複萬端的「形軀我」「思慮我」共構的經義內容,乃至梳通其心學境界與中國經學文本:內在性質、基調結構某些「境界難以全然對味」的「質礙」,均爲楊簡「證量解經」所要凌越的「路障」,儘管如此,此「路障」對楊簡並無現實梳通上的困難,此因楊簡「證量解經」的心學化「聖人」「聖人之道」,其「境界」恆然是「作用層」、而非「實有層」,乃能即傳統經學文本的「內在性質」、「基調結構」一體交融渾化,不相妨礙,遑論楊簡「證量解經」的方法、步驟,大抵有其一套融攝包容的軌跡、模式可循,此即:楊簡率先肯認該文本的現實存在基礎,繼而以其「天地內外、森羅萬象、幽明變化、有無彼此,通爲一體」)「無不兼賅」的心學境界予以攝受包容,以利在文義脈絡的詮釋上「善巧導引」「轉折順應」,此自足以打通、原經學文本間可能存在的「質礙」「瓶頸」;繼而筆者更在楊簡心學證量解《詩》解《易》的主題研究中,判定楊簡「心學化經學」必得站在「生命內門之路」的立場、視點來觀看,否則一定會視楊簡解《詩》解《易》的先在原理:「三百篇一旨也」「乾坤無殊論」「六十四卦齊一論」……爲痴人說夢,河漢之言;換言之,楊簡解《詩》已部分拆解傳統《詩經學》的文學性質與時空背景,解《易》更是「解構」了傳統《易學》得以成立的邏輯演繹遊戲設定,將《詩學》《易學》推到消泯人間世相「相對性」「分別相」的心學境界高峰,準此幾可視爲中國經學史上《詩學》《易學》無以復加的「最高型」、「最上型」發展型態,但相對來說,這也可能對傳統《詩學》《易學》的後續發展、世諦流布、定位問題形成「貝蒙障礙」「境界天溝」,這對《詩

學》《易學》乃至文化史的發展究竟是好是壞、是利是弊，便值得吾人深思琢磨了。

　　最後如果爲楊簡心學「證量解經」問題尋繹後續開展空間，那麼筆者以爲：如能比對、研究楊簡「內門之路」心學證量解《易》、解《詩》，與宋代「中門之路」經學家之義理解《易》、解《詩》，在詮釋方法、解經風格、特性上之殊異，厥可爲中國解經學開拓比較發展空間；乃或如能站在廣義「生命之學」開放角度，探索楊簡純粹「內門之路」的心學「證量解經」，與性質上可定位爲「上門之路」的「聖經詮釋學」，在詮釋方法上存在那些雷同、差異，尤其是觀察傳統《聖經學》學者，如何在新、舊約《聖經》性質駁雜的文本中（如新、舊約都存在著：分開紅海、天譴、創世紀、末日之説、上帝動怒等神話內容），詮解這些近乎「荒誕」的情節、事蹟與過程都是上帝「無私之愛」、「神之意旨」的體現，用以比對楊簡如何在中國經學性質駁雜的文本中（如詩經、易經、禮記、春秋中便存在著：戰爭、愛情、弑君、神話、卜筮、祭祀……等駁雜的性質與內容），印證其間內具著「部分融佛的聖人之道」，都是很值得後續開發探討的方向。

參考文獻書目

壹、楊簡（慈湖）著述

1. 《慈湖先生遺書》、續集、補編、新增附錄、附慈湖年譜，國防研究院印行，1966 年 10 月版，及四明叢書約園刊本。
2. 《先聖大訓》，國防研究院印行，1966 年 10 月版，及四明叢書約園刊本。
3. 《楊氏易傳》，國防研究院印行，1966 年 10 月版，及四明叢書約園刊本。
4. 《慈湖詩傳》，國防研究院印行，1966 年 10 月版，及四明叢書約園刊本。
5. 《五誥解》，文淵閣四庫全書本，台灣商務印書館，1986 年 3 月版。
6. 《慈湖小集》，文淵閣四庫全書本，台灣商務印書館，1986 年 3 月版。
7. 《石魚偶記》，新文豐出版社，1988 年 4 月版，及四明叢書約園刊本。

貳、古代典籍

1. 《六祖壇經箋注》，丁福保箋注，新文豐出版社，1993 年 12 月版。
2. 《傳習錄》，王陽明著大夏出版社印行，1992 年版。
3. 《四庫全書總明目錄》，清永瑢、紀昀等撰，台灣商務印書館，1986 年 3 月版。
4. 《詩集傳》，宋朱熹著，文淵閣四庫全書本台灣商務印書館，1986 年 3 月版。
5. 《四書章句集注》，宋朱熹著，大安出版社，1996 年 1 月版。
6. 《論語集解義疏》，魏何晏著、梁皇侃疏，廣文書局，1978 年 7 月版。
7. 《文獻通考》，元馬端臨，新興書局，1963 年 10 月版。
8. 《神會和尚遺集》，胡適著，中研院，1968 年 12 月出版。

9. 《慈湖溪志》，清‧馮可鏞修、楊泰亨纂，成文出版社，1972 年 7 月版。

10. 《明儒學案》，明‧黃宗羲撰，華世圖書出版社，1987 年 2 月版。

11. 《象山先生全集》，宋‧陸九淵著，台灣中華書局四部備要本，1966 年 3 月版。

12. 《北溪大全集》，宋‧陳淳著，文淵閣四庫全書本，台灣商務印書館，1986 年 3 月版。

13. 《宋史》，元脫脫等撰，中華書局（北京），1977 年版。

14. 《宋元學案》，明‧黃宗羲撰，清全祖望續修，清王梓材校補，華世圖書出版社，1987 年 9 月版。

15. 《竹窗隨筆》，明蓮池大師（褚宏）著，佛陀教育基金會，1999 年 7 月印行。

16. 《朱子語類》，宋黎敬德編，文津出版社印行，1986 年 12 月版。

17. 《景德傳燈錄》，宋釋道原編，彙文堂出版社，，1987 年 6 月台 1 版。

18. 《十三經注梳》，重刊宋本，藝文印書館，1993 年 9 月印行。

19. 《孔子家語》、《孔叢子》，商務印書館縮編，四部叢刊本，1986 年 3 月版。

20. 《孔子家語》、《孔叢子》孔子文化大全編輯部，山東友誼書社，1986 年出版。

參、近代著作

一、一般專著

（一）國內出版專著

甲、經 學

1. 《經學歷史》，皮錫瑞著，河洛出版社，1974 年初版。

2. 《經典常談》，朱自清著，祥一出版社，1995 年版。

3. 《經學史》，安井小太郎等著，連清吉、林慶彰合譯，萬卷樓圖書公司，1996 年 10 月版。

4. 《經子解題》，呂思勉著，台灣商務印書館，1996 年 7 月版。

5. 《宋代經學之研究》，汪惠敏著，師大書苑，1989 年 4 月版。

6. 《經學概說》，何耿鏞著，湖北人民出版社（武漢），1984 年出版。

7. 《宋代三禮學研究》，吳萬居著，人文科學叢書國立編譯館主編，1999 年出版。

8. 《儀禮、禮記——人生的法度》，李學穎著，中華書局，1996 年 7 月出版。

9. 《中國經學發展史論》（上），李威熊著，文史哲出版社，1988 年出版。

10. 《五經治要》，胡自逢著，台北：文史哲出版社，1993 年出版。

11. 《中國經學史》，馬宗霍著，台灣商務印書館，1979 年二版。

12. 《群經述要》，黎明出版社，高明主編，1989 年三版。

13. 《十三經概論》（上、下），夏傳才著，萬卷樓出版社，1998 年 6 月出版。

14. 《中國經學史的基礎》，徐復觀著，台灣學生書局，1980 年版。

15. 《兩漢經學史》，章權才著，萬卷樓出版社，1998 年 6 月出版。

16. 《詩經——樸素的歌聲》，楊天宇著，中華書局，1996 年 7 月出版。

17. 《經書淺談》，楊伯峻等，著萬卷樓出版社，1999 年 9 月初版。

18. 《經學通論》，葉國良、夏長樸、李隆獻編著，國立空中大學印行，1997 年 8 月初版二刷。

19. 《讀經示要》，熊十力著，台北：明文書局，1987 年 9 月再版。

乙、思想義理

1. 《生生基督世世佛》，一行禪師著，薛絢譯，立緒文化出版公司，1997 年 2 月初版。

2. 《王陽明傳習錄及大學問》，王陽明，黎明文化事業公司，1989 年 5 月三版。

3. 《靜觀與默坐》1、2．3、4 冊，法籍耶穌會神父甘易逢著，姜其蘭譯，光啓出版社 85 年 12 月版。

4. 《心體與性體》，牟宗三著，正中書局，1993 年 2 月版。

5. 《由陸象山到劉蕺山》，牟宗三先生，學生書局，1993 年月再版。

6. 《文化評論與中國情懷》，余英時著，允晨文化實業有限公司，1988 年 10 月版。

7. 《中文聖經註釋——新約概論》，周聯華牧師著，基督教文藝出版社 1980 年 12 月出版。

8. 《信仰的生命》，當代德國思潮譯叢，林啓藩等譯聯經出版社，1984 年 6 月出版。

9. 《聖經釋義的問題與方法》，DAVIDSTACEY 著，林如心譯，人光出版社，19484 年 3 月初版。

10. 《世界宗教與宗教學》，卓新平著，社會科學文獻出版社，1992 年 6 月初版。

11. 《當代心性之學面面觀》，姜允明著，明文書局，1994 年 3 月出版。

12. 《世界宗教與宗教學》，卓新平著，社會科學文獻出版社，1992 年 6 月初版。

13. 《宋明理思想與基督眞理》，孫再生著，弘智出版社，1984 年 4 月初版。

14. 《中國文化之精神價值．中國文化與世界》第四卷，唐君毅先生撰，書生書局，1986 年 9 月版。

15. 《人文精神之重建》第五卷，唐君毅先生撰，書生書局，1986 年 9 月版。

16. 《生命存在與心靈境界》（下）卷二十四，書生書局，1986 年 9 月版。

17. 《中古士族現象研究》（儒學的歷史文化功能初探），陳明著，文津出版社印行，1994 年 3 月初版。

18. 《宋史論文選集》，原著者：John Winthrop Haeger，翻譯：陶晉生，國立編譯館 1990 年印行。

19. 《走向心學之路——陸象山思想的足跡》，張立文著，中華書局，1993 年 4 月出版。

20. 《宋明理學邏輯結構的演化》，張立文著，萬卷樓圖書公司，1993 年 1 月出版。

21. 《解惑之窗》，張德麟主編，人光出版社，1996 年 3 月初版。

22. 《朱子門人》，陳榮捷著，台灣學生書局印行，1982 年版。

23. 《兩宋思想評述》，陳鐘凡著，中國東方出版社印行，1987 年 9 月出版。

24. 《陸象山》，曾春海著，東大圖書公司，1988 年 7 月出版。

25. 《湛若水哲學思想研究》，喬清舉著，文津出版社，1993 年 3 月出版。

26. 《中國的宗教：儒教與道教》，瑪克斯·韋伯著，簡惠美譯，遠流出版社，1989 年 8 月出版。

27. 《中國人的思維方式》，楊國樞主版，桂冠圖書公司出版，1997 年 6 月版。

28. 《儒家的心學傳統》，楊祖漢著，文津出版社，1992 年 2 月版。

29. 《惠能》，楊惠南著，東大圖書公司，1993 年 4 月版。

30. 《宋代理學與佛學之探討》，熊琬著，文津出版社，80 年 5 月二刷。

31. 《楊簡》，鄭曉江李承貴著，東大圖書公司，1996 年 10 月版。

32. 《儒學的現世性與宗教性》，鄭志明著，南華管理學院出版，1998 年 12 月初版。

33. 《宋明理學概述》，錢穆著，學生書局，1996 年 9 月版。

34. 《偽書通考五種》，中國目錄學名著第一集第五冊，世界書局，1965 年 3 月再版。

35. 《中國傳統文化再檢討》（上篇：中國傳統文化的特徵），編者及出版社：谷風出版社，1987 年 9 月出版。

36. 《中國歷代文論選》，木鐸出版社印行，1988 年 6 月版。

（二）大陸、國外出版專著

1. 《論儒教》，日人加地伸行著，于時化譯，齊魯書社，1993 年 8 月版。

2. 《中國聖人論》，王文亮著，中國社會科學出版社，1993 年 4 月初版。

3. 《中國哲學論集》，余敦康著，遼寧大學出版社，1998 年 3 月版。

4. 《陸九淵哲學思想研究》，李之鑒著，河南人民出版社，1994 年 2 月初版。

5. 《孔子弟子資料匯編》，李啓謙、王式倫編，孔子文化大全編輯部山東友誼書社，1985 年 7 月版出版。

6. 《宋明理學史》（上、下），侯外廬等主編，人民出版社（北京）1984 年版。

7. 《理心之間》──朱熹和陸九淵的理學，高全喜著，〈生活‧讀書‧新知〉三聯書店，1992 年月版。

8. 《道佛儒思想與中國傳統文化》，張榮明主編，上海人民出版社，1994 年 3 月出版。

9. 《南宋陸學》，崔大華著，中國社會科學出版社，1984 年 5 月初版。

10. 《北宋文化史述論》，陳植鍔著，中國社會科學出版社，1992 年版。

11. 《中外儒學比較研究》，張立文、李甦平主編，東方出版社，1998 年 6 月出版。

12. 《古代宗教與倫理──儒家思想的根源》，陳來著，生活、讀書、新知三聯書店，1996 年 3 月初版。

13. 《中國學術思想史隨筆》，曹聚仁著〈生活‧讀書‧新知〉，三聯書店，1986 年 6 月版。

14. 《中國社會與思想文化》，張恆壽著，人民出版社，1989 年 8 月版。

15. 《道》，張立文主編，中國人民大學出版社，1989 年版。

16. 《有無之境──王陽明哲學的精神》，陳來著，北京人民出版社，1991 年 3 月版。

17. 《宋明理學研究》，張立文著，中國人民大學出版社，1985 年 7 月版。

18. 《宋明新儒學略論》，馮達文著，廣東人民出版社，1998 牪 1 月版。

19. 《儒學地域化的近代型態──三大知識群體互動的比較研究》，楊念群著，生活、讀書、新知三聯書店，1996 年 7 月初版。

20. 《宋明理學新探》，賈順先著，四川人民出版社，1987 年 12 月版。

21. 《理學範疇系統》，蒙培元等著，人民出版社，1989 年月版。

22. 《中國思想研究法》，蔡尚思著，湖南人民出版社，1988 年版。

23. 《陸王心學研究》，劉宗賢著，山東人民出版社，1997 年 7 月版。

24. 《二十世紀西方宗教哲學文選》，劉小楓主編，楊德友、董友等譯，上海三聯書店，1996 年 3 月初版。

25. 《佛學與現代新儒家》，盧升法著，遼寧大學出版社，1994 年 2 月初版。

26. 《宗教‧道德‧文化》，中國社科院世界宗教研究室教學原理研究室編，寧夏人民出版社，1988 年 4 月版。

二、論　文

1. 《陸象山心學研究》，吳盛林著，師大國文所碩士論文，1982 年 5 月。

2. 《象山心學在宋學中之歷史意義》，汪義麗著，文大中文所碩士論文，1983 年 6 月。

3. 《歐陽修之經史學》，何澤恆著，台大文史叢刊，1978 年 5 月。

4. 《南宋心學易研究》，康雲山著，高雄師大國文所博士論文，1994 年 5 月。

5. 《宋人疑經改經考》，葉國良著，台大文史叢刊，1978 年 6 月。

6. 《楊慈湖萬物唯我說研究》，蕭錦塘著，師大國文所碩士論文，1993 年 7 月。

7. 《以經學為心學》——論慈湖之經學思想與理學之創新，劉秀蘭，台大中文所，1998 年碩士論文。

三、期　刊

1. 〈楊慈湖的政治思想及其價值〉，李承貴著，《古今文藝》22：3，1996 年 5 月。

2. 〈釋思無邪〉，黃永武著，《中華文化復興月刊》，十一卷九期，1978 年 7 月。

3. 〈孔子的四毋〉，陳大齊著，《陳百年先生文集》第一集〈孔孟荀學說〉台灣商務印書館，1987 年 5 月。

4. 〈理學的名義與範疇〉，董金裕著，《孔孟月刊》第廿卷第九期。

5. 〈楊簡的心學及其評價〉，董金裕著，《國立政治大學學報》第 61 期，1990 年 6 月。

6. 〈孔子思無邪說體認詩的純粹性〉，詹秀惠著，《孔孟月刊》廿卷十期，1982 年 6 月。

7. 〈慈湖之一論〉，鄭曉江著，《鵝湖月刊》22：7，259 期，1997 年 1 月。

謝　詞

　　寫完這本厚重的論文，心中雖無太多歡愉，卻有完成一樁精神工程的輕鬆。讀博士班歷時 6 載，頂上華髮像似蒼莽的雜草，在時間之流中一簇簇蔓延伸展，宛如訴說著付出燃燒的生命，聊堪告慰的是，生命靈光在學術規格擠壓下，尚能幽微隱現，未曾乾枯。

　　感謝指導教授王邦雄老師，民國 77 年以迄今的慧命啓迪與心靈教導，儘管現實因緣上筆者未必有機會時相親炙，但 15 年來老師言教身教的德行法施，都點點滴滴融入念誠生命底層，得其潤澤受用；論文寫作期間，承蒙老師對寫作方法、治學觀念多所啓迪，並給予寬闊成長發展空間，此皆助益本論文得以安胎育成。本論文架構形成方面，衷心感謝三位教授：曾昭旭老師、楊祖漢老師、高柏園老師91 年 3 月的口考建言，及另兩位未具名教授對拙作〈楊簡心學定位的兩個問題〉之書面審察意見，使本論文後續寫作內容、方向適時調整補強，在此謹致最高謝忱；另92 年 3 月論文預審期間，承楊祖漢老師續賜與新增楊簡心學「第一序」系統論述建言（即本論文第二章），使論文起承轉合之間愈形完整，謹此再次致謝。

　　此外，感恩崑山科大陳仁賢老師──一位對「生命之學」深有體證的內門行者，數年來每週午修茹素時間的法義教導，儘管這些甚深法義來去無跡、捕捉不得，但卻少分融入筆者心田、轉流露於本論文第四章「生命之學」論述行間；另崑大同事專研《周易》的賴美蕙老師，對本論文第五章第四節〈楊簡心學證量解《易》問題〉賜予斧正意見，在此併致謝忱。

　　最後對博士班就學期間，未必能圓滿兼顧家庭、學業、教職崗位等的義務、責任分工問題，對親友、同仁之分擔、包容致以最高謝意。